LUFTBILDATLAS SCHLESWIG-HOLSTEIN UND HAMBURG

Luftbildatlas Schleswig-Holstein und Hamburg

Eine Landeskunde in 102 farbigen Luftaufnahmen

von Christian Degn und Uwe Muuß

unter Mitarbeit von Hans-Peter Jorzick

KARL WACHHOLTZ VERLAG NEUMÜNSTER

(ISBN 3 529 05213-2)

Kartenzeichnungen: Erwin Raeth, Kiel
Satz und Druck: Karl Wachholtz Verlag, Neumünster
Reproduktionen: Repro-Technik, Kiel
Einband: Alster Buchbinderei, Hamburg

VORWORT

Seit dem Erscheinen des ersten Luftbildatlas Schleswig-Holstein sind fast 20 Jahre vergangen. Inzwischen hat sich das Landschaftsbild vielfach stark verändert, viele Textaussagen bedürfen der Korrektur oder Ergänzung, manche Probleme sind neu aufgetreten bzw. in das Blickfeld gerückt. Daher erschien es dem Verlag und den Autoren nicht sinnvoll, die bisherigen beiden Bände lediglich zu überarbeiten. Vielmehr sollte ein im wesentlichen neuer Luftbildatlas geschaffen werden. Dazu wurden zunächst zahlreiche Bildflüge durchgeführt, vor allem in den Jahren 1981 bis 1983.

Das Ziel der Neubearbeitung war – trotz weitgehender Auswechslung der Luftbilder und inhaltlicher Neugestaltung der Texte – das gleiche wie beim Luftbildatlas I, in dessen Vorwort es heißt:

„Alle wesentlichen Landschaften Schleswig-Holsteins galt es in charakteristischen Ausschnitten darzustellen; darüber hinaus wurden einzelne geographisch oder historisch bedeutsame Objekte aufgenommen. Es sollten Mosaiksteine entstehen, die in ihrer Gesamtheit ein Bild unseres Landes, seiner Eigenart und seiner Probleme ergeben. Daß dabei die landschaftliche Schönheit nicht zu kurz kommt, dafür sorgt das Land selbst.

Naturlandschaften treffen wir nur noch im Wattenmeer und auf seinen Außensänden an. Alle anderen Bereiche hat der Mensch im Laufe langer Zeiten mehr oder weniger intensiv zu Kulturlandschaften umgestaltet, freilich stets in Abhängigkeit von den natürlichen Gegebenheiten. Stammesart und Zeitströmungen, politische und soziale Verhältnisse, ökonomische und technische Maßnahmen – sie alle prägen in unterschiedlicher Weise das Bild der Kulturlandschaft. Manche Erscheinungen und Vorgänge lassen sich unmittelbar aus dem Luftbild ablesen; vieles bedarf jedoch der Erklärung, Deutung, Vertiefung durch den begleitenden Text."

In dieser Grundkonzeption sehen sich die Verfasser bestätigt, teils dadurch, daß inzwischen auch für die übrigen Bundesländer Luftbildatlanten erschienen sind (davon mehrere unter ihrer Mitarbeit), vor allem aber durch das große Interesse, das der Luftbildatlas Schleswig-Holstein bei den Lesern gefunden hat – es kommt in den hohen Auflagen von insgesamt (rund) 70 000 zum Ausdruck. Beibehalten wurde auch für den neuen Luftbildatlas die bewährte enge Verknüpfung mit dem Topographischen Atlas. 23 Bilder wurden aus den bisherigen beiden Bänden übernommen, teils, weil die Bildaussage noch zutrifft, teils, weil – aus unterschiedlichen Gründen – die Aufnahme nicht wiederholbar war. Die neuen Luftaufnahmen erfassen zum größten Teil die gleichen Landschaften wie bisher. Es liegt daher nahe, sie mit den entsprechenden Bildern in den „alten" Bänden zu vergleichen und den Landschaftswandel zu verfolgen. Eine ansehnliche Zahl von Themen wurde neu in den Atlas aufgenommen, z. B. die ökologischen Probleme der Inneren Schlei. Die ausführliche Einleitung soll dem Leser erleichtern, die aus den einzelnen Bildtexten gewonnenen Informationen übergeordneten naturgeographischen, geschichtlich-politischen und wirtschaftlichen Zusammenhängen einzufügen und so ein Gesamtbild des Landes Schleswig-Holstein zu gewinnen.

Mit diesem neuen Band möchten die Verfasser Kenntnisse über Schleswig-Holstein vermitteln bzw. vertiefen und zu weiterführenden Fragen anregen. Sie möchten aber auch Freude an der Schönheit und Eigenart unseres meerumschlungenen Landes wecken und ihm neue Freunde gewinnen.

Alle Luftbilder wurden von Dr. Muuß mit Rolleiflex-Kameras 6×6 cm auf Agfa CT 18 Film aufgenommen. Herzlicher Dank gilt den Flugzeugführern, deren Einsatzbereitschaft und fliegerisches Können wesentlich zum Gelingen der Bildflüge beigetragen haben, vor allem Herrn Dieter Oberhoff und Herrn Rainer Rosenthal.

Wir danken all denen, die das Zustandekommen des Buches gefördert haben, besonders durch bereitwillig erteilte Informationen. Dem Karl Wachholtz Verlag danken wir für die bewährte harmonische Zusammenarbeit bei der Planung, Ausstattung und Herstellung des neuen Bandes.

Kiel, im August 1984
Christian Degn   *Uwe Muuß*

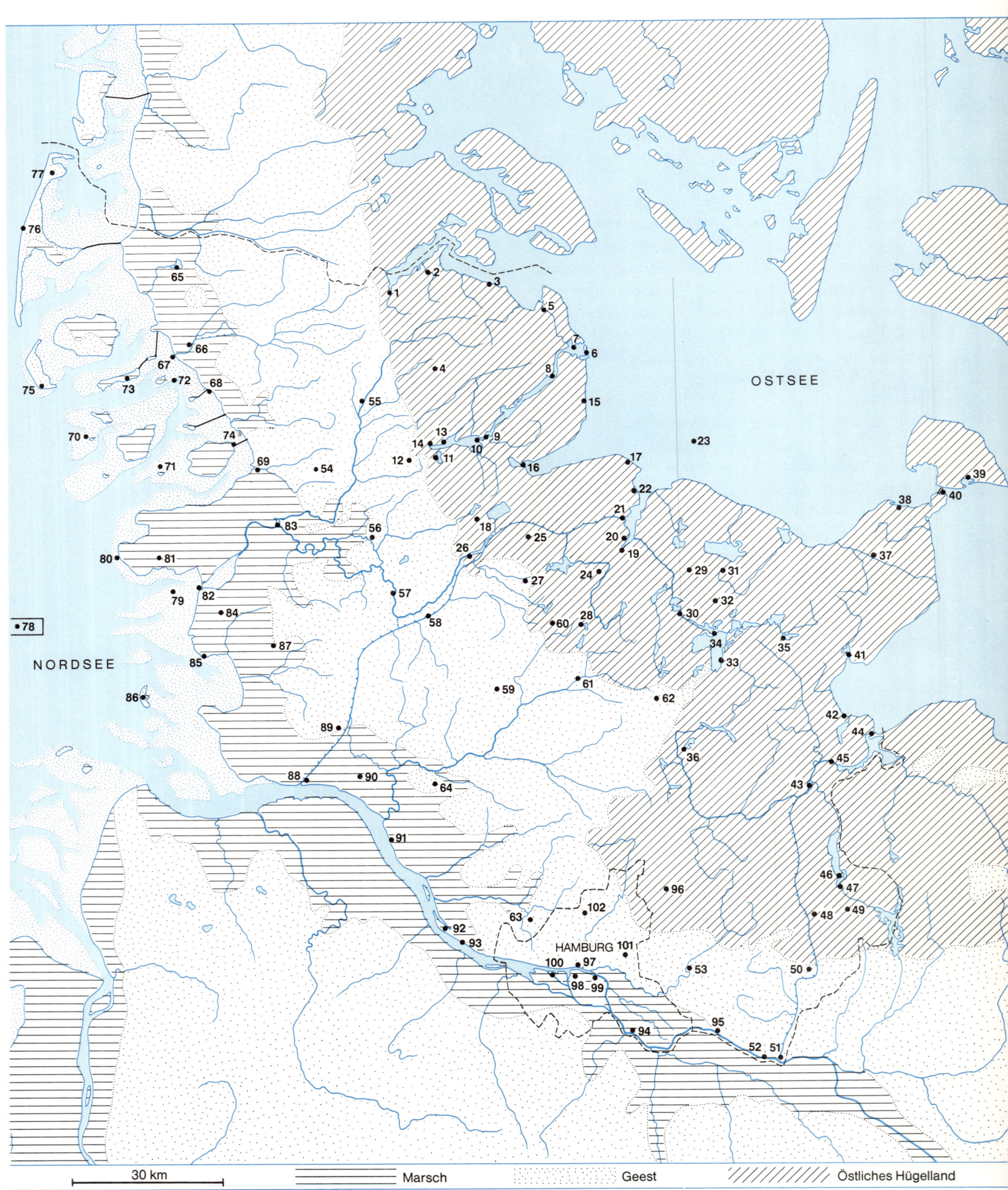

NORDSEE

OSTSEE

HAMBURG

30 km

Marsch   Geest   Östliches Hügelland

INHALTSÜBERSICHT

EINLEITUNG

NATUR

Nach Lage und Grundrißgestalt ist Schleswig-Holstein eine Landbrücke zwischen Mittel- und Nordeuropa. Seine Abgrenzung im Westen und Osten durch Meere, gegen Süden durch den breiten Elbstrom, bedingen die *geographische Einheit* des „meerumschlungenen" Landes. Nur im Norden gibt es keine natürliche Grenze. Das alte Herzogtum Schleswig reichte im Norden bis an die Königsau, es war eine historische Grenze. Die heutige Grenze zwischen Deutschland und Dänemark, die Schleswig teilt, wurde 1920 auf Grund des Selbstbestimmungsrechts gezogen.

Nach seiner Oberflächengestalt ist Schleswig-Holstein ein Teil des Norddeutschen Tieflandes, dessen charakteristische Teilregionen Marsch, Geest und Jungmoränenland sich hier fortsetzen. Als Teil der Cimbrischen Halbinsel, welche Nordsee und Ostsee voneinander trennt, grenzt Schleswig-Holstein an beide Meere und ist zu einem erheblichen Teil Küstenraum. Der unterschiedliche Charakter der flachen Nordseeküste mit ihren vorgelagerten Watten, Halligen und Inseln und der Ostseeküste mit ihren Steilufern und tief ins Land einschneidenden Förden trägt zur *räumlichen Vielfalt* in dem kleinen Lande wesentlich bei. Für den Verkehr zwischen Nord- und Ostsee ist Schleswig-Holstein eine hemmende Barriere; doch sind die Möglichkeiten zu ihrer Überwindung durch Transitwege vorgegeben.

Erdgeschichtliche Entwicklung

Diese grundlegenden Merkmale sowie die Raumnatur im einzelnen sind das Ergebnis der erdgeschichtlichen Entwicklung, die Erdoberfläche ist fast ausschließlich während der Eiszeit und Nacheiszeit gestaltet worden. Ablagerungen aus älteren Formationen bilden zwar überall den Untergrund, sie treten aber nur an einzelnen Punkten an die Oberfläche. Die voreiszeitlichen Schichten lagern nicht überall waagerecht, sie sind vielmehr vielfach verbogen und gefaltet, meist unter Mitwirkung des im tieferen Untergrund lagernden Zechsteinsalzes. Dieses verhält sich gegen-

über starkem Druck plastisch, dringt an Störungszonen lokal empor und schleppt dabei die jüngeren, erdmittelalterlichen Gesteine mit nach oben. Die durch diese *Salztektonik* entstandenen „Gebirge" können im tieferen Untergrund in der Regel nur mit Hilfe besonderer Methoden, zum Beispiel seismischer Messungen, sichtbar gemacht werden. An einigen Punkten durchbrechen solche Salzstöcke bzw. die darüber lagernden Gesteinsschollen die Erdoberfläche und bilden Formen, die im Flachland als Fremdlinge wirken. Das spektakulärste Beispiel dafür ist die *Buntsandsteinscholle* von Helgoland; bei Altona-Langenfelde und bei Elmshorn-Lieth erreicht der *Zechstein* die Erdoberfläche, und bei Segeberg bildet der Zechsteingips sogar einen markanten „*Kalkberg*", ähnlich wie im nahen Lüneburg südlich der Elbe. 78

86

Ein Salzstock bei Krempe-Lägerdorf hat die *Schreibkreide* in eine solche Höhenlage aufgeschleppt, daß sie im Tagebau gewonnen werden kann. In Osterby bei Eckernförde und bei Hemmingstedt in Dithmarschen liegt die Schreibkreide nur 35 m tief. Die Salzgewinnung aus Sole hat nur vorübergehend eine Rolle gespielt; von großer Bedeutung ist dagegen, daß an die Salzstöcke in Schleswig-Holstein die *Erdöllagerstätten* gebunden sind. 64

87

Mehrfach kommt das *Tertiär* an die Oberfläche, zum Beispiel am Morsum-Kliff und am Roten Kliff auf Sylt. Besonders wichtig ist das Tertiär für unsere *Wasserversorgung*. Die Tiefbrunnen der Wasserwerke nutzen das in tertiären Schichten angesammelte fossile Grundwasser. 76

Eiszeit

Während der Eiszeit wurde Schleswig-Holstein mehrmals von den Gletschern des skandinavischen Inlandeises ganz oder teilweise überfahren. Von der ältesten, der Elster-Vereisung (in Süddeutschland: Günz-Vereisung), finden sich keine sicheren Spuren, da die späteren Vereisungen deren Absätze wieder umgelagert haben. Von der zweiten und insgesamt größten, der Saale-(Mindel-)Vereisung, sind zwar vielfach Ablagerungen vorhanden; sie sind jedoch von jüngeren Moränen bedeckt.

Die Moränen im mittleren und westlichen Bereich Schleswig-Holsteins sind von der vorletzten, der 54 Warthe-(Riß-)Vereisung, hinterlassen worden. Ihre Oberflächenformen sind im Nordwesten des Landes 59 stärker abgeflacht, während vor allem bei Itzehoe und im Aukrug kontrastreichere Formen vorkommen.

Eine weitgehende Einebnung von Reliefunterschieden hat sich im nicht vergletscherten Altmoränengebiet während der jüngsten Vereisung vollzogen. Wenn nämlich die oberste Bodenschicht auftaut, kann der stark wasserhaltige Bodenbrei auf der gefrorenen Unterlage abgleiten. Dieser als Solifluktion bezeichnete Vorgang kann sich selbst bei geringen Hangneigungen abspielen.

Auf die Warthe-Vereisung folgte eine Warmzeit, in welcher das Klima sogar wärmer war als heute. Der Meeresspiegel im Nordseebecken, dem Eem-Meer, stieg bis auf etwa –5 m NN an. Daher liegen die Absätze des zwischeneiszeitlichen Eem-Meeres, die an der nördlichen Westküste und im Bereich von Stapelholm, aber auch an der Flensburger Außenförde vielfach vorhanden sind, überall unter jüngeren Ablagerungen.

Die Gletscher der Weichsel-(Würm-)Vereisung bedeckten nur den Osten des Landes. Da seit ihrem Abschmelzen erst etwa 14 000 Jahre, seit dem Auftauen des letzten Toteises etwa 6000–7000 Jahre vergangen sind, haben sich die Formen der von der Weichsel-Vereisung gestalteten Jungmoränenlandschaft recht frisch erhalten. Das Eis drang nicht überall in geschlossener Front vor, vielfach bildeten sich Gletscherzungen, die langgestreckte Hohlformen ausschürften, 19, 34, 42 aus denen später Seen oder Förden entstanden.

Beim Vorrücken schob der Gletscher ältere Ablagerungen als *Stauchendmoränen* zusammen. Aber auch während langer Stillstandslagen des Eisrandes konnten 18 ten Endmoränen entstehen. Dann hielt das Abtauen mit dem langsamen Vorrücken des Gletschers etwa Schritt. Das ausgetaute und vom Schmelzwasser ausgespülte, daher überwiegend grobe Material blieb vor der Gletscherstirn liegen und wurde beim Wiedervorrücken ein Stück vorwärts geschoben. Alle großen Erhebungen unseres Landes – abgesehen vom Segeberger Kalkberg – sind Endmoränen.

Beim endgültigen Auftauen des Eises kam neben dem groben Material auch feines zum Absatz, es ent-40 stand eine *Grundmoräne*. Die flachwellige und sehr fruchtbare Grundmoräne ist nur auf Fehmarn und in der Probstei annähernd typisch ausgebildet. Vermutlich wegen der in Schleswig-Holstein während der

letzten Vereisung von Ost nach West rasch zunehmenden Temperaturen sind die Endmoränenzüge mehrerer Eisrandlagen hier sehr stark zusammengedrängt, während sie im übrigen Baltischen Höhenrücken west-östlich verlaufen und weit gestaffelt sind. So blieb in Schleswig-Holstein für Grundmoränen kein Platz – um so mehr findet man sie auf den dänischen Inseln.

Das Schmelzwasser sammelte sich zum Teil unter dem Eis und trat dann in großen Gletschertoren an die Oberfläche. Es floß zwischen den Endmoränen hindurch zur fernen Nordsee hin ab, wobei es die Altmoränen umspülte und einige auch zerstörte. Die mit- 56 geführte Sandfracht wurde als sanft nach Westen abfallender *Sander* abgelagert. Die Sanderlandschaft wird 55 auch als *Niedere Geest* bezeichnet, die Altmoränen als *Hohe Geest*.

Nacheiszeit

Ausgelöst durch das Abschmelzen der riesigen Eiskappen auf den Festländern der nördlichen Halbkugel stieg in der Nacheiszeit der Spiegel des Weltmeeres um etwa 100 m an. Gleichzeitig stieg Skandinavien, das durch die Auflast des Eises in das zähflüssige Magma eingesunken war, nach der Entlastung allmählich wieder empor – maximal bis 250 m; diese „isostatische" Hebung dauert an und erreicht im Bottnischen Meerbusen bis 1 cm/Jahr. Südlich der Linie Ripen–Alsen hat keine Hebung stattgefunden. Eine eventuelle geringe Senkung Schleswig-Holsteins ist schwer nachweisbar, weil sie vom Anstieg des Meeresspiegels überlagert wird.

Der nacheiszeitliche Meeresspiegelanstieg, dessen Auswirkung auf die Küstenentwicklung bei der Behandlung der Küsten untersucht werden soll, erfolgte nicht gleichmäßig, sondern in Schüben. Die Ursache dafür ist in der wechselvollen Klimaentwicklung zu suchen, die mit Hilfe von Indizienbeweisen aufgeklärt werden konnte. Unter den Blütenpflanzen erzeugen vor allem die windbestäubenden Bäume sehr große Mengen von Blütenstaub (Pollen), welche teils in die Moore eingeweht und dort konserviert werden. Bei der „Pollenanalyse" zählt man die Pollen der verschiedenen Pflanzen aus den Moorschichten aus und bestimmt deren Prozentanteile. Da die Klimaansprüche der Bäume bekannt sind, gelangt man zu einer genauen Vorstellung über die nacheiszeitliche Vegetations- und Klimageschichte. Das Auftreten von Getreidepollen um 3500 v. Chr. zeigt den Beginn des Ackerbaus in unserem Lande an.

Für die nacheiszeitliche Klima- und Vegetationsgeschichte ergibt sich folgender Ablauf:

Alter in Jahrh.	Kulturepochen	Klimaperioden Blytt/Sernander	Firbas	Eigenschaften des Klimas	Vegetation
	Neuzeit		Jüngere Nachwärmezeit		Buchen Hainbuchen
	Mittelalter	Subatlantikum			
10				Abkühlung	
0	Eisenzeit		Ältere Nachwärmezeit		Eichen Buchen
10	Bronzezeit	Suboreal	Späte Wärmezeit		Eichen
20	Jungsteinzeit				
30				Ozeanisches Klima 2–3° wärmer als heute	
40	Mittlere Steinzeit	Atlantikum	Mittlere Wärmezeit		Eichenmischwald mit Ulmen und Linden
50					
60					
70		Boreal	Frühe Wärmezeit	Erwärmung	Kiefern Hasel
80		Präboreal	Vorwärmezeit		Kiefern, Birken
	Altsteinzeit	Jüngere Dryaszeit	subarktische Zeit — Jüngere	Kälterückschlag	Parktundra
90		Allerödzeit	Mittlere	Erwärmung	Kiefern Birken
100		Ält. Dryaszeit / Böllingzeit	Ältere	Kälterückschlag	Parktundra
110		Arktische Zeit		geringe Erwärmung	Tundra

Nach Averdieck (vereinfacht)

Klima

Das Klima Schleswig-Holsteins kann als ozeanisch bezeichnet werden, d. h., die Winter sind milde, die Sommer nur mäßig warm; entsprechend ist die Zahl der Frosttage mit Temperaturen unter 0 0oC und die Zahl der Sommertage mit Temperaturen über +25 0oC deutlich geringer als im Binnenland. Die Ozeanität nimmt nach Westen hin zu.

Während im übrigen Schleswig-Holstein die Unterschiede zwischen den Monatsmitteln von Ort zu Ort meist nur wenige Zehntelgrade betragen, bildet das mitten in der Nordsee liegende Helgoland eine Ausnahme: Hier ist der Februar der kälteste und der August der wärmste Monat. Auch die nordfriesischen Inseln Sylt, Föhr und Amrum sowie St. Peter-Ording haben verspätete Minima und Maxima, jedoch mit weniger ausgeprägten Unterschieden zum jeweils vorangehenden Monat.

Die Niederschläge, die wir ganz überwiegend den vom Atlantik kommenden feuchten Westwinden verdanken, weisen in ihrer regionalen Verteilung viel größere Unterschiede auf als die Temperaturen. Von Westen nach Osten steigen die Niederschläge zunächst an und erreichen im Bereich Aukrug–Heide–Bredstedt sowie Schleswig–Flensburg ihr Maximum (über 800 mm). Nach Osten hin sinken die Niederschläge wieder ab: Östlich der Linie Kiel–Eutin–Lauenburg liegen sie (mit Ausnahme des Bungsberges) unter 650 mm. Noch trockener ist es in Ostwagrien und auf Fehmarn. In Marienleuchte bei Puttgarden auf Fehmarn fallen nur 511 mm/Jahr gegenüber 823 mm in Heide.

In der Niederschlagsverteilung spiegeln sich in groben Zügen die Höhenunterschiede, doch wird die Wirkung des Luftaufstiegs an den Moränenhügeln dadurch verstärkt, daß Westwinde beim Queren der Halbinsel durch die Bodenreibung um so mehr gebremst werden, je näher sie der Erdoberfläche sind. Das am Boden daher langsam sich bewegende Luftkissen wirkt auf die von Westen kommende „schnelle" Luft wie ein Polster, an dem sie – wie an einer Bodenerhebung – aufgleitet. Umgekehrt tritt über der Ostsee wieder eine schnellere Luftbewegung ein; die ohnehin jetzt „trockenere" Luft steigt wieder ab, es regnet weniger, Wolken lösen sich teilweise auf. Den Effekt der Bodenreibung kann man besonders im flachen Eiderstedt erkennen, wo die Niederschläge von 708 mm in St. Peter-Ording auf 720 mm in Garding und 756 mm in Friedrichstadt ansteigen.

Von der deutlich höheren Sonnenscheindauer und den geringeren Niederschlagsmengen an beiden Küsten profitieren vor allem die Seebäder; weitere heilklimatische Faktoren wie Salzgehalt der Luft, hohe

T: Temperatur (°C) N: Niederschlag (mm)		Jan	Febr	März	Apr	Mai	Juni	Juli	Aug	Sept	Okt	Nov	Dez	Jahr
Helgoland	T	2,2	1,7	2,9	6,2	10,3	13,8	16,3	17,0	15,3	11,2	7,5	4,7	9,1
	N	54	43	35	39	43	44	81	89	80	82	63	55	708
Heide	T	0,1	0,2	2,8	7,0	11,7	15,0	16,9	16,5	13,5	9,0	5,0	2,0	8,3
	N	62	52	41	53	56	60	95	101	88	84	69	62	823
Kiel	T	0,4	0,5	2,8	7,0	11,4	15,1	17,1	16,7	13,8	9,4	5,4	2,4	8,5
	N	61	53	39	44	48	58	83	91	69	69	55	56	726
Hohenleuchte/ Fehmarn	T	0,3	0,2	2,1	6,3	10,8	14,8	17,0	17,0	14,0	9,6	5,6	2,4	8,3
	N	37	31	27	31	39	45	60	66	50	47	39	39	511

Aus: Handbuch ausgewählter Klimastationen der Erde

Luftfeuchtigkeit und starke UV-Strahlung kommen in unterschiedlichem Ausmaß hinzu.

Die Niederschläge sind – mit deutlichem Maximum in den Monaten Juli und August – recht gleichmäßig über das Jahr verteilt, der trockenste Monat ist überall der März.

Östliches Hügelland und Ostseeküste

In der Nacheiszeit haben sich im Jungmoränenland erhebliche Veränderungen vollzogen. Im Südosten bildeten sich mehrere große *Eisstauseen*; der Lübecker Eisstausee war etwa achtmal so groß wie der heutige Große Plöner See; er hinterließ fruchtbare, tonige und steinfreie Absätze.

Während die Eisstauseen bald abliefen, taute das Toteis erst später. Mit seinem Verschwinden veränderten sich die Gefälls- und Abflußverhältnisse, und erst jetzt konnten sich die heutigen *Flüsse* ausbilden. Dabei ergaben sich vielfach ganz andere Abflußrichtungen, zum Beispiel entwässerte der Große Plöner See zunächst nach Südwesten, erst später entwickelte sich die Schwentine mit Abfluß zur Ostsee. Im Eidertal zwischen Schulensee und Bordesholm war das Schmelzwasser des Kieler-Förde-Gletschers nach Süden abgeflossen. Die heutige Eider benutzt es in umgekehrter Richtung, entwässert jedoch, ebenso wie ihre Nebenflüsse Treene und Sorge, die gleichfalls im Jungmoränengebiet entspringen, in die Nordsee.

In Schleswig-Holstein gibt es *Seen* fast nur im Östlichen Hügelland. Dies beruht vor allem darauf, daß die Gletscher hier zahlreiche Hohlformen hinterlassen hatten, die am Ende der Eiszeit voller Toteis waren und darum nicht – wie alle damals „offenen" Vertiefungen – vom Schmelzwasser mit Sand und Kies zugeschüttet wurden. Die erst nach dem Tieftauen entstandenen Seen sind geologisch also sehr jung. Daher sind sie noch nicht durch Verlandung verschwunden. Durch die Zufuhr von Sinkstoffen aus den Zuflüssen, aber auch durch organisches Material, das in den Seen selbst gebildet wird, tritt früher oder später die Verlandung ein. Durch vermehrte Phosphatzufuhr ist in jüngster Zeit die biologische Produktion in vielen Seen und seeähnlichen Küstengewässern, etwa der inneren Schlei, stark angewachsen, so daß Eutrophierung, Faulschlammbildung und Verlandung verstärkt auftreten.

Der tonige und stark kalkhaltige Geschiebemergel der Grundmoräne ergibt einen Braunen Waldboden von hoher Qualität: auf Fehmarn erreichen manche Böden die Ackerzahl 70–80, d. h., gemessen an der in Deutschland optimalen Ertragskraft des Lößbodens in der Magdeburger Börde erreicht der auf dem Geschie-

bemergel entwickelte Boden 70–80 %. Die Böden der Endmoränen sind sehr unterschiedlich zusammengesetzt, enthalten aber in der Regel mehr grobe Bestandteile, auch Steine, und weniger Kalk; ihre Einstufung liegt etwa bei 25–40.

Die natürliche Vegetation des Jungmoränenlandes ist ein Eichen-Buchenwald gewesen. Die heute im Jungmoränengebiet überwiegend vorhandenen Buchenwälder entsprechen weitgehend den Naturbedingungen.

Im Zuge des nacheiszeitlichen Meeresspiegelanstieges drang das Meer um 5500 v. Chr. durch die Belte in die westliche Ostsee ein; die Förden füllten sich mit Wasser, die Küstenentwicklung begann. Um 2000 v. Chr. erreichte das Meer annähernd die heutige Küstenlinie.

Die schleswig-holsteinische Ostseeküste ist eine Fördenküste; geologisch gesehen gibt es sogar sechs Förden: Flensburger Förde, Schlei, Eckernförder Bucht, Kieler Förde, Hemmelsförde und Traveförde. Die tief ins Land einschneidenden Förden gliedern das Östliche Hügelland in die Landschaften Angeln, Schwansen, Dänischer Wohld und Probstei. Die Förden stellen Naturhäfen dar, deren Gunst vom Menschen frühzeitig genutzt worden ist.

Die Ostseeküste wird an vorspringenden Abschnitten angegriffen und zurückverlegt. Das beim Abbruch der Steilufer anfallende Lockermaterial wird längs der Küste verfrachtet und dort, wo die Küste zurückspringt, abgelagert. Bei entsprechender Materialzufuhr werden selbst die Mündungen großer Förden zugeschüttet. Die vorherrschende Richtung des Sandtransports längs der Küste kann man dort gut erkennen, wo Buhnen oder Molen ins Meer hineinragen: An der Seite, von welcher der Sand herkommt, lagert sich dieser vermehrt ab, an der anderen Seite tritt durch die Lee-Erosion ein Sanddefizit auf.

Die sehr schwachen Gezeiten der Ostsee werden ständig überlagert vom windbedingten Wasserstau. Beim Nachlassen bzw. Umspringen des Windes „schwappt" das Wasser in der Ostsee – ähnlich wie in einer Badewanne – hin und her. Sturmfluten sind seltener und weniger hoch als in der Nordsee; in der bisher höchsten Ostseesturmflut von 1872 erreichte der Wasserstand bis 3,70 m über NN. Auch an der Ostsee sind niedrige Küstenabschnitte durch Deiche geschützt.

Geest

Auf den Altmoränen, der *Hohen Geest*, haben sich die Oberflächenformen in der Nacheiszeit nur geringfügig verändert. Das teils mergelige, teils sandig-lehmi-

24

31, 33, 35, 46

10

40

1, 9, 16, 19, 42, 44

17, 38

42

54, 56, 75

ge Ausgangsmaterial der *Altmoränen* war schon während der letzten Vereisung und der ihr vorangegangenen Warmzeit oberflächlich umgelagert und stark entkalkt worden; auch sind die feinen, tonigen Bestandteile aus der obersten Bodenschicht ausgewaschen worden. Daher sind die Böden auf den Altmoränen durchweg weniger fruchtbar als auf den Jungmoränen. Unter günstigen Bedingungen ist Rostfarbener Waldboden entstanden, teilweise haben sich wie auf den Sandern Bleicherdeböden entwickelt. Die Ackerzahlen liegen bei 30–50. Die natürliche Vegetation auf der Hohen Geest war ein Wald aus Eichen, Buchen, Hainbuchen und Birken.

Die *Sanderlandschaft* oder *Niedere Geest* war ursprünglich eine sanft nach Westen geneigte Fastebene. In der frühen Nacheiszeit hat jedoch eine erhebliche Umlagerung des – damals noch vegetationslosen – Sandes durch Wind stattgefunden. Daher weist die Niedere Geest heute eine flachwellige Oberfläche auf, stellenweise trifft man sogar Binnendünen an.

Auf den mageren Sanden der Niederen Geest ist vielerorts ein Bleicherdeboden (Podsolboden) entstanden, wobei der Mensch wesentlich mitwirkte. Durch Holzeinschlag, Waldweide und Plaggenhieb in dem ursprünglichen Eichen-Birkenwald trat an dessen Stelle eine Calluna-Heide, deren abgestorbene Pflanzenteile einen sauren Rohhumus bildeten und damit die Entwicklung des Bleicherdebodens mit der typischen harten Ortsteinschicht einleiteten. Erst seit etwa 120 Jahren ist man in der Lage, den Heideboden durch Brechen der Ortsteinschicht, Kalkung und mineralische Düngung in Kultur zu nehmen. Seitdem sind die Heiden in unserem Lande bis auf kleine Reste verschwunden. Viele Sanderböden sind mit Ackerzahlen um 20 als Grenzertragsböden einzustufen, d. h., die Rentabilität der landwirtschaftlichen Nutzung ist nicht gesichert, Aufforstung erscheint daher auf vielen Flächen geboten.

Der nacheiszeitliche Anstieg des Grundwasserspiegels, der durch den Meeresspiegelanstieg ausgelöst wurde, hat vor allem die niedrigen Teile der Sanderlandschaft verändert. Auf dem vernäßten, meist ohnehin sauren Sandboden siedelten sich Torfmoose an, verdrängten die übrige Vegetation und wuchsen auch ohne voraufgegangenes Niedermoorstadium als „wurzelechtes Hochmoor" immer weiter in die Höhe. Dort, wo das Wachstum der Torfmoose mit dem Grundwasseranstieg nicht Schritt halten konnte, entstanden Schilfsümpfe und Bruchwälder, deren unverweste Reste das Niederungs- oder Flachmoor bilden. An wenigen, besonders niedrigen Stellen sind sogar flache Seen entstanden wie zum Beispiel der Hohner See oder der

Kudensee. Der ähnliche Meggersee ist trockengelegt und kultiviert worden. Auf der Hohen Geest gibt es keine Seen.

Die auf den Sandern wachsenden Moore gerieten später teilweise unter den Einfluß des Meeres bzw. der großen Tideflüsse Eider, Treene und Sorge: Über dem Moor wurde Schlick abgesetzt. Die Moorniederung, welche die Untereider begleitet, ist seit jeher ein verkehrsfeindlicher Raum.

Auch in den übrigen Landschaften Schleswig-Holsteins sind Moore entstanden, wenn auch nicht in so großer Ausdehnung und Verbreitung. Die klimatischen Bedingungen für das Moorwachstum bestehen auch heute noch. Unter flachlagerndem Niederungsmoor hat sich stellenweise Raseneisenstein gebildet, der in der Eisenzeit abgebaut und verhüttet wurde.

Der hohe Grundwasserstand unter den Sandern wird dort für jedermann sichtbar, wo Baggerlöcher zur Sandentnahme angelegt wurden, zum Beispiel an der Autobahn im Raum Neumünster.

Wattenmeer und Marsch

Der nacheiszeitliche Meeresspiegelanstieg traf in Dithmarschen auf eine in der Nähe des tiefeingeschnittenen Elburstromtals gleichfalls tiefliegende Landoberfläche, der keine Altmoränen vorgelagert waren. So brandete schon um 5000 v. Chr. das Meer gegen den „Klev" bei St. Michaelisdonn.

Vor dem Geestrand wurde zuerst Sand, später sandiger Klei abgelagert, es entstand ein Streifen stabiler Marsch; die Küstenlinie rückte schrittweise seewärts vor. Abgesehen von dem ebenfalls schrittweisen Verlust der Insel Alt-Büsum verlief hier die Landschaftsgeschichte im ganzen weniger dramatisch als in Nordfriesland.

In Eiderstedt entstand frühzeitig eine hochliegende und bis heute stabile Marsch, die schon zur römischen Kaiserzeit besiedelt war. Ihr ist im Westen ein Dünengürtel vorgelagert.

In Nordfriesland lag das nacheiszeitliche Niveau der Sander und der weit in das heutige offene Meer hinausreichenden Altmoränen viel höher als in Dithmarschen. Daher drang das Meer hier erst um 3000 v. Chr. ein; es setzte im Gebiet des heutigen Wattenmeeres zunächst eine Kleischicht ab. Bald wurde dieser Vorgang wieder unterbrochen, offenbar, weil an den seewärts gelegenen Geestkernen – ähnlich wie bei der heutigen Insel Sylt – lange Sandhaken entstanden, die zu einer nehrungsähnlichen Barre zusammenwuchsen. Hinter dieser befand sich nun eine vom Meer weitgehend unbeeinflußte Senke, die großflächig vermoorte.

Im frühen Mittelalter wurde dieses Gebiet von den aus den Niederlanden eingewanderten Friesen besiedelt und in Kultur genommen. Zu dieser Zeit nahm der Meereseinfluß bereits wieder zu, und wenig später drang die Nordsee mit verheerenden Sturmfluten – darunter der „Mandränke" von 1362, in der Rungholt unterging – endgültig in diesen Raum ein, in dem sich nun das heutige Wattenmeer auszuprägen begann. Die Sturmflut von 1634 bewirkte mit dem Untergang der Insel „Alt-Nordstrand" die letzte einschneidende Veränderung. Seither hat sich eine allmähliche Entwicklung angebahnt, in welcher der Mensch trotz mancher Rückschläge das Geschehen im Wattenraum zunehmend mitbestimmen konnte.

Das Wattenmeer ist der einzige größere Raum Schleswig-Holsteins, für den die Bezeichnung Naturlandschaft noch weitgehend zutrifft. Das Wattenmeer wird einerseits durch die Gezeiten geformt: Zweimal täglich strömen gewaltige Wassermassen als Flut landwärts, zweimal als Ebbe wieder zurück. Dabei schneiden die Gezeiten Priele und Wattströme in den Untergrund ein; auf ruhigen Wattflächen, besonders in den vom Menschen angelegten Landgewinnungswerken, setzen sie Schlick ab.

Die Rahmenbedingungen für Art und Ausmaß der Gezeitenwirkungen sind vor allem: Oberflächengestalt des Küstenraumes, mittlere Höhe des Tidehochwassers (MTHW) sowie die Größe des Tidenhubs (Differenz zwischen MTHW und MTNW, dem mittleren Tideniedrigwasser). Sie sind nicht konstant und beeinflussen sich auch gegenseitig, d. h., ein Anstieg des Meeresspiegels führt unter anderem zum tieferen Einschneiden der Wattströme. Die schrittweise Vertiefung des Elbfahrwassers von 11 m (1962) auf 13,5 m (1983) führte zu einer Zunahme des Tidenhubs in Hamburg von 2,60 m auf 3,43 m, in erster Linie durch Absinken des mittleren Niedrigwassers.

Sturmfluten bewegen, obwohl sie nur kurze Zeit dauern, sehr große Mengen an Sand und Schlick, vor allem am Außenrand des Wattenmeeres, wo die Außensände sich seit Jahrzehnten landwärts bewegen. Am Westufer der Insel Sylt bewirken die Sturmfluten große und gefährliche Umlagerungen. Sie setzen auf den Vorländern und Halligen, die von den normalen Gezeiten nicht mehr überflutet werden, Sinkstoffe ab und tragen so zu deren weiterer Erhöhung bei.

Mit gezielten Maßnahmen greift der Mensch in diesen Raum ein: Deiche schützen das niedrige Marschland vor Sturmfluten, Sturmflutsperrwerke entlasten die Deiche an den besonders gefährdeten Trichtermündungen der Flüsse, Vordeichungen vermindern das Einzugsgebiet gefährlicher Wattströme, Dämme

verhindern deren Erosion direkt. Uferbefestigungen schützen Halligkanten vor Abbruch, Lahnungen fördern den Schlickfall, und durch Sandvorspülung wird vor Sylt der Küstenrückgang verlangsamt.

Die Halligen sind Reste viel größerer und zahlreicherer Halligen. Ihr naturlandschaftsähnlicher Charakter wird vor allem sichtbar, wenn sie bei Sturmfluten überspült werden, was jährlich mehr- oder auch vielmals geschieht. Bei solchem „Landunter" wird die Halligoberfläche erhöht, zugleich wird der Boden mit Salz angereichert, dem jedoch die Vegetation der Salzwiese angepaßt ist.

Ohne Deichschutz muß sich der Mensch auf der Hallig durch den Bau von Warfen auf die Sturmfluten einstellen; eine landwirtschaftliche Nutzung der Salzwiese ist nur durch Viehhaltung möglich.

Die übrigen Marschen sind großenteils unter wesentlicher Mitwirkung des Menschen entstanden und daher keine reine Naturlandschaft. Dennoch sind die naturbedingten Merkmale der Marschen charakteristisch: Horizontal lagernde tonige Schichten weisen einen ursprünglich hohen, mit zunehmendem Alter der Marsch jedoch abnehmenden Kalkgehalt auf. Der Sandgehalt wechselt regional, er ist vor allem in Dithmarschen hoch. Die Ackerzahl liegt in älterer Marsch bei 50–65, in jüngeren Kögen bei 75–90.

Durch die Entstehung bedingt ist die niedrige Lage zum Meeresspiegel; die daraus entspringenden Entwässerungsprobleme sind durch den Meeresspiegelanstieg und bei meerwärts fortschreitender Bedeichung durch das abnehmende Gefälle, teils auch durch die Sackung unterliegender Moorschichten noch verschärft worden. Die bei den – früher häufigen – Deichbrüchen entstandenen, „Wehlen" genannten Kolke sind ein typisches Landschaftselement, auch in den Elbmarschen. Seen gibt es in der Marsch nur, wo tiefe Wattströme oder sehr niedriges Watt bedeicht wurden.

Während die Marschinseln Nordstrand und Pellworm den Festlandsmarschen ähneln, haben die „Geestinseln" Sylt, Föhr und Amrum einen Kern aus Altmoränen, Sylt auch aus Tertiär. Alle drei Inseln haben einen Marschanteil, der auf Föhr sehr groß, auf Amrum sehr klein ist. Dafür fehlen auf Föhr Dünen, die auf Sylt und Amrum große Areale bedecken.

Am Geestkern Sylts wie Amrums setzen im Norden und Süden Sandhaken an, die bei dem landwärts zurückliegenden Föhr fehlen. Von dem ähnlich aufgebauten Amrum unterscheidet sich Sylt vor allem dadurch, daß es an seiner Westseite starkem Abbruch unterliegt, während Amrum seeseitig durch einen breiten Vorstrand geschützt wird.

GESCHICHTLICHES WERDEN

Vielfalt der Völker

Die *Cimbrische Halbinsel* erhielt ihren Namen von dem alexandrinischen Gelehrten Claudius Ptolemäus (um 160 n. Chr.) in Erinnerung an die Cimbern, Teutonen und Ambronen, die von dort nach Süden gezogen waren und das Römische Reich erschüttert hatten, bis sie schließlich von Marius vernichtet wurden. Es mag sein, daß die Landschaftsnamen Himmerland und Thy in Nordjütland und Amrum in Nordfriesland mit jenen alten germanischen Völkerschaften in Verbindung zu bringen sind, ebenso wie die Landschaft Angeln nach den angelsächsischen Annalisten und dem angelsächsischen Kirchenhistoriker Beda (um 725) als die Urheimat ihrer Vorfahren anzusehen ist. Die weltgeschichtlichen Auswirkungen dieser Völkerwanderungen sind bekannt: daß in Italien die schweren, zwölfjährigen Kämpfe gegen die Germanen (113–101 v. Chr.) die römische Republik in eine Militärdiktatur und ein Caesarentum (Kaisertum) hinüberleiteten und daß in Britannien sich aus einer römischen Provinz ein Königreich England entwickelte (seit 450 n. Chr.)

Was mag jene Völker auf der Cimbrischen Halbinsel zur Auswanderung bewogen haben? Darüber haben sich schon in der Antike viele Gelehrte Gedanken gemacht. Landverluste durch schwere Sturmfluten?

Nordelbingen zwischen der ersten und zweiten Schlacht bei Bornhöved 798 bis 1227

Klimaverschlechterung? Übervölkerung und Hungersnot infolge von Mißernten? Abenteuer- und Eroberungslust? Man könnte meinen, die alte Heimat sei wohl nicht viel wert gewesen, wenn so viele sie verließen. Aber dem widerspricht die Tatsache, daß dieser Raum durch Lage und Naturausstattung offenbar doch höchst attraktiv war; denn es drangen von allen Seiten her andere Völkerschaften vor.

Nach historischen Quellen und nach dem Zeugnis der Ortsnamen finden wir zwischen Elbe und Eider die drei Sachsengaue Stormarn, Holstein und Dithmarschen; östlich von Schwentine, Trave und Delvenau sitzen slawische Stämme, Wagrier und Polaben, von den Sachsen durch den einst viel größeren Sachsenwald getrennt. Nördlich des Dänischen Waldes (an ihn erinnert die Landschaft Dänischer Wohld) siedeln Jüten und Dänen, die von Nordosten anrücken. Am westlichen Geestrand und auf den Inseln fassen im 8. Jahrhundert Friesen vom Niederrhein Fuß. *Vielfalt der Stämme* ist also bezeichnend für diese Landbrücke, als sie um 800 mit dem Frankenreich und seinen schreibkundigen Klerikern aus dem frühgeschichtlichen Dämmern ins Licht der Geschichte tritt.

Haithabu und Danewerk, Hamburg und Limes Saxoniae

Karl der Große hatte nur mit Mühe der widerspenstigen Sachsen Herr werden können. Ihr Führer Widukind hatte bei den nordalbingischen Sachsen und bei den Dänen Zuflucht gefunden. Auch nach seiner Unterwerfung blieb das Verhältnis zwischen dem von Machtpolitik und Missionsidee erfüllten Frankenkönig und dem heidnischen Dänenkönig gespannt. Jeder hatte Grund, den anderen zu fürchten. So erklärt es sich, daß Karl zum Schlag gegen die Sachsen nördlich der Elbe ausholt: Durch den fränkischen Grafen Eburis und den Wendenfürsten Thrasucho werden *die Holsten 798 bei Bornhöved geschlagen*. Karl siedelt einen Teil der nordalbingischen Sachsen zwangsweise um und überläßt das Land dem Thrasucho in der Hoffnung, damit einen Puffer zwischen dem christlichen Abendland und dem heidnischen Norden geschaffen zu haben. Doch der Dänenkönig Göttrik läßt den gegnerischen Satellitenfürsten ermorden, um selbst Herr des Landes zu werden. Nunmehr entschließt sich Karl, Nordelbingen durch einen fränkischen Brückenkopf zu sichern: Durch seinen Grafen Egbert läßt er dort, wo von Norden her der alte Heerweg an das Elburstromtal stößt, die *Burg Esesfelth* erbauen. Als Gegenmaßnahme errichtet Göttrik an der Südgrenze seines Reiches, auch zum Schutz der Wiksiedlung Haithabu, *das Danewerk.* Zugleich aber setzt er zur Offensive an: Er entsendet eine Flotte an die Rheinmündung, um gleichsam in die weiche Flanke des Gegners zu stoßen – Vorläufer späterer wikingischer Vorstöße in die westeuropäischen Flüsse. Göttriks Tod erlöst das Frankenreich von dieser Bedrohung; seine Söhne schließen mit Karl Frieden: *811 wird die Eider als Grenze bestimmt* – sie bleibt staatsrechtlich über ein Jahrtausend lang, bis 1864, die Grenze des Dänischen Reiches.

Unter Ludwig dem Frommen wird *Ansgar,* der Apostel des Nordens, *Erzbischof von Hamburg.* Als Demarkationslinie gegen die Slawen wird der *Limes Saxoniae* geschaffen, durch Burgen und einen Befehlshaber gesichert. Doch Angriffe von Wenden und Wikingern bringen schwere Rückschläge. Die folgenden Jahrhunderte sind erfüllt von Kämpfen zwischen Deutschen, Dänen und Wenden, ja selbst Schweden und Norweger greifen ein. Brennpunkt der Auseinandersetzungen ist *Haithabu/Sliaswic* an dem bedeutenden Transitweg zwischen Ost- und Nordsee. Der deutsche König Heinrich I. und die ersten Ottonen dringen bis hier und weit über das Danewerk vor. Otto I. gründet die *Bistümer Schleswig, Ripen, Aarhus und Oldenburg* – geistige Expansion des „Heiligen Römischen Reiches". Doch nach Ottos II. Niederlage in Süditalien bricht die deutsche Macht im Norden zusammen. Die Slawen stoßen nach Hamburg, nach Dithmarschen, sogar bis nach Ripen vor, während dänische Herrscher ihren Machtbereich vor allem nach Westen erweitern und große Teile Englands erobern – davon berichtet ein Runenstein: „König Sven (wohl Sven Gabelbart) setzte diesen Stein für seinen Gefolgsmann Skartha, der nach Westen gefahren war, aber nun vor Haithabu den Tod fand".

Grafschaft Holstein, Herzogtum Schleswig, freie Reichsstadt Lübeck

300 Jahre nach dem Friedensschluß an der Eider wird vom Sachsenherzog Lothar von Supplingenburg (dem späteren Kaiser) *1111 Adolf von Schauenburg als Graf von Holstein und Stormarn eingesetzt.* Das Schauenburger Grafengeschlecht hat über 300 Jahre lang, bis 1459, im wesentlichen die Geschicke des Landes gelenkt. Um die gleiche Zeit, da Adolf I. die Grafschaft Holstein als Lehnsmann des Sachsenherzogs übernimmt, wird von dänischer Seite der Königssohn *Knud Laward* mit der Grenzsicherung im Süden betraut. Er nennt sich nach deutschem Vorbild und nach seiner Residenz an der Schlei *Herzog von Schleswig.* Damit tritt das Herzogtum Schleswig in die Geschich-

te ein. Als Knud Laward zudem von den Abotriten zum Knes (König) gewählt wird, zeichnet sich die Entwicklung zu einem neuen Machtgebilde an der südwestlichen Ostsee ab. Doch sein Vetter sieht in ihm einen gefährlichen Rivalen in der Thronfolge und läßt ihn 1131 heimtückisch erschlagen.

In *Wagrien* gewinnt nun der Schauenburger Adolf II. die Oberhand. Auf einem Felsen, auf dem schon Knud Laward mit Befestigungsarbeiten begonnen hatte, erbaut er die Sigeburg. In ihrem Schutz legt *Vicelin, der Apostel der Wenden,* ein Kloster an. Von Segeberg aus wird Wagrien in wenigen Jahren dem Deutschtum und dem Christentum gewonnen. Dem Pfarrer Helmold von Bosau verdanken wir die lebendige Schilderung dieser bewegten Zeit. Mit der Gründung Lübecks 1143 (und erneut unter Heinrich dem Löwen 1158/59) beginnt die großartige Erschließung des Ostseeraumes durch deutsche Kaufleute, zumeist aus Westfalen und dem Rheinland. *Lübeck wird zur führenden Stadt der deutschen Hanse.*

Der innerdeutsche Zwist zwischen Welfen und Staufern hat zeitweilig alle Errungenschaften wieder in Frage gestellt. Den Schauenburgern geht der südliche Teil ihres Kolonisationsgebietes, Lauenburg-Ratzeburg, verloren, desgleichen die Stadt Lübeck – sie wird 1226 reichsunmittelbar. Die Schwäche auf deutscher Seite macht sich der Dänenkönig Waldemar II. zunutze: Er erobert sich ein Ostseereich bis zum Baltikum hin – dort fällt der Sage nach der Danebrog vom Himmel. Schließlich aber erliegt Waldemar „der Sieger" in der (zweiten) *Schlacht von Bornhöved 1227* dem Holstengrafen Adolf IV. im Bunde mit Lübeck und einigen norddeutschen Fürsten. Es ist ein Ereignis von epochaler Bedeutung: In Zukunft liegt das Übergewicht in Nordelbingen und im gesamten Ostseeraum bei den Deutschen. Es entspricht dem Geist der Zeit, daß Adolf IV., angeblich einem Gelübde während der Schlacht folgend, in ein Kloster eintritt.

Das 13. Jahrhundert ist in Deutschland das *Jahrhundert der Städtegründungen.* Die Schauenburger stehen anderen Fürsten darin nicht nach. Mit dem Bürgertum in den Städten kommen neue geschichtliche Kräfte auf, nicht nur in Holstein, das nun auch das östliche Kolonisationsgebiet mit umfaßt, sondern auch in Schleswig und weit nach Norden hin. Fast ebensowenig wie der Limes Saxoniae hat sich das Danewerk als dauerhafte politische und kulturelle Barriere erwiesen.

Den Schauenburgern kommt die Rivalität zwischen den Herzögen und Bischöfen von Schleswig und den dänischen Königen zugute. Schon 1326 erlangen sie die Zusicherung, daß niemals ein und derselbe Herrscher im Königreich Dänemark und im Herzogtum Schleswig regieren solle. Schleswigs Bindung an die dänische Krone wird zusehends schwächer. Nachdem den Schauenburgern bereits 1260 das Gebiet zwischen Eider und Schlei als Pfandbesitz übertragen worden war, erreichen sie *1386 die erbliche Belehnung mit dem Herzogtum Schleswig* bis an die Königsau. Deutsche Ritter und Bauern kommen in großer Zahl ins Land; in den Städten gewinnt das deutsche Element an Boden, durchweg übernimmt es die Führung im kommunalen und kommerziellen Bereich.

Stammesstaat – Lehnsstaat – Ständestaat

Mittlerweile hat sich ein politischer und sozialer *Wandel vom Stammesstaat zum Lehnsstaat* vollzogen. In der Zeit der Schauenburger breitet sich auch in der unteren Ebene das Lehnswesen, der Feudalismus aus. Besonders östlich des Limes Saxoniae, aber auch nördlich der Eider im mittleren und östlichen Schleswig werden deutsche Ritter mit der Besiedlung und der Wahrung des Landfriedens betraut. Sie erhalten als Entgelt dafür bedeutende grundherrliche Rechte wie die patrimoniale Gerichtsbarkeit über ihre Hintersassen sowie Steuerfreiheit für ihre Hofländereien. Reichen Grundbesitz, in Holstein wie in Schleswig, erwerben die führenden Adelsgeschlechter, die Ahlefeldt, Buchwald und Pogwisch, die Rantzau, Reventlow und Rumohr, um nur die wichtigsten zu nennen. Auch die Klöster werden durch Stiftungen von „Seelgut" immer reicher. Einfluß und Mitspracherecht der Bauern gehen mehr und mehr verloren. Die Macht liegt bald fast ausschließlich bei den Prälaten, der hohen Geistlichkeit, und bei der *Ritterschaft*, die sich zu einer Standesorganisation zusammenschließt und auch dem Landesherrn gegenüber ihre Interessen wahrnimmt. Allein Dithmarschen hat seine alte stammesstaatliche Struktur beibehalten; es erkennt lediglich pro forma die Oberhoheit des Bremer Erzbischofs an. Im Grunde ist es ein bäuerlicher Freistaat, in dem kein Adliger geduldet wird.

Da in Holstein und in Schleswig Prälaten und Ritterschaft, eng miteinander versippt, reich begütert sind und gleiche Interessen haben, liegt ihnen ebenso wie den Schauenburgern sehr daran, daß der Zusammenhalt der deutschen Grafschaft mit dem dänischen Herzogtum erhalten bleibt und sich weiter festigt. Das deutsche und das dänische Lehen wachsen mehr und mehr zu einem eigenartigen Staatsgebilde zusammen.

Diese Gemeinschaft aber droht auseinanderzubrechen, als 1459 mit Adolf VIII. der letzte erblehnsberechtigte Schauenburger kinderlos stirbt. Nun scheint den Dänen die in langen Kämpfen verlorene südliche Grenzmark kampflos zuzufallen. In dieser Situation beschließen die führenden Männer in Holstein und Schleswig, den dänischen König zu ihrem Landesherrn, zum Grafen von Holstein und Herzog von Schleswig zu wählen. In diesem Akt offenbart sich der *Übergang vom Lehnsstaat zum Ständestaat*: nicht der Lehnsherr bestimmt, sondern die Stände (in diesem Fall die „Räte" aus Prälaten und Ritterschaft) wählen.

Ripen 1460: Schleswig-Holstein

Sie wählen ihn aber nur gegen große Zugeständnisse: Er muß für sich und seine Nachfolger versprechen, daß Schleswig und Holstein „bliwen ewich tosamende ungedeelt". *Der Ripener Freiheitsbrief von 1460* mitsamt der „tapferen Verbesserung" von Kiel untermauert die Einheit der beiden Lande durch wichtige Bestimmungen über gemeinsame Landtage, Steuerbewilligungsrecht, Heerfolge und anderes; Burghauptleute z. B. darf der Herrscher nur aus dem einheimischen Adel erwählen. Der König, der durch diese Zugeständnisse seinerseits Holstein gewinnt, sitzt erst seit 12 Jahren auf dem dänischen Thron, er ist ein Neffe Adolfs VIII., ein Deutscher: *Christian I. aus dem Hause Oldenburg*. Die Ripener Urkunde von 1460 ist gleichsam das *Grundgesetz eines schleswig-holsteinischen Staates*, und wir können nun erstmals in der Geschichte von einem „Schleswig-Holstein" mit staatsrechtlichen Funktionen sprechen. Es untersteht freilich weiterhin teils dänischer, teils deutscher Lehnshoheit. Holstein, bisher eine Grafschaft unter dem Herzogtum Sachsen, wird 1474 vom deutschen Kaiser zu einem reichsunmittelbaren Herzogtum erhoben und damit dem dänischen Herzogtum Schleswig rangmäßig gleichgestellt. Beide Herzogtümer sind miteinander durch eine *Realunion* zusammengeschlossen, mit dem Königreich Dänemark durch *Personalunion* verbunden. Die Lübecker aber, die in dem seegewaltigen Dänemark ihren alten Gegner sehen, sind empört: die holsteinische Ritterschaft, so meinen sie, habe aus purem Egoismus deutsches Land an die Dänen verkauft. Die Bürger der Freien Reichsstadt ziehen aus der Tatsache, daß die „Dänen" nun unmittelbar vor ihrer Tür stehen, die Konsequenz: sie bauen die mächtigen Tore, die wir noch heute bewundern, Holstentor und Burgtor.

Landesteilungen. Adlige Grund- und Gutsherrschaft

Kompliziert wird die Geschichte durch *folgenschwere Landesteilungen*, die von den Fürsten unter Berufung auf ihr dynastisches Recht, jedoch entgegen den Ripener Versprechungen vorgenommen werden, 1490,

1544, 1564 und 1581. Es gibt daher zeitweilig zwei oder mehr gemeinsame Regenten. Sie teilen sich die Herzogtümer „intern" auf, so daß jeder Partner etwa gleich viel Steuereinnahmen erzielt. Damit bei solchen Teilungen das Land nicht vollends auseinanderfällt, werden die jeweiligen Anteile in zahlreichen Querstreifen abwechselnd über beide Herzogtümer verteilt. Gemeinsam regiert werden einige Städte und die adligen Güterdistrikte; denn der Adel genießt weitgehende Steuerfreiheit, übt selbst die Gerichtsbarkeit aus und erhebt von seinen Hintersassen die Steuern für die Landesherren, so daß staatliche Steuererheber, wie in den „Ämtern", nicht nötig sind. Die Privilegien des Adels waren so lange unbestritten gewesen, wie ihnen bedeutende Pflichten entsprachen, z. B. der Roßdienst. Seit dem Aufkommen der Landsknechtsheere aber entfällt diese Pflicht allmählich. Der „Ritter" unterliegt einem Bedeutungswandel: aus einer Berufsbezeichnung wird ein reiner Standestitel.

Ökonomische und sozialpolitische Umwälzungen sind dabei nicht voneinander zu trennen. Seit dem 15. Jahrhundert wächst namentlich in den Niederlanden ein Absatzmarkt für Agrarprodukte. Produktion im großen wird lohnend, Getreide, Rinder, später auch Butter. In Schleswig-Holstein (und nicht nur hier) entsteht auf der Basis der Grundherrschaft die *Gutswirtschaft mit Leibeigenschaft*, besonders im Jungmoränenland, wo seit der Kolonisationszeit der Adel stark vertreten ist. Die Ritterschaft, die seit 1460 den Landesherren oft gegen deren Widersacher finanziell geholfen hat, erhält als Entgelt manchen Pfandbesitz. Aus Kron- und Kirchengut kaufen namentlich die *Rantzau* (der Feldherr Johann und sein Sohn, der Politiker und Gelehrte Heinrich) riesige Ländereien zusammen, die ihnen eine fürstliche Hofhaltung und den Bau vieler Schlösser erlauben. 1524 läßt sich die Ritterschaft auch die Halsgerichtsbarkeit über ihre Hintersassen bestätigen, während sie selbst von den alten Kirchspiel- und Hardesgerichten unabhängig wird. Das erleichtert manchem Gutsherrn die Ausdehnung seiner Gutswirtschaft auf Kosten des Bauernlandes. Die Bauern werden immer mehr zu Arbeiten auf dem Gutshof herangezogen, und da viele sich dem zu entziehen versuchen, werden sie mitsamt ihren Kindern „an die Scholle gebunden", sie werden leibeigen, dürfen den Gutsbezirk nicht verlassen und sind dem Gutsherrn zu oft „ungemessenen" Diensten verpflichtet; zur Eheschließung bedürfen sie seiner Zustimmung. Andererseits obliegt dem Herrn die Konservationspflicht: er muß bei Not, Mißernten u. dergl. für sie sorgen.

Die Reformation festigt durch eine gemeinsame Kirchenverfassung den Zusammenhalt der beiden Her-

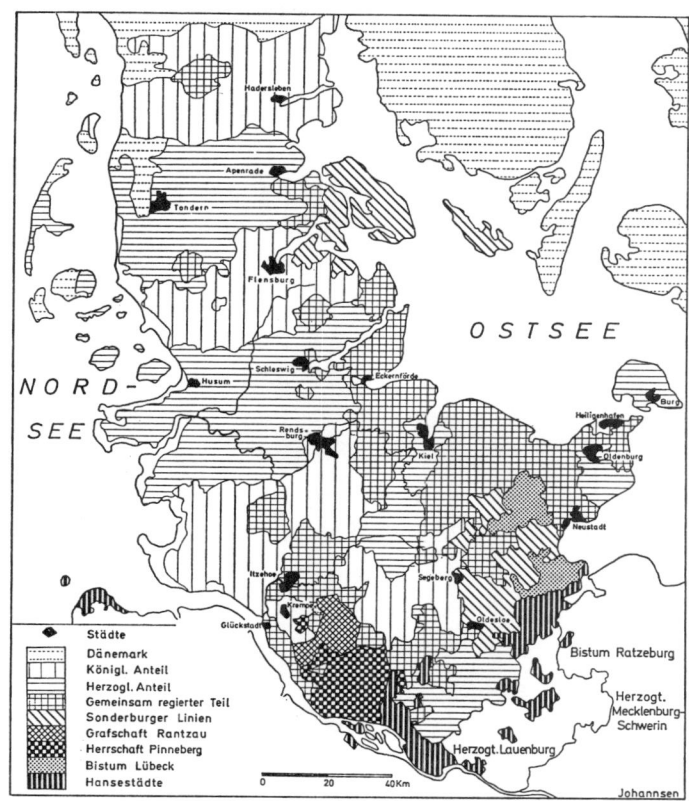

Politische Einteilung Schleswig-Holsteins am Ende des 17. Jh.
(Weiße Flächen an der Westküste: später eingedeichte Köge)

zogtümer. In gleichem Sinne wirkt sich die deutsche Kirchensprache aus; doch bleibt im nördlichen Schleswig die Kirchensprache Dänisch. – Die Reformation stärkt aber auch die weltliche Macht der Landesfürsten durch *Säkularisierung des Kirchengutes*. Aus den umfangreichen klösterlichen Besitzungen werden fürstliche „Ämter", aus den Steinen des Rudeklosters baut sich Herzog Hans d. J. aus der Sonderburger Nebenlinie die „Glücksburg", die zum Stammschloß des dänischen, norwegischen und griechischen Königshauses werden sollte. Die Ritterschaft des Landes setzt durch, daß ihr die vier reichen Nonnenklöster Preetz, Itzehoe, Schleswig und Uetersen übereignet werden. Als adlige Damenstifte bleiben sie das, was sie im Grunde schon in katholischer Zeit gewesen waren: Versorgungsanstalten für die Töchter des Adels.

In *Dithmarschen* haben sich die freiheitsliebenden Bauern der mittelalterlichen Feudalisierung zu widersetzen vermocht. Gegen beutelüsterne Angreifer riefen sie wohl gar ihren größten Feind zu Hilfe, den Blanken Hans, indem sie die Schleusen öffneten – so in der berühmten Schlacht bei Hemmingstedt im Februar 1500. Als Dithmarschen dann 1559 der Übermacht von König, Herzog und Ritterschaft erliegt, bleibt es doch – ebenso wie Eiderstedt und Nordfriesland – frei von adliger Grund- und Gutsherrschaft; es findet dabei die Unterstützung der Landesherren, die kein Interesse daran haben, daß der steuerlich privilegierte Adel seine Macht erweitert.

5, 7, 8,
15, 27, 30

96

2, 34

13

Aufsteigende Fürstenmacht.
Das Haus Gottorf

Wie fast überall in Europa gewinnt die aufsteigende Fürstenmacht allmählich die Oberhand über die Stände. Der Weg führt *vom Ständestaat zum absolutistischen Fürstenstaat*. In den Herzogtümern gibt es infolge der Landesteilungen zwei regierende Linien, bei denen sich zu Beginn des 17. Jahrhunderts gegen das verbriefte Wahlrecht der Stände die Primogenitur, das Nachfolgerecht des ältesten Sohnes, durchsetzt. Von den Herzögen der beiden regierenden Linien ist der eine zugleich König von Dänemark und residiert in Kopenhagen, der andere ist nur Herzog: er baut sein Schloß 14 Gottorf zu einer stattlichen Residenz aus und zieht Künstler und Gelehrte an seinen Hof. Die hier geplante Universität wird unter Herzog Christian Albrecht 1665 jedoch in Kiel gegründet, auf deutschem Reichsgebiet. Beide Herrscher, sowohl König-Herzog als 66 auch Herzog, suchen durch *Landgewinnung an der* 71 *Nordsee* (vor allem nach der „großen Mandränke" von 1634) und durch *merkantilistische Maßnahmen* die Wirtschaft und damit ihre politische Macht auszubauen. Das kommt zum Ausdruck im Bau von Festungen und Handels- und Gewerbestädten, in denen namentlich glaubensverfolgten Holländern – auch Juden – eine Freistatt geboten wird, wie *Glückstadt* (1616) und 83, 91 *Friedrichstadt* (1621), sowie in den Bemühungen um gewinnbringenden Überseehandel nach Westen, aber auch nach Osten über Rußland nach dem Orient. Von beiden Landesherren gefördert, verfassen zwei Husumer Gelehrte, Caspar Danckwerth und Johannes Mejer, eins der bedeutendsten landeskundlichen Werke Deutschlands, die „Neue Landesbeschreibung der zwei Herzogtümer Schleswig und Holstein" mit vielen Karten (1652).

Es liegt nahe, daß Eifersucht und Rivalität das Einvernehmen zwischen den beiden Herrscherhäusern trüben. Der Gottorfer Herzog als der Schwächere verbündet sich mit Dänemarks altem Gegner Schweden – der König-Herzog fühlt sich dadurch umklammert und seinerseits bedroht. Durch diese Gegensätze werden *die Herzogtümer in den Dreißigjährigen Krieg und in weitere Kriege verwickelt*. 1658 muß Dänemark seine Stammlande östlich des Öresunds für immer an Schweden abtreten. Erstaunlich erscheint, daß der dänische König zugleich mit diesem größten außenpolitischen Machtverlust den größten innenpolitischen Machtgewinn verzeichnen kann: Ihm wird 1660 durch freien Entschluß der dänischen Reichsversammlung die volle Souveränität zugesprochen, die Stände (der Adel hatte im Krieg versagt) werden völlig ausgeschal-

tet. Das „*Königsgesetz" von 1665* ist ein einzigartiges Dokument des fürstlichen Absolutismus. Der König als unumschränkter Alleinherrscher unterliegt laut Gesetz nur einer einzigen, höchst bezeichnenden Beschränkung: Er darf von seiner Allgewalt nicht das Geringste abtreten. Das Königsgesetz gilt jedoch nur nördlich der Königsau. In den Herzogtümern wird der ständische Einfluß zwar zurückgedrängt, aber nicht ausgeschaltet.

Die „Deutschen Herzogtümer"
im „Dänischen Gesamtstaat"

Das Haus Gottorf, das als Verbündeter der siegreichen Schweden vorübergehend für sein schleswigsches Territorium die Unabhängigkeit von der dänischen Krone erreicht hatte, stürzt nach dem Zusammenbruch der schwedischen Machtstellung im Nordischen Krieg tief hinab: Es muß seine schleswigschen Besitzungen mitsamt dem soeben großzügig umgebauten Schloß Gottorf an die königliche Linie abtreten. *Die „holsteinischen" Gottorfer* regieren fortan im Schloß zu Kiel. 14, 20 Hier wird 1728 als Sohn des Herzogs Karl Friedrich und seiner Gemahlin Anna Petrowna, einer Tochter Peters d. Gr., Karl Peter Ulrich geboren, der 1762 russischer Zar wird. Von seiner Gemahlin und Nachfolgerin Katharina d. Gr. wird *1773 der Gottorfer Tauschvertrag* geschlossen: Das Haus Gottorf verzichtet nun auch auf seine holsteinischen Anteile zugunsten der königlich-dänischen Linie. Da einige Jahre vorher auch andere Territorialfetzen (Sonderburger Linien, Grafschaft Schauenburg, Reichsgrafschaft Rantzau) an den König gefallen waren, sind die Herzogtümer nach fast 300 Jahren wieder unter einem Herrscher vereint. Außen vor bleiben nur die Gebiete des Fürstbistums Lü- 35, 43, beck und der Städte Lübeck und Hamburg – letzteres 44, 97 hatte die Anerkennung seiner Selbständigkeit 1768 mit Geld erkauft. Der *Dänische Gesamtstaat*, der nun Dänemark, Norwegen, die „deutschen Herzogtümer" (wie sie staatsrechtlich nicht ganz korrekt bezeichnet werden) und einige Überseegebiete umfaßt, stellt eine beachtliche Macht dar. Dabei nehmen die Herzogtümer eine gewisse Sonderstellung ein, für sie ist eine eigene Behörde geschaffen, die Deutsche Kanzlei in Kopenhagen. An ihrer Spitze steht ein bedeutender Staatsmann, der zugleich dänischer Außenminister ist, der Graf Andreas Peter Bernstorff. Sein Wahlspruch Patria ubique (das Vaterland ist überall) kennzeichnet den kosmopolitischen Zeitgeist. Die Regierung ist weitgehend erfüllt von den *Ideen des Aufgeklärten Absolutismus*, von der Sorge um das Gemeinwohl. Jetzt

wird endlich ein alter Traum verwirklicht, ein See-
schiffskanal quer durch das Land. Die großen Refor-
men aber betreffen vornehmlich die Umgestaltung der
Agrarstruktur: Nachdem man seit 1759 versucht hat,
die Heide- und Moorgebiete auf der schleswigschen
Geest mit süddeutschen Kolonisten zu besiedeln, wird
seit 1760 die *Verkoppelung* betrieben, d. h. die Ablösung der bäuerlichen Flurgemeinschaft durch Eigen-
besitz, und 1797 beschließen die schleswig-holsteinischen Gutsbesitzer die *Aufhebung der Leibeigenschaft*,
soweit sie noch besteht, die dann kraft königlicher
Verordnung zum 1. Januar 1805 erfolgt. Damit sind
die Voraussetzungen für den Aufschwung der Landwirtschaft geschaffen.

Die durch Bernstorffs kluge Neutralitätspolitik ver-
bürgte *„Ruhe des Nordens“, endet in den Stürmen der
Napoleonischen Zeit.* Nach dem Ende des Deutschen
Reiches 1806 wird das „herrenlose“ Holstein in den dänischen Staat einverleibt. Das wird allerdings rückgängig gemacht, als auf dem Wiener Kongreß der *Deutsche
Bund* entsteht. Ihm tritt der Dänenkönig als Herzog
von Holstein bei, später auch als Herzog von Lauenburg, das Dänemark als Entschädigung für das 1814
verlorene Norwegen erhält.

„Schleswig-Holsteiner“ und „Eiderdänen“

Je mehr man in Kopenhagen versucht, den Gesamtstaat zu zentralisieren, um so mehr meldet sich in den
Herzogtümern eine Opposition. Sie wendet sich aus
altständischen oder aus modern-liberalen Motiven gegen den bürokratischen Dirigismus, aus deutschem
Kulturbewußtsein gegen verstärkt-dänische Tenden-
zen.

Unter Führung des Gutsherrn *Fritz Reventlow* meint
die Schleswig-Holsteinische Ritterschaft nicht Stan-
des-, sondern Landesrechte zu vertreten. Ihr Sekretär,
der Kieler Historiker *Friedrich Christoph Dahlmann*,
spricht vor allem das akademische Bürgertum an.
Schon 1815 verkündet er das politische Ziel: die Herzogtümer Schleswig und Holstein, seit Jahrhunderten
unzertrennlich vereint, als blühende Provinzen eines
wiedererstehenden, auf einer freiheitlichen Verfassung
gegründeten Deutschen Reiches. Daß *das nationale Ziel
zugleich ein liberales Ziel* ist, verbunden mit dem Kampf
gegen den unzeitgemäßen Absolutismus, verleiht der
Bewegung besonderen Schwung. Im Revolutionsjahr
1830 versucht der Friese *Uwe Jens Lornsen* mit einer in
9000 Exemplaren gedruckten Flugschrift „Über das
Verfassungswerk in Schleswigholstein“ einen Peti-
tionssturm zu entfachen, d. h. erstmals die breite Basis

zu aktivieren: Schleswig-Holstein soll ein eigener Staat
sein, der mit Dänemark nur „König und Feind“ gemeinsam hat. Die knappe Formulierung *„Up ewig ungedeelt“* wird zur Parole der deutschbewußten Schleswig-Holsteiner.

Es ist eigenartig: Historisches Recht (Staatsrecht)
und Nationalbewußtsein (demokratisches Selbstbe-
stimmungsrecht) werden ebenso wie von deutscher
auch von dänischer Seite ins Feld geführt, jedoch mit
verschiedenen Zielvorstellungen. Dahlmanns Universi-
tätskollege *Christian Paulsen*, ein in deutschem Kultur-
milieu aufgewachsener Flensburger, wird sich eines Tages (er kann das Datum angeben) seines „Dänentums“
bewußt und beginnt in dänischer Sprache zu schreiben.
Er ist überrascht, daß sowohl Dahlmann als auch Lornsen bei ihren politischen Forderungen die Stellung und
die Rechte der dänischen Bevölkerung im nördlichen
Schleswig ebensowenig in Rechnung stellen wie die historische Tatsache, daß Schleswig - trotz vieler Ge-
meinsamkeiten mit Holstein - staatsrechtlich doch dä-
nisches Herzogtum ist. Durch Paulsen und seinen
Kieler Kollegen Christian Flor werden die dänischen
Argumente formuliert, am schärfsten jedoch in Kopenhagen von dem herkunftsmäßig halbdeutschen Politiker *Orla Lehmann*. Er fragt - in Abwandlung der
Arndtschen Frage -: „Was ist des Dänen Vaterland?“,
aber seine Antwort lautet nicht: „So weit die dänische
Zunge klingt“, also nicht volksrechtlich, sondern
staatsrechtlich: *„Dänemark bis zur Eider!“* Der deutsche
Einfluß, der sich im Laufe von Jahrhunderten in Schleswig in natürlicher Entwicklung geltend gemacht hat,
unbewußt unterstützt auch von den „dänischen“ Herrschern des Oldenburger Hauses, ist für Orla Lehmann
„eine traurige Krankengeschichte“.

Der Historiker muß feststellen, daß damals beide
Seiten, nämlich die deutschen *„Schleswig-Holsteiner“*
und die *„Eiderdänen“*, sich mit gleich viel bzw. gleich
wenig Recht auf Staatsrecht und Nationalitätenrecht
berufen, in ihrem Bestreben, den übernationalen Gesamtstaat zu zerschlagen. Die Nationalisten auf beiden
Seiten kämpfen zugleich gegen die absolute Herrscher-
gewalt. Dabei befinden sich die Dänen insofern in einer
schwierigen Situation, als sie in dem unter der Lex Regia stehenden Königreich Dänemark schärferen Zen-
surbestimmungen unterworfen sind. In den Herzogtümern herrschen freiere Verhältnisse, ja, als Bundesfürst ist der Dänenkönig sogar verpflichtet, seinen
deutschen Herzogtümern Holstein und Lauenburg
eine freiheitliche Verfassung zu geben. Er tut es nicht,
denn er fürchtet dann ein Auseinanderbrechen „seines“ Gesamtstaates. Erst unter dem Schock der Lorn-
senschen Bewegung genehmigt er vier getrennte *Stän-*

deversammlungen, in Itzehoe und Schleswig sowie in Viborg und Roskilde; sie beruhen alle vier auf einem sehr beschränkten Wahlrecht und haben keinerlei gesetzgebende, sondern nur beratende Funktion. Immerhin bestehen nunmehr öffentlich-rechtliche Gremien, in denen politische Fragen erörtert werden können, gleichsam „demokratische Vorschulen“. Während für die Entwicklung eines deutsch-schleswig-holsteinischen Nationalbewußtseins das *Herrenhaus Emkendorf und die Universität Kiel* sehr bestimmend sind, erfolgt die Erweckung zu dänischer Gesinnung bezeichnenderweise zum guten Teil in einer Heimschule ganz neuer Art, nämlich in der *Volkshochschule Rödding*, eben südlich der Königsaugrenze. Hier werden die Ideen des großen dänischen Volkserziehers Grundtvig verwirklicht.

27

Die Teilung in zwei nationale Lager kommt 1844 deutlich zum Ausdruck, als ein großes *deutsches Sängerfest in Schleswig unter blau-weiß-roten Fahnen* gefeiert und erstmals das Schleswig-Holstein-Lied gesungen wird, während fast gleichzeitig dänisch gesonnene Schleswiger und Dänen aus dem Königreich sich in der Nordostecke des Herzogtums auf *Skamlingsbanke unter dem Danebrog* treffen. Jedes dieser „Nationalfeste“ zählt etwa 12 000 Teilnehmer.

Die politische Zuspitzung führt dazu, daß der König jegliche Diskussion über die staatsrechtliche Frage verbietet und 1846 in einem „*Offenen Brief*“ u. a. verkündet, daß die Erbfolge der Lex Regia auch für Schleswig gelte. In Schleswig-Holstein empfindet man das als Rechtsbruch. Die Schleswiger Ständeversammlung fordert die Zurücknahme des Offenen Briefes, eine gemeinsame liberale Verfassung für beide Herzogtümer sowie die Zustimmung zur Aufnahme Schleswigs in den Deutschen Bund. Daß dieser Antrag mit der überwältigenden Mehrheit von 34 gegen 3 Stimmen beschlossen wird, erklärt sich freilich z. T. daraus, daß in der „Honoratiorenversammlung“ der „gemeine Mann“ unterrepräsentiert ist.

34

Schleswig-Holsteinische Erhebung 1848

Die Ereignisse von 1848 stehen in Wechselwirkung mit den Vorgängen in Europa. Kaum hat der neue dänische König Friedrich VII. eine gemäßigt-liberale Gesamtstaatsverfassung in Aussicht gestellt, da wird sie unter dem Einfluß der revolutionären Bewegungen in Paris, Wien und Berlin als völlig unzureichend erklärt. In Rendsburg verlangen die hier gemeinsam tagenden schleswig-holsteinischen Ständeversammlungen sowie eine Volksversammlung Grundrechte wie z. B. Presse-

26

freiheit, dazu die Aufnahme Schleswigs in den Deutschen Bund, während in Kopenhagen unter dem Druck erregter Volksversammlungen der Herrscher sich zur Berufung eines eiderdänisch gesinnten Ministeriums entschließt. Daraufhin kommt es in Kiel am 24. März zur *Schleswig-Holsteinischen Erhebung* gegen den „unfreien Herzog“ und zur Einsetzung einer Provisorischen Regierung. Offiziell wird verkündet, man wolle sich den *Einheits- und Freiheitsbestrebungen Deutschlands* anschließen. Es kommt zum Krieg, in den zeitweilig auch Truppen des Deutschen Bundes und Preußens eingreifen; diplomatisch greifen aber auch die europäischen Großmächte ein: sie möchten den alten Dänischen Gesamtstaat erhalten. So erklärt es sich, daß die schleswig-holsteinische Erhebung scheitert. Eine in den Herzogtümern erstmals nach gleichem und direktem Wahlrecht konstituierte verfassunggebende Versammlung hat im September 1848 zwar ein *liberales Staatsgrundgesetz* beschlossen, in dem u. a. als ein Grundrecht der Gebrauch der deutschen wie auch der dänischen Sprache garantiert wird – das Gesetz darf jedoch nicht in Kraft treten.

In den *Londoner Protokollen* vom August 1850 und Mai 1852 wird der *Fortbestand des Dänischen Gesamtstaates* festgelegt und als künftiger Thronfolger der Prinz von Schleswig-Holstein-Glücksburg anerkannt. Überdies verpflichtet sich der dänische König gegenüber den deutschen Großmächten Preußen und Österreich, die Gleichberechtigung der einzelnen Landesteile zu gewährleisten und keinerlei Maßnahmen zu treffen, die einer Inkorporation Schleswigs in das Königreich Dänemark gleichkämen.

2

Schleswig-Holsteiner wie Eiderdänen sind von der reaktionären Londoner Lösung tief enttäuscht, die das Rad der Geschichte zurückzudrehen sucht. Für die dänische Regierung erweist sich die Schaffung einer freiheitlichen Gesamtstaatsverfassung als unlösbare Aufgabe. Im Besitz der Macht, versucht sie Schleswig zu danisieren; viele Deutsche, z. B. Theodor Storm, müssen das Land verlassen. Als die Weltlage sich zugunsten Dänemarks zu entwickeln scheint, die deutschen Großmächte miteinander zerstritten und daher gelähmt erscheinen, während andererseits der Schwedenkönig – allzu leichtfertig – den Dänen militärische Hilfe zugesagt hat, beschließt die dänische Regierung den unlösbaren Knoten auf die Gefahr eines Krieges hin zu durchschlagen: Sie entwirft im November 1863 eine Verfassung für Dänemark einschließlich Schleswigs – ohne Holstein. Doch ehe er diese *eiderdänische Verfassung* noch unterschreiben kann, stirbt König Friedrich VII. auf Schloß Glücksburg. Sein Nachfolger Christian IX., der „Protokollprinz“, befindet sich in einer Zwick-

2

mühle: Unterschreibt er die Verfassung, so verstößt er gegen die Verpflichtungen, denen er schließlich seine eigene Thronanwartschaft zu verdanken hat; unterschreibt er nicht, so stößt er die Dänen vor den Kopf und muß damit rechnen, zugunsten des Schwedenkönigs und womöglich eines großskandinavischen Reiches davongejagt zu werden. Er unterschreibt.

Schleswig-Holstein preußische Provinz

Auf deutscher Seite zeichnen sich zwei Lösungen ab: Der Erbprinz *Friedrich von Schleswig-Holstein-Sonderburg-Augustenburg* macht seine dynastischen Erbansprüche geltend und verkündet: *„Mein Recht ist eure Rettung".* Eine Landesversammlung in Elmshorn huldigt ihm als „Herzog Friedrich VIII.", am 27. Dezember 1863. Vier Tage später, beim Silvesterpunsch, erklärt der preußische Ministerpräsident *Otto von Bismarck* seinen Freunden als das Ziel seiner Politik, die er seit längerem verfolge: *„Die Up-ewig-Ungedeelten müssen einmal Preußen werden."*

Wie Bismarck das erreicht – gegen die Wünsche der europäischen Mächte, gegen den Willen des ihm nur widerwillig folgenden Österreich, gegen den Herzog von Augustenburg und gegen die überwältigende Mehrheit der Schleswig-Holsteiner, das hat er selbst als sein politisches Meisterstück bezeichnet. Er beruft sich dabei auf internationale Abmachungen, die er in harter Konsequenz in seinem Sinne ausnutzt.

Da die Dänen das kurzbefristete Ultimatum der deutschen Großmächte auf Rücknahme der eiderdänischen Verfassung nicht befolgten, überschreiten deutsche Truppen am 1. Februar 1864 die Eider. Nach Überwindung des Danewerks, Erstürmung der Düppeler Schanzen, Waffenstillstand und ergebnislosen Verhandlungen in London macht erst der Übergang der Preußen nach Alsen die Dänen friedenswillig. Im *Wiener Frieden* müssen sie *die Herzogtümer an die beiden deutschen Großmächte* abtreten; im Austausch gegen reichsdänische Enklaven nördlich von Tondern sowie auf den Inseln Röm, Sylt, Föhr und Amrum erhalten die Dänen die Inseln Aerö sowie Gebiete um Skamlingsbanke und Ripen. Lauenburg wird an Preußen verkauft.

Nach dem preußisch-österreichischen Krieg verzichtet Österreich im *Prager Frieden 1866* auf seine Ansprüche. *Schleswig-Holstein wird preußische Provinz.* Doch besagt eine Klausel im Artikel V des Prager Friedens, daß in den nördlichen Distrikten Schleswigs der Bevölkerung, wenn sie durch freie Abstimmung den Wunsch äußert, der Anschluß an Dänemark zugestanden wird.

Da Preußen und Dänemark sich über wichtige Voraussetzungen nicht einigen können (Dänemark findet das von Preußen vorgeschlagene Abstimmungsgebiet zu klein, Preußen die von Dänemark einer deutschen Minderheit einzuräumenden Rechte unzulänglich), heben die Vertragspartner Preußen und Österreich diese Klausel 1878 wieder auf.

Rückschauend mögen wir fragen, warum man nicht angesichts der unvereinbaren staats- und volksrechtlichen Positionen auf schleswig-holsteinischer und eiderdänischer Seite längst zu der „einzig logischen" Lösung des Konflikts gekommen ist, nämlich das umstrittene und von beiden Seiten „zu Recht" verlangte Schleswig zu teilen, entsprechend dem Willen der Bevölkerung. Dazu ist zu sagen, daß die Bevölkerung selbst solch eine Teilung lange Zeit abgelehnt hat, und zwar seit 1814, als erstmals von einem Politiker (Niebuhr) eine derartige Teilung vorgeschlagen wurde, bis in die preußische Zeit hinein. Ähnliche Vorschläge im März 1848 seitens der schleswig-holsteinischen Deputation in Kopenhagen, 1862 durch Preußen, 1864 durch England, unterstützt von Frankreich und Preußen, wurden von den Dänen abgelehnt. Erst nach der Niederlage von 1864 macht sich die dänische Regierung den Gedanken einer Teilung Schleswigs zu eigen und gewinnt auch die dänische Bevölkerung im nördlichen Schleswig für diese Idee.

Die preußische Regierung und Verwaltung hat die dänische Volksgruppe in Schleswig keineswegs tolerant und großzügig behandelt. Der *Danisierungspolitik der 1850er Jahre* entspricht eine gleich törichte und verfehlte Germanisierungspolitik unter der preußischen Herrschaft.

Als *Teil des Deutschen Reiches* nimmt Schleswig-Holstein am wirtschaftlich-industriellen Aufschwung teil. Die *kaiserliche Marine* findet im Lande zwischen den Meeren, die durch den *Kaiser-Wilhelm-Kanal* miteinander verbunden werden, ideale Standorte, in Kiel und Flensburg, Sonderburg und Eckernförde. Der *Schiffbau* (für Kriegs- und Handelsschiffe) mit vielfältiger Zubringerindustrie entwickelt sich vor allem in Kiel und Hamburg. Die *Industrialisierung* führt vielerorts zu rapidem Bevölkerungsanstieg, zu starker Mobilität und zu sozialen Problemen. Bei den Reichstagswahlen kommt der Stimmungswechsel zum Ausdruck: Überwiegender Protest gegen die preußische Annexion weicht der Freude über die Bismarcksche Reichsgründung (1877 Nationalliberale stärkste Partei); diese Freude wird dann aber von verbreiteter Enttäuschung und Kritik abgelöst, weil liberale und soziale Wünsche und Forderungen unerfüllt bleiben (1878–1887 Linksliberale, seit 1890 Sozialdemokraten stärkste Partei).

In der Weimarer Republik und im nationalsozialistischen „Führerstaat"

Die im November 1918 von der Flotte in Kiel ausgehende *Revolution* verläuft relativ gemäßigt. Die Wahlen zur Nationalversammlung im Januar 1919 bringen in Schleswig-Holstein eine kontinuierliche Fortsetzung der politischen Atmosphäre der Vorkriegszeit, sie bedeuten ein überwältigendes *Bekenntnis zur jungen deutschen Republik*. Anders als sonst im Reich steigen dann 1924 die konservativen Deutschnationalen zur stärksten Partei hierzulande auf. Die Sozialdemokraten gewinnen diese Position zwar 1928/30 wieder zurück, werden dann aber im Juli 1932 von den sprunghaft aufsteigenden Nationalsozialisten weit abgeschlagen: NSDAP 51 % (64 % auf dem Lande, 45 % in den Städten) – SPD 26 % (19 % auf dem Lande, 30 % in den Städten). Die vielschichtigen Gründe für dieses Phänomen zu analysieren, ist hier nicht der Ort.

Zufolge der Artikel 109–114 des Versailler Vertrages wird durch *Volksabstimmungen 1920* die neue, noch heute gültige Grenze gegenüber Dänemark gezogen. In der 1. Abstimmungszone werden rund 75 000 Stimmen für Dänemark, 25 000 für Deutschland abgegeben; in der wesentlich kleineren, Flensburgs wegen aber besonders bedeutsamen 2. Zone sind die Zahlen 13 000:52 000. „*Nordschleswig" wird an Dänemark abgetreten;* Schleswig-Holstein wird dadurch um etwa ein Fünftel verkleinert. Vielen Deutschen fällt es schwer, sich mit dem Verlust Nordschleswigs abzufinden, während umgekehrt viele Dänen dem Danewerk oder gar der Eider nachtrauern. In der *Zeit des Nationalsozialismus* werden Stimmen laut, auch Nordschleswig „heim ins Reich" zu holen – in völliger Verkennung des bodenständigen Dänentums dort. Die Grenze bleibt unverrückt – aber sie wird bekanntlich 1940 überrollt.

Eine territoriale Veränderung ist dagegen im Raume Holstein zu vermerken: 1937 werden durch das *Groß-Hamburg-Gesetz* die Städte Altona und Wandsbek sowie weitere Randgemeinden an den Freistaat Hamburg abgetreten, während Lübeck und die zu Oldenburg gehörenden Teile des ehemaligen Fürstbistums Lübeck (Eutin) an Schleswig-Holstein fallen – schmerzlich empfunden besonders von vielen Lübeckern, die ihre jahrhundertelange Reichsfreiheit einbüßen.

97–102

43–45

35

Schleswig-Holstein als Bundesland der Bundesrepublik Deutschland

Veränderungen unvorstellbaren Ausmaßes bringt der Zweite Weltkrieg: Bombenzerstörungen, britische Besatzung, Zustrom von ca. 1,2 Mio. ostdeutschen Flüchtlingen und Heimatvertriebenen (zu gut 1,5 Mio. Einheimischen!), fieberhaftes Anschwellen der dänischen Stimmen im Landesteil Schleswig, Demontagen zugunsten der Siegermächte. Die *britische Militärregierung* als Trägerin der Verantwortung fördert den politischen und wirtschaftlichen Wiederaufbau und die „Reeducation", um diese Aufgaben so bald wie möglich ganz in deutsche Hände zu legen. Die Entwicklung geht stufenweise vor sich: Einsetzung eines Provinzialbeirats, dann – nach Auflösung des preußischen Staates – einer Landesregierung, ferner die zunächst autoritäre Berufung (1946), dann 1947 die demokratische *Wahl eines Landtages und einer Landesregierung* auf parlamentarischer Grundlage. Die Schleswig-Holsteiner sind durchweg froh darüber, daß ihr Land als historisch gewachsenes Gebilde erhalten bleibt und *Teil der Bundesrepublik Deutschland* wird. *Hamburg* behält seine stadtstaatliche Eigenständigkeit; seine wirtschaftlichen Verflechtungen mit dem holsteinischen Umland sind eng. Das sowohl durch die deutsche Besatzungszeit als auch durch dänische Grenzrevisionswünsche gespannte Verhältnis zum nördlichen Nachbarn wird vor allem durch die „*Kieler Erklärung"* von 1949 normalisiert, in der festgelegt wird, daß das nationale Bekenntnis frei ist und nicht in Frage gestellt werden darf. Das „*Programm Nord"* (1953) fördert die landeskulturelle Entwicklung namentlich im peripheren Landesteil Schleswig. Die Seßhaftmachung und Eingliederung der Heimatvertriebenen ist ein wesentlicher Gesichtspunkt bei der vom Landtag beschlossenen *Bodenreform*, die die Enteignung des Großgrundbesitzes (gegen Entschädigung) vorsieht. Die Reduzierung der landwirtschaftlichen Betriebsgrößen erweist sich allerdings schon bald als unzeitgemäß, so daß der Landtag das Gesetz 1960 mit überwältigender Mehrheit wiederaufhebt. Mittlerweile ist durch Umsiedlung in andere Bundesländer und durch *starke Industrialisierung* im eigenen Land die Flüchtlingsnot weitgehend behoben und die *Integration der Heimatvertriebenen* vollzogen. Im Sinne der Verwaltungsvereinfachung wird – wie auch im dänischen Nordschleswig – die Zahl der Landkreise verringert (1970). Während Schleswig-Holstein im Osten die Absperrung durch den „Eisernen Vorhang" empfindlich spürt, kommt ihm die Offenheit der Grenzen im westlichen Europa sehr zugute. Als Land an zwei Meeren ist es zu einem vielbesuchten *Fremdenverkehrsland* geworden. Seiner natürlichen *Brückenfunktion* wird Schleswig-Holstein durch moderne Verkehrswege und Fährverbindungen in hohem Maße gerecht. Das gilt übrigens nicht nur für den Durchgangsverkehr von Menschen und Gütern, sondern auch im ideellen Bereich.

29, 62

19–20

65–67

29

45, 51, 52

1, 20, 40, 44

WIRTSCHAFT

Land- und Forstwirtschaft – Fischerei

Fischerei und Landwirtschaft sind die ältesten Wirtschaftszweige in unserem Lande. Während 1867 noch 50 %, 1925 noch 30 % der Erwerbspersonen in der Landwirtschaft arbeiteten, waren es 1983 nur noch 6 %. Entsprechend hat sich auch – trotz enormer Ertragssteigerungen in den letzten 130, ganz besonders den letzten 35 Jahren – der Anteil der Landwirtschaft an der Wertschöpfung verringert, weil in anderen Wirtschaftsbereichen die Produktivität noch mehr zugenommen hat. Wegen ihrer Flächennutzung dominiert die Landwirtschaft auch weiterhin im Landschaftsbild.

Bodennutzung und Betriebsstruktur weisen erhebliche regionale Unterschiede auf. Diese sind teilweise 57, 73 naturbestimmt: Die feuchte Eiderniederung und die Salzwiesen der Halligen sind Zwangsgrünland. Wo ein solcher Naturzwang fehlt, werden die Nutzung und der betriebliche Schwerpunkt durch die Notwendigkeit bestimmt, rentabel zu produzieren, wobei die Naturbedingungen ebenfalls eine Rolle spielen: Raps und Zuckerrüben werden fast nur auf den guten Böden der Marsch und des Östlichen Hügellandes angebaut. Sehr wichtig sind die Betriebsgröße und im Zusammenhang damit die Faktoren Arbeitsaufwand, Kapitaleinsatz, Ertrag und Marktsituation: Kleine Betriebe müssen arbeitsintensiv sein und z. B. Milchwirtschaft 49, 54 betreiben, während für Großbetriebe ein mechanisierter Getreide-Hackfruchtbau möglich ist.

In Schleswig-Holstein liegen die Betriebsgrößen deutlich über dem Bundesdurchschnitt; überwiegend handelt es sich um mittelbäuerliche Betriebe. Der durch die Güter besonders im Osten des Landes erhebliche Anteil an landwirtschaftlichen Großbetrieben ist geschichtlich bedingt.

27, 31, 49

Wegen des im Vergleich zu anderen Bundesländern sehr geringen Waldbestandes ist die Forstwirtschaft 53 nur regional von größerer Bedeutung, vor allem im mittleren und östlichen Holstein.

Von den etwa 1000 Menschen, die in der Küsten-
7, 31, 32 und Kleinen Hochseefischerei hauptberuflich tätig sind, arbeiten rund zwei Drittel an der Ostseeküste. An der Fischanlieferung sind auch die Binnenfischerei und die Teichwirtschaft beteiligt.

Bergbau

Ölpumpen fördern das Erdöl von den Lagerstätten an den Flanken unterirdischer Salzgebirge ans Tages-

licht. Bohrtürme – neuerdings auch vor der Küste – 87 zeigen an, wo die Mutung und Erschließung neuer Erdöl- und -gasfelder im Gange ist.

In großen Tagebauen werden Kreidekalk für die Zementfabrikation und Kies als Baumaterial gewon- 50, 64 nen, in kleineren Gruben auch Lehm für Ziegeleien.

Der Torfabbau, der noch in einigen Hochmooren umgeht, dient heute nicht mehr der Energiegewinnung, sondern man nutzt den Torf als Rohstoff zu bo- 60 denverbessernden Produkten für den Gartenbau.

Energiewirtschaft

Schleswig-Holstein ist arm an Energiequellen. Die benötigten Energierohstoffe müssen daher fast ganz aus anderen Bundesländern oder aus dem Ausland bezogen werden. Elektrische Energie wird an mehreren Standorten erzeugt, die fast alle am Wasser liegen. Dabei handelt es sich überwiegend um Wärmekraftwer- 1 ke auf Kohlebasis, die teilweise als Heizkraftwerke arbeiten. Ein Kernkraftwerk steht in Brunsbüttel, ein 88 weiteres in Krümmel bei Geesthacht, unweit des 95 Pumpspeicherwerks, das den Ausgleich zwischen Stromerzeugung und kurzzeitigem Spitzenbedarf erleichtert. Die Wasserkraft spielt in Schleswig-Holstein 47 nur eine bescheidene Rolle. Die Windenergie wird noch erprobt, vor allem in der neuen Großen Windenergie-Anlage „Growian" westlich von Brunsbüttel.

Industrie

1980 gab es in Schleswig-Holstein je 1000 Einwohner 71 Industriebeschäftigte, in Hamburg 103 gegenüber 162 in Baden-Württemberg und einem Bundesdurchschnitt von 125.

Ein Vergleich Schleswig-Holsteins mit Hamburg kann die Ursachen für die großen Unterschiede aufzeigen. Die Standortbedingungen für Industrien, darunter vor allem das Angebot von Rohstoffen und Energie, günstige Verkehrsverbindungen, Infrastruktur, Vorhandensein von Arbeitskräften, geeignete Umweltbedingungen und Nähe der Absatzmärkte sind auch in Hamburg nicht alle erfüllt. Sie werden aber wettgemacht durch die hervorragende Verkehrslage des Welthafens, dessen Wasserweg zur Nordsee durch Baggerung den zunehmenden Schiffsgrößen immer wieder angepaßt wird. Viele Importgüter werden ohnehin mit Seeschiffen antransportiert. Aber auch für andere Güter ist der Schifftransport besonders billig – ein oft entscheidender Vorteil. Der Hamburger Hafen verfügt für die verschiedenen Güterarten über leistungsfähige und vor allem schnelle Umschlagseinrichtungen, er ist über gute Binnenwasserwege, Straßen und Eisenbahnen mit einem großen Hinterland verbunden; ohnehin bündelt sich der Verkehr zwischen Mittel- und Nordeuropa an den Elbübergängen. Ein weiterer günstiger Standortfaktor ist die große Zahl der in Hamburg und seinem Umland lebenden Menschen, die für viele Güter einen beachtlichen Markt darstellen. Hamburg weist daher eine bedeutende und sehr vielseitige Industrie auf.

Demgegenüber bleibt das rohstoff- und energiearme Schleswig-Holstein als Industriestandort zurück. Seinen Häfen fehlt das Hinterland; in der Bundesrepublik und auch in der EG hat Schleswig-Holstein eine Randlage. Diese Standortnachteile werden durch den Schiffsverkehr auf dem Nord-Ostsee-Kanal und den Durchgangsverkehr auf Schiene und Straße nach Skandinavien nicht ausgeglichen, obgleich beide von großer wirtschaftlicher Bedeutung sind.

Lübeck ist durch den für Schiffe bis 1000 t befahrbaren Elbe-Lübeck-Kanal an das deutsche Binnenwasserstraßennetz angeschlossen. Diesen Vorteil nutzen mehrere Industriebetriebe, die sich in einer „Industriegasse" an der unteren Trave angesiedelt haben, wo ihnen seeschifftiefes Wasser und große Flächen zur Verfügung stehen.

Ähnliche Standortbedingungen liegen in Brunsbüttel vor, wo sich auf einer vom Land bereitgestellten Fläche die chemische Großindustrie angesiedelt hat. Die Erdölraffinerie im nahen Hemmingstedt, die auf einer einst ergiebigen, inzwischen nahezu erschöpften Erdöllagerstätte entstand, hat ihren Standort beibehalten, weil die Verbindung nach Brunsbüttel durch Pipelines hergestellt werden konnte.

Ebenso wie die Ölraffinerie Hemmingstedt und die Rumverarbeitung in Flensburg verdanken manche anderen Betriebe ihren Standort nachwirkenden historischen Gründen, zum Beispiel die Textilindustrie in Neumünster.

Im Küstenland Schleswig-Holstein und in Hamburg hat der Schiffbau eine Tradition, die bis in die vor- und frühgeschichtliche Zeit zurückreicht. Neben mehreren großen Werften in Hamburg, Lübeck, Kiel und Flensburg gibt es eine stattliche Zahl mittlerer und kleinerer Werften an Nordsee, Ostsee, Elbe und in Rendsburg am Nord-Ostsee-Kanal. Viele andere Betriebe sind als Zulieferindustrie von den Werften und ihrer Auftragslage abhängig.

Sowohl in Hamburg wie in Schleswig-Holstein, hier vor allem in den größeren Städten und im Hamburger Randgebiet, ist der Maschinenbau mit vielen Betrieben entwickelt, die zum Teil stark spezialisiert sind. Dies gilt auch für die Elektroindustrie.

Günstige Bedingungen, aber nur geringe Wachstumschancen bietet Schleswig-Holstein für solche Betriebe, welche die landwirtschaftlichen Erzeugnisse weiterverarbeiten, wie z. B. Mühlen- und Silobetriebe, Großschlachtereien, Milchverarbeitung und die beiden Zuckerfabriken. In Hamburg haben sich – bedingt durch die Hafenlage – auch Unternehmen angesiedelt, welche landwirtschaftliche Importgüter verarbeiten, zum Beispiel Reis, Gewürze und Ölfrüchte.

Seit 1950 sind viele kleine und mittelgroße Betriebe aus Hamburg in das schleswig-holsteinische Umland abgewandert bzw. haben sich hier neu angesiedelt, u. a. weil sie hier den von ihnen benötigten Raum fanden. Dadurch und auch durch den Zuzug von Wohnbevölkerung haben die an Hamburg angrenzenden Landkreise Pinneberg, Segeberg und Stormarn einen so großen wirtschaftlichen Aufschwung genommen, daß man das Hamburger Randgebiet als Gunstraum bezeichnen kann.

Dagegen sind der Westen und Norden Schleswig-Holsteins wegen ihrer peripheren Lage arm an Industrie; insbesondere bleiben die Landkreise Schleswig-Flensburg, Nordfriesland und Dithmarschen sowie Steinburg hinter dem Landesdurchschnitt weit zurück. Eine öffentlich geförderte Ansiedlung von Industrie zwecks Schaffung von Arbeitsplätzen in solchen Ungunsträumen, wie sie oft verlangt wird, kann – bei sonst geeigneten Standortbedingungen – eine wichtige Starthilfe sein, dafür darf Brunsbüttel als Beispiel gelten. Wo solche Bedingungen jedoch fehlen, wird eine öffentliche Förderung schnell zur Fehlinvestition.

Fremdenverkehr

Einen gewissen Ausgleich für die fehlende Industrie bietet in Schleswig-Holstein der Fremdenverkehr. Zwar hat auch dieser Wirtschaftszweig schon eine lange Tradition (Seebad Travemünde 1802, Wyk auf Föhr 1819, Helgoland 1826, Westerland 1855), doch setzte die Entwicklung zum heutigen Massen-Tourismus erst nach dem Zweiten Weltkrieg ein. Gegenüber der Vorkriegszeit haben sich seither in vielen Fremdenverkehrsorten die Übernachtungszahlen verfünffacht, manche weisen noch höhere Steigerungsraten auf.

Die zunehmende Nachfrage nach Erholung beruht vor allem auf dem gestiegenen Wohlstand breiter Schichten, auf tariflich gesicherten, längeren Urlaubszeiten und auf besseren Verkehrsverbindungen. Weil für den Urlaub an der See nach dem Verlust der lan-

gen ostdeutschen Küsten nur die schleswig-holsteinischen und niedersächsischen zur Verfügung stehen, massiert sich hier der Andrang. Um ihn aufzunehmen, sind viele Bauwerke entstanden, darunter auch die
14, 15, 38 Großbauten der Ferienzentren.

Die Übernachtungen verteilen sich zu annähernd je einem Drittel auf die Seebäder der Nord- und der Ostseeküste. Ein weiteres Drittel entfällt auf Luftkurorte, Heilbäder und sonstige Erholungsorte – meist im Binnenland – und auf die Städte.

Der insgesamt positiven Entwicklung, von der
54 durch „Ferien auf dem Bauernhof“ auch die ländliche Bevölkerung im Hinterland der Küste wie auch im Binnenland profitiert, steht als Nachteil der große Unterschied zwischen der sommerlichen Saison und dem verdienst- und beschäftigungsarmen Winter gegenüber. In allen Erholungsorten bemüht man sich, durch das Angebot an Kur- und Rehabilitationsmöglichkeiten, Bau von Tagungsstätten usw. die saisonalen Unterschiede zu vermindern.

42

Aus der Differenz zwischen den Zu- und Fortzügen ergeben sich für Schleswig-Holstein gegenüber den anderen Bundesländern alljährlich beachtliche Zuwanderungsgewinne.

Es kann angenommen werden, daß es für dieses Überwiegen der Zuwanderung nicht nur wirtschaftliche Gründe gibt, sondern daß Schleswig-Holstein gerade auch wegen seiner Eigenart, landschaftlichen Schönheit und guten Umweltbedingungen das Ziel so vieler Menschen ist.

Die Fördestadt Flensburg

Für die Entstehung und Entwicklung Flensburgs war die 36 km lange Förde der wichtigste Faktor. Zwischen dem schmalen Fördenende, das ursprünglich bis nahe an den unteren Bildrand nach Süden reichte, und den steilen Hängen des Fördetales bot eine sanft zum Wasser geneigte Fläche Raum für eine Siedlung.

Hier ging in nur 3,5 km Entfernung zur Förde der Ochsenweg, der von Jütland zur Elbe führte, vorbei, hier traf der Landverkehr zwischen Nordfriesland und Angeln im Zuge der Friesischen Straße-Angelburger Straße (unterer Bildrand) auf eine Siedlung an der Förde, an der wahrscheinlich schon um 1130 ein Güterumschlag mit Booten stattfand. Als hier um 1200 die romanische Feldsteinkirche St. Johannis, die älteste Kirche der Stadt, erbaut wurde (Vordergrund rechts), lag sie noch unmittelbar am Ufer der Förde. Um 1200 wurde – an tieferem, auch für Koggen geeignetem Wasser – das Kirchspiel St. Marien gegründet, um 1280 St. Nikolai (Vordergrund links). Bald darauf wurden die drei Kirchspiele und der kleine Ort St. Gertruden im Norden zur Stadt Flensburg zusammengefaßt, deren Stadtrecht 1284 bestätigt wurde. Als Verbindung der drei Siedlungskerne westlich der Förde dürfte um 1300 der Straßenzug Holm–Große Straße–Norderstraße angelegt worden sein.

Für den frühen Transitverkehr zwischen Nord- und Ostsee war Haithabu-Schleswig (Nr. 11) wegen der kurzen Landwegstrecke zur Treene nur so lange im Vorteil, als die Schiffe gerudert wurden. Für Segelschiffe war die breite und tiefe Förde der Schlei überlegen. Von Flensburg aus beförderte man die Güter zu Land nach Husum oder Tondern. Beim Niedergang der Hanse konnte Flensburg einen großen Teil des Handels mit den Niederlanden und mit Norwegen an sich ziehen.

Durch die Kriege des 17. und frühen 18. Jahrhunderts und durch eine merkantilistische Politik Dänemarks, welche Kopenhagen auf Kosten der Herzogtümer begünstigte, stagnierte der Handel, und die in Flensburg beheimatete Handelsflotte nahm stark ab. Hatte es 1600 noch etwa 200 Schiffe gegeben, so waren es 1643 noch 65, 1677 noch 20. Nur allmählich ging es nach dem Nordischen Krieg wieder aufwärts, u. a. wurden vermehrt Waren umgesetzt, die in Flensburg selbst hergestellt wurden: Papier, Kupfer- und Messingwaren aus der „Kupfermühle" und Branntwein. Bis 1743 stieg die Zahl der Schiffe wieder auf 43.

Seine größte Blütezeit erlebte Flensburg in der Zeit von 1775 bis 1806, als die Neutralitätspolitik Dänemarks einen gewinnbringenden Überseehandel ermöglichte, vor allem mit Dänisch-Westindien. 1777 zählte die Handelsflotte 130, 1806 waren es 271 Schiffe mit der dreifachen Tonnage. Dänemarks Eintritt in den Krieg an der Seite Napoleons 1807 bedeutete für Flensburgs Schiffahrt eine Katastrophe: 210 Schiffe mit drei Vierteln der Tonnage von 1806 gingen verloren. Nach einer Phase der Stagnation trat um 1830 wieder ein langsamer Aufschwung ein, vor allem in der zweiten Hälfte des Jahrhunderts. Flensburg wurde Industriestandort, und eine neue Flotte entstand, manche der neuen Dampfer wurden auf der 1872 gegründeten Werft der Flensburger Schiffsbau-Gesellschaft erbaut.

Mit 87 000 Einwohnern die drittgrößte Stadt Schleswig-Holsteins, ist Flensburg auch heute noch in erster Linie Handels-, aber auch Industriestadt. Zwei große Firmen produzieren Geräte für die Kälte- und Wärmetechnik, eine weitere elektronische Geräte. Papierherstellung und Spirituosenverarbeitung haben in Flensburg eine mehrhundertjährige Tradition, ebenso der Schiffbau: In der auf einer künstlichen Verbreiterung des Fördeufers (im Bild links hinten) liegenden Werft können neuerdings in einer winterfesten Halle Schiffe bis 50 000 t gebaut werden. Flensburg ist Garnisonstadt, u. a. mit der Marineschule Mürwik (Ostufer der Förde); in deren Nähe liegen die Pädagogische Hochschule und das Kraftfahrt-Bundesamt. Ferner gibt es eine Fachhochschule für Schiffsingenieure.

Mit rund 15 000 Ein- gegenüber 2500 Auspendlern ist Flensburg die wichtigste Arbeitsstätte im nördlichen Schleswig. Für den gleichen Raum bietet es qualifizierte Dienstleistungen und Einkaufsmöglichkeiten für Güter des gehobenen Bedarfs; viele Kunden kommen auch aus Nordschleswig, das durch den EG-Beitritt Dänemarks (1973) wieder näher an Flensburg herangerückt ist. An den Übergängen Krusau, Harrislee und Pattburg überschritten 1983 rund 37 Millionen Personen die Grenze.

Die Umwandlung der Flensburger Altstadt in eine Einkaufsstadt hat erhebliche bauliche Veränderungen bewirkt; vor allem im südlichen Teil (Vordergrund) sind viele der schmalen alten Höfe verschwunden. Im nördlichen Teil hat eine Sanierung begonnen, welche die zu enge Bebauung behutsam auslichtet, erhaltungswürdige Bauwerke jedoch wiederherstellt.

Auf dem östlichen Fördeufer gehört die Kirche St. Johannis (Vordergrund rechts) zur Flensburger Altstadt; deren überwiegender Teil liegt jedoch als schmales Band zwischen dem westlichen Fördeufer und dem baumbestandenen Fördesteilhang. Der im Bild hervortretende Hauptstraßenzug Holm–Große Straße–Norderstraße verbindet die Nikolaikirche (vorn links) mit der Marienkirche (links der Bildmitte) und dem Nordertor am Nordende der Altstadt. Trotz teilweise erheblicher baulicher Eingriffe erkennt man die beiderseits vom Hauptstraßenzug abgehenden schmalen Grundstücke, die für die Flensburger Altstadt so typisch sind. Jenseits der engen Hafeneinfahrt sieht man rechts Getreidesilos und Öltanks, links die Werft und den Schornstein des Heizkraftwerks. Nahe am Wasser führt die B 76 zum Grenzübergang Krusau. – Blickrichtung N

Glücksburg nahe der Flensburger Förde, 1582–1587 erbaut, zählt bei aller Schlichtheit zu den schönsten Wasserburgen Deutschlands. Drei nebeneinandergesetzte Häuser mit einem Grundriß von 100 Fuß im Quadrat werden durch vier Ecktürme zu einer architektonischen Einheit zusammengefaßt. Über Brücken gelangte man in den allseits von Gebäuden umschlossenen Wirtschaftshof und in den Schloßgarten. Glücksburg, das Stammschloß des dänischen, norwegischen und griechischen Königshauses, gehört heute der Herzoglich-Holstein-Glücksburgischen Familienstiftung. Ein Schloß voller Geschichte, das jährlich von nahezu 100 000 Menschen besucht wird. – Blickrichtung NNW

Schloß Glücksburg

Vorläufer dieses Schlosses war das Rudekloster, von Zisterziensern 1210 in einem Waldtal erbaut und im Laufe der Zeit mit reichem Grundbesitz ausgestattet. Die Reformation gab den Landesherren die erwünschte Gelegenheit, Kirchengut einzuziehen, zu „säkularisieren", und so die eigene Macht auszubauen.

Nach dem Tode Christians III. fürchtete sein Sohn Friedrich II., sein Erbe mit seinen zwei Brüdern teilen zu müssen (das Ältestenerbrecht hatte sich noch nicht durchgesetzt). Zwar wurde Magnus mit säkularisiertem Kirchengut in Livland und Kurland zufriedengestellt; für Hans d. J. das Bistum Bremen zu erwerben, mißlang jedoch; deshalb erhielt er in den Herzogtümern Sonderburg und Norburg, Aerö und Besitzungen im Sundewitt, ferner Plön (Nr. 34), die ehemaligen Klöster Rudekloster, Reinfeld und Ahrensbök. Friedrich II. übertrug seinem Bruder Hans auch die Mitregentschaft in den Herzogtümern, und dieser erreichte es, daß er vom deutschen Kaiser mit dem Reichslehen Holstein mitbelehnt wurde. Aber die schleswig-holsteinischen Stände erkannten ihn nicht an – sie pochten auf ihr 1460 verbrieftes Wahlrecht. Sie bezeichneten die „Herzöge" dieser „Sonderburger Linie" deshalb nur als „abgeteilte Herren". Hochpolitische Bedeutung sollten die Häuser Augustenburg und Glücksburg dann im 19. Jahrhundert gewinnen.

Hans d. J. war auf die unnachgiebige Ritterschaft des Landes natürlich nicht gut zu sprechen. Er setzte alles daran, eine fürstliche Hofhaltung zu entfalten und sein Territorium, das eigentlich nur eine gutsherrliche Grundherrschaft war, durch Zukauf und durch rücksichtsloses Bauernlegen zu erweitern. Er war ein erstaunlich guter Rechner und Unternehmer. Er baute nicht weniger als drei Schlösser aus dem Material abgerissener Klöster: Reinfeld und Ahrensbök und das einzig erhalten gebliebene, sein Lieblingsschloß Glücksburg. Hier wurde durch Aufstau der Mühlenau das alte Klostergelände mitsamt dem Friedhof unter Wasser gesetzt, so daß ein Wasserschloß entstand. Das mittlere Haus enthält im Erdgeschoß eine große Diele und am Ende die aus dem Kellergeschoß aufsteigende Schloßkapelle. Von der Diele führen nur zwei enge Wendeltreppen in die oberen Stockwerke. Dort bildet das Mittelhaus jeweils einen einzigen Raum, mit niedrigem Gewölbe bzw. flacher Balkendecke. Die Seitenhäuser sind in Einzelräume aufgeteilt – besonders reizvoll sind die Turmzimmer.

Über dem Eingangsportal sieht man das Wappen des Schloßherrn mit den Buchstaben GGGMF – das ist sein Wahlspruch „Gott gebe Glück mit Frieden" – und die Wappen seiner zwei Gemahlinnen: Nach dem Tod der Elisabeth von Braunschweig-Lüneburg heiratete er Agnes Hedwig von Anhalt, die 13jährig Gemahlin und Witwe des Kurfürsten August von Sachsen geworden war und nun 14jährig Mutter von 14 Stiefkindern wurde, zu denen sich dann 9 eigene Kinder hinzugesellten. Hans der Jüngere war somit glücklicher Vater von 11 Söhnen und 12 Töchtern. In den Kindern manifestiert sich europäisches Schicksal: Von den Söhnen gewannen viele militärischen Ruhm auf europäischen Schlachtfeldern, zwei fielen im Kampf gegen die Türken. Die Prinzessinnen wurden – zum Glück für den Vater – vorteilhaft verheiratet, nach Pommern, Schlesien und Anhalt, nach Nassau und Württemberg; eine unverheiratete Tochter wurde Äbtissin des Klosters Itzehoe.

Nach dem Tode von Herzog Hans entstanden fünf „Duodez-Herzogtümer" unter seinen Söhnen: Alexander erhielt Sonderburg, Johann Adolf (nach dessen Tod Friedrich) Norburg, Christian Aerö, Philipp Glücksburg, Joachim Ernst Plön mitsamt den anderen holsteinischen Besitzungen. Die vier letztgenannten Linien starben im 18. Jahrhundert aus, ihr Besitz fiel an die königliche Linie. So erklärt es sich, daß im 19. Jahrhundert der König Friedrich VII. oft auf Glücksburg weilte und hier auch im November 1863 starb. Den dänischen Thron bestieg nun gemäß Londoner Abmachungen von 1852 der „Protokollprinz" Christian von Glücksburg (eigentlich entstammte er der Linie Sonderburg-Beck; doch war sein Vater 1825 vom dänischen König zum Herzog von Glücksburg – jüngere Linie – ernannt worden). Durch Christian IX., den „Schwiegervater Europas", wurde Glücksburg zum Stammschloß des dänischen, norwegischen und griechischen Königshauses. Im Krieg von 1864 war das Schloß zeitweilig Hauptquartier der deutschen Truppen, dann Lazarett. Der preußische König überließ das Schloß 1871 an Herzog Carl, den Chef des Hauses Schleswig-Holstein-Sonderburg-Glücksburg (er war ein Bruder des „Protokollprinzen", hatte 1846 aus Protest gegen die eiderdänische Politik den dänischen Staatsdienst quittiert). 1905 erhielt Herzog Friedrich Ferdinand Glücksburg zu eigen – es war eine preußische Versöhnungsgeste.

Neukirchen in Angeln

Fast vier Jahrhunderte älter als unser stimmungsvolles Landschaftsbild ist der Holzschnitt, der uns auf den ersten Blick irritieren mag. Er stammt aus Andreas Angelus' „Holsteinischer Städte Chronica" von 1597. Es ist die älteste Karte von Angeln – „Parva Anglia" genannt, im Gegensatz zu jenem größeren Angeln-Land, auf das die Bemerkung unten auf der Karte, beim Ort Hollingstedt, hinweist: „Hinc veteres Angli naves conscenderunt et in Britanniam per oceanum navigati sunt." Der aus Straußberg in der Mark Brandenburg stammende Angelus zählt zu den vielen Gelehrten und Künstlern, die Heinrich Rantzau, der bedeutendste Humanist unseres Landes, gefördert hat. Rantzau übernahm die Angeln-Karte auch in seine lateinische „Beschreibung der Cimbrischen Halbinsel", die erste Landeskunde von Schleswig-Holstein.

Die Karte ist (wie damals häufig) ostgerichtet, zudem stark verzerrt – eine Vermessung liegt ihr nicht zugrunde. Bei dieser „Bildkarte" handelt es sich keineswegs um wirklichkeitsgetreue Abbildungen, sondern um stilisierte Signaturen. Man erkennt Städte, Schlösser und Adelssitze sowie die meisten der 38 alten, um 1200 großenteils aus Granitquadern erbauten Dorfkirchen. Neukirchen findet man nicht. Es exi-

stierte zu Angelus' Zeit noch nicht, sondern entstand erst 1619/20 an der Stelle, wo die Karte „Nybul Vehre" verzeichnet, ein Fährhaus mit den Buchstaben H V S – damit ist gemeint Herzog Hans von Sonderburg, der soeben das „Ruhcloster" durch „Lucksborg" ersetzt hatte und nun beabsichtigte, an der Flensburger Außenförde eine Hafenstadt für sein kleines Territorium zu gründen, eben Neukirchen. Unser Luftbild zeigt, daß daraus nichts wurde; der König sperrte sich gegen solche Pläne, die Flensburg Abbruch getan hätten. Von 32 bereits erbauten Häusern wurden 12 nach Glücksburg versetzt. Verglichen mit den gleichzeitigen auch nicht sehr erfolgreichen Stadtgründungen Glückstadt (Nr. 91) und Friedrichstadt (Nr. 83) hätte Neukirchen jedoch nicht die geringsten Entwicklungschancen gehabt. Es blieb eine winzige Gemeinde. Ihr Pastor Nicolaus Oest konnte sich deshalb mehr der Landwirtschaft als der Seelsorge widmen:

Im Himmel wird nicht copuliret
Und auch kein Sterbefall verspüret;
Doch kommen Kindelein hinein;
So mag wohl hier der Himmel seyn.

Himmlische Ruhe verspüren heutzutage die Gäste, die hier „Ferien auf dem Bauernhof" machen.

An der Flensburger Außenförde liegt Neukirchen – man kann sich kaum vorstellen, daß es einmal eine Hafenstadt werden sollte. Die Gemeinde ist so klein, daß sie keinen eigenen Pastor mehr hat. Im ehemaligen Pastoratsgarten hat die Nordelbische Kirche ein Evangelisches Jugendheim errichtet. Mehr als zweihundert Betten sowie Gemeinschaftsräume stehen Jugendgruppen für eine anregende Freizeit in reizvoller Landschaft zur Verfügung. – Blickrichtung N

Vor uns haben wir das typische Bild einer schleswig-holsteinischen Knicklandschaft. Die Knicks – buschbestandene Erdwälle – sind vor etwa zweihundert Jahren im Zuge eines tiefgreifenden agrarischen Strukturwandels, der „Verkoppelung", angelegt worden, keineswegs als Windschutz, wie man so oft hört, sondern als Einfriedigung gegen ein- oder ausbrechendes Weidevieh. – Es ist Mitte September. Das Korn ist geerntet, die Stoppelfelder sind z. T. schon gepflügt. Grün erscheinen Wiesen, Weiden und Rübenschläge. Der bunte Wechsel von Acker- und Grünland weist hin auf eine bäuerliche Gemischtwirtschaft mit starker Viehhaltung. Das Ortsbild von Havetoftloit wird beherrscht von dem hohen Silo der genossenschaftlichen Spar- und Darlehnskasse. – Blickrichtung OSO

Schleswig-holsteinische Knicklandschaft bei Havetoftloit in Angeln

Das – dem einsilbigen Namen nach zu urteilen – frühmittelalterliche Dorf Loit bildete zusammen mit dem jüngeren, zum Kirchdorf erhobenen Havetoft (3 km weiter westlich) eine der alten „Siedlungskammern" in Angeln, die von Waldgürteln umgeben waren. Wir können uns für die Zeit um 1100 n. Chr. den Waldrahmen ungefähr vorstellen, wenn wir vom linken Bildrand her das Hechtmoor und das Schwennholz nach rechts im Bereich des Wolkenschattens bis an den Bildrand verlängert denken.

Die dörfliche Wirtschaft war genossenschaftlich organisiert. Um das Dorf, in dem jeder Bauer seine Hofstelle mit Garten und Hausweide zu eigener Nutzung besaß, lag das Ackerland, verteilt in mehrere große Kämpe (Gewanne), die vorwiegend mit Roggen, Hafer und Buchweizen bestellt wurden. In jedem Kamp besaß jeder Bauer einen oder mehrere lange, schmale Streifen. Notwendigerweise herrschte Flurzwang, d. h., alle Bauern mußten ihre Anteile gleichzeitig und gleichartig bewirtschaften. Auf brachliegende Kämpe, auf die Stoppelfelder und auf die „gemeine Weide" in den Außenbezirken der Gemarkung wurde das Vieh getrieben, vom Dorfhirten gehütet. Insgesamt war dieses Agrarsystem eine Mischung von individuellen Besitzrechten und genossenschaftlichen Bindungen, meistens durch „Dorfwillküren" geregelt.

Da Loit im Erdbuch Waldemars II. (um 1230) nicht genannt wird, war es nicht in königlichem Besitz, sondern von freien Bauern (Bonden) bewohnt. Wann es einer Grundherrschaft unterworfen wurde, läßt sich nicht genau belegen. In der nordöstlich benachbarten Siedlungskammer Satrup hatte sich aus einem mittelalterlichen Herrensitz ein landwirtschaftlicher Großbetrieb entwickelt. Dieses Gut „Satrupholm" kaufte 1652 der gottorfische Kanzler v. Kielmannsegg. Er erwarb dazu noch weitere Dörfer und Höfe, legte viele davon nieder und richtete Gutsbetriebe ein. So kaufte er auch in Havetoftloit mehrere Hufen und Katen sowie das 1 km südlich des Dorfes gelegene Freibondengut Bunsbüll und machte daraus einen Meierhof. Auf dem Meierhof herrschte wie auf fast allen Gütern die „holsteinische Koppelwirtschaft": Das Areal war in etwa 10 große Schläge eingeteilt. Jede dieser „Koppeln" wurde etwa fünf Jahre lang mit Getreide bestellt, dann benutzte man sie etwa fünf Jahre lang als Weide, damit sich der Boden erholen konnte. Auf den Gütern wurden im großen, exportorientiert, Getreide, Mast-

vieh und Milch (Butter) produziert. Die gesamte Arbeit in Feld und Stall verrichteten die hand- und spanndienstpflichtigen (Havetoftloiter) Bauern. Sie mußten entsprechend viele Pferde halten – ihre eigene Wirtschaft kam dabei zu kurz. Der ökonomische Fortschritt einer großflächigen Koppelwirtschaft war also mit dem sozialen Abstieg der bäuerlichen Bevölkerung erkauft. Doch mehr und mehr erwies sich der ökonomische Fortschritt als problematisch, weil der Frondienst Arbeitsunlust zur Folge hatte.

Unter dem Motto „Freiheit und Eigentum" begannen hierzulande um 1760 die großen Agrarreformen. So wurde 1763 verfügt, daß alle königlichen Domänen parzelliert und in bäuerliche Eigentumsstellen verwandelt werden sollten; Frondienste waren dann nicht mehr erforderlich. So geschah es auch mit Satrupholm, das inzwischen in königlichen Besitz übergegangen war. Vom Meierhof Bunsbüll verblieben zwei größere Restparzellen; die eine – Oster-Bunsbüll mit 80 ha – sehen wir in der Mitte unseres Bildes.

Viel bedeutsamer als die Domänenparzellierung war die „Verkoppelung" der in Hunderte von schmalen Besitzstreifen zersplitterten bäuerlichen Flur, und zwar nach dem Vorbild der Güter, nur in verkleinertem Maßstab: Jeder Bauer erhielt nun sein Land in einem oder in mehreren großen Stücken zugewiesen; die etwa zehn Koppeln, in die er sein Land einteilte, mußte er mit Knicks einfriedigen (es gab noch keinen Stacheldraht). Er konnte nun völlig frei wirtschaften, intensive Bodenpflege betreiben, Klee einsäen und seinen Viehbestand vergrößern. Kurz: die Verkoppelung und die Ablösung der genossenschaftlichen durch eine individuelle Wirtschaft waren die Voraussetzung für den Aufschwung des Bauerntums. Um diese Landwirtschaftsreform haben sich zwei weltoffene Geistliche große Verdienste erworben: Propst Lüders, Gründer der Königlich Dänischen Ackerakademie in Glücksburg, und Pastor Oest in Neukirchen (Nr. 3).

Da in jüngster Zeit viele Kleinbetriebe eingegangen sind und die Mechanisierung größere Betriebsflächen erfordert, ist heute das Knicknetz nicht mehr so eng wie einst. Doch dürfen – aus ökologischen Gründen – künftig keine Knicks mehr beseitigt werden. Der Besitzer von Oster-Bunsbüll hat sein Land an drei Bauern aus dem Dorf verpachtet, die es gemeinschaftlich bewirtschaften. Der kleine Restbetrieb bietet heute „Reiterferien auf dem Bauernhof".

Herrenhaus Gelting in Angeln

Daß die Angelsachsen, die Britannien eroberten, großenteils aus der Landschaft Angeln stammen, berichtet um 700 n. Chr. ihr Kirchenhistoriker Beda. Die Wiederbesiedlung des weitgehend entvölkerten Landes erfolgte von N her durch Jüten und Dänen. Über die Ausdehnung des Krongutes gibt uns das Erdbuch Waldemars II. von 1231 Auskunft. Dort erscheint unter anderem die silva Gyaelting. Dieses Waldgebiet im östlichen Angeln ist relativ spät kultiviert worden; daher ist die Geltinger Kirche nicht ein Granitquaderbau aus dem 12., wie er für Angeln typisch ist, sondern ein Backsteinbau aus dem 13. Jahrhundert (im 18. Jahrhundert stark umgestaltet).

Der Einwanderung aus dem N begegnet seit dem 13. Jahrhundert eine starke Bewegung aus dem S. Deutsche Adlige, Bürger und Bauern wandern über die Eider ins Herzogtum Schleswig ein. Der eingesessene bäuerliche Heermannenadel verschwindet mehr und mehr; dagegen erhalten holsteinische Ritter bedeutende grundherrliche Rechte, oft als Entgelt für dem Herrscher geleistete Dienste oder Darlehen. Damit beginnt eine „Feudalisierung" der Landschaft. Das alte Krongut Gelting kam 1494 an die Ahlefelds. Damals gehörten dazu sieben Dörfer; die meisten wurden im 16./17. Jahrhundert niedergelegt, ihre Gemarkungen zum Gutsbetrieb eingezogen, die Bauern zu Leibeigenen. Aus der Zeit der Ahlefelds, die bis 1724 auf Gelting saßen (vgl. Karte Nr. 3), stammt vermutlich die fortifikatorische Anlage mit dem doppelten Ge-

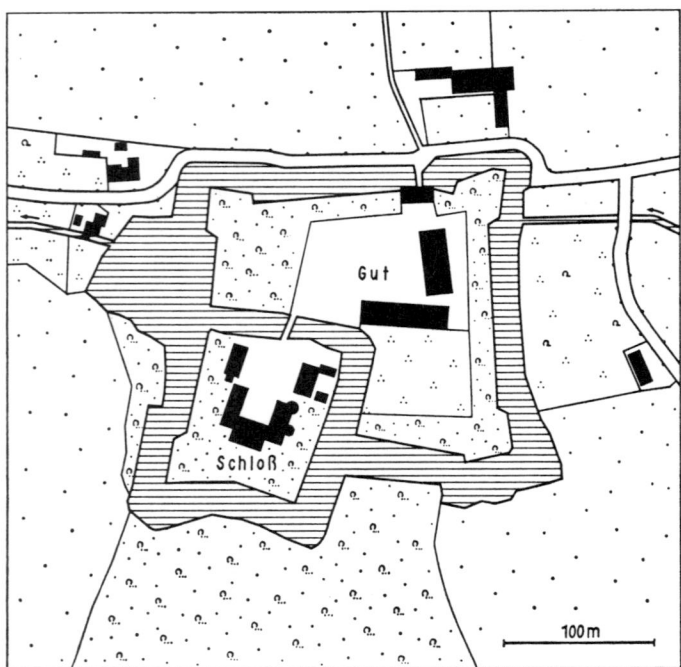

viert von Burgplatz und Wirtschaftshof, durch Wall und Wasser gut geschützt. Nachdem Gelting dann wiederum in den Besitz des Königs gekommen war, sollte es wie alle Domänen zur Sanierung der Staatsfinanzen parzelliert werden. Als Fürsprecher der Bauern wandte sich der Pastor Groth an den König, er möge sie von der „himmelschreienden Leibeigenschaft" befreien und sie „in die anderen Menschen angeborene natürliche Freiheit" versetzen. Aber der Reformplan zerschlug sich. Es fand sich jedoch für das riesige Gut ein kapitalkräftiger Käufer. Er hieß Sönke Ingwersen, stammte aus nordfriesischem Bauerngeschlecht, war zur See gefahren, in die Dienste der Holländischen Ostindischen Kompanie getreten und viele Jahre lang deren Resident auf Java gewesen. Auf der Suche nach einem herrschaftlichen Besitz in der Heimat erwarb er 1759 das Gut. Vom dänischen König wurde er als Baron von Gelting geadelt, von Kaiser Josef II. in den Reichsfreiherrnstand erhoben; er selbst gab seinem friesischen Vornamen den erlauchten Klang Seneca. Er gehört zusammen mit den Baronen von Schimmelmann (vgl. Nr. 96) und von Saldern zu jenen „Briefadligen", die neben den alten „Blutsadel" traten.

Wer vom Dorf her sich dem Gut nähert, kommt zunächst an der alten Wassermühle vorbei. Er läßt zur Linken einige neuere Gebäude, in denen Ackergerät und Maschinen untergebracht sind, und gelangt dann über den Graben und durch ein schlichtes Torhaus auf den Gutshof. Zwei mächtige, aus gelben Ziegelsteinen erbaute, reetgedeckte Häuser verraten durch die barocken Voluten ihrer Quergiebel und die Jahreszahlen 1746, 1753 ihr Alter. Über eine Brücke gelangt man zum Herrenhaus. Die weißgraue Fassade mit den großen, vielsprossigen Fenstern erinnert an holländische Bauten – von dorther hat der Gutsherr zweifellos den Baumeister mitgebracht, der das alte Schloß nach seinem Geschmack umbaute. Fast unverändert blieb nur der Ostflügel. Er dient dem jetzigen Eigentümer als Wohnung. Der repräsentative Mittelbau ist z. T. noch so erhalten, wie der Bauherr ihn vor gut 200 Jahren gestaltet hat. Unter den figürlichen Stuckreliefs, mit denen Michel Angelo Tadei aus Lugano die Wände schmückte, erblickt man den welterfahrenen Gutsherrn Sönke Ingwersen. Seinen, des Barons von Gelting Plan, die Leibeigenschaft aufzuheben, hat sein Sohn 1789 verwirklicht: Viele Bauernhöfe erstanden aufs neue, auf parzelliertem Gutsareal.

Zu den bedeutendsten Baudenkmälern Schleswig-Holsteins gehören zahlreiche Herrenhäuser der ehemals adligen Güter. Es sind gleichsam Relikte der Feudalzeit. Viele von ihnen werden liebevoll gepflegt und sind landes- und kunsthistorisch Interessierten zugänglich. Einzigartig in seiner architektonischen Gestaltung ist das Herrenhaus Gelting in Angeln. Da es so deutlich vom landwirtschaftlichen Gutshof abgesetzt ist, spricht man auch vom „Schloß" Gelting. Unser Bild, im Vorfrühling aufgenommen, läßt die Anlage gut erkennen. – Blickrichtung SO

Eine weit geschwungene Nehrung, das Werk von Wellen, Brandung und Strömung, trennt das flache Schleihaff von der freien Ostsee. Aber der Mensch hat eingegriffen – die Kurve ist zerrissen, gesprungen: deutlich ist zu erkennen, wie die See die Küste nördlich der molengeschützten Einfahrt zurückverlegt. Die amphibisch anmutende Nehrung mit ihren ins Schleihaff ausschwingenden Strandwällen ist Naturschutzgebiet. – Blickrichtung N

Schleimünde

Wir haben eine Ausgleichsküste vor uns. Man kann an der Richtung der bogenartig ins Haff ausstreichenden Strandwälle erkennen, daß diese Nehrungshaken vorwiegend von Süden her aufgeschüttet worden sind. Das Material stammt hauptsächlich von dem 5 km südlicher gelegenen, etwa 20 m hohen Schönhagener Kliff – dort hat man einen jährlichen Abbruch von etwa 80 cm errechnet. Aber auch von der Kliffküste im Norden ist Sand herangeschafft worden. Dadurch wurde die einstige Insel Öhe mit der Landschaft Angeln verbunden. Auf unserem Bilde erkennt man deutlich einen von Öhe aus nach Süden ins Haff hineinschwingenden Haken.

In der Wikingerzeit und den anschließenden Jahrhunderten, als der wichtige Verkehr zwischen Ostsee- und Nordseeraum durch Schlei, Treene und Eider verlief, gab es mehrere Seegatts. Der wichtigste Mündungsarm befand sich damals vermutlich weiter im Süden, außerhalb unseres Bildes. Um diese „Slesmynnae" oder „Slesdora" und die dortige Ansiedlung Mynnaesby vor wendischen Raubzügen zu schützen, erbaute Knud Laward, der erste Herzog von Schleswig, um 1120 eine Burg auf dem Strandwall; Saxo Grammaticus nennt sie das ostii Slesvicensis ergastulum. Mochte die Burg auch Angriffen der Wenden standgehalten haben – sie erlag schließlich dem Ansturm des Meeres. Noch im vorigen Jahrhundert fand man – ungefähr in der Mitte des unteren Bildrandes – Spuren einer Ringmauer von etwa 25 m Durchmesser.

Das Seegatt war ständig von Versandung bedroht und bereitete deshalb manche Sorgen. Hin und wieder aber hat der Mensch der Natur nachgeholfen, die Einfahrt zu schließen: Um 1260 ließ die sagenumwobene Swarte Greet, Regentin von Dänemark, dort große Steine versenken, um die Stadt Schleswig zu schädigen; und 1426 versuchten mit gleicher Methode die Holsteiner in ihrem Kampf gegen den Dänenkönig, der Schleswig und Schloß Gottorf belagerte, ihrem Gegner den Nachschub über See zu unterbinden. Die Schlei hatte damals schon längst – infolge der Gründung von Lübeck – ihre einstige Bedeutung als Transitweg verloren; auch wurde bei den zunehmenden Schiffsgrößen die Einfahrt immer schwieriger. Um 1650 schreibt Danckwerth, „daß die Schließmünde oder Mund der Schlie / vom Sande und Schlamme des Meeres sich immerzu verstopffe und das Tief sich wol gar verlieren würde / woferne der Sandt und Schlam

nicht zuweilen weggeräumet / und die Schley also offen gehalten würde". Auf Mejers Karte aus jener Zeit weist die Rinne auf der Barre nicht einmal mehr 1 m Wassertiefe auf. Sie lag damals an der Stelle, wo (wie auf unserem Bilde) Wasser über den Strandwall in die Schlei einströmt. Das kommt besonders bei Hochdruckwetter vor, wenn bei anhaltenden Winden aus östlichen Richtungen das Wasser der Ostsee gegen die schleswig-holsteinische Küste gedrängt wird.

Die jetzige „Schleimünde" wurde 1780–1796 geschaffen, 1842 und 1872 erweitert. Dadurch wurde die „Lotseninsel" von Schwansen getrennt. Außer den Steinmolen sorgt auch ein starker „Spülstrom" dafür, daß die Einfahrt tief gehalten wird. Denn in diesem schmalen Durchlaß, aber auch in der durch das Schleihaff gebaggerten 3,30 m tiefen Rinne sowie in den Schleiengen weiter landeinwärts kann zuzeiten ein erheblicher Strom stehen – man sieht es dann an den schräg liegenden Fahrwassertonnen, um die das Wasser strudelt, und an den vom Strom gekämmten Tang- und Krautbüscheln. Seglern gelingt es dann oft nicht, gegen Strom und Wind zu kreuzen. Der kleine Hafen von Schleimünde bietet bei Unwetter eine Zuflucht. Nachts weist der Leuchtturm auf dem Molenkopf die Einfahrt. Die amphibische Strandwall- und Salzwiesenlandschaft bei Schleimünde ist Vogelschutzgebiet. Der Marinehafen im Südteil des Schleihaffs ist jungen Datums.

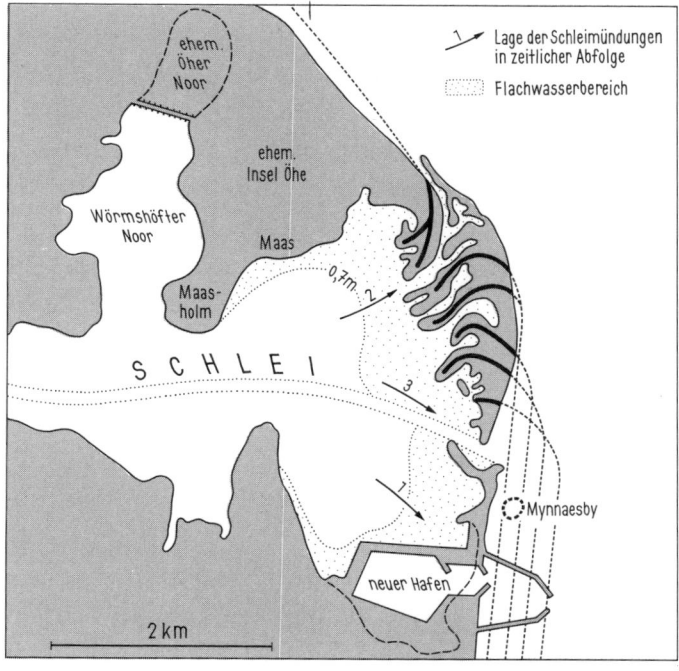

Maasholm

Wie ein idyllischer Flecken erscheint – übrigens nicht nur aus der Vogelperspektive – der Fischerort Maasholm. Über diesem freundlichen Eindruck mag man allzuleicht vergessen, daß das Leben der Fischer hart und entbehrungsreich ist.

Rauh und stürmisch beginnt bereits die Geschichte von Maasholm. Die Bewohner der Fischersiedlungen, die in der Gegend des alten Mynnaesby (Nr. 6) entstanden waren, hatten gegen Ende des 16. Jahrhunderts am Schleihaff Zuflucht gefunden, auf der „Maas", einem niedrigen Wiesengelände der Insel Öhe. Auf der Angelus-Karte (Nr. 3) sehen wir dort die „Fischboden". Aber schwere Winterstürme setzten im Jahre 1701 auch dieser Siedlung hart zu. Sicherheit vor Hochwasser bot die Südspitze von Öhe, die sich wie eine Insel bis zu 6 m aus dem Wasser der Schlei und aus den sumpfigen Schilfwiesen erhob. Der Grundherr gestattete den Bedrängten, sich auf diesem „Maasholm" anzusiedeln. Dafür mußten sie sich zu Handdiensten auf dem Gut Öhe verpflichten. Über die Frage, wieviel sie zu leisten hätten und ob sie etwa Leibeigene seien, gab es im Laufe der Zeit viel Streit. 1796 verkündete der Gutsherr, „daß sämtliche Maasholmer Untergehörige, sowohl leibeigene als freie, nicht allein von der Leibeigenschaft, sondern auch von denen Dienstleistungen zu Lande und Wasser, für sich, ihre Frauen, Kinder und Nachkommen auf ewig befreiet seyn sollen"; jede der 38 Maasholmer Wohnungen sollte 6 Heitscheffel (2 ha) Land zu eigen erhalten. Aber bevor der Plan verwirklicht wurde, ging das Gut durch Verkauf an den holländischen Professor Gadso Coopmans über. Dieser wollte ihnen nicht einmal halb soviel Land zugestehen, im übrigen ihnen jedoch „ihre Menschenrechte und persönliche Freiheit schenken". Das brachte die Maasholmer in Harnisch: Die Menschenrechte besäßen sie, die könne ihnen niemand „schenken". Dagegen der Gutsherr: Bisher hätten die Leute sich doch oft vom Gutsherrn die Leibeigenschaft bescheinigen lassen, um nicht – als Freie – zum Dienst auf der königlichen Flotte herangezogen zu werden! Nach hartnäckigem Kampf erhielten die Maasholmer schließlich durch das Gottorfer Obergericht die Freiheit und das gewünschte Land zugesprochen.

Um 1800 lebten dort vor allem Schiffer, ähnlich wie in Arnis (Nr. 8). Erst nach 1864 entwickelte sich der Ort zum Fischerdorf. Die Schlei ist seit jeher berühmt wegen der Heringe, die im Frühjahr in Schwärmen zum Laichen in die geschützten Buchten ziehen. Die Maasholmer Schleifischer haben es vor allem auf Aale abgesehen, die sie mit kleinen, flachen Kähnen in dem krautreichen Haff fangen. Die großen Motorkutter fischen draußen in der Ostsee.

Nach dem Kriege haben zahlreiche ostdeutsche Fischer hier eine neue Heimat gefunden. Auch die kleine Bootswerft neben dem alten Hafen am Wormshöfter Noor hat ein Heimatvertriebener übernommen.

Die Maasholmer Fischer, die früher mit Vorliebe in den Gewässern östlich von Bornholm auf Lachsfang gingen, haben große Teile ihrer bisherigen Fangplätze verloren, als 1979 die Anrainerstaaten der Ostsee Wirtschaftszonen von 200 sm beanspruchten, womit es praktisch zu einer Aufteilung der Ostsee in nationale Fischereizonen kam. Die schleswig-holsteinischen Fischer können jetzt nur noch in dem kleinen bundesdeutschen Sektor fischen, außerdem – dank Absprache der EG-Länder – in den dänischen Gewässern, jedoch nur außerhalb der Drei-Meilen-Zone. In den verbliebenen küstennahen Fanggebieten gehen die Erträge zurück – es droht eine Überfischung, vor allem beim Dorsch, und das bei steigenden Kosten. Viele Fischer geben ihren Beruf auf oder gehen zu energiesparenden Fangmethoden über: an die Stelle des Schleppnetzes tritt das Stellnetz. Diese Fischerei kann mit kleineren Fahrzeugen aus wartungsfreundlichem Kunststoff durchgeführt werden. Für manche großen Kutter – auch aus Maasholm – ist es einträglicher, mit binnenländischen Hobbyfischern in See zu stechen – für solche Angler ist die Qualität des Erlebnisses wichtiger als die Quantität des Ergebnisses, der Fänge. Außerdem nehmen sie zollfreie Waren mit von Bord.

Schleswig-Holsteinische Ostseefischerei	1970	1982
Anzahl der Kutter	311	231
Fangerträge (1000 t)		
Dorsch	13 970	7 834
Hering	8 180	7 755
Sprott	161	173
Aal	144	98
Lachs und Meerforellen	128	14
Sonstige Konsumfische	3 028	631
Miesmuscheln	94	17
Futterfisch u. f. Fischmehl	8 520	1 167
	34 225	17 689

Wir blicken auf den kleinen Fischerort Maasholm im flachen Schleihaff. Wir sehen einige Fischkutter im Hafen, am Kai die Gebäude der Fischereigenossenschaft zur Versorgung der Schiffe mit Treibstoff und Eis sowie zur Vermarktung der angelandeten Fänge. Links im Bilde erkennen wir am Ufer zahlreiche Anlegeplätze für flache Fischerkähne, dahinter eine kleine Schiffswerft. Der neue Yachthafen mit etwa vierhundert Liegeplätzen geht auf die Initiative Hamburger Segler zurück. In der Ferne sieht man über die Campingplätze Hasselberg-Oehe zur offenen Ostsee. – Blickrichtung N

Bi Arnis, bi Arnis, bi Arnis an de Sli,
Min leewe Fründ, dat segg ik di, dor seilst du nich vörbi

Arnis, diese kleinste Stadt Schleswig-Holsteins, ist nämlich ein idyllisches Fleckchen Erde. Die meisten Segler oder sonstigen Besucher wissen freilich nicht, daß es sich um eine vor mehr als dreihundert Jahren gegründete „Vertriebenensiedlung" handelt. Die Vertriebenen kamen aus Kappeln – man sieht den Ort im Hintergrund; dort führt eine Brücke über die Schlei. – Blickrichtung N

Arnis, die kleinste Stadt Schleswig-Holsteins

Die „Ursprünge" von Arnis liegen in Kappeln – auf unserem Bild in 4 km Entfernung erkennbar an einer Schleienge, wo eine Drehbrücke die Landschaften Angeln und Schwansen verbindet. Auf der Angelus-Karte (Nr. 3) erscheint Cappel oppidum bereits. Im Mittelalter gehörte jene dem Christophorus, später dem heiligen Nikolaus, dem Patron der Schiffer, geweihte Kapelle mit dem nach ihr benannten Ort dem Domkapitel in Schleswig. Umsonst hatten die Herren des benachbarten Gutes Roest versucht, Kappeln für sich zu gewinnen. Als jedoch in der Reformationszeit Kirchengüter zu beliebten Beutestücken wurden, verkaufte einer der Domherren 1533 den Schifferort an der Schlei an Hennecke Rumohr auf Roest. Der letzte katholische Bischof, Gottschalk von Alefeldt, stimmte dem zu, denn ein Verkauf war einer Beschlagnahme vorzuziehen; solch eine Beschlagnahme drohte, da der dänische König, als Landesherr schwer verschuldet, die Kirche mit hohen Steuern belegt hatte. Das Domkapitel war jedoch mit dem Verkauf nicht einverstanden und wandte sich an den Herzog von Gottorf. Dieser erklärte den Handel für widerrechtlich und ungültig. Damit begann ein Streit, der Generationen hindurch die Gemüter erhitzte. Die Rumohrs sannen darauf, ihr Ziel zu erreichen: Der Pastor wurde vertrieben, die kirchlichen Dokumente geraubt und vernichtet, damit dem Domkapitel die Beweismittel fehlten. Die Prozesse führten denn auch zu keinem anderen Ergebnis als der bloßen Tatsache, daß die Herren auf Roest Kappeln „besaßen" – ein typisches Beispiel für die damalige Macht des Adels.

Die Hauptleidtragenden waren die Kappelner. „Unterm Krummstab" hatten sie „gut wohnen" können; jetzt behandelten die Gutsherren sie wie Leibeigene. Wer sich widersetzte, kam ins Gefängnis oder wurde „in den Block geschlossen". Als 1666 Detlef Rumohr die Güter übernahm, verlangte er den Treueid: „Ihr sollt schwören bei Gott: daß ihr mir, Detlef Rumohr, eurer vorgesetzten Obrigkeit und Erbherrn auf Roest, wollet treu, hold und gehorsam sein, meinen Schaden zu verhüten bei Nacht und bei Tage, mein Bestes zu suchen zu Wasser und zu Lande, und meine Gebote und Verbote zu halten und in allen Dingen als getreue Untertanen gehorsam sein, so wahr uns Gott helf und sein heiliges Evangelium." Die Kappelner, die sich nicht unterwerfen wollten, baten den Herzog Christian Albrecht, er möge ihnen die „zur Schiffahrt bequeme Insel Arnis mit gewissen Privilegien einräumen"; sie wollten ihre Häuser in Kappeln abbrechen und dort wieder aufbauen. Das gestattete der Herzog – der Ritter auf Roest aber nicht. Die vierundsechzig Leute, die seinen Drohungen zum Trotz auf Auswanderung bestanden, verjagte er, ihre Häuser verkaufte er. Auf Arnis waren inzwischen Straße und Grundstücke vermessen worden. Aber erst nach und nach nahm die neue Heimstätte Form an; die Freiheit von der Leibeigenschaft war ja mit dem Verlust fast aller Habe erkauft worden. Steuerbefreiung führte über die schlimmen Anfangsjahre hinweg.

Als 1864 die Preußen auf einer Pontonbrücke bei Arnis über die Schlei gingen, stand der Ort in voller Blüte. Etwa siebzig Schiffe waren hier beheimatet; man verfrachtete die Agrarprodukte des Landes, vor allem Butter und Käse, Wurst und Schinken. Als dann aber Dampfschiff und Eisenbahn aufkamen, geriet die Schiffersiedlung ins Hintertreffen, die Einwohnerzahl ging zurück. So erscheint uns heute Arnis als ein Relikt aus der „guten alten Zeit", als ein Idyll – das aber ist heutzutage wirtschaftlich ein durchaus nicht zu unterschätzender Aktivposten.

Auf unserem Bild können wir fast die Häuser zählen, und wenn wir annehmen, daß in jedem durchschnittlich vier bis fünf Menschen wohnen, dann haben wir die Einwohnerzahl ziemlich richtig getroffen: es sind (1983) 559. Damit ist Arnis die kleinste Stadt Schleswig-Holsteins. Sie besteht eigentlich nur aus einer 600 m langen Straße, vom Friedhof mit der kleinen Schifferkirche und dem schwarzen hölzernen Glockenturm bis hin zum anderen Ende, wo einst die Windmühle einen malerischen Abschluß bildete. Fast alle Häuser wenden ihre Giebel zur breiten, mit Linden bestandenen Straße. Auf der Rückseite reichen die Gärten bis an den schmalen Weg am Wasser. Da erkennt man auch die Werkstätten der Bootsbauer. Für die vielen Segler, die Arnis und die Schlei lieben, ist nördlich des Dammes, der die Insel einst landfest machte, ein Segelhafen geschaffen worden – außerhalb der Stadt auf Grödersbyer Gebiet.

Den Herren von Rumohr „verdanken" wir Arnis – wir verdanken ihnen aber auch eine schöne Barockkirche, die sie 1789–1793 anstelle jener Kapelle in Kappeln erbauen ließen.

Die Schlei bei Missunde

Der für die Schlei so charakteristische Wechsel von schmalen und breiten Abschnitten (Nr. 10) kommt auf unserem Luftbild deutlich zum Ausdruck. Trotz ihres streckenweise flußähnlichen Charakters ist die Schlei eine Förde, deren heutige Gestalt im wesentlichen von den Gletschern der letzten Vereisung vorgeprägt wurde. Die geologisch bedingte tiefe Einschnürung der Cimbrischen Halbinsel durch die Schlei ist für das historische Geschehen – nicht nur in diesem Raum, sondern in ganz Schleswig-Holstein – immer wieder von hervorragender Bedeutung gewesen.

Die Schlei war vor 1000 Jahren ein wichtiger europäischer Verkehrsweg (Nr. 11). Zur Sicherung der Schlei soll Knud Laward, der erste Herzog von Schleswig, bei Missunde eine Eisenkettensperre angelegt und eine Burg erbaut haben (die Höhe links im Vordergrund heißt noch heute „Burg"). Der Schlei-Treene-Weg verlor an Bedeutung, als sich mit der Gründung Lübecks (Nr. 43) der Verkehr auf den Transitweg Elbe–Trave verlagerte.

Der Schlei verdankt die Stadt Schleswig ihren Namen, und dieser wiederum ging bekanntlich von der Herzogs- und Bischofsstadt auf das ganze Herzogtum über. In der Geschichte dieses Grenzlandes hat die Schlei eine wichtige Rolle gespielt. Sie bildete zusammen mit dem Danewerk und der sumpfigen Treeneniederung die alte Grenzwehr Dänemarks. Die Landschaft Schwansen war zudem durch den Osterwall zwischen der Großen Breite der Schlei und dem Windebyer Noor der Eckernförder Bucht gegen S abgeriegelt. Manche dänischen Herrscher sind jedoch über diese Grenzlinie und auch über die Eider weit nach S vorgestoßen, vor allem Waldemar II., der Sieger, der seine Macht auf das südliche Gestade der Ostsee und bis ins Baltikum ausdehnte. Nach seiner Niederlage bei Bornhöved in Holstein, 1227, war die Dänenherrschaft in Norddeutschland zusammengebrochen, Holstein war wieder frei. Es folgten für die Dänen weitere Rückschläge; nunmehr ging es um das Land an der Schlei. Zwar nahm König Erik die expansive Machtpolitik seines Vaters wieder auf. Aber Abel, der Herzog von Schleswig geworden war, fürchtete den Machtzuwachs seines Bruders Erik. Im Bestreben, die dänische Lehnshoheit abzuwerfen, verbündete sich Abel mit den Holstengrafen. Der unversöhnliche Haß zwischen den beiden Brüdern führte dazu, daß Abel in einer dunklen Nacht des Jahres 1250 seinen Bruder auf der Schlei bei Missunde ermorden und über Bord werfen ließ – zuvor hatte man, der Sage nach, dem König das Abendmahl reichen lassen, von einem Mönch aus der Wallfahrtskapelle Zum Finsteren Stern (sie lag auf der kleinen hellen Halbinsel in der rechten Bildmitte). Den Abel aber erreichte schon zwei Jahre später das rächende Schicksal: Auf einem Kriegszug gegen die Friesen erschlug ihn ein Pellwormer Bauer.

Die Zwietracht und Schwäche der Dänen nutzten die Holstengrafen: 1260 ließen sie sich das Gebiet zwischen Eider und Schlei als Pfandbesitz übertragen. Infolgedessen kamen mehr und mehr deutsche Ritter und Bauern nach Schwansen; und zu den dänischen Siedlungen, wie Siese*by*, Kos*lev*, Eschels*mark*, gesellten sich deutsche Gründungen, wie Grün*holz*, Möhl*horst*, Schön*hagen*.

Im 14. Jahrhundert erreichten dann die Schauenburger die erbliche Belehnung mit ganz Schleswig. Der deutsche Einfluß verstärkte sich. Vergeblich bemühte sich der Dänenkönig Erik von Pommern, diese Entwicklung rückgängig zu machen. Heftig umkämpft wurde die „Königsburg", die Erik 1415 auf einer Halbinsel in der Schlei erbaut hatte und von der heute noch der mächtige, baumbestandene Ringwall zeugt, den wir auf dem Bild erkennen. Schleswig und Holstein wuchsen immer enger zusammen.

In den Kriegen des 19. Jahrhunderts war die Schlei ein Teil der dänischen Hauptverteidigungslinie. Dreimal – 1848, 1850, 1864 – versuchten deutsche Truppen, zur Umgehung des Danewerks (Nr. 11) den Schleiübergang bei Missunde zu erzwingen; aber sie vermochten den dänischen Brückenkopf Missunde nicht zu zerschlagen. Weiter ausholend überschritten die Preußen am 6. Februar 1864 bei Arnis (Nr. 8) die Schlei auf einer Pontonbrücke.

Was wissen die Menschen in den Missunder Fährhäusern, in den Zelten, Wohnwagen und Sommerhäusern an der Schlei von all diesen Geschichten? Sie freuen sich der friedlichen, lieblichen Landschaft und betrachten allenfalls die Segelboote als Nachfahren wikingischer „Fjordschwäne". Nur selten passiert ein Fischkutter oder ein kleines Frachtschiff den nur 135 m breiten „Mjösund" – d. h. „enger Sund". Autofahrer, die diese reizvolle Landschaft kennenlernen möchten, können die Schlei auf den Brücken bei Lindaunis oder Kappeln sowie auf den Fähren bei Missunde oder Arnis überqueren.

Wir überblicken die Schlei von der Großen Breite bis hin nach Schleimünde, das freilich im Dunst der Ferne kaum noch zu erkennen ist. Die starke Gliederung dieser eigenartigen Förde in enge und breite Abschnitte, in Halbinseln und zahlreiche Buchten, die an der Schlei Noore genannt werden, kommt auf diesem Bild gut zum Ausdruck. Die Schlei trennt die Halbinseln und Landschaften Angeln und Schwansen. Was bedeutete dieses Gewässer einst als Wasserstraße und Grenzscheide? Was bedeutet es heute? – Blickrichtung NO

Die unterschiedliche Färbung des Wassers zur Zeit der Luftaufnahme gibt nicht, wie man zunächst vermuten dürfte, die Tiefenverhältnisse am Westausgang der Missunde Enge wieder. Die hier etwa 7 m tiefe, durch rote und grüne Tonnen markierte Stromrinne hält nämlich fast genau die Mitte zwischen beiden Ufern ein. Es handelt sich vielmehr bei dem hellen Wasser um das algenreiche Oberflächenwasser der Großen Breite, bei dem dunklen Wasser dagegen um einströmendes, weniger algenhaltiges Tiefen- beziehungsweise Mischwasser aus der mittleren und äußeren Schlei. – Blickrichtung SO

Ökologische Probleme in der inneren Schlei

Die grünliche Farbe des Wassers in der inneren Schlei wird hervorgerufen durch mikroskopisch kleine Algen, die als „Plankton" frei im Wasser schweben. Es handelt sich überwiegend um Blaualgen, die hier im Sommer massenhaft gedeihen und das Wasser zeitweise leuchtend grün färben können. Die grüne Farbe ist ein Zeichen besonders großer biologischer Produktivität; in dieser Überproduktivität kommen aber auch die ökologischen Probleme der Schlei zum Ausdruck.

Die 43 km lange Schlei ist eine Förde, die bei Schleimünde (Nr. 6) mit der Ostsee in offener Verbindung steht; wegen des Wechsels breiterer Becken mit Engstellen ähnelt sie jedoch eher einer Kette von Seen, die durch einen Fluß verbunden werden. Von der 54 km² großen Wasserfläche der Schlei entfallen 6,5 km² auf die Noore genannten Buchten. Zahlreiche Bäche, die ein Einzugsgebiet von 613 km² entwässern, führen der Schlei jährlich rund 130 Mio. m³ Wasser zu – etwa ebensoviel, wie die Schlei bei Mittelwasser selbst enthält. Die Schlei ist durchweg nur 3–4 m tief, vielerorts noch flacher, vor allem in den Nooren. Nur in den Schleiengen, durch die zeitweise starker Strom geht, erreicht die Wassertiefe 10 m (Missunder Enge) bis 16 m (Rabelsund).

Die Fließbewegung, die sich aus den Zuflüssen ergibt, ist gering, sie ist so gering, daß sie jederzeit überlagert wird von den Wasserbewegungen, die sich aus den – überwiegend windbedingten – Schwankungen des Ostseespiegels ergeben. Bei Stürmen können enorme Wassermassen bewegt werden, z. B. flossen am 27./28. 9. 1975 durch die Missunder Enge zunächst 10,3 Mio. m³ aus, dann am 28./29. 9. 11,7 Mio. m³ wieder ein. Ein- und Ausstrom entsprachen je rund ⅓ der in der Großen Breite (12 km² Fläche) bei Mittelwasser enthaltenen Wassermenge von rund 32 Mio. m³.

Die – normalerweise viel schwächeren – Wasserbewegungen bewirken ein ständiges Hin- und Herpendeln kleinerer oder größerer Wassermengen von einem Schleibecken zum anderen. An den Durchlässen unter der B 76 zwischen Haddebyer Noor und Kleiner Breite kann man dies sogar vom Auto aus gut beobachten. Dabei werden auch die im Wasser enthaltenen Stoffe vermischt und befördert. Ein Maßstab für den langsamen schleieinwärts gerichteten Transport von Ostseewasser ist der Salzgehalt, der bei Schleimünde 13–19 ‰, bei Kappeln 12–18 ‰, bei Missunde 5–9 ‰ und in der Kleinen Breite noch 4–8 ‰ beträgt.

Entsprechend langsam erfolgt der seewärts gerichtete Transport der in der inneren Schlei vorhandenen Stoffe, insbesondere der Pflanzennährstoffe Phosphor und Stickstoff. 1977 waren im Wasser der Großen Breite im Mittel vorhanden: 0,43 mg/l Phosphor und 5,2 mg/l Stickstoff in verschiedenen Verbindungen (zum Vergleich: Ostsee: 0,15 mg/l P und 2,5 mg/l N).

Die Nährstoffe entstammen den – mit Abwässern belasteten – Zuflüssen der Schlei. Diese sind zwar vergleichsweise viel weniger verschmutzt als etwa die Zuflüsse der Flensburger Förde, d. h., die Belastung mit organischen Stoffen je m³ ist geringer. Während jedoch diese Stoffe nach Einmündung in die Flensburger Förde rasch verdünnt werden, reichern sich die Nährstoffe in der inneren Schlei an, weil der Abtransport in Richtung Ostsee im Verhältnis zur Zufuhr zu langsam erfolgt.

Infolge der als „Eutrophierung" bezeichneten Überdüngung, vor allem mit Phosphor, kommt es zu einer Algenentwicklung, die 10- bis 30mal stärker ist als in der äußeren Schlei. Die Algenmenge kann so groß werden, daß die Sichttiefe im Wasser bis auf 20 cm abnimmt. Einem solchen Maximum folgt dann freilich wegen des zunehmenden Licht- und Nährstoffmangels häufig ein Massensterben des Planktons; erst nach einigen Wochen baut sich wieder ein neuer Algenbestand auf.

Das abgestorbene Plankton sinkt zu Boden, wo es jedoch nur teilweise abgebaut werden kann: es entsteht Faulschlamm, ein tiefschwarzes, nach Schwefelwasserstoff riechendes Sediment. Seit etwa 40 Jahren haben sich auf dem Boden der Schlei großflächig mehrere Dezimeter Faulschlamm abgelagert. Dieser wirkt sich einerseits für zahlreiche Organismen sehr ungünstig aus, zum anderen stellt er ein Reservoir dar, aus dem große Mengen von Phosphor in das Wasser zurückgelangen können.

Die Zusammenhänge zwischen den verschiedenen Faktoren, welche die Eutrophierung und Faulschlammbildung bedingen, sind wissenschaftlich eingehend untersucht und im „Schleigutachten" festgehalten worden. Um die ökologischen Probleme der inneren Schlei zu lösen, würde es nach diesen Erkenntnissen aber nicht genügen, die Phosphatzufuhr zu vermindern, vielmehr müßten vor allem die im Schlamm bereits vorhandenen Phosphate unwirksam gemacht werden.

Haithabu

Von der Ostsee her greift die Schlei 40 km tief ins Land ein. Wir sehen im Hintergrund die „Große Breite" und vor der Stexwiger Enge die „Kleine Breite". Die Verbindung mit dem Haddebyer Noor (im Vordergrund) wurde 1813 durchdämmt, für eine Straße von Schleswig nach Kiel. Im Rücken des Betrachters fließt in 6 km Entfernung in einem breiten Wiesental die Rheider Au der Treene zu. Der Name des Dorfes Rheide (= Reede) deutet an, daß bis hierher einst von der Nordsee mit der Flut Schiffe gelangen konnten. Diese Einschnürung der Cimbrischen Halbinsel bot den bequemsten Transitweg zwischen Ost- und Nordsee; sogar Schiffe wurden gelegentlich auf Rollen über diesen Landriegel gezogen. Zum anderen war dieser schmale Tieflandpaß die naturgegebene Trasse für den uralten Landweg, der die Cimbrische Halbinsel der Länge nach durchzieht (vgl. Karte und Text zu Nr. 12). Weit größere Bedeutung als der Umschlagplatz Hollingstedt an der Treene gewann der „Wik" an der Schlei. Unter Wik versteht man Niederlassungen von Fernhandelskaufleuten, wie z. B. in Brunswik (hochdeutsch Braunschweig), Bardowik, Quentowik. In den Fränkischen Annalen für das Jahr 804 lesen wir, daß der Dänenkönig Godofrid mit Reiterei und Flotte an einen Ort namens Sliesthorp im Grenzgebiet seines Reiches und Sachsens gekommen sei; vier Jahre später habe er nach Zerstörung eines Handelsplatzes Reric (vielleicht Alt-Lübeck?) die dortigen Kaufleute nach Sliesthorp umgesiedelt. Damit tritt dieser Platz, der bei den Deutschen auch Sliaswic, bei den Skandinaviern Haithabu (Heideort) genannt wurde, in das Licht der Geschichte ein. Archäologisch läßt sich die Siedlung an der Schlei noch bis ins 7. Jahrhundert zurückverfolgen. Damals, als durch das Vordringen von Awaren und Slawen der Weichsel- und Oderweg versperrt wurde, nahm der Fernhandel zwischen Mittelmeer und Ostsee in den baltisch-skandinavischen Raum den Weg über Rhein, Nordsee und Schleswiger Landenge. Träger des Handels in unserem Raum waren Franken, Friesen und nordische Wikinger. Ihre Niederlassungen lagen anfangs ungeschützt am Ufer des Haddebyer Noors. Schutz bei feindlichen Überfällen bot vermutlich eine steile Höhe – auf unserem Bild links die bewaldete Kuppe; dort sind Spuren einer Umwallung zu sehen, die jedoch nicht datiert werden konnten.

Dem Kaufmann folgte der Missionar: Über Haithabu fuhr Ansgar, der Apostel des Nordens, nach Birka im Mälarsee. Er errichtete um 850 in Haithabu die erste Kirche. Damals war die Siedlung offenbar noch nicht umwallt; das erfolgte, in mehreren Phasen, erst seit dem Ende des 9. Jahrhunderts. Der feindwärts mit einem Holzbollwerk geschützte Wall war 1300 m lang und 10 bis 11 m hoch.

Die Schleswiger Landenge übte eine ebenso große Anziehungskraft auf friedliche Händler wie auf beute- und machthungrige Krieger aus. Ende des 9. Jahrhunderts setzte sich eine schwedische Wikingerdynastie in Haithabu fest. Ihr Herrscher Knuba wurde 934 vom deutschen König Heinrich I. tributpflichtig gemacht und zum Christentum bekehrt – wir kennen ihn von zwei Runensteinen, den einen fand man als Trittstein in der Furt zwischen Haddebyer und Selker Noor.

Unter Otto I. wurde Haithabu-Schleswig 948 zum Bistum erhoben; Otto II. kämpfte am Danewerk erbittert gegen den norwegischen Jarl Hakon. Unter den Dänenkönigen Harald Blauzahn und Sven Gabelbart gelangte Haithabu wieder in dänischen Machtbereich. 1050 zerstörte der norwegische König Harald der Harte Haithabu. Ein wendischer Überfall 1066 gab der Stadt den Todesstoß. Sie fiel dem Vergessen anheim.

Die Erforschung von Haithabu begann damit, daß Otto Scheel und Peter Paulsen 1930 die wichtigsten historischen Quellen publizierten und Herbert Jankuhn die systematische Ausgrabung in Gang setzte, die später unter Leitung von Kurt Schietzel fortgeführt wurde. Aus ihren und vieler Mitarbeiter Berichten kann der interessierte Leser sich ein Bild von Aussehen, Bedeutung und Handelsbeziehungen sowie von der Lebensweise der Bewohner machen. Bisher ist nur ein kleiner Teil des Wik-Geländes untersucht worden; doch hat man durch Suchgräben, die in ganzer Länge kreuz und quer das Halbrund durchzogen, und durch zahlreiche Einzelgrabungen feststellen können, daß der Gesamtraum von Siedlungen (ausschließlich Holz- und Fachwerkhäuser) und von Grabstätten eingenommen war. Zu den interessantesten Funden zählt eine Bronzeglocke (im übrigen ist von Ansgars Kirche nichts zutage getreten) sowie ein im palisadengeschützten Hafen gesunkenes, 1979 geborgenes Schiff von 22 m Länge. In einem Museum, das an wikingische Bauweise anknüpft (wir sehen es zwischen „Hochburg" und Noor), soll dieses Boot restauriert werden; darüber hinaus soll hier ein anschauliches Bild von Haithabu und seinen weitgespannten Handelsbeziehungen vermittelt werden.

Der hohe, baumbestandene Wall und das Haddebyer Noor umschließen eine der interessantesten Stätten Mittel- und Nordeuropas, ein Areal von etwa 25 ha. Hier lag einst Haithabu (Hedeby), vor mehr als 1000 Jahren der bedeutendste Handelsplatz (Wik) im Nord-Ostsee-Raum. Nach seiner endgültigen Zerstörung 1066 blieb das Gelände unbesiedelt, als Acker- und Weideland genutzt; es bietet somit ideale Voraussetzungen für archäologische Forschungen. Der Besucher gewinnt Einblick in die Grabungstätigkeit nur während der jeweiligen Arbeit; denn nach Auswertung der Befunde wird das Gelände wieder zugeschüttet. Die Ergebnisse sind im „Wikinger-Museum" (links) zu sehen. – An der Schlei liegt Fahrdorf und auf dem Nordufer die Zuckerfabrik Schleswig. – Blickrichtung NO

Das Danewerk war die dänische Verteidigungslinie gegen Slawen, gegen Karl d. Gr. und gegen deutsche Herrscher. Die Erde-Holz-Konstruktion wurde später im wichtigsten Abschnitt, wo der alte Heerweg hindurchführt, durch eine Feldsteinmauer verstärkt. Vor sie setzte Waldemar I. im 12. Jahrhundert eine Ziegelsteinmauer. Im 19. Jahrhundert haben die Dänen das Danewerk erneut befestigt. Zur Empörung vieler Dänen aber räumte im Februar 1864 der General de Meza vor den anrückenden Österreichern diese „heilige" Verteidigungslinie kampflos – um nicht von den Preußen, die bei Arnis über die Schlei gegangen waren, eingekreist und vernichtet zu werden. 1945 sollte gar das Danewerk den letzten Zipfel des „Großdeutschen Reiches" gegen alliierte Panzer verteidigen! – Blickrichtung SW

Das Danewerk

Das Danewerk sperrt den Tieflandspaß zwischen der Schlei-Ostsee und dem sumpfigen Treene-Eidertal, das früher unter dem Einfluß der Gezeiten stand und somit als Einbuchtung der Nordsee verstanden werden konnte. In historischen Quellen erscheint das Danewerk erstmals 804 in den Fränkischen Annalen: Angesichts der Bedrohung durch die nach Norden vorstoßende Macht Karls d. Gr. habe der Dänenkönig Godofridus (Göttrik) sein Reich durch einen Wall „zwischen Ostarsalt und dem westlichen Ozean" gesichert; in dieser Grenzsperre habe es nur einen einzigen Durchlaß für Pferd und Wagen gegeben. Dieses Tor lag im Zuge des uralten Völkerweges, auf der verkehrsfreundlichen Sandergeest. Weitgehend in derselben Linienführung verläuft heute die Autobahn. Ihr Bau gab die Möglichkeit zu archäologischen Untersuchungen; sie brachten überraschende Erkenntnisse.

Betrachten wir zunächst den Ausschnitt aus einer Karte von Johannes Mejer von 1649! Man findet kaum eine andere Karte, die das Danewerk so einprägsam zeigt. Deutlich erkennbar sind die drei Landschaften: die zum Teil bewaldeten Endmoränen um das Schlei-Eiszungenbecken, sodann die flache, damals noch größtenteils mit schütterem Wald und mit Heide bedeckte Sanderebene, die an der Rheiderau und Treene allmählich in Flußmarsch übergeht, und schließlich jenseits des Flusses die Hohe Geest.

Auf unserem Flug befinden wir uns etwas östlich von Kurburg (eine Straße aus neuerer Zeit, von Gr. Danewerk nach Hollingstedt, durchbricht hier die alte Verteidigungslinie). Wir blicken entlang dem „Haupt-

wall", der in SW-Richtung über die Sanderebene verläuft, bis er an die Rheiderau-Niederung stößt. Von dort führt, im Gelände oft nur noch schwer erkennbar, der sogenannte „Krummwall" in W-Richtung auf Hollingstedt zu. Würden wir in entgegengesetzter Richtung blicken, so sähen wir den östlichen Teil des „Hauptwalles" mit dem „Kalegatt", dem Durchlaß für den uralten Heerweg, und der „Thyraburg", in der wohl einst der Befehlshaber des Limes saß; sie liegt über dem mittlerweile verlandeten Danewerk-See. Vom See aus führte in nordöstlicher Richtung bis an den Gottorfer Burgsee der „Nordwall". Er muß schon im 17. Jahrhundert kaum noch zu erkennen gewesen sein, daher hat Mejer ihn nicht eingezeichnet. Sehr markant aber war und ist großenteils noch heute der „Verbindungswall", der nach Haithabu führt. Der bei Mejer noch vollständige „Kograben", eine viel niedrigere Verteidigungslinie, ist durch Bau des Jageler Flugplatzes großenteils zerstört worden. Die Autobahn – sie verläuft in SO-NW-Richtung östlich von „Thyraburg" und „Danewerk-See" – durchschneidet drei Danewerkwälle. Dabei wurde zu allgemeiner Überraschung unter dem „Nordwall" ein Pfahlrost aus Eichenholz freigelegt, dessen Alter mit dendrochronologischer Methode auf die Jahre 736/37 datiert werden konnte. Vermutlich ist der Wall zur Abwehr der damals nach Westen und Norden vorstoßenden slawischen Obotriten erbaut worden. Der „Verbindungswall" ließ sich auf 968 datieren. Der „Kograben" aber dürfte Göttriks Wall sein; denn der sollte auch das damals noch nicht umwallte Haithabu schützen.

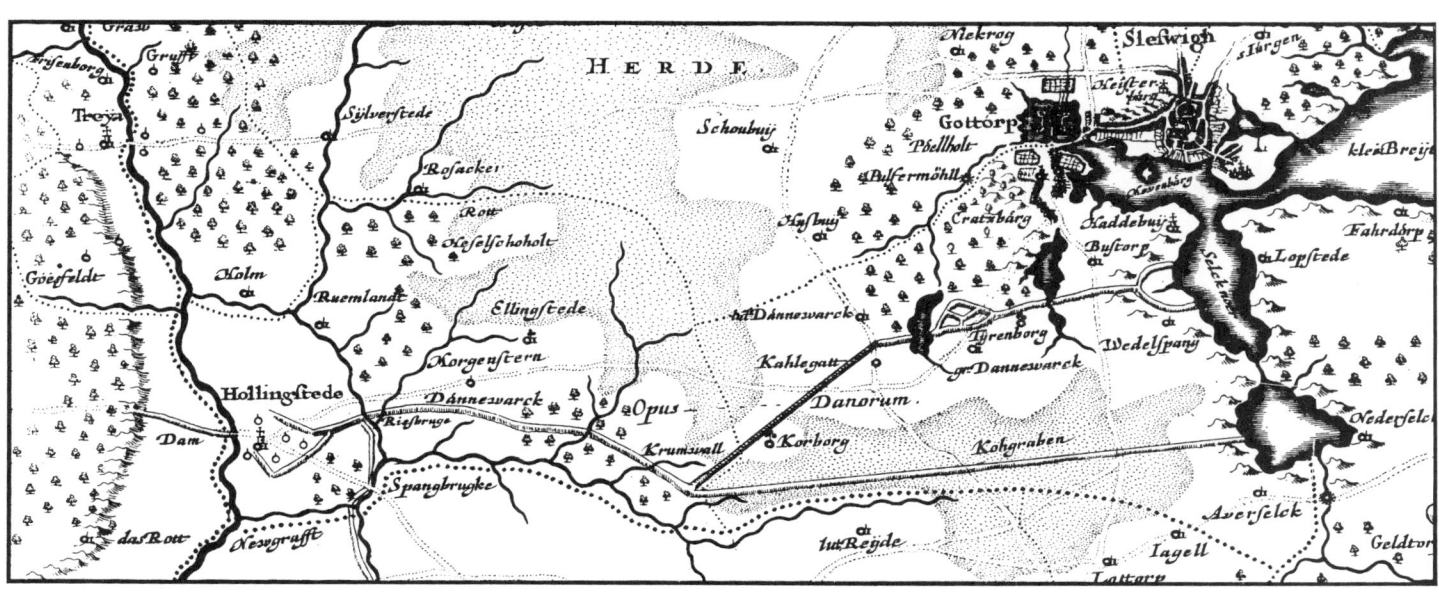

Schleswig

Über das Verhältnis zwischen Haithabu und Schleswig herrschte bei den Historikern lange Unklarheit. Wir hörten (Nr. 11), daß beide Namen für eine und dieselbe Stadt gebraucht wurden. Bemühungen, für die Zeit vor 1066 an der Stelle des heutigen Schleswig eine Stadt nachweisen zu können, hatten keinen Erfolg. So neigt man zu der Annahme, daß Schleswig erst nach der Zerstörung von Haithabu entstanden ist. Die Gründe für eine „Ortsverlagerung" erscheinen verständlich: Das neue Schleswig lag nicht unmittelbar am Danewerk, sondern in erheblichem Abstand hinter dieser Defensivfront. Außerdem war der Ort leichter zu verteidigen, da er räumlich nicht so ausgedehnt war und zudem auf einer fast rings von Wasser umgebenen Moränenkuppe lag. Im Laufe der Jahrhunderte sind weite Teile des Gewässers verlandet – sie erscheinen auf unserem Bild als grüne Flächen.

Die Altstadt gruppiert sich um Dom und (rechts davon) Marktplatz. Daß der Dom beherrschend ist, das gilt letzten Endes von allen Bischofsstädten. Für Schleswig entspricht das in besonderem Maße den tatsächlichen Verhältnissen: es war vorwiegend Stadt der Bischöfe, weniger der Kaufleute. Als Umschlagplatz im Fernhandel hat es die Rolle Haithabus nur kurze Zeit weiterführen können – sie war mit dem Aufkommen Lübecks (Nr. 43) vollends ausgespielt. Der Dom ist in romanischem Stil aus behauenen heimischen Findlingen und importiertem rheinischem Tuffstein begonnen, in gotischem Stil aus roten, gelben und dunkelglasierten Backsteinen vollendet worden. An Stelle des eingestürzten stumpfen Turmes, den man auf alten Stichen sieht, wurde in den Jahren 1888–1894 auf Kosten des preußischen Königs der 112 m hoch aufragende neugotische Turm gebaut; seine abbröckelnde Verkleidung wurde 1953/56 mit streifigen gelbroten Ziegeln erneuert. Die größte Sehenswürdigkeit des Domes ist der Brüggemannsche Altar, eines der bedeutendsten Werke der Holzschnitzkunst; er stand bis 1666 in Bordesholm (Nr. 28).

Von der Altstadt gelangte man früher über eine Brücke hinüber zur längst vergangenen herzoglichen Burg auf der Möweninsel (vgl. Nr. 13), andererseits auf eine benachbarte Diluvialinsel, die bis auf den heutigen Tag der „Holm" heißt. Hier befindet sich die berühmte Schleswiger Fischersiedlung. Rings um den Friedhof und seine Kapelle sehen wir eng beieinander die niedrigen Häuser. Schmale Gänge führen hinunter ans Wasser, wo am Steg oder vor Anker die flachen Kähne liegen. Die Holmer Fischer pflegen die Tradition; dazu gehört das altertümliche Ortsbild ebenso wie ihr enger genossenschaftlicher Zusammenhalt.

Im Vordergrund unseres Bildes liegt in friedlicher Abgeschiedenheit das Kloster St. Johannis vor Schleswig. Es reicht ins 12. Jahrhundert zurück. Damals sah sich der Bischof veranlaßt, das Doppelkloster St. Michael wegen sittlicher Mißstände aufzuheben: die Mönche gründeten daraufhin das Rudekloster (Nr. 2), während die zehn Nonnen in Schleswig am Rande des Holm ihre künftige Bleibe fanden. Dieses reich dotierte Kloster fiel in der Reformationszeit ebenso wie die drei Nonnenklöster Preetz, Itzehoe und Uetersen an die Schleswig-Holsteinische Ritterschaft; es diente fortan als Stift für adlige Damen.

Über die bisher genannten Siedlungskomplexe ist Schleswig zuerst in nördlicher Richtung hinausgewachsen, weil dort die Fastinsel durch eine niedrige Bodenschwelle landfest war. Hier entstand eine Vorstadt zu Füßen der alten, später abgerissenen Rundkirche St. Michael (sie lag in dem grünen Komplex, den man im Bilde erkennt). Dahinter verläuft eine Straße in westlicher Richtung (schräg auf die Mitte des Bildhintergrundes zu): das war jahrhundertelang die Hauptzufahrtsstraße der Stadt. Aus der Schleiniederung steigt sie auf die 30 bis 45 m hohe Grundmoränenplatte hinauf, quert die alte schleswig-holsteinische Längsstraße am östlichen Sanderrand und führt weiter nach der Westküste, nach Husum.

Die steile Böschung zwischen den Moränenhöhen und dem Eiszungenbecken der Schlei ist auf unserem Bilde markiert durch grünen Baumbestand. Am Fuße des Steilhangs zieht sich der Lollfuß, die Hauptgeschäftsstraße Schleswigs, entlang. Dieser Straßenzug entstand als Verbindung zum Schloß Gottorf (links außerhalb des Bildes, vgl. Nr. 13), das zur fürstlichen Residenz ausgebaut wurde, die Verkehrswege an sich zog und die alte Stadt Schleswig in eine Abseitslage versetzte – bis endlich 1711 der Herzog geruhte, seine Residenz mitsamt der südlich des Schlosses gelegenen Trabantensiedlung Friedrichsberg und die alte Bischofsstadt rechtlich zu einer Stadt zu „kombinieren".

Oben auf der Höhe wächst Schleswig, verstärkt nach 1945, in das Umland hinaus. Schleswig ist zwar nicht mehr Regierungssitz, doch beherbergt es die obersten Justiz- und andere Landesbehörden.

Die Herzogsstadt Schleswig hat dem Land zwischen Eider und Königsau den Namen gegeben. Das Herzogtum Schleswig gewann eine Sonderstellung innerhalb des dänischen Reiches, während die Beziehungen zum deutschen Holstein immer enger wurden. Dieses „Schleswig-Holstein, meerumschlungen" erhielt 1844 auf dem Deutschen Sängerfest hier in Schleswig seine blauweißrote Fahne und seine Hymne, die der Hoffnung auf einen „schöneren Morgen" innerhalb eines ersehnten großdeutschen Reiches Ausdruck verlieh. Um die gleiche Zeit verfocht man dänischerseits ein „Dänemark bis zur Eider" als Teil eines großskandinavischen Reiches. 1920 wurde das von Deutschen wie von Dänen beanspruchte ehemalige Herzogtum Schleswig nach Volksabstimmung geteilt. Nationale Konfrontation wurde seither durch Verständigungswillen überwunden. – Blickrichtung NW

Gut ein Jahrtausend umspannt unser Blick. Wir sehen den aus dem 9. Jahrhundert stammenden Halbkreiswall von Haithabu (hinten am rechten Bildrand), die Möweninsel in der Schlei, auf der nur noch schwache Spuren von Knud Lawards Jürgensburg (um 1100) zu erkennen sind, das Schloß Gottorf, das in den Jahren von 1490 bis 1703 seine Gestalt erhielt, daneben die ziegel- und schiefergedeckten militärischen Bauten aus der zweiten Hälfte des 19. Jahrhunderts, am rechten Bildrand das Regierungsgebäude der preußischen Provinz Schleswig-Holstein und schließlich – als besonderen Blickfang – ein aus der Schlei aufragendes Wohngebäude, den vielumstrittenen „Wikingturm": „Durfte man das der schönen alten Stadtsilhouette antun?" fragen die Kritiker – „Vervollständigte man sie damit nicht um ein Monument unserer Zeit?" entgegen die Befürworter. – Blickrichtung SO

Schloß Gottorf

Gottorf ist das bedeutendste Schloß unseres Landes. Die Anfänge führen weit zurück ins Mittelalter, als die Schleswiger Bischöfe in einer Bucht der inneren Schlei sich eine Burg erbauten. Im Rivalitätskampf der in Schleswig residierenden geistlichen und weltlichen Gewalten erwiesen sich die Bischöfe als die Schwächeren: 1268 trat der Bischof seine Burg Gottorf an den Herzog ab; er erhielt als Entgelt Schwabstedt an der Treene. Nun, in landesherrlichem Besitz zu einer Festung ausgebaut, war Gottorf „quasi clavis et custodia totius Daniae", gleichsam Schloß und Riegel ganz Dänemarks. Doch im Verlauf der Geschichte sollte sich dieses Wort nicht bewahrheiten. Denn gut ein Jahrhundert später übernahmen die Schauenburger Grafen von Holstein die Burg Gottorf. Zwar wurde dann – 1460 – der Dänenkönig Christian I. aus dem Hause Oldenburg zum Herrscher der eng verbundenen Lande Schleswig und Holstein gewählt, aber bei den Landesteilungen von 1490 und 1544 fiel Gottorf nicht an die königliche Linie, sondern an die herzogliche Nebenlinie (deren Besitzungen in mehreren Streifen im Wechsel mit den königlichen zwischen Königsau und Elbe verteilt lagen). Wettstreit und Krieg zwischen beiden Linien waren gleichsam vorprogrammiert, zumal die Gottorfer Herzöge als die Schwächeren aus Selbsterhaltungstrieb Anlehnung an den Gegner Dänemarks, nämlich Schweden, suchten. In dieser Zeit war Gottorf für Dänemark nicht „Schloß und Riegel", sondern ein unliebsamer, ja gefährlicher Fremdkörper. Für Schleswig-Holstein hingegen war es politisch und kulturell bedeutsam, daß es eine herzogliche Residenz im Lande gab.

Die älteste bildliche Darstellung Gottorfs, von 1584, befindet sich als Kupferstich in Braun-Hogenbergs Theatrum urbium: ein prächtiges vierflügeliges, von Bastionen eng umgürtetes Wasserschloß im Renaissancestil, von Süden her über eine Brücke mit Torhaus zugänglich, erbaut von Herzog Adolf unter starker Verwendung älterer Bauteile. Seine Blütezeit erlebte Gottorf im 17. Jahrhundert unter Friedrich III. (1616 bis 1659) und seinem Sohn Christian Albrecht (bis 1694), die Künstler und Gelehrte von Rang an ihren Hof zogen. In der Gottorfer Hofdruckerei wurde u. a. die große Danckwerthsche Landesbeschreibung der Herzogtümer Schleswig und Holstein gedruckt. Während man das Innere des Schlosses künstlerisch ausgestaltete, wurden ringsum die Bastionen verstärkt und

nördlich der Schloßinsel im „Neuwerk" terrassierte Parkanlagen geschaffen. Die dortige „Friedrichsburg", in persischem Stil erbaut, erinnerte daran, daß Herzog Friedrich III. 1635 eine Expedition über Rußland nach Persien entsandt hatte. Das Ergebnis waren freilich nicht die erhofften Handelsbeziehungen, wohl aber Olearius' berühmte Reisebeschreibung und andere Werke. Von der geistigen Weite des damaligen Gottorfer Hofes zeugte auch der in der Friedrichsburg aufgestellte Riesenglobus von 3 m Durchmesser, der nach Olearius' Angaben konstruiert und innen als Planetarium eingerichtet war; er konnte von Hand oder durch Wasserkraft in Bewegung gesetzt werden.

Herzog Friedrich IV. war es, der 1697 mit dem Umbau des Schlosses in nüchtern-strengem Barockstil begann. Fertiggestellt wurde allerdings nur der lange Südflügel mit dem gedrungenen Turm und dem Portal, von dessen krönendem Balkon jedoch kein Gottorfer Fürst je auf huldigende Untertanen hinabschauen sollte: Im Nordischen Krieg mußten die Gottorfer ihre schleswigschen Territorien an den Dänenkönig abtreten; Peter d. Gr. ließ sich 1713 vom Dänenkönig Friedrich IV. den Gottorfer Globus schenken – seine Tochter Anna gab er dem Gottorfer Herzog Karl Friedrich zur Frau – deren Sohn bestieg 1761 den Zarenthron.

Die Dänen brachten Bücher, Bilder und sonstiges Inventar von Gottorf nach Kopenhagen. Bei Reparaturen (1818–1820) erhielt das Schloß ein noch strengeres Aussehen, indem u. a. die Giebel ihrer schwungvollen Zier entledigt wurden. Zeitweise wohnten auf Gottorf die königlichen Statthalter, so der Prinz Carl von Hessen und der Prinz von Noer. Dieser ließ 1842 die Bastionen abtragen und begann auf der so erweiterten Schloßinsel mit dem Bau von Wachhäusern und Ställen. 1848 diente das Schloß als Lazarett, dann als Kaserne, auch für preußische Husaren. Es erscheint uns heute wohl schwer verständlich, warum Preußen nicht Schloß Gottorf zum Regierungssitz machte, sondern 1876/79 dicht daneben ein neues Gebäude errichtete.

1948 gab das Land Schleswig-Holstein dem traditionsreichen Schloß eine würdige Bestimmung, indem man die Landesmuseen und das Landesarchiv hierherverlegte. Schloß Gottorf, mit einzigartigen Räumen wie der „Königshalle" (um 1500) und dem „Herzoglichen Betstuhl" (um 1610), ist eins der schönsten und eindrucksvollsten deutschen Museen.

Das Ferien- und Heilzentrum Damp 2000

Die Ostseeküste von Schwansen gehörte noch bis vor wenigen Jahren zu den einsamsten Gegenden Schleswig-Holsteins. Es gab gerade hier an der fast schnurgeraden Ausgleichsküste weder Fischer- noch Bauernhäuser und auch keine festen Straßen, sondern allenfalls Feld- und Waldwege. Es war eine typische siedlungsarme Gutslandschaft, die sich in Jahrhunderten entwickelt und bis in unsere Zeit erhalten hatte.

Bis zum Ende des Mittelalters war die Halbinsel Schwansen allerdings eine bäuerliche Landschaft gewesen; in vielen großen und kleinen Dörfern gab es um das Jahr 1450 nicht weniger als 511 Hufen, d. h. Vollbauernstellen, die unter landesherrlicher, geistlicher oder adliger Grundherrschaft standen. Die damaligen acht Rittersitze verfügten noch nicht über nennenswerte landwirtschaftliche Betriebe. Die Entwicklung zur Gutswirtschaft erfolgte erst in den drei Jahrhunderten bis etwa 1750: Nun gab es 15 große Güter mit 16 Meierhöfen – dafür waren 32 Bauerndörfer völlig verschwunden, 6 zu ärmlichen Kätnersiedlungen geschrumpft. Die Anzahl der Hufner war auf 224 zurückgegangen, und diese waren nun fast alle „leibeigen" und zu schweren Hand- und Spanndiensten auf den Gütern verpflichtet. Doch bereits vor der offiziellen Bauernbefreiung (1. 1. 1805) haben einige Adlige ihre Güter ganz oder teilweise parzelliert. Weitere Eingriffe in die Substanz der Güter zugunsten von Bauernhöfen und Siedlerstellen erfolgten durch die Bodenreformgesetze nach den beiden Weltkriegen. Es entstanden viele Klein- und Mittelbetriebe. Eine gegenläufige Entwicklung zu größeren existenzfähigen Betrieben setzte – wie überall in Schleswig-Holstein – 1960 ein (vgl. Nr. 29).

Auf dem Gut Damp vollzog sich ein Wandel ganz anderer Art: Ende der 1960er Jahre kaufte eine GmbH von dem Gutsherrn, dem Grafen Reventlow, ein etwa 85 ha großes Areal an der Ostsee zur Errichtung eines Freizeitzentrums. Mannigfache Gründe sprachen dafür, vor allem die gestiegenen Möglichkeiten weiter Bevölkerungskreise, Urlaub zu machen, und der Wunsch, dies an der See zu tun. Dafür bot sich – nach Ausfall der weiten mecklenburg-pommern-preußischen Strände - die bisher noch weitgehend siedlungsleere Küste von Schwansen an. Steuerliche Abschreibungsmöglichkeiten boten Kapitalgebern Anreiz. Vom landesplanerischen Standpunkt aus begrüßte die Landesregierung besonders die Schaffung von vielen hundert Dauerarbeitsplätzen in der gewerblich unterentwickelten Landschaft Schwansen, in der die Ostseebad Damp GmbH & Co KG mittlerweile zum größten privaten Arbeitgeber geworden ist.

Das neue Ostseebad wurde schon im ersten Entwurf auf Massenbewältigung angelegt: Nur so erschien es möglich, all die ausgedehnten Sport-, Spiel- und sonstigen Unterhaltungsanlagen und damit ein höchst abwechslungsreiches Freizeitangebot zu schaffen, für einen „aktiven" Urlaub mit Schwimmen, Surfen und Segeln, mit Rasen- und Hallensport, mit Reiten und Wandern. Die Besucher können wählen zwischen einem Apartment in einem riesigen Hochhaus mit weitem Blick über Land und/oder See und einem idyllischen, familiengerechten Häuschen auf grünem Rasen. Auf unserem Bild können wir die verschiedenen Elemente der Anlage gut erkennen: Im Vordergrund Empfangsstation und Wegweiser und mannigfache Betriebsgebäude; dann zur Linken das große durch Fahr- und Fußwege erschlossene Gelände mit 552 Familienwohnungen in Zeltdach-, Blockhaus- oder Scheibenhausform (davon etwa 250 in Privatbesitz), dahinter sehen wir drei teils 15stöckige Dreiflügelbauten, welche die Ostseeklinik, die Kurklinik und Ferienwohnungen enthalten (ein weiterer Dreiflügelbau ist inzwischen auf der Grünfläche am Hafen errichtet worden); von den Sportanlagen fällt vor allem der künstlich geschaffene, durch Molen gegen Versandung geschützte Jachthafen mit 444 Liegeplätzen auf, daneben finden wir eine große Schwimmhalle mit Wellenbad, eine Kongreßhalle und eine Ladenzeile mit Restaurants und Cafés; ganz links im Bild erkennt man eine Sporthalle, Sportplätze sowie ein Freibad.

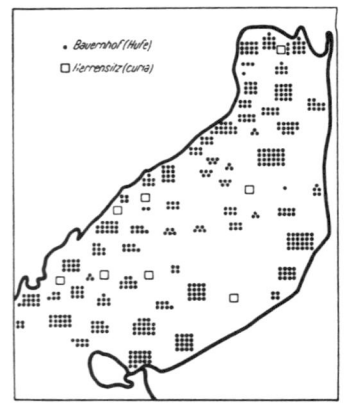 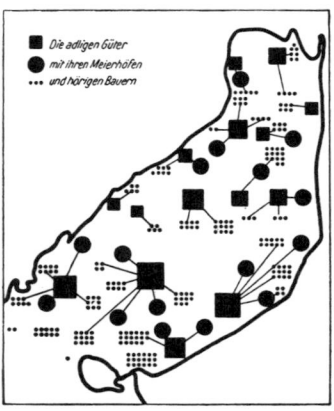

Schwansen, bäuerliche Landschaft um 1450
und Gutswirtschaft um 1750.

Es ist, als sollte „Damp 2000" mit seinem Namen die Zukunft gleichsam vorwegnehmen. Wie es nicht anders sein kann, sind die Meinungen geteilt: Die einen trauern der einst so friedlichen, unberührten Landschaft nach – die anderen sind begeistert von dieser riesigen, vielseitigen Anlage. Gigantisch sind die Zahlen: mehr als eine Viertelmilliarde Baukosten, Bettenzahl im touristischen Bereich 3500, im klinischen an 1000. Nicht zuletzt wegen seiner Sportklinik und seiner Trainings- und Rehabilitierungsmöglichkeiten (mit 30 Ärzten!) ist Damp 2000 weit über die Landesgrenzen hinaus bekannt. – Blickrichtung NO

Eckernförde wurde auf einer flachen Strandplatte angelegt, die das Windebyer Noor von der breiten Eckernförder Bucht trennt. Der Wasserlauf zwischen beiden Gewässern – er ist landwärts zum Teil überbrückt und überbaut – ist der naturgegebene Hafen der Stadt. Rechts der Silos liegen Fischkutter und „Butterdampfer", der innerste Hafen dient als Liegeplatz für Motorboote. Weitere Motor- und Segelboote liegen am jenseitigen Fördeufer vor dem eingemeindeten Borby; nach rechts folgt der Segelhafen. – Eckernförde hat sich zu einem beliebten Badeort entwickelt; die Kuranlagen befinden sich an dem weißen Sandstrand rechts außerhalb des Bildes. – Blickrichtung NO

Eckernförde

Den alten „Stadtplan" von Eckernförde erkennt man deutlicher als auf unserem farbigen Bild auf jener „ideellen" Luftaufnahme, die vor fast 400 Jahren ein Künstler für das berühmte Städtbuch von Braun und Hogenberg geschaffen hat. Der alte Stich ist hier stark verkleinert wiedergegeben.

Die älteste Geschichte von Eckernförde liegt im dunkeln. Das Wappen, eine dreitürmige Mauer mit einem springenden Eichhörnchen, mag darauf hindeuten, daß der Anfang der Siedlung eine Burg war. Die landesherrliche Ykaernaeburgh, die uns in Waldemars Erdbuch von 1231 überliefert ist, diente sicher zum Schutz gegen die damals häufigen wendischen Angriffe. Neben der Burg zeigt der Stich die aus dem 12. Jahrhundert stammende Kirche von Borby (früher Borgheby). Dieser „Burgort" auf dem hohen Ufer scheint älter zu sein als die Siedlung auf der Strandplatte. Die Stadt ist wahrscheinlich ebenso wie die übrigen Fördestädte für den Querverkehr über die Halbinsel (in diesem Falle auf Sorge und Eider) planmäßig angelegt worden, mit einem klaren Grundriß. Bald nach 1200 dürfte das Stadtrecht verliehen worden sein. Aus dem 13. Jahrhundert stammt auch die städtische Nikolaikirche, mit der Eckernförde von Borby kirchlich unabhängig wurde. Die älteste Namensform der Stadt ist übrigens Eckernburg. Der Name Eckernförde begegnet uns erstmalig 1197 bei einem holsteinischen Adelsgeschlecht de Ekerenvorde – damit ist nicht, wie man so leicht denkt, die Förde gemeint, sondern die Furt durch den Wasserlauf zwischen der Förde und dem Windebyer Noor. An die Stelle der Furt trat später eine Brücke, schließlich ein Steindamm mit Durchlaß. Als die Burg bei der Borbyer Kirche in den Kämpfen um Schleswig von den Dänen zerstört worden war, bauten die Holstengrafen um 1420 eine neue Burg unmittelbar an der Furt beziehungsweise Brücke. Aber auch von ihr war gegen Ende des 16. Jahrhunderts – auf unserem Stich – nicht mehr als der Burgberg zu sehen. Eckernförde war damals bereits eine rege Handelsstadt. Die Holzschnitzer Hans Gudewerdt (Vater und Sohn) schufen bedeutende Kunstwerke (z. B. Altar in der Nikolaikirche). Im 18. Jahrhundert kamen durch den Unternehmungsgeist der Familie Otte zahlreiche Manufakturen auf – im industriellen Zeitalter konnten sie sich aber nicht behaupten. Fortan bestimmten Fischerei und Fischverarbeitung (Räuchereien) stark das Wirtschafts-

leben der Stadt. Die bekannten „Kieler Sprotten" werden größtenteils in Eckernförde angelandet, geräuchert und, in kleine Holzkisten verpackt, zum Versand gebracht.

Große Silos, darunter der hohe weiße Turm der Landwirtschaftlichen Hauptgenossenschaft, kennzeichnen Eckernförde als Mittelpunkt und Umschlagplatz für die reiche, stark durch Großgrundbesitz geprägte Agrarlandschaft ringsum. Handel und Gewerbe sind vorwiegend in der Altstadt und am Hafen ansässig, während die großen Marinebetriebe (Torpedoversuchsanstalt und Unteroffiziersschule) außerhalb des Bildes liegen.

In Borby wurde 1831 das Louisenbad eröffnet, eins der ersten Ostseebäder. Heute finden wir den Badestrand von Eckernförde im S der Stadt. In den Kurparkanlagen erinnern Denkmäler an die erfolgreiche Abwehr eines dänischen Landemanövers im April 1849, bei der das Linienschiff „Christian VIII." in die Luft flog.

Die Stadt, die nach dem Kriege die allzu starke Abhängigkeit ihrer wirtschaftlichen Existenz von der Marine schmerzlich zu spüren bekam, bemüht sich sehr um die Ausweitung des Kur- und Badelebens. Auch außerhalb des städtischen Bereichs erfreut sich der Strand der breiten Eckernförder Bucht zunehmender Beliebtheit. Die Stadt hat sich in den letzten Jahrzehnten vor allem nach N, nach Schwansen hinein, sowie nach W ausgedehnt. Sie zählt rund 22 000 Einwohner. Von den Erwerbspersonen waren 1982 rund 30 % im produzierenden Gewerbe, 17 % in Handel und Verkehr, 51 % in Dienstleistungen beschäftigt.

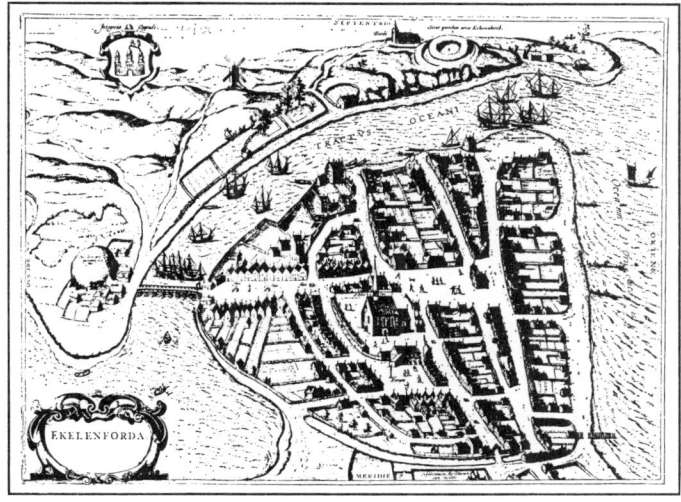

Ostseesteilküste bei Dänisch-Nienhof

An der schleswig-holsteinischen Ostseeküste gibt es insgesamt fast 110 km Steilufer. Eine Wanderung am Fuße oder auf der bei Dänisch-Nienhof etwa 20 m hohen Kante des Kliffs vermittelt eine gute Einsicht in die Vorgänge, die sich am Steilufer abspielen. Für die Form des Steilufers, vor allem für die Neigung im oberen Bereich des Kliffs ist das Material, aus dem es besteht, wesentlich. In diesem Abschnitt besteht es fast ausschließlich aus ungeschichtetem grauen Mergel. Das ist eine Mischung aus Sand, Ton und Kalk; letzterer rührt von den vom Eis zermahlenen Kreideschichten der dänischen Inseln her. In die Moräne „eingebacken" sind Steine (Geschiebe) verschiedener Größe und Herkunft: Nächst skandinavischen Urgesteinen findet man am häufigsten Feuersteine aus der dänischen Kreide.

Seine charakteristische Gestalt erhält das Steilufer durch das Zusammenwirken landseitiger und seeseitiger Kräfte. Der Abbruch erfolgt in der Regel nicht, wie man meinen könnte, durch den kurzzeitigen, direkten Angriff der Brandung bei Sturm, sondern schrittweise während längerer Zeiträume. Wenn im Winter der Frost in den von Niederschlägen oder Grundwasser durchtränkten Geschiebemergel tief eingedrungen ist, verliert dieser beim Wiederauftauen seine Konsistenz und fließt als zähflüssiger Brei abwärts. Durch Frost und Sickerwasser gelockert, stürzen oder rutschen auch größere Schollen unter dem Einfluß der Schwerkraft in die Tiefe. Das Luftbild läßt deutlich die Schutthalden des vorangegangenen Winters erkennen, durch die der untere Teil des Kliffs stark abgeschrägt wird. Dort, wo größere Nischen aus der Kliffoberkante herausmodelliert sind, ist meist ein zutage tretender Quellhorizont die Ursache.

Bei Sturmflut hört der Beobachter durch das Rauschen der Wellen das laute Rasseln der auf dem schrägen Strand hin und her rollenden und springenden Steine. Sie verstärken die Wucht, mit der die Brandung auf das Abbruchmaterial einschlägt, das nun rasch aufgeweicht und -gelockert wird. Seine Bestandteile: Ton, Sand und Steine werden sortiert und in unterschiedlicher Weise fortbewegt. Endlich wird auch das Kliff selbst angegriffen.

Der auflandige Wind drückt das Meerwasser gegen die Küste, an der sich das Wasser staut und als Küstenströmung seitwärts abfließt. Die feinen Tonteilchen, die im bewegten Wasser in Schwebe bleiben und die das Wasser im gesamten Brandungsbereich gelbgrau färben, werden von der Küstenströmung weit fortgetragen. Der Sand wird von jeder Brandungswelle aufgewirbelt und während des Schwebezustands von der Küstenströmung ein Stück weiterbewegt. Dann sinkt er zu Boden, und der Vorgang wiederholt sich. Je nach Wasserstand und Windstärke liegt die Hauptbrandungszone in unterschiedlicher Entfernung von der Küste. Dementsprechend breit ist die „Sandtransportbahn", im Luftbild als heller Streifen, dem Badenden als flaches, steinfreies Sandriff erkennbar. Oft sind mehrere parallele Riffe ausgebildet.

Wenn die Wellen, vom Wind getrieben, schräg auf den Strand auflaufen, reißen sie Sand und Steine mit sich. Zurück strömt das Wasser aber nicht in gleichem Sinne, sondern entsprechend dem Gefälle, das heißt senkrecht zur Küste, auch dabei nimmt es Sand und Geröll mit sich. Dieses wandert also in einer Zickzacklinie an der Küste entlang. Bei anderer Angriffsrichtung der Wellen kann der als „Strandversetzung" bezeichnete Transport natürlich in entgegengesetzter Richtung erfolgen. Nur große Findlinge, die von der Brandung nicht bewegt werden können, bleiben liegen. Gegen die auch unter Wasser weitergehende „Abrasion" des anstehenden Geschiebemergels durch die Brandung stellen sie einen gewissen Schutz dar.

Die vielen Findlinge, die auf dem Stoller Grund – etwa 5 km nördlich unseres Steilufers – den Einsatz von Grundschleppnetzen verhindern, beweisen, daß es sich hier um eine Abrasionsfläche handelt. Erst um 6000 v. Chr. drang das Meer bei einem um 16 m niedrigeren Wasserstand als heute durch die Belte in das westliche Ostseebecken ein und erreichte um 2000 v. Chr. in etwa die heutige Küstenlinie. Noch während des Wasserspiegelanstiegs begann die Abrasion der „Stoller-Grund-Insel". Auf dem heute 6–10 m tiefen Stoller Grund steht bei Sturm eine harte, für Schiffe gefährliche Grundsee.

Die Waldkulisse in der Ferne ist ein Rest des einstigen „Dänischen Wohld", nach dem diese Halbinsel noch heute heißt. Die nicht von Knicks (das heißt von Wallhecken) unterbrochenen großflächigen Äcker könnte man als Teil einer Gutslandschaft ansprechen. Aber das war einmal; das alte Gut Dänisch-Nienhof ist nach dem ersten Weltkrieg parzelliert worden. Die Siedler nutzen den fruchtbaren Lehmboden bis hart an die Kliffkante.

Wie angenagt von der gefräßigen See – so wirkt die Ostseeküste vor allem dort, wo das Land zwischen den Förden weit vorspringt, wie auf unserem Luftbild der „Dänische Wohld". Wir blicken über den breiten Trichter der Eckernförder Bucht; in der Ferne erkennen wir die Halbinsel Schwansen. – Am Steilufer kann man deutlich den steilen, oberen Teil unterhalb der scharfen Kliffkante, an dem der jüngste Abbruch erfolgt ist, unterscheiden von dem sanfter geböschten unteren Teil, an dem sich das herabgerutschte Moränenmaterial angesammelt hat. – Blickrichtung W

Absichtlich haben wir für diesen Landschaftsausschnitt ein Winterbild gewählt. Es könnte uns – wenn wir unsere Phantasie etwas spielen lassen – fast in die Eiszeit zurückversetzen. Wir blicken über die bogenförmige, bis 72 m hohe Duvenstedter Schubmoräne in das flache Vorland hinaus, das aus verwaschener Grundmoräne und Sanderablagerungen besteht. Die Duvenstedter Berge mit dem als „Zungenbecken" dazugehörigen Wittensee sind ein klassisches Beispiel eiszeitlichen Formenschatzes. – Links im Hintergrund der Nord-Ostsee-Kanal und die Obereiderseen sowie, im Dunst nicht erkennbar, die Stadt Rendsburg. – Blickrichtung S

Die Duvenstedter Berge – ein Kapitel Glazialmorphologie

Die niedrig stehende Wintersonne und demzufolge die langen blauen Schatten verleihen der Landschaft eine Plastik, wie wir sie beim Blick aus dem Flugzeug zumeist vermissen. Auch das Knicknetz, das seit knapp zweihundert Jahren über dem Land liegt, läßt die Geländeformen womöglich noch deutlicher hervortreten. Die Schneedecke beseitigt alle verwirrenden Farbunterschiede von Acker- und Grünland.

Beginnen wir mit einem gedanklichen Experiment: Denken wir uns die Wälder sowie die Knicks und alles sonstige Menschenwerk weg! Dann könnten wir uns einbilden, wir sähen einen Eislobus, das Ende einer riesigen, 3–4 km breiten Gletscherzunge vor uns, die sich von links her ins Bild vorstreckt. Aber diese Vorstellung ist falsch, würde nicht dem entsprechen, was sich einem Beobachter vor vielleicht 30 000 Jahren hier wirklich geboten hätte. Die Eiszunge selber läge nämlich links außerhalb des Bildausschnittes, im Zungenbecken des Wittensees; was wir vor uns sehen, ist das von der Eiszunge schuppenartig aufgestauchte Eisvorland, eine bogenförmige Schubmoräne.

Der Geologe Karl Gripp hat 1927 auf Spitzbergen und 1930 in Grönland die rezenten Gletscherbewegungen und die Entstehung glazialer Formen im Moränen- und Sanderland beobachtet und fotografiert und die dabei gewonnenen Erkenntnisse auf die Erdgeschichte Norddeutschlands und auf das Formenbild unserer heutigen Landschaft angewendet.

Was man gegenwärtig in der Arktis und Antarktis beobachten kann, das gilt auch für unser Gebiet während der letzten Vereisung: Der Eisrand ist zerlappt und in Bewegung. Die Eismasse rückt vor, schmilzt wieder zurück und hinterläßt Moränenschutt. Dann aber stoßen einzelne Eiszungen wiederum vor; sie durchbrechen und beseitigen ältere Endmoränen; ihre Schmelzwässer zerspülen die Moränenlandschaft manchenorts bis zur Unkenntlichkeit, so daß sie schließlich fast wie eine Sanderebene wirkt. So sind im Hintergrund unseres Bildes und im Bereich der Textkarte die Moränen der äußersten Eisrandlage nur noch ganz schwach im Gelände zu erkennen.

Von den markanten Endmoränen im südlichen Schleswig sind am ältesten die des Schleigletschers, dessen Schmelzwässer den Jageler Sander aufgeschüttet haben. Diese Moränen fehlen im SO der Großen Breite der Schlei, sie sind hier zerstört worden durch Vorstöße der Eckernförder Eiszunge. Diese scheint

viermal vorgedrungen zu sein, jedesmal schmaler. Die erste, etwa 20 km breite Zunge schob als Stirnmoräne die bis 106 m hohen Hüttener Berge auf. Die zweite Zunge, nur noch halb so breit, stieß südlich der Hüttener Berge vor und hatte vermutlich zwei Gletschertore, bei Stenten (Sorgeabfluß des Bistensees) und bei Borgstedt (Eidertal). Die dritte Zunge, nur mehr 3 km breit, benutzte zweifellos die vom Eisvorstoß hinterlassene Geländemulde und schob im Bereich des Wittensees aus größerer Tiefe Moränenmaterial und Schmelzwassersande vor sich her und stauchte sie, wie es scheint, schuppenartig bis 72 m hoch auf. Ein örtlicher Schmelzwasserabfluß ist für kurze Zeit über diesen gefrorenen Endmoränenwall hinweg erfolgt – wir erkennen im Bild deutlich die Rinne, die das Wasser erodiert hat. Die von O her zuströmenden Schmelzwässer sind seitlich durch die ältere Gletschertorlandschaft von Borgstedt (im Hintergrund) abgeflossen. Nach dem Abschmelzen dieser Zunge erfolgten, wie aus der Kartenskizze ersichtlich, noch zwei kleinere Vorstöße; dabei wurde aus der Goossee-Niederung, als kleines Gegenstück zur Duvenstedter, die Habyer Moräne aufgeschoben. In dieser Phase lag eine zweite Zunge in der Hohlform, die heute vom Windebyer Noor eingenommen wird. Es wäre denkbar, daß für die Gabelung dieser Eismasse der aus der Tiefe aufsteigende Salzstock von Osterby verantwortlich ist; doch ist der Einfluß des prädiluvialen Untergrundes auf die Fließbewegung des Eises noch keineswegs geklärt.

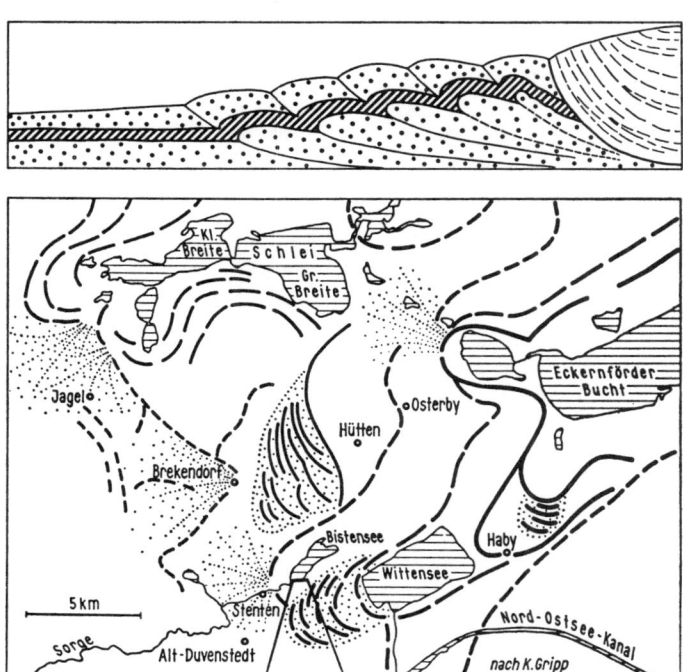

Kiel – die Förde

Unsere Förde haben wir einer Gletscherzunge des Inlandeises zu verdanken. Doch erst nach der Eiszeit, als durch Abschmelzen der Eismassen der Meeresspiegel anstieg, drang die Ostsee in diese Talmulde ein, bis an die einst von der Gletscherstirn aufgeschobene Endmoräne, über der sich gerade unser Flugzeug befindet. Würden wir in entgegengesetzte Richtung blicken, so sähen wir hinab in das Eidertal und damit in den Einzugsbereich der Nordsee – der beginnt nur 2 km von der Ostsee entfernt.

Im Vordergrund des Bildes erkennen wir deutlich den kreisförmigen alten Stadtkern, jene „Holstenstad tom Kijle", die die Grafen von Holstein im 13. Jahrhundert gegründet haben. Sie lag in der nordöstlichen Ecke ihres Territoriums. Knapp 5 km nördlich bildete die Levensau die Grenze gegen Schleswig (heute verläuft in ihrem Tal, deutlich erkennbar, der Nord-Ostsee-Kanal); im Osten reichte die alte Grafschaft Holstein bis an die Schwentine, deren Einmündung in die Förde unser Bild zeigt; jenseits liegt die ehemals von Slawen besiedelte Landschaft Wagrien, die nach Christianisierung und Besiedlung der Grafschaft Holstein zugeschlagen wurde.

Angesichts der geographischen und der politischen Situation ist es geradezu selbstverständlich, daß hier am Fördenende eine Stadt entstand. Die Innenförde erstreckt sich 10 km lang von dem durch Kaimauern künstlich ausgeformten Fördenende bis an die knapp 1 km breite Enge von Friedrichsort – man erkennt den Leuchtturm am Ende eines hellen Sandhakens. Hier schützte seit dem 17. Jahrhundert eine Festung die Einfahrt. Die Innenförde mit durchgehenden Wassertiefen von mehr als 10 m, die auch großen Seeschiffen genügen, und umsäumt von bis zu 57 m hohen Moränenhöhen, stellt einen hervorragend geschützten geräumigen Hafen dar, einen der besten der Welt. Außerhalb der Friedrichsorter Enge weitet sich die Außenförde (vgl. Nr. 22 und 23), für unser Auge perspektivisch stark verkürzt: Bis zum Leuchtturm Kiel, der die Ansteuerung in die Kieler Förde markiert, sind es immerhin nochmals 13 km.

Trotz des ausgezeichneten Hafens zählte Kiel um 1800 (Nr. 20) nur 7000 Einwohner, und bis 1850 hatte sich die Zahl lediglich verdoppelt. Darin kommt zum Ausdruck, daß die Hinterlandbeziehungen nicht gleich günstig waren. Insofern waren zunächst Schleswig (Nr. 13), dann Lübeck (Nr. 43) wesentlich bevor-

zugt. Daran hat auch der Bau des Eiderkanals nicht viel geändert, und aus dem Kaiser-Wilhelm-Kanal zog, rein kommerziell betrachtet, Hamburg weit größeren Vorteil; denn für Kiel bedeutete der Verkehr Transit im eigentlichen Sinne: Er ging durch und vorbei.

Der hervorragende Kieler Hafen wurde erst durch seestrategische Erwägungen in Wert gesetzt. Das Vorspiel lief 1848/49 ab, als die erste deutsche Flotte geschaffen wurde und Werner von Siemens im Kieler Hafen die erste elektrisch zu zündende Minensperre legte. Die Haupthandlung aber setzte ein, als Kiel preußische Marinestation und bald darauf Reichskriegshafen wurde. Kiels „Hinterland" war nun plötzlich das ganze Deutsche Reich. Von 1867 bis 1918 verzehnfachte sich die Einwohnerzahl von 24 000 auf 243 000. Durch den Bau der Kriegsflotte und durch den aufblühenden deutschen Überseehandel nahm die Werftindustrie einen gewaltigen Aufschwung. Sie beanspruchte das ganze Ostufer bis über die Schwentinemündung hinweg. Die Marineanlagen befinden sich vorwiegend auf dem Westufer (Wik, Friedrichsort).

Das Ende der tief ins Land eingreifenden Förde ist der naturgegebene Umschlagsort zwischen See- und Landverkehr. Hier startete 1844 die erste schleswig-holsteinische Eisenbahn, „Christians VIII. Ostseebahn" damals genannt, die, nach Altona führend, Ostsee und Elbe/Nordsee verbindet. Wir sehen auf dem Bild den Kieler Kopfbahnhof. Etwas weiter südlich verzweigen sich die Schienenstränge in Richtung Lübeck, Hamburg, Rendsburg/Husum bzw. Flensburg. In der linken unteren Bildecke ist Kiels Autobahnanschluß zu sehen, nördlich des Kanals in Holtenau der Kieler Flugplatz mit Marinefliegerhorst.

Nach schweren Bombenzerstörungen im Zweiten Weltkrieg ist Kiel neu erstanden. Marine und Werftindustrie haben stark an Bedeutung eingebüßt, während Feinmechanik und Apparatebau Zuwachs zu verzeichnen haben. Vor allem aber hat Kiel als Landeshauptstadt wichtige zentrale Funktionen erhalten. Die „Holstenstadt" ist durch Eingemeindungen weit in das Umland hinausgewachsen: nach Norden über den Kanal in das ehemalige Herzogtum Schleswig hinein, auf dem Ostufer der Förde über die Schwentine hinweg nach Wagrien, nach Süden über die Wasserscheide hinweg in den Nordsee-Einzugsbereich. Auch unter diesem historisch-geographischen Aspekt ist Kiel wirklich die Landeshauptstadt Schleswig-Holsteins.

Es kann reizvoll sein, in diesem Atlas zunächst den Text abzudecken und zu versuchen, das Bild zu beschreiben, vielleicht auch zu erkennen. Bei diesem Bild hört man dann wohl: „Das ist Kiel!“, und auf die skeptische Frage: „Das ist Kiel?“ die Bestätigung: „Ja, die Förde!“ Der Betreffende ahnt wohl kaum, daß er mit seiner erläuternden Antwort ins Schwarze getroffen hat; denn Kiel ist die Förde. Die im 13. Jahrhundert gegründete Stadt hieß nämlich „de Holstenstad tom Kijle“, die Holstenstadt an der Förde, die wie ein Keil ins Land eindringt. Der umständliche Name wurde im Laufe der Zeit verkürzt zu „tom Kijle“, schließlich zu „Kiel“. Der Gedankenstrich der Überschrift könnte also durch ein Gleichheitszeichen ersetzt werden. – Blickrichtung NNO

Die auf dem vorigen Bild angesprochene Holstenstadt tom Kijle sehen wir hier etwas näher. Von „Altstadt" kann freilich von der Physiognomie her nicht mehr die Rede sein; kaum ein Haus hat den Bombenhagel des Zweiten Weltkrieges überstanden. Alt (wenn auch stark restauriert) erscheinen auf dem Bilde nur die Nikolaikirche und ein Flügel des Schlosses. Fast alles andere ist neu. – In der Bildecke vorne rechts sieht man Schwimmdocks der Howaldt-Deutsche Werft AG, des größten, aber stark krisengefährdeten Industriebetriebs Schleswig-Holsteins. – Blickrichtung N

Die Holstenstadt tom Kijle – Kiel

Auf einer etwa 18 ha großen Halbinsel zwischen dem „Kiel" und dem „Kleinen Kiel" ist die Holstenstadt tom Kijle planmäßig angelegt und 1242 mit lübschem Stadtrecht begabt worden. Stadtgründer war der Schauenburger Graf Johann I. von Holstein, vielleicht jedoch schon sein Vater Adolf IV., der seine letzten Lebensjahre als Mönch im Heiligengeistkloster verbrachte. Seine noch erhaltene Grabplatte ist das älteste Denkmal Kiels. Das Kloster, das nach der Reformation Armenhaus war und von 1665 bis 1772 die Christian-Albrechts-Universität beherbergte, lag im N-Quadranten der Stadt. Unser Textkärtchen zeigt den Zustand um 1800; man sieht, daß sich der alte schematische Grundriß durch 750 Jahre unverändert erhalten hat. Mitten auf der flachen Moränenkuppe sehen wir den Markt mit Rathaus und – durch eine Häuserzeile getrennt – Nikolaikirche. Von den 4 Ekken des Marktplatzes verlaufen rechtwinklig je 2 Straßen; sie führen alle zum Wasser hinunter, bis auf die beiden, die zum Hals der Halbinsel führen (der zeitweilig von einem Graben durchschnitten war). Am Ende der Schloßstraße erhebt sich das landesherrliche Schloß der Schauenburger Grafen, später der Gottorfer Herzöge; parallel dazu stellt die Dänische Straße durch das Dänische Tor die Verbindung mit dem Norden her, wo das Dorf Brunswik lag. In umgekehrter Richtung führt die Holstenstraße durchs Holstentor und über die Holstenbrücke durch eine lockere Vorstadtbebauung um den „Kuhberg" gen Süden.

Die Altstadt Kiel hat in preußischer Zeit viel von ihrer überlieferten Bausubstanz verloren, sie hat aber auch viel von ihren zentralen Funktionen an die damals entstehenden Stadtteile abgegeben. Der Kleine Kiel wurde z. T. zugeschüttet – jenseits erbaute die Stadt ihr neues Rathaus und das Stadttheater. Auch die Universität wurde aus der Altstadt hinausverlegt an das Nordende des Schloßgartens. Dort im Zweiten Weltkrieg restlos vernichtet, wurde sie am westlichen Stadtrand in riesigen Dimensionen neu erbaut. In Fördenähe liegen heute nur noch das Institut für Meereskunde, das Institut für Weltwirtschaft und das ausgedehnte Klinikum (mit den vielen hochragenden hellen Neubauten). In der Altstadt sind nur noch erhalten die mit sparsamsten Mitteln restaurierte Nikolaikirche, ein Flügel des Schlosses (der „Rantzaubau") und an der Dänischen Straße ein Adelshaus („Warleberger Hof"), das jetzt das Stadtmuseum enthält. An kulturellen Einrichtungen ist im Altstadtbereich nur das Schloß – in neuer Gestalt – wiedererbaut, ergänzt durch einen schönen Konzertsaal. Im übrigen bestimmen Banken, Kaufhäuser und Hochgaragen das Bild der Altstadt. Der Markt und die Hauptstraßen sind Fußgängerzone. Den Verkehrsstrom hat man an die Hafenseite verlagert, wo durch Aufschüttung genügend Platz auch für neue Kaianlagen geschaffen worden ist. Wir sehen im Vordergrund den Schwedenkai (die „Kronprincessan Victoria" der Kiel-Göteborg-Linie faßt 2100 Fahrgäste und 500 PKW), dahinter Speicher, die zum Schiffahrtsmuseum umgestaltete Fischhalle und Anlegebrücken für die Fördeschiffe, sodann den Oslokai, wo auch die mehrmals täglich nach Bagenkop/Langeland fahrenden dänischen Schiffe festmachen. Kiel ist nächst Puttgarden und Travemünde (Nr. 44) zum bedeutendsten Fährhafen für den Skandinavienverkehr geworden: 1982 brachten die Schiffe 1,22 Mio. Personen aus Dänemark, Schweden und Norwegen nach Kiel.

Am Oslokai beginnt Kiels schöne Uferpromenade, zunächst die nur Fußgängern vorbehaltene „Kiellinie", die während der „Kieler Woche" zur munteren „Spiellinie" für Kinder wird. Dort, wo am Bildrand die roten Gebäude des Landeshauses (Landtag und Regierung) und einiger Ministerien zu sehen sind, beginnt das „Hindenburgufer" mit Segelhäfen und Seebadeanstalt. Landseitig erkennt man das Düsternbrooker Gehölz und andere öffentliche Parkanlagen.

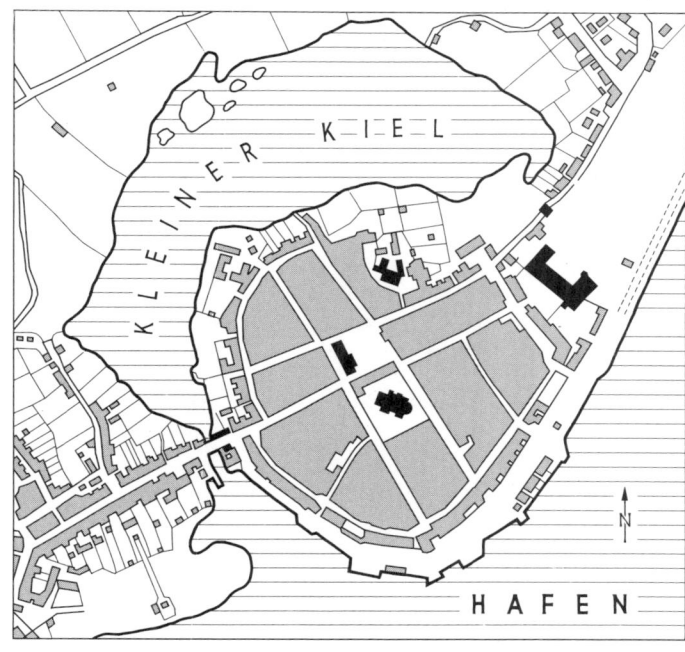

Kanalmündung Kiel-Holtenau

In einem breiten Wiesental, durch das sich die Levensau, das schmale Grenzflüßchen zwischen Schleswig und Holstein, schlängelte, grub man 1777–1784 den ersten, den „Schleswig-Holsteinischen Kanal", der 1853 von der dänischen Regierung in „Eiderkanal" umbenannt wurde. Seine Mündung in den Kieler Hafen sowie das damals erbaute lange rote Packhaus sieht man ganz rechts im Bilde. Der Kanal führte in 2×3 Stufen über die Wasserscheide zwischen Levensau und Eider, die, einst 18 m hoch, so weit abgegraben worden war, daß die Scheitelstrecke des Kanals auf 7,5 m NN lag. Auf unserem Bilde sieht man nur noch die Mündung bei Holtenau; der weitere Verlauf und die erste Schleuse sind durch die späteren Kanalbauten restlos zerstört worden. Die alte Schleuse befand sich bei Gut Knoop, dessen weißes Herrenhaus im Hintergrund am bewaldeten Hang zu erkennen ist. Der Schleswig-Holsteinische Kanal (Nr. 25), seinerzeit als Wunderwerk bestaunt, war für kleinere Seeschiffe befahrbar. Daß er bei Rendsburg praktisch in die Eider und mit ihr dann in die Nordsee mündete, wurde von vornherein als Nachteil empfunden – lieber hätte man ihn gleich in das gute Fahrwasser der Elbe münden lassen, doch das scheiterte an technischen und finanziellen Schwierigkeiten. Solch ein Kanal, und nun durchgehend in Meeresniveau, wurde erst nach Gründung des Deutschen Reiches geschaffen, mehr als aus handelspolitischen nunmehr aus seestrategischen Gründen: Für den Verkehr zwischen Ost- und Nordsee wollte man nicht auf die dänischen Meerengen angewiesen sein. Der Grundstein zu den Schleusen dieses Kanals wurde 1887 von Kaiser Wilhelm I. gelegt – nach ihm erhielt der 1895 von seinem Enkel eingeweihte Kanal seinen Namen. Im Gegensatz zu dem 1869 fertiggestellten, gleichfalls in Meeresniveau verlaufenden schleusenlosen Suezkanal wurde unser Kanal mit Schleusen versehen: an der Nordsee wegen des im Mittel 2,80 m, bei Sturmfluten aber bis zu 8,40 m betragenden Tidenhubs, an der Ostsee, wo der mittlere Tidenhub nur 0,07 m beträgt, wegen oft erheblicher windbedingter Wasserstandsschwankungen (bis zu 5,25 m). Wir sehen die Schleusen von 1895 links neben dem alten Kanaltorso. Die Schleusenkammern haben Klapptore. Noch heute werden hier bei Hochbetrieb kleinere Schiffe durchgeschleust. Gelegentlich dienen die Schleusenkammern auch als Trockendock.

Als das Deutsche Reich nach englischem Vorbild mit dem Bau von Großkampfschiffen (Dreadnoughts) begann, erwies sich der Kanal als zu klein. Die notwendige Erweiterung kostete mehr als der Kanal von 1895. Zur Kieler Woche 1914, eben vor Ausbruch des Weltkrieges, wurde er eröffnet. Seit 1966 wird der Kanal abermals erheblich verbreitert, um den Verkehr zügiger und sicherer zu gestalten. Die Schleusen von 1914 haben sechs Schiebetore, die von den Seiten her eingefahren werden. Die Leitwerke, die zu den Schleusen führen, sind bei Sturm wichtig, weil die Schiffe nur langsam in die Schleusen einlaufen und daher wenig manövrierfähig sind – besonders hochbordige Schiffe werden leicht seitwärts versetzt. Im unmittelbaren Schleusenbereich befinden sich die Leitstände mit Signalanlagen und die Gebäude für den Hafenkapitän, die Lotsenbrüderschaft, die Kanalsteurer, für Zoll, Wasserschutzpolizei und Grenzschutz, eine Heuerstelle und ein Seemannsfrauenheim sowie das Deutsche Hydrographische Institut. 1983 passierten 36 255 Schiffe die Holtenauer Schleusen, an besonders verkehrsreichen Tagen bis zu 350. Am Südkai des breiten „Binnenhafens" können Schiffe zum Tanken anlegen sowie zum Entladen von Kohle (aus Polen, USA, Südafrika, Australien!) für das Kraftwerk Kiel-Wik. Zwei Brücken, die Prinz-Heinrich-Brücke von 1914 und eine 1972 dicht daneben gebaute, führen in 42 m lichter Höhe den Straßenverkehr über den Kanal. Dahinter liegt der städtische „Nordhafen" mit Getreide-Silos.

	Breite		Tiefe	Schleusen
	Spiegel	Sohle		
1784	31	17	3,45	35 × 7,8
1895	67	22	9	150 × 25
1914	102	44	11	330 × 45
1966 ff.	162	90	11	330 × 45

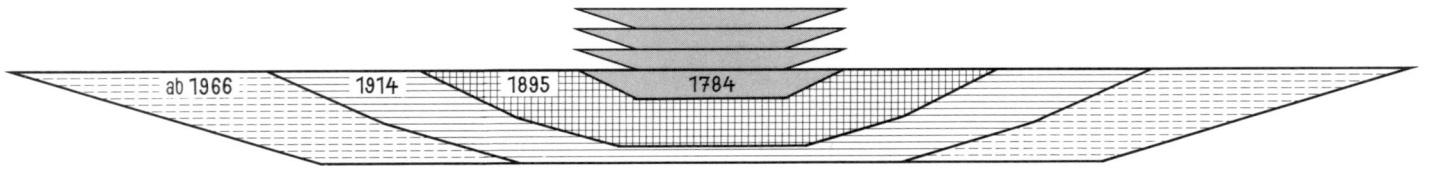

Drei Kanalmündungen zeigt unser Bild. Rechts sehen wir den Torso des alten „Schleswig-Holsteinischen Kanals" von 1784, in der Mitte die Doppelschleuse des 1895 eröffneten „Kaiser-Wilhelm-Kanals", links die Schleusen für den erweiterten, 1914 eröffneten Kanal, den wir heute „Nord-Ostsee-Kanal" nennen, während er in der internationalen Schiffahrt durchweg „Kiel-Canal" heißt. Alles sind Wasserstraßen von jeweils Weltrang. Heute können Schiffe mit 9,5 m Tiefgang den Kanal passieren – Riesenschiffe (bis zu 13,5 m) müssen durch den Großen Belt fahren; der Sund eignet sich nur für Schiffe bis zu 7,5 m Tiefgang. – Blickrichtung W

Um die Ausrichtung der olympischen Segelwettkämpfe hat Kiel sich zweimal erfolgreich beworben. Die Stadt konnte sich auf ihre traditionelle „Kieler Woche" berufen, auf das ideale Regattarevier und ihre organisatorischen Erfahrungen mit großangelegten Segelwettkämpfen. Das Olympiaheim mit -hafen am Hindenburgufer, aus dem Jahre 1936, wirkt außerordentlich bescheiden verglichen mit dem Olympiazentrum von 1972 an der Kieler Außenförde, das unser Bild zeigt. – Blickrichtung O

Olympiazentrum Kiel-Schilksee

Die „Kieler Woche" ist gut hundert Jahre alt. Hamburger Segler waren es, die die Kieler Förde als ideales Segelrevier entdeckten und 1882 hier erstmals eine Regatta veranstalteten, an der zwanzig Yachten teilnahmen. Daß schon damals drei Dänen dabei waren, zeigt, daß die Kieler Woche von vornherein ein internationales, völkerverbindendes Ereignis war. Bald beteiligte sich auch die Marine an den Regatten, seit 1891 vor allem „S.M." persönlich – Seine Majestät Kaiser Wilhelm II., dem so sehr an Seegeltung gelegen war. Seine „Meteor" ebenso wie „Meteor" II. war in England gebaut, und gesegelt wurden diese großen Schiffe auch mit englischen Besatzungen – Deutschland „war noch nicht soweit". „Meteor" III., in den USA gebaut, fuhr immerhin schon mit deutscher Mannschaft, „Meteor" IV. war endlich ein deutsches Schiff, 1907 auf der Kruppschen Germaniawerft in Kiel gebaut. Es war damals durchweg ein Segeln mit bezahlten Leuten: „Man ließ segeln."

Damit das Segeln „richtiger" Sport werde, schuf man auf englische Anregung einen neuen und billigeren Bootstyp, die „Sonderklasse" mit gewissen Konstruktionsvorschriften und der Bestimmung, daß das Schiff von drei „Herrenseglern" gesegelt werden mußte – bezahlte Leute waren verboten. Von 1899 bis 1914 bestimmten neben den Großseglern diese „Sonderlinge" das Bild der Kieler Woche. Nach dem Krieg – bei geschwundenem Wohlstand und verstärktem Sportgeist – ging dieser Trend weiter: Einmannjollen beherrschten nun das Feld, 1936 namentlich die „Olympiajollen". Mehr und mehr wurde das Segeln zum Volkssport, aber andererseits wuchsen dann auch wieder die Ansprüche an die Boote. Immer neue Typen erschienen auf dem Markt und auf dem Wasser, viele wurden als nationale, internationale oder gar olympische Klasse zugelassen. 1972 erreichte die Zahl der Kieler-Woche-Meldungen nahezu 1600 Boote. Bei den olympischen Kämpfen – wenige Wochen später – waren es viel weniger; denn jede Nation durfte je Klasse nur eine Mannschaft stellen. Dafür war das Bild natürlich noch internationaler, als es jedesmal bei der Kieler Woche ist. Auf der Innenförde segeln jetzt nur noch die Marinekutter, alle anderen Klassen segeln auf der Außenförde und in der weiteren Kieler Bucht.

Dem erwarteten Ansturm zur „Segelolympiade 1972" mußte die Stadt Kiel Rechnung tragen (und sie erhielt dafür auch entsprechende Zuschüsse). Als geeignetes Gelände bot sich Schilksee an der Außenförde an, bis dahin ein kleiner Sommerkurort mit einem Marinearsenalbetrieb. An dessen Stelle wurden die olympischen Anlagen geschaffen. Sie sollten laut Ausschreibung zwar vielen Anforderungen genügen, sich aber von Gigantismus freihalten. Man wollte vor allem nicht das wunderschöne, die Außenförde beherrschende Marineehrenmal in Laboe (gegenüber auf dem Ostufer) beeinträchtigen (leider ging es dann doch nicht ganz ohne Hochhäuser). Der Kern der Anlage ist der lange, vierfach gestaffelte Trakt. Er enthält im Erdgeschoß die Räume für Organisations- und Regattaleitung, Jury und Presse sowie ein Meerwasserschwimmbad mit Sauna und Massageräumen, daneben eine Bootshalle mit Werkstätten und ein Freizeitzentrum. Darüber verläuft auf der Seeseite in halber Höhe eine lange, breite Promenade mit Läden und Restaurants. Sie bietet eine großartige Aussicht auf die Regattafelder und auf das Getriebe im und am Hafen mit den vielen Liege- und Abstellplätzen, mit Slip- und Krananlagen und einem vorgeschobenen Podest für das olympische Feuer. In den drei obersten Etagen des Trakts befinden sich 240 Apartments für Gäste, Presseleute usw., jedes mit Balkon, primär see- oder sonnenseitig. Eine Brücke führt hinüber zu einem landeinwärts gelegenen kleineren Trakt. Ein turmartiges Hotel nimmt die Mitte unseres Bildes ein. Als Quartiere für die Wettkämpfer wurden zwei Hochhäuser und zahlreiche Bungalows (z. T. rechts außerhalb des Bildes) geschaffen, für 300 Jugendliche aus aller Welt in 3 km Entfernung ein Lager aus Zelthäusern. Zur besseren Anbindung des Olympiazentrums an die Stadt entstanden gute Zufahrtsstraßen und eine zweite Holtenauer Hochbrücke.

Alle diese Investitionen kommen natürlich auch einer späteren Generation zugute, wie z. B. Hotel, Restaurants und Schwimmhalle. Andere Räumlichkeiten stehen jetzt verschiedenen Seglervereinen und dem Sportinstitut der Universität zur Verfügung. Die beiden Turmhäuser und die Bungalows sind größtenteils Eigentumswohnungen, von den Besitzern schon während des Baus finanziert und nach Fertigstellung vertragsgemäß zuerst den Olympiakämpfern als Quartier überlassen. Wohnungen im Haupttrakt wurden zum Teil vom Bauherrn vermietet oder zum Kauf angeboten. Voll belegt ist der Yachthafen. Auf der Grünfläche können die Boote im Winter abgestellt werden.

Windjammer in der Kieler Bucht

Für uns Menschen im Zeitalter der Maschine, der Automation ist es immer wieder ein erregendes Erlebnis, wenn wir uns gleichsam in die „gute alte Segelschiffszeit" zurückversetzen. Vor 150 und mehr Jahren fuhren auf dem Kurs von und nach Kiel nur Segelschiffe – im Jahre 1829 erstmals ein Dampfschiff, die „Caledonia"; erbaut war es, wie schon der Name verrät, im damaligen Land des technischen Fortschritts, in England-Schottland. Aber auch seine Zeit liegt weit zurück. Von „Dampfern" spricht man heutigentags allenfalls noch aus Unüberlegtheit; handelt es sich doch fast ausnahmslos um Motorschiffe. Die Segelei jedoch ist mittlerweile aus einer ökonomisch-technischen Notwendigkeit zu einem Sport geworden. Auf einem Segelschiff ist die oft mit Selbstüberwindung erkämpfte Einzelleistung nur ein Teil, ein notwendiger Teil der Gesamtleistung. Das Hinaufentern auf Mast und Rahe, zum Segelsetzen oder -bergen, ist bei Sturm und Seegang nicht so einfach, wie es dem Betrachter unseres Bildes – vielleicht? – scheinen mag. Daß viele Nationen auch im hochtechnischen Zeitalter noch auf die Ausbildung ihres seemännischen Nachwuchses auf Segelschulschiffen Wert legen, erklärt sich nicht aus den dabei zu erwerbenden Fertigkeiten, sondern wegen des wertvollen Charaktertrainings. Kameradschaft ist an Bord ein ehernes Gesetz. Dazu gehört das ungeschriebene Gebot, unter Einsatz des Lebens für den anderen einzustehen, welcher Nation oder Rasse er auch angehören mag. In unserer Zeit zunehmender Ichbezogenheit und Zügellosigkeit erweist sich – nicht zuletzt für die Resozialisierung von Jugendlichen – gerade das Segeln, ein Gemeinschaftserlebnis, als sehr erfolgreiche (leider aber teure und auf großzügige Gönner angewiesene) Therapie.

Seit 1956 arrangiert die in Portsmouth beheimatete Sail Training Association (STA) alle zwei Jahre Tall Ship-Regatten. Ziel war dabei auch die für Segler so attraktive Kieler Förde (1972, 1980, 1982). Solche Veranstaltungen locken zu Tausenden Schaulustige ins Regattarevier und an die Aussichtspunkte an Land.

Das in Gdynia beheimatete Segelschulschiff der polnischen Handelsflotte mit einer Stammbesatzung von 42 Mann und 120 Kadetten an Bord ist ein „Vollschiff", ein rahgetakelter Dreimaster. Dieser „Veteran der Windjammer" ist auf der Kieler Förde gut bekannt, noch aus der Zeit vor dem Ersten Weltkrieg. Er wurde 1909 in Hamburg bei Blohm & Voss gebaut, hieß damals „Princeß Eitel Friedrich" und gehörte dem Deutschen Schulschiff-Verein. Nach dem Ersten Weltkrieg kam er als Reparationsleistung an Frankreich und fuhr unter dem Namen „Colbert". Dann aber kauften die Einwohner von Pommerellen das Schiff und schenkten es dem jungen, nach See-Geltung strebenden Staat Polen – darum heißt es „Dar Pomorza", „Geschenk Pommerns".

Ursprünglich aus Deutschland stammt auch das größte Schiff, das 1980 an der Windjammerparade teilnahm, eine Viermastbark (die 3 vorderen Masten rah-, der achterste gaffelgetakelt). Das Schiff hieß früher „Padua" und war (wie die in Travemünde liegende „Passat") einer der berühmten Flying-P-Liner der Hamburger Reederei F. Laeisz, 1926 gebaut als Frachtsegler für Salpeter aus Chile oder Weizen aus Australien, zugleich Ausbildungsschiff für seemännischen Nachwuchs. Nach dem Zweiten Weltkrieg an die Sowjetunion ausgeliefert, erhielt das Schiff zu Ehren des ersten russischen Weltumseglers, eines baltischen Adligen, den Namen „Krusenstern". Heimathafen des Schulschiffs ist Riga.

Das Segelschulschiff unserer Deutschen Bundesmarine, die „Gorch Fock", benannt nach dem Finkenwerder Dichter Johann Kinau, der unter diesem Pseudonym den vielgelesenen Roman „Seefahrt ist not" schrieb, ist etwa ebenso groß wie die „Dar Pomorza"; doch ist der achtere Mast gaffelgetakelt – die „Gorch Fock" ist daher eine „Bark".

Auf unserem Bild ist die „Dar Pomorza" das einzige Schiff, das zur Klasse der großen Windjammer (A) gehört; zur Klasse B zählen – um nur die drei auffallendsten zu erwähnen –, ein „Zweimasttoppsegelschoner" und ein „Zweimastgaffelschoner", dazwischen, wesentlich kleiner, eine „Bermuda Sloop". Zum gleichen Typ gehört auch Kiels (neben „Gorch Fock") berühmteste Yacht, der „Peter von Danzig". 1936 unter Mithilfe von Danziger TH-Studenten erbaut, nahm das Schiff damals an der großen Olympia-Zubringer-Regatta Bermudas–Cuxhaven teil. Von den Engländern beschlagnahmt, aber dem Akademischen Seglerverein in Kiel zurückgegeben, hat der „Peter von Danzig" mit studentischen Besatzungen dreimal den Kronenkompaß, die wertvollste deutsche Seglertrophäe, errungen, 1962 für eine Islandumrundung, 1964 für eine Atlantiküberquerung, 1973/74 für eine Weltumsegelung – alles ohne Motor, wie in der „guten alten Zeit".

„Windjammer" in der Kieler Bucht – ein faszinierender Anblick. Das dreimastige polnische Segelschulschiff „Dar Pomorza" beherrscht das Bild, dahinter kommen „kleinere Großsegelschiffe" und eine Fülle von noch kleineren Segel- und Motorbooten, die den großen das Geleit geben. „Am Winde" – bei WNW Stärke 3–4 – geht es in die Förde hinein. – Blickrichtung NNO

Nahe der B 76, die schräg durch die Bildmitte führt, liegt südlich von Kiel das Freilichtmuseum Molfsee. Aus allen Landschaften Schleswig-Holsteins hat man charakteristische alte Bauernhäuser zusammengetragen und hier in Gestalt eines Museumsdorfes sachkundig wieder aufgebaut. Neben verschiedenen auch aus der Luft unterscheidbaren Hausformen erkennt man auch das Torhaus eines Gutshofes und mehrere Mühlen. In die Anlage ist der am Ort vorhandene alte Baumbestand geschickt einbezogen worden. Das Museumsdorf wird nicht von städtischen Wohnblocks umgeben, es ist vielmehr harmonisch eingebettet in die reizvolle bäuerliche Landschaft des Eidertales mit ihren Äckern, Weiden, Knicks und alten Bäumen. – Blickrichtung OSO

Das Schleswig-Holsteinische Freilichtmuseum in Molfsee

In den verschiedenen Teillandschaften Schleswig-Holsteins haben sich im Laufe von Jahrhunderten unterschiedliche Hausformen entwickelt, die den regionalen wirtschaftlichen Gegebenheiten entsprachen, die aber auch die Eigenart der Dithmarscher, Stapelholmer usw. zum Ausdruck brachten. Dabei sind Hausformen auch „gewandert", d. h. von anderen Räumen her übernommen worden, so daß sich in manchen Gegenden verschiedene Hausformen nebeneinander vorfinden.

Zusammen mit anderen regionalen Eigenarten wie Dialekt, Brauchtum, Trachten usw. waren das Haus und seine Einrichtung selbstverständlicher Teil des dörflichen Lebens. Alle diese Elemente veränderten sich so langsam, daß die meisten Menschen den Wandel kaum wahrnahmen. Ein Haus blieb jahrhundertelang stehen, und das Leben der aufeinanderfolgenden Generationen verlief jeweils ähnlich.

Erst mit dem Einsetzen der Industriellen Revolution trat ein Wandel auch in unseren Dörfern ein; er verlief zunächst langsam, beschleunigte sich aber seit dem Ende des 19. Jahrhunderts bis heute mehr und mehr. Neue Anbaumethoden und erste Maschinen ermöglichten höhere Ernteerträge und die Hinwendung zur Marktproduktion. Die Aufhebung des Mühlenzwanges um 1850 führte zum Bau zahlreicher neuer Windmühlen; bald aber erlagen viele neue wie alte der Konkurrenz der aufkommenden windunabhängigen Dampfmühlen. Preiswerte neue Baustoffe (Dachpappe, Wellblech, Eternit) erlaubten die rasche und billige Anpassung an veränderte betriebliche Bedürfnisse. Abriß, An- und Umbau haben unter beschleunigender Wirkung der Prosperität im Laufe weniger Jahrzehnte das Dorfbild einschneidend verändert: Die hergebrachten Hausformen sind aus vielen Dörfern schon weitgehend verschwunden.

Zuerst ist man in Skandinavien auf den Gedanken gekommen, besonders schöne bzw. charakteristische alte Bauwerke dadurch zu erhalten, daß man sie abtrug und an einem geeigneten Ort fachgerecht wieder aufstellte. Fast gleichzeitig wurden um 1890 in Skansen bei Stockholm und in Maihaugen/Lillehammer (Norwegen) die ersten Freilichtmuseen errichtet.

In Schleswig-Holstein gab es vor 1962 nur einzelne als Museum hergerichtete ländliche Bauwerke, wie z. B. das Ostenfelder Haus in Husum (seit 1899).

Der Aufbau des Schleswig-Holsteinischen Freilichtmuseums in Molfsee bei Kiel ist mit der Person Prof. Dr. Alfred Kamphausens (1906–1982) eng verbunden. Er forderte bereits 1955 ein Freilichtmuseum für Schleswig-Holstein. 1962 wurde Kamphausen von dem neugegründeten Trägerverein mit der Leitung des Museums beauftragt. 1965 konnte das Freilichtmuseum mit zunächst 13 Bauwerken eröffnet werden.

Grundgedanke des Freilichtmuseums ist es, die wichtigsten ländlichen Hausformen Schleswig-Holsteins in charakteristischen Beispielen darzustellen. Dies sind nicht nur Bauernhäuser mit ihren Speichern und Scheunen, sondern auch Wohnungen und Werkstätten ländlicher Handwerker, wie Schmiede und Fischerhaus, ferner ein Pastorat, eine Meierei, Mühlen, Brücken, Brunnen und ähnliches. Alle Bauwerke werden im Wohnteil mit zeitgenössischen Möbeln und Hausgeräten ausgestattet, die Stallungen, Scheunen und Werkstätten sind mit Ackergeräten und Werkzeugen ausgerüstet, so daß der Besucher sich das Leben der Menschen anschaulich vorstellen kann. Manche Tätigkeiten werden sogar praktisch vorgeführt, z. B. Töpfern, Weben, Korbflechten, Schmieden und Brotbacken.

Das 60 ha große, hügelig-bewegte Gelände in Molfsee, das mit einer Seite an die B 76 grenzt und sich im übrigen teils an einen Wald und an die Eider anlehnt, ermöglicht eine ihrem ursprünglichen Standort weitgehend gemäße Aufstellung der ländlichen Bauwerke. Dazu tragen ein großer Baumbestand und mehrere Wasserflächen besonders bei.

Die wichtigsten Grundformen des ländlichen Hauses in Schleswig-Holstein (und im Museum) sind:
1. Das Niedersachsenhaus (Fachhallenhaus) mit zwei innenliegenden Ständerreihen und der „Grootdeel" in Längsrichtung des Hauses
2. Das nordfriesische Haus mit zwei innenliegenden Ständerreihen und Quereinteilung
3. Das jütische Wandständerhaus, ebenfalls mit Quereinteilung (ähnlich dem nordfriesischen Haus)
4. Der Eiderstedter Haubarg (vgl. Nr. 81)

Der Schleswig-Holsteinische Kanal bei Kluvensiek

Die schleswig-holsteinisch-jütische Halbinsel ist für den Nord-Süd-Verkehr die Landbrücke zwischen Mittel- und Nordeuropa – für den wassergebundenen Ost-West-Verkehr aber ist sie ein Hindernis. Der Weg um Skagen ist ein langer und gefährlicher Umweg! Im Laufe der Geschichte hat man dieses Hindernis zuerst durch Überlandtransporte an den schmalsten Stellen überwunden, zum Beispiel bei Haithabu (Nr. 11). Die erste, freilich nur für Boote befahrbare Wasserverbindung war der Stecknitzkanal (Nr. 51).

Den Plan, Nord- und Ostsee im Zuge der Eider und Levensau durch einen Kanal zu verbinden, hatte schon 1571 Herzog Adolf von Gottorf ins Auge gefaßt. Verwirklicht wurde er aber erst zweihundert Jahre später im Zeitalter des Merkantilismus. 1773 war es Dänemark gelungen, die Herzogtümer Schleswig und Holstein dem Gesamtstaat fest einzufügen und damit eine Epoche politischer Unruhe abzuschließen; ein wirtschaftlicher Aufschwung bahnte sich an.

An Kanalplänen fehlte es nicht. Neben der Eiderlinie wurde unter anderem auch eine Trasse diskutiert, die von Kiel über Einfeld die Stör erreichte. Gegen einen Kanalbau durch Holstein erhoben sich aber in Dänemark politische Bedenken. Mußte man doch im Falle des Aussterbens des dänischen Königshauses damit rechnen, daß Holstein als Teil des Deutschen Reiches dem Gesamtstaat verlorenging. Man entschied sich aus mancherlei Gründen für die Eiderlinie. Die Kanaltrasse folgt jedoch nicht dem stark gewundenen Eiderlauf, sondern schneidet mehrfach – wie auf unserem Bild – die Eider ab. Andererseits wurden größere Moränenhöhen umgangen, so daß der Kanal stellenweise auch einige Windungen machte.

Die neue Wasserstraße wurde nicht als „Niveaukanal" angelegt wie später der Nord-Ostsee-Kanal, vielmehr wurde die Wasserscheide zwischen Ost- und Nordsee mit sechs Schleusen überwunden: in Holtenau, Knoop und Rathmannsdorf wurden die Schiffe bis auf die 15 km lange Scheitelstrecke gehoben, die etwa 7 m über dem mittleren Ostseewasserspiegel lag. In Königsförde begann der Abstieg, der über Kluvensiek und Rendsburg zur Untereider führte. Über die Kluvensieker Schleuse geht eine Straße – früher war hier eine holländische Klappbrücke. Noch heute steht das Wasser im östlichen Kanalabschnitt etwa 2 m höher als im westlichen, vorderen. Die Schleuse ist zwar durch den Neubau der Straße teilweise zugeschüttet, ihre Konstruktion ist aber noch gut zu erkennen (noch besser erhalten sind die Anlagen in Königsförde und Rathmannsdorf). Alle diese Schleusen haben eine große Kammer von 35,0 m Länge und 7,9 m Breite auf der einen (hier linken) Seite und eine kleinere, nur 4,9 m breite Kammer auf der anderen Seite. Die große, mit Toren versehene Kammer nahm die Schiffe – bis zu einer Größe von 300 t – auf, die kleinere ermöglichte mittels verstellbarer Schotten den geregelten Abfluß des überschüssigen Niederschlagswassers aus dem Flußgebiet der oberen Eider.

Der Kanal war im Wasserspiegel 31 m, in der Sohle 17 m breit und 3,45 m tief. Diese Maße hat er bei Kluvensiek annähernd noch heute. Natürlich hält der Schleswig-Holsteinische Kanal, der bei seiner Fertigstellung 1784 der modernste Seekanal der Welt war, keinen Vergleich mit dem Nord-Ostsee-Kanal aus; er entspricht aber in seinen Maßen immerhin dem Mittellandkanal (Breite im Wasserspiegel 34 m, Tiefe 3–4 m).

Ursprünglich sollte der Kanal, ganz im merkantilistischen Sinne, nur den Schiffen der Landeskinder offenstehen. Aber schon 1785 wurde diese Bestimmung, die sich als unökonomisch erwies, wiederaufgehoben.

Bis 1830 liefen 94 106 Schiffe durch den Kanal, also jährlich etwa zweitausend. Die Schiffahrt war freilich mühsam. Je nach Windrichtung konnte man segeln oder mußte sich treideln lassen. Die Leinpfade sind in Kluvensiek gut zu erkennen. Eine Reise von Holtenau nach Tönning dauerte etwa drei bis vier Tage; davon nahm die Fahrt auf der windungsreichen Untereider die längste Zeit in Anspruch.

Nach den Ereignissen von 1848–1850 wurde dänischerseits die Bezeichnung „schleswig-holsteinisch" für den Kanal nicht mehr geographisch, sondern politisch verstanden und der Name nunmehr programmatisch in „Eiderkanal" geändert.

Als im 19. Jahrhundert die Dampfschiffe aufkamen und die Schiffsgrößen sehr rasch zunahmen, verlor der Kanal an Bedeutung: Immer mehr Schiffe mußten wieder den Umweg um Skagen nehmen. Der Nord-Ostsee-Kanal ist der moderne Nachfolger des Schleswig-Holsteinischen Kanals. Er folgt dessen gewundener Trasse nur teilweise; dadurch sind vier Schleifen erhalten geblieben, soweit man sie nicht mit Kanalaushub zugeschüttet hat.

Eingebettet in die großflächige, durch Knicks und kleinere Waldstücke parkartige Gutslandschaft bei Kluvensiek (im Vordergrund) liegt das größte erhaltene Teilstück des Schleswig-Holsteinischen Kanals. Er war vor 150 bis 200 Jahren der meistbefahrene Kanal Europas. Wo einst die Frachtschiffe durchgeschleust und getreidelt wurden oder bei günstigem Wind durch die stillen Wiesen glitten, sind heute nur einige Kähne der Angler zu sehen, die das idyllische und fischreiche Gewässer gepachtet haben. – Blickrichtung OSO

Wir blicken auf das „historische" Rendsburg: die mittelalterlich enge, allmählich gewordene Altstadt auf der Eiderinsel und die planmäßig angelegte barocke Festungsstadt. Manche Bauwerke aus alter Zeit sind erhalten geblieben, andere haben Neubauten Platz
gemacht. Neben dem Cimbrischen Nord-Süd-Weg war früher die Eider bzw. der Eiderkanal die Lebensader der Stadt; heute ist es der
Nord-Ostsee-Kanal – aber der mit all seinen technischen und gewerblichen Folgeerscheinungen liegt im Süden außerhalb unseres
Bildes. – Blickrichtung NNW

Rendsburg

Die Eider quert von Osten nach Westen unser Bild. Sie teilte sich hier in zwei Arme, die eine Insel umschlossen. Für den alten Cimbrischen Heerweg/Ochsenweg war hier der naturgegebene Übergang über den Fluß: weiter oberhalb ist die „Obereider" – im Moränengebiet – seenartig verbreitert; unterhalb fließt die „Untereider" – im Sander- und Flußmarschgebiet – in einer schwer passierbaren sumpfigen Talaue; der Tideneinfluß reichte früher bis hierherauf: vorteilhaft für kleine Seeschiffe, deren Fracht an dieser Stelle umgeschlagen wurde zum Weitertransport nach der Ostsee. Der Schnittpunkt von Land- und Wasserweg war zudem in hohem Maße politisch-strategisch bedeutsam. Denn die Eider war – offiziell seit 811 – die Grenze zwischen dem (Fränkisch-)Deutschen und dem Dänischen Reich. Lange war umstritten, wozu die Eiderinsel gehöre. Die älteste Burg dort hat im 11. Jahrhundert ein dänischer Prinz angelegt, während um 1150 ein deutscher Ritter Reinhold im Auftrag des Holstengrafen eine neue Burg gebaut hat. Dieser „Reinholdsburg" verdankt auch die Stadt, die sich in ihrem Schutz entwickelte und 1253 lübsches Stadtrecht erhielt, ihren Namen. Gerade damals hatte ein Schiedsgericht aus „12 guten Männern", 6 aus Schleswig und 6 aus Holstein, entschieden, daß die Insel zu Holstein gehöre. Im 14. Jahrhundert war Rendsburg die Residenz der bedeutendsten Linie des Schauenburger Grafengeschlechts, das unter Gerhard III. seine Politik zielbewußt auf den Erwerb Schleswigs richtete. Nachdem beide Lande politisch zu einer Einheit zusammengewachsen waren (1460), lag Rendsburg in der Mitte Schleswig-Holsteins. Hier fanden wichtige Landtage statt, so 1542 (Einführung der Reformation), 1544 (Landesteilung) und 1675 (letzter Landtag vor praktiziertem fürstlichen Absolutismus).

Die Altstadt mit der um 1290 erbauten gotischen Marienkirche war vor allem Handelsstadt. Als Schutz genügte zunächst das Wasser ringsum, dazu kamen seit 1536 einfache Erdwälle. Sie wurden um 1670 durch Bastionen verstärkt, deren Reste wir noch im Bilde erkennen. Rendsburg, das zum königlichen Anteil der Herzogtümer gehörte, gewann in den Auseinandersetzungen mit den Gottorfer Herzögen immer größere militärische Bedeutung.

Auf Befehl König Christians V. wurde die Inselfestung von 1690 bis 1695 durch je einen Brückenkopf auf den beiden Eiderufern erweitert. Im Norden ent-

stand das kleinere „Kronwerk". Das „Neuwerk" im Süden wurde ein großer neuer Stadtteil, dessen Grundriß von den Verteidigungsaufgaben her bestimmt war. Von dem 2 ha großen Paradeplatz aus gehen sternförmig die Straßen ab, auf denen man im Ernstfall rasch auf die Gefechtsstationen gelangen konnte. Der äußere Ring der Querstraßen, mit dem Bildrand fast zusammenfallend, bezeichnet den annähernd halbkreisförmigen Raum der neuen Festungsstadt. Daran schlossen sich nach außen die mächtigen Wälle und Bastionen an. Sie machten Rendsburg zur stärksten Festung des Landes. Gleichzeitig wurde von dem italienischen Baumeister Pelli eine Anzahl bedeutender Bauwerke im Stil eines nüchternen Barock errichtet (Kommandantur, Hauptwache, Arsenal, Provianthof, Generalsuperintendantur). Ausdruck des protestantisch-fürstlichen Zeitgeistes ist auch die kreuzförmig gebaute Christkirche von 1695 bis 1700.

Mit der Eröffnung des Eiderkanals – im Zuge des nördlichen Eiderarms – setzte ein neuer wirtschaftlicher Aufschwung ein. Das Industriezeitalter begann 1829 mit dem Bau der Carlshütte am Nordufer der Obereider, auf Büdelsdorfer Gebiet. Auf dem Südufer wurde der Obereiderhafen ausgebaut. Er erhielt auf Betreiben der handelsbeflissenen Bürger Anschluß an die 1845 fertiggestellte Eisenbahn von Neumünster her, die somit – entgegen den Bedenken der Militärs – ins Innere der Festung hinein verlängert wurde. Das machte sich am Tag der Schleswig-Holsteinischen Erhebung (24. März 1848) der Prinz von Noer mit seinen Jägern und Freiwilligen zunutze: mit einem Überraschungscoup überrumpelte er die formidabelste Festung des Landes. Rendsburg wurde Sitz der Provisorischen Regierung. Nach der Niederlage der Schleswig-Holsteiner ließ die dänische Regierung die „Festung auf dem Bindestrich" schleifen.

Die folgende Entwicklung Rendsburgs erkennen wir auf unserem Bilde an den Wohnsiedlungen und Kasernen jenseits der Eider. Die Hauptentwicklung aber vollzog sich im Rücken des Betrachters, wo der moderne Großschiffahrtsweg zum Bau eines leistungsfähigen Kreishafens und zu einer standortgemäßen Industrie (Werften) geführt hat. Die Eisenbahn erreicht mittels einer großen Schleife die Hochbrücke über den Kanal, während der Straßenverkehr – der früher durch die enge Altstadt führte, sie nun aber seitlich umgeht – den Kanal in 20 m Tiefe in einem Tunnel quert.

Emkendorf

Während der letzten Eiszeit floß Schmelzwasser von der Westensee-Eiszunge durch den Moränenwall nach Westen ab und schüttete den Bokelholmer Sander auf. Später war das Tal ein Teil des Westensees, verlandete jedoch allmählich – der Hasensee auf unserem Bild ist der Rest des früher einmal schiffbaren Gewässers. An seinem Westende und damit zugleich an einem alten meridional verlaufenden Landweg haben offenbar die Herren von Westensee zur Sicherung ihrer Interessen eine kleine Burg erbaut, die Keimzelle von Emkendorf. Das Dorf selbst, 1190 erstmals genannt, lag einige hundert Meter südlicher, über dem Talzug. Es ist als typisches 10-Hufen-Dorf offenbar von einem Lokator namens Emeke angelegt worden. Damals war diese Endmoränenlandschaft noch ein Teil des Isarnho, des „Eisernen Waldes", der das Stammesgebiet der Sachsen von denen der Wenden im Osten und der Dänen im Norden trennte. Bezeichnenderweise erscheint in den Urkunden einmal auch der Name Emekenby, was auf Zuzug aus dem Norden hinweisen könnte, und es gibt auch einzelne slawische Namen in diesem Grenzbereich. Emkendorf wurde dann dem 1220 gegründeten Kirchspiel Westensee eingegliedert. Auf die Ritter von Westensee und Emkendorf folgten im 14. Jahrhundert die Herren von Ahlefeldt, die ihren Besitz 1595 an die Rantzaus verkauften. Um diese Zeit wurde unser Land mehrmals von schweren Pestseuchen heimgesucht. Aus fünf wüst gewordenen Hufen des Dorfes war 1588 der Gutshof Emkendorf entstanden, und als wenige Jahre später auch der Rest des Dorfes wüst wurde, fiel auch sein Land an den Gutshof. An das Dorf erinnert heute nur noch der Name Dörpsee. Die Gutsherren erwarben im Laufe der Zeit noch mehrere Dörfer im Umkreis, deren Bewohner auf Emkendorf und seinen Meierhöfen Mühlendorf, Bokelholm und Höbek frondienstpflichtig waren – als Leibeigene. Das Gut, z. T. auf Moränenland, z. T. auf dem Sander gelegen, zählte mit rund 5000 ha zu den größten des Landes. Nach mancherlei Besitzerwechsel kam es 1765 an das Reventlowsche Geschlecht.

Seine Glanzzeit erlebte Emkendorf um die Wende vom 18. zum 19. Jahrhundert unter Fritz Reventlow und seiner Gemahlin Julia, einer Tochter des reichen dänischen Schatzmeisters Graf Schimmelmann. Sie ließen das Herrenhaus durch den aus Pirna stammenden Baumeister Carl Gottlob Horn im Louis-Seize-Stil umbauen, von den Italienern Taddei und Pellicia mit Stukkaturen und mit Wandmalereien in pompejanischer Manier verzieren. Die Reventlows schmückten die Räume mit Nachbildungen antiker Skulpturen und vielen Gemälden, die sie größtenteils von ihren Italienreisen mitbrachten. Auch die prachtvollen Alleen und der herrliche, malerisch und „heroisch" angelegte Park stammen aus jener Zeit. Das gräfliche Paar hatte führende Männer des deutschen Geisteslebens bei sich zu Gast, Klopstock und Claudius, die Brüder Stolberg, Lavater, Jacobi und viele andere, darunter französische Refugiés. Man las gemeinsam Dichtungen und spielte Theater. Julia Reventlow bemühte sich, auch Goethe als Gast nach Emkendorf zu locken, und versuchte, ihm das Vorhaben mit dem Lobpreis der lieblichen Landschaft und Nachtigallengesang, aber auch mit holsteinischem Schinken und anderen Delikatessen schmackhaft zu machen. Aber Goethe hatte wenig Neigung, als „sündiger Mensch die Zuchtrute der Damen über sich ergehen zu lassen"; ihm war der „Emkendorfer Kreis" zu sehr geprägt von pietistischen Missionsideen und von lutherischer Glaubensstrenge sowie von konservativ-feudaler Tradition. Der hochbegabte Graf Fritz Reventlow sah im uniformierenden dänischen Absolutismus und im französischen Rationalismus die größten Feinde. Er war der Führer der oppositionellen Schleswig-Holsteinischen Ritterschaft, zu deren Sekretär auf sein Betreiben der junge Historiker Friedrich Christoph Dahlmann berufen wurde. Auf Emkendorf vernehmen wir die ersten Klänge eines deutschen Nationalgefühls in den Herzogtümern. Insgesamt bedeutete dieses Herrenhaus mehr, als eine fürstliche Residenz im Lande vielleicht hätte bedeuten können.

Den Zauber jener Zeit empfindet man, wenn man durch diese feudal-großzügige Landschaft wandert, durch die hohen Alleen und den wundervollen Park geht, wenn man im Herrenhaus die mit so viel Kunstsinn gestalteten Räume auf sich wirken läßt oder in der riesigen (heute sonst nicht mehr genutzten) Scheune einen Erntegottesdienst miterlebt. Emkendorf, und zwar die gesamte Gutsanlage, wie wir sie im Bilde sehen, muß als historisches Kulturdenkmal erhalten bleiben. Die Restaurierungsarbeiten finden mit Recht Unterstützung vom Lande Schleswig-Holstein; die Hauptlast aber tragen die jetzigen Besitzer des Gutes (heute 340 ha Acker, 580 ha Wald, 260 ha Wasser).

Im geistig-politischen Leben Schleswig-Holsteins hat kein anderes Gut eine ähnliche Bedeutung gehabt wie Emkendorf. Wir blicken hinab auf das Herrenhaus von der Parkseite. Die Zufahrt erfolgt von der hohen Allee her, die unser Bild etwa diagonal durchzieht: Man gelangt über den symmetrisch angelegten ehemaligen Wirtschaftshof mit Kutsch- und Pferdeställen und zwei großen (einst mit Reet, heute mit dunklem Eternit gedeckten) Gebäuden, der Scheune und dem Kuhstall, auf den vom Herrenhaus mit seinen Kavaliersflügeln umfaßten Cour d'honneur. Die modernen Wirtschaftsgebäude stören den Gesamteindruck nicht – sie liegen abseits hinter Bäumen versteckt. – Blickrichtung W

Im Vordergrund in Bildmitte sehen wir die von hohen Bäumen umgebenen Reste des Klosters Bordesholm, namentlich die schöne gotische Klosterkirche. Die Bezeichnung „holm" weist darauf hin, daß das Kloster auf einer – mittlerweile durch drei Dämme landfest gewordenen – Insel im See erbaut worden ist. Der Ort hat sich im 20. Jahrhundert vor allem nach Osten ausgedehnt. Er zählt etwa 6000 Einwohner, viele davon sind in Kiel beschäftigt. – Blickrichtung O

Kloster Bordesholm

Bordesholm müßte eigentlich Neumünster heißen. Als nämlich 1290 der Erzbischof von Bremen den Augustinerchorherren in Neumünster die Erlaubnis erteilte, ihr ehrwürdiges, von Vicelin um 1127 gegründetes Stift zu verlegen, machte er zur Bedingung, daß das Kloster den traditionellen Namen behalten solle. In der landesherrlichen Genehmigung wird erwähnt, daß der neue Ort die für ein Kloster wünschenswerte Ruhe biete – die war am Heerweg nicht gegeben; außerdem sei der neue Platz reich an Fisch, an Wiesen, Wald und Ackerland. Ob der „Borsholm" nach dem im See reichlich vorhandenen Barsch heißt, ist umstritten. Dieser Name ging trotz erzbischöflichen Verbots bald auf das Kloster über; „Neumünster" dagegen verblieb der weltlichen Siedlung an der Schwale.

Das Kloster hatte reichen Grundbesitz zwischen Neumünster und Kiel sowie bis in die Elbmarschen hin. Im 12. und 13. Jh. waren ihm Dörfer, Hufen und Zehnten vor allem von den Pogwisch und anderen reichen Adligen als „Seelgut" geschenkt worden. Schließlich gehörten ihm allein zwischen Neumünster und Kiel 27 Dörfer.

Der Umzug von Neumünster nach Bordesholm soll 1332 erfolgt sein: In feierlicher Prozession überführten die Chorherren die Gebeine Vicelins und andere Reliquien in die neue Kirche. Sie war anfangs nur klein, wie denn das Kloster auch nur fünfzehn Chorherren zählte. Erst später stieg deren Zahl auf dreißig, und die Kirche wurde zu einer dreischiffigen hochgewölbten gotischen Hallenkirche ausgebaut.

Die Chorherren aber zog es aus der Abgeschiedenheit von Bordesholm nach Kiel. Dort hatten sie das Patronat der Nikolaikirche, und dort gab es auch mehr weltliche Freuden – das Gebot der Armut nahmen sie nicht sehr ernst. Rat und Bürgerschaft von Kiel wehrten sich verbissen gegen den Zuzug der vornehmen Augustiner, nicht zuletzt aus Anhänglichkeit an ihr Franziskanerkloster und dessen Gründer und berühmtesten Mönch, Graf Adolf IV. Trotz erzbischöflichen Banns setzten die Kieler mit Unterstützung des Landesherrn ihren Willen durch.

Bordesholm erhielt zu Beginn des 16. Jh. fürstlichen Glanz, als Herzog Friedrich I. die Kirche für sich und seine Gemahlin Anna von Brandenburg als Grabstätte erkor. Er ließ einen schönen Doppelsarkophag schaffen – wahrscheinlich in der Werkstatt der berühmten Nürnberger Erzgießerfamilie Vischer – und war vermutlich auch der Auftraggeber von Hans Brüggemann, der in den Jahren 1514–1521 den wundervollen Schnitzaltar schuf. Der Herzog, 1523 König geworden, fand seine Ruhestätte jedoch nicht in Bordesholm, sondern im Dom zu Schleswig; dorthin wurde 1666 auch der Bordesholmer Altar gebracht.

Inzwischen hatte die Reformation zur Säkularisierung der Klöster geführt. Die Landesherren als summi episcopi zogen sie ein, mußten aber einige an ihre Gläubiger abtreten (so erhielt die Ritterschaft z. B. die vier Nonnenklöster Schleswig, Preetz, Itzehoe und Uetersen). Das Kloster Bordesholm wurde erst 1566 aufgehoben. Propst und Mönche flohen nach Holland. Aus dem Grundbesitz wurde ein fürstliches Amt, der spätere Kreis Bordesholm. Das Kloster selbst wurde nach dem Vorbild der sächsischen Fürstenschulen Schulpforta, Meißen und Grimma in eine Gelehrtenschule verwandelt; diese blieb freilich ein kümmerliches Pflänzchen – es entwickelte sich erst nach Verpflanzung! 1665 gründete der Gottorfer Herzog Christian Albrecht nach dem Plan seines Vaters, mit kaiserlicher Genehmigung und auf untertänigstes Ansuchen von Bürgermeister und Rat der Stadt Kiel in der Fördestadt eine Universität, damit „die studierende Jugend in patria ihre fundamenta studiorum legen und überall extra patriam anzuwendende schwere Kosten ersparen möchte". So hielten denn die Vicelinsche Idee der christlichen Erziehung, die Bordesholmer Klosterbibliothek und ein Teil des materiellen Reichtums der stolzen Augustinerchorherren sowie der leitende Bordesholmer Lehrer ihren Einzug ins Kieler Armenhaus, das ehemalige Kloster der Franziskanerbettelmönche, nunmehr Universität.

Der kleine Ort Bordesholm war Sitz des Amtmanns, seit 1867 der Kreisverwaltung, bis zur Auflösung des Kreises im Jahre 1932. Das Amtshaus (rechts neben der Kirche) ist jetzt nebst Erweiterungsbau ein Alters- und Pflegeheim. Links neben der Kirche erkennen wir auf der Straße die berühmte 500jährige Linde, unter der jahrhundertelang das „Lindengericht" tagte, bei dem 32 Dingleute Recht sprachen.

Im 20. Jahrhundert wuchs Bordesholm durch Eingemeindung von Eiderstede bis an die Kiel–Hamburger Bahn heran – dort sehen wir hohe Silos. Infolge des Zweiten Weltkriegs ist die Einwohnerzahl durch ausgebombte Kieler und durch heimatvertriebene Ostdeutsche rapide in die Höhe geschnellt.

Wildenhorst – ein aufgesiedeltes Gut

Rastorf an der Schwentine gehört zu den wenigen Gütern des Landes, die viele Jahrhunderte lang im Besitz eines Geschlechts geblieben sind. Auf Rastorf sitzen seit 600 Jahren die Rantzau. Ihr Nebengut Wildenhorst ließen sie von einem Pächter bewirtschaften.

Bereits das Reichssiedlungsgesetz von 1919 sah eine weitgehende Güterparzellierung vor. Dabei sollte zunächst auf sogenannten Mehrfachbesitz zurückgegriffen werden. Als nach dem Zweiten Weltkrieg die Bodenreform energischer betrieben wurde, überließ die Gräfin Rantzau auf Rastorf ihr Gut Wildenhorst einem Neffen. Aber diese Maßnahme erhielt keine Rechtskraft, da die Militärregierung wie auch anschließend der Schleswig-Holsteinische Landtag den Großgrundbesitzern die freie Verfügungsgewalt abgesprochen hatte: Alle Güter über 100 ha konnten gegen Entschädigung der Eigentümer beschlagnahmt und parzelliert werden. Die Bodenreform war im Landtag leidenschaftlich diskutiert worden. Da war die Rede von Entmachtung der Junker, von Produktionssteigerung durch intensivere bäuerliche Wirtschaft, von Ansiedlung heimatvertriebener ostdeutscher Bauern, von gerechter Verteilung der Kriegsfolgelasten, aber auch von der gefährdeten Versorgung der Bevölkerung durch übereilte und übertriebene Parzellierung.

Eine Arbeitsgemeinschaft des Großgrundbesitzes stellte nun von sich aus der Landesregierung 30 000 ha zur Verfügung. Dazu gehörte auch Wildenhorst. Es wurde 1949–1951 an die Schleswig-Holsteinische Landgesellschaft als das gemeinnützige Siedlungsunternehmen gegen hypothekarische Belastung verkauft. Lebendes und totes Inventar erwarb die Gesellschaft vom Pächter zum Taxwert. Es handelte sich um ein Objekt von 377 ha im Werte von damals rund 2 Millionen DM. Der Siedlungsgesellschaft oblag der Ausbau der Straßen, der Bau der Gehöfte und ihre Versorgung mit Wasser und elektrischem Strom. Es wurden 19 Bauern- und 17 Landarbeiterstellen geschaffen. Für vier (etwas größere Betriebe) baute man die alten Gutsgebäude (im Hintergrund) aus. Für die übrigen, durchschnittlich 17 ha großen Betriebe und für die Arbeiterstellen wurden Neubauten errichtet.

Die Zahl der Siedlungsbewerber war groß; warteten doch Tausende von heimatvertriebenen Bauern seit Jahren sehnsüchtig darauf, einen wenn auch noch so kleinen eigenen Besitz bewirtschaften zu dürfen. Die Siedlerauswahlstelle und die Landeskulturabteilung wollten gern möglichst viele unterbringen und deshalb noch wesentlich kleinere Stellen auslegen. Die Kreisbauernkammer und die Landgesellschaft fanden das bedenklich, und sie setzten sich durch. Von den 26 Wildenhorster Siedlern waren 19 Heimatvertriebene aus Ost- und Westpreußen und aus Pommern, darunter kinderreiche Familien mit bis zu 10 Kindern. Eine mit dem allernotwendigsten Gerät und Beschlag versehene 17-ha-Stelle kostete etwa 85 000 DM. Der Siedler leistete eine Anzahlung von 10 bis 20 %, für das Restkaufgeld erhielt er aus Bundes- und Landesmitteln Kredite zu einem Zinssatz zwischen 1 und 4 %.

Schon wenige Jahre nach Verabschiedung des Güterparzellierungsgesetzes erlebte die Bundesrepublik Deutschland das „Wirtschaftswunder" mit ungeahnter Industrialisierung, Vollbeschäftigung, steigendem Wohlstand, verstärkter Mechanisierung. Kleineren landwirtschaftlichen Betrieben fiel es schwer, mit dieser Entwicklung Schritt zu halten. Maschinen erforderten hohen Kapitaleinsatz, rentierten sich aber nur bei größeren Betriebsflächen. Da inzwischen die meisten Heimatvertriebenen eingegliedert worden waren und das Lastenausgleichsgesetz eine gewisse soziale Gerechtigkeit herbeigeführt hatte, zog der Schleswig-Holsteinische Landtag die Konsequenz und hob 1960 mit den Stimmen von CDU und SPD, lediglich gegen das Votum der 5 BHE-Vertreter (Bund der Heimatvertriebenen und Entrechteten) die Bodenreformgesetze wieder auf. Bis dahin waren insgesamt 30 553 ha aufgesiedelt worden.

Bei dem verstärkten Trend zu Mechanisierung, Konzentration und Betriebsvergrößerung haben es kleinere Stellen nicht leicht, sich zu behaupten (vgl. Nr. 49 + 54). In Wildenhorst haben 5 Bauern die Landwirtschaft aufgegeben – vorwiegend aus gesundheitlichen Gründen; einer hat sein Land verkauft, die anderen haben es verpachtet (so der Hof rechts vorn im Bild). Nachbarn nahmen gern die Gelegenheit wahr, ihre Betriebe aufzustocken. Die Bauern, die 1952 zeitüblich gemischtwirtschaftlich (mit Pferden, Rindern, Schweinen, Schafen, Geflügel) begannen, haben sich mit erheblichen Investitionen ganz auf Milchwirtschaft als lohnendste Betriebsart konzentriert und somit – ungewollt – zu „Milchschwemme und Butterberg" beigetragen. Um so schwerer trifft sie die neue EG-Agrarordnung mit dem Rückgang der Milchpreise und -kontingente.

Das Gut Wildenhorst bei Preetz – wir sehen den Gutshof im Mittelgrund des Bildes – wurde 1952/53 im Gefolge der schleswig-holsteinischen Bodenreformgesetze parzelliert. 19 bäuerliche Familienstellen wurden vorwiegend an ostdeutsche Heimatvertriebene gegeben. Wir sehen – besonders bei einem Vergleich mit dem Luftbildatlas von 1965 –, daß viele von ihnen mittlerweile zusätzliche Wirtschaftsgebäude errichtet haben, namentlich für verstärkte Viehhaltung. Die Betriebe sind nach heutigen wirtschaftlichen Maßstäben eigentlich zu klein, um eine Familie zu ernähren. Der trockene Sommer 1983, der die Weiden ausgedörrt hat, traf Betriebe, die ohnehin an der Existenzgrenze liegen, besonders hart. – Blickrichtung N

Vom Großen Plöner See, den wir im Hintergrund erkennen, fließt die Schwentine durch eine Reihe kleinerer Seen im welligen ostholsteinischen Hügelland. Beim Gut Wahlstorf mündet sie in den Lanker See. Die besonders schöne alte Gutsanlage ist mit erheblichen Mitteln restauriert worden. Eine Ruder- und Paddelbootfahrt durch diese abwechslungsreiche Landschaft ist außerordentlich reizvoll. – Blickrichtung SO

Gut Wahlstorf an der Schwentine

Unser Bild zeigt uns eine typische ostholsteinische Gutslandschaft, im satten Junigrün. Der Name Wahlstorf deutet an, daß das Gut aus einem Dorf hervorgegangen ist. Bereits zu der Zeit, da die Schauenburger ins Land kamen, begegnet uns der Name. Nach dem Ort nannte sich ein Geschlecht, das vermutlich einen Zweig der Reventlows darstellt. Später waren die Ruhmor, dann die v. Thienen Herren auf Wahlstorf; seit 1740 gehört es der Familie v. Plessen.

Wann das Gut angelegt worden ist, wissen wir nicht, wahrscheinlich im 13. Jh. Damals lag das Herrenhaus etwas weiter seitwärts im Lanker See, nahe dem heutigen Feld Altenhöfen, wo ein Wallrest noch zu sehen ist (außerhalb des Bildes). Das jetzige Herrenhaus wurde 1469 erbaut. Es ist das älteste, trotz einiger Umbauten recht gut erhaltene Herrenhaus Schleswig-Holsteins. Es besteht – wie so viele derartige Bauwerke – aus zwei aneinandergebauten Langhäusern – man erkennt sie vorn im Bild; ihre ursprünglichen Treppengiebel wurden erst 1704 durch Walmdächer ersetzt. Die Parallelhäuser sind über einem Fundament aus Eichenpfählen und Feldsteinen zwei Stockwerke hoch mit Ziegelsteinen aufgemauert. Im östlichen Haus war eine 19 m lange Wohndiele. Anfangs war das Haus von einem Graben umgeben und nur über eine Zugbrücke zugänglich. Die Wirtschaftsgebäude stammen aus dem 16. bis 20. Jahrhundert und sind z. T. noch heute reetgedeckt. So wirkt die ganze, liebevoll gepflegte Anlage recht altertümlich; der Kostenaufwand zu ihrer Erhaltung ist allerdings beträchtlich. Stimmungsvoll ist auch der kleine Park mit seinem hohen Baumbestand.

Zu Wahlstorf gehörten früher das gleichnamige Dorf sowie das nahe gelegene Dorf Wielen (rechts bzw. links außerhalb des Bildes). Die dort wohnenden leibeigenen Bauern, Kätner und Insten waren zu Spann- und Handdiensten auf dem Gut verpflichtet. Als 1795 die schleswig-holsteinischen Gutsbesitzer eine Kommission eingesetzt hatten, welche die Aufhebung der Leibeigenschaft vorbereiten sollte und deshalb von allen ein Gutachten anforderte, äußerte sich auch der Gutsherr auf Wahlstorf. Er stimmte dem „preiswürdigen Gedanken" voll zu, machte aber doch einige Vorbehalte, die als recht typisch anzusehen sind. So wollte er sich grundsätzlich keinem Majoritätsbeschluß unterwerfen, und zwar vor allem deshalb nicht, weil sein Gut ein Fideikommiß war, das heißt

ein Familienbesitz, der jeweils an den ältesten Sohn überging und hypothekarisch nicht belastet und auch nicht durch Landverkauf geschmälert werden durfte. Alle derartig in ihrer Verfügungsfreiheit beschränkten Gutsbesitzer standen vor der schwierigen Frage, wie sie die hohen Kosten, die mit der Bauernbefreiung verbunden waren, aufbringen sollten. Galt es doch, den Betrieb umzustellen: statt der dienstpflichtigen Bauern mußte man in Zukunft eigene Knechte oder Deputatarbeiter anstellen und eigene Gespanne, Wagen, Geräte, Ställe und dergleichen anschaffen. Herr v. Plessen beantragte deshalb einen hypothekarisch nicht abzusichernden Kredit von 12 000 Reichstalern aus der Königlichen Kreditkasse, der ihm dann auch gewährt wurde. Die Fideikommisse wurden erst durch die Weimarer Verfassung für unwirksam erklärt.

Bei der Aufhebung der Leibeigenschaft, die in Schleswig-Holstein mit dem 1. 1. 1805 erfolgte, wurden die Bauern in den Dörfern Wahlstorf und Wielen zumeist Zeitpächter. Sie waren als solche noch zu gewissen, nun aber vertraglich fixierten Dienstleistungen verpflichtet. Erst im Zuge der Bodenreform, die durch das Reichssiedlungsgesetz von 1919 eingeleitet wurde, erhielten die Bauern ihre bisherigen Pachthöfe auf dem Wege über „Rentengüter" (mit staatlicher Kredithilfe) zu eigen. Damit setzte zugleich eine Intensivierung der Wirtschaft und Modernisierung der Gebäude ein, während bis dahin namentlich Wielen sein anheimelndes, altertümliches Dorfbild mit stilvollen Reetdachhäusern bewahrt hatte.

Die weitflächige, siedlungsarme Gutslandschaft unseres Bildes geht in der Ferne in eine von einem engeren Knicknetz überzogene Landschaft mit zahlreichen Einzelhöfen über: eine Parzellierungslandschaft des 18. Jahrhunderts. Die Domäne Karpe-Dörnick (links, an der Schwentine) und der größte Teil des Gutes Ascheberg (rechts, am Plöner See) wurden seit 1739 parzelliert. Das ist vor allem das Werk des Grafen Hans Rantzau zu Ascheberg, der zum Vorkämpfer der Bauernbefreiung in Schleswig-Holstein wurde. Seine „Antwort eines alten Patrioten auf die Anfrage eines jungen Patrioten, wie der Bauernstand und die Wirtschaft der adlichen Güter in Holstein zu verbessern sey" gehört zu den bedeutenden sozialen Reformschriften. Sein Neffe Christian Graf zu Rantzau, der später das Gut übernahm und das Werk fortsetzte, hat sich um die Bauernbefreiung sehr verdient gemacht.

Lammershagen – Teichwirtschaft und Binnenfischerei

Wir können annehmen, daß Lammershagen schon im Mittelalter ein Herrensitz, eine curia, war; urkundlich ist darüber aber nichts überliefert. Erst 1592 wird das Gut namentlich genannt. Die heutigen Gebäude stammen aus der Mitte des 18. Jahrhunderts.

Die Teichwirtschaft auf Lammershagen wird im Jahre 1346 zum ersten Male erwähnt, als der Ritter Nikolaus Splith und sein Bruder, der Knappe Heyno, der Kirche in Selent zur Gründung einer Vikarie das Dorf Stellböken schenken, sich jedoch das Recht vorbehalten, den Lembrogh genannten Teich zu stauen.

Die Fischzucht in Teichen ist im Mittelalter durch Mönche nach Schleswig-Holstein gebracht und bald auch vom Adel betrieben worden. Im hügeligen Ostholstein boten sich zahlreiche kleine Fließgewässer zum Stau geradezu an. Ob im Mittelalter in den holsteinischen Teichen außer Barschen, Brassen und Hechten auch schon Karpfen gehalten wurden, ist bisher nicht nachgewiesen. Die Teichwirtschaft der Güter hielt sich über die Reformationszeit hinaus. Im 19. Jahrhundert ging sie jedoch stark zurück. Infolge der Intensivierung der Landwirtschaft nach den Methoden Liebigs und Thaers erbrachte nämlich der Teichboden weit höhere Erträge, wenn man ihn als Wiesenland nutzte. In der zweiten Hälfte des Jahrhunderts gab es daher in Lammershagen fast keine Fischteiche mehr. Selbst der letzte Teich, der „Lehmbruch", wurde in Grünland verwandelt.

Erst seit etwa 1890 wurde die Teichwirtschaft wieder rentabel, u. a. dadurch, daß man wüchsige und robuste Karpfenrassen züchtete, die Teichflächen düngte und zeitweise trockenlegte, die Fischkrankheiten wirksam bekämpfte und geringwertige Nahrungskonkurrenten (Karauschen, Plötzen) fernhielt. Bis zum Zweiten Weltkrieg brachten die Besitzer von Lammershagen die Teichfläche wieder auf 38 ha und wandelten nach 1950 weitere Niederungen, die als Sumpfwiesen jetzt vergleichsweise geringere Erträge abwarfen, in Teiche um, so daß heute 88 ha Teichfläche vorhanden sind. Zum Gut gehören außerdem 500 ha landwirtschaftliche Nutzfläche und 310 ha Wald.

Die Lammershagener Teiche werden größtenteils aus Drainagen und Quellen gespeist, zum Teil sind sie „Himmelsteiche", also ohne Zufluß. Deshalb können sie im Winter nach der Abfischung nur kurzzeitig trockenliegen. Wenn der Teichboden nicht begehbar ist, wird später vom Boot aus gekalkt und gedüngt.

Bereits im Spätwinter beginnt der Aufstau der Teiche. Die Fische werden aus den kleinen Hälterteichen genommen und ihrer Größe und ihrem Nahrungsbedarf gemäß auf die großen „Abwachsteiche" verteilt. Da die Karpfen nur in der warmen Jahreshälfte Nahrung aufnehmen, zählt man ihr Alter nach Sommern. Drei- oder viersömmerige Karpfen sind marktreif. Außerdem werden Schleie, in einem Teich auch Hechte und Barsche als „Beifische" gehalten.

Im Herbst werden die Teiche der Reihe nach abgelassen, die Fische nach Größen sortiert und in die Hälterteiche bzw. Fischkästen gesetzt. Der Absatz erfolgt teils über den Fischhandel, in der Weihnachtszeit zum Teil auch im Einzelverkauf vom Hofe aus.

Im Bildhintergrund sehen wir den Selenter See, der einer Eisrandlage der Preetz-Plöner Gletscherzunge seine Entstehung verdankt. Der Wasserspiegel im Selenter See liegt 37 m über der am Horizont sichtbaren Ostsee. Von seiner 22,5 km² großen Wasserfläche, die insgesamt an einen Berufsfischer verpachtet ist, gehören 13 km² zu Lammershagen.

In den Seen, Flüssen und Kanälen Schleswig-Holsteins werden rund 18 200 ha Wasserflächen von 75 Berufsfischern bewirtschaftet. Während man in der Teichwirtschaft Erträge von 150–200 kg/ha erzielt, liegen die Fänge in Binnenseen bei nur etwa 40 kg/ha.

Die Fangmethoden sind nach Gewässer, Fischart und Jahreszeit sehr unterschiedlich: Mit Reusen werden u. a. Hechte und Schleie, mit feinmaschigen Reusen vor allem Aale erbeutet; mit Stellnetzen, in denen sich die Fische selbst verhängen, kann man fast alle Fische fangen außer Aal, dem mit langen, beköderten Legschnüren nachgestellt wird. Zunehmende Bedeutung erlangt das von einem speziellen Netzprahm aus maschinell bewegte Zugnetz (Waade), das vor allem während der kühleren Monate eingesetzt wird. Vom Verkaufserlös entfallen rd. zwei Drittel auf den Aal und etwa 15 % auf die Maränen; es folgen Barsch, Hecht und Weißfische, Karpfen, Zander und Schlei.

Die Maränen – Verwandte von Lachs und Forelle – sind Planktonfresser, also keine Nahrungskonkurrenten für andere Fische. In der sauerstoffreichen Tiefe des Selenter Sees lebt neben der Kleinen auch die Große Maräne. Die intensive Nutzung der Binnengewässer für Erholungszwecke, insbesondere mit Wasserfahrzeugen, beeinträchtigt die Fischerei, vor allem durch Beschädigung der Fangeinrichtungen.

In die ostholsteinische Gutslandschaft mit ihren großflächigen Getreide- und auch Grünlandschlägen, Knicks, kleinen Waldstücken und einzelnstehenden alten Eichen sind mehrere Fischteiche eingebettet. Nur bei genauem Hinsehen erkennt man aus der Luft, daß es sich nicht um natürliche Gewässer handelt: durch Dämme werden die Teiche aufgestaut, durch darin eingebaute Vorrichtungen, die „Mönche", können die Teiche zur Abfischung abgelassen werden. Über den Selenter See hinweg geht der Blick in Richtung Ostsee. – Blickrichtung N

Abseits der großen Straßen erfaßt unser Luftbild eine Landschaft mit einem bewegten Relief und buntscheckigen Flurbild, in dem sich die bäuerlichen Parzellen des Dorfes Lebrade von den großen Gutsschlägen abheben. Der Lebrader Teich mit seinen ausgedehnten Uferzonen und Verlandungsinseln ist ein gutes Beispiel für die Koexistenz von fischereiwirtschaftlicher Nutzung und Naturschutz. Oben links ist ein Stück des Rixdorfer Teiches angeschnitten; am Horizont liegt, von Seen umgeben, die Stadt Preetz. – Blickrichtung W

Der Lebrader Teich – ein Vogelparadies

Auf dem Gut Rixdorf wurde wahrscheinlich schon im Mittelalter Teichwirtschaft betrieben. Heute gehören zum Gut neben 500 ha landwirtschaftlicher Nutzfläche und 480 ha Wald 500 ha Wasserflächen, davon sind 135 ha aufgestaut, also Teiche, und 365 ha Seen.

Unser Luftbild erfaßt den Lebrader Teich, dessen derzeitige Wasserfläche 61 ha beträgt. Die beiden Teichhälften sind unter dem Damm, auf dem die Straße Plön–Lebrade–Selent verläuft, durch offene Durchlässe verbunden. Die größte Tiefe am „Mönch", der Stau- und Ablaßvorrichtung (in der Bucht rechts diesseits der Straße), beträgt 1,5 m. Große Teile des Teiches sind weniger als 1 m tief, weshalb die Verlandung rasch voranschreitet. Da der oberirdische Zufluß gering ist, müssen die Teiche nach der herbstlichen Abfischung schon im Januar aufgestaut werden.

Hauptfisch der Teichwirtschaft, zu der auch die nahen Rixdorfer Teiche gehören, ist der Karpfen, von dem jährlich je 250–350 Ztr. Speise- und Satzfische erzeugt werden. Als Beifische werden Schleien gehalten und außerdem Hechte als Satzfische erzeugt. Die überwiegend oder teilweise zu Rixdorf gehörenden Seen (Trammer See, Schluen-See, Tresdorfer See, Rotten-See, Pluß-See, Ausgraben-See, Kleiner Plöner See) werden für das Gut von einem Fischmeister bewirtschaftet, der auch die Teichwirtschaft betreut.

Die großen, weithin seichten Wasserflächen, die breiten, teils als Inseln entwickelten Verlandungszonen sowie die Umgebung der Teiche mit ihrem Wechsel von Grünland- und Ackerflächen, von Knicks, Waldstücken und einzelnen Bäumen bieten vielen Tieren, vor allem zahlreichen Wasservögeln, Lebensmöglichkeiten. Für das Vorkommen der verschiedenen Vogelarten sind dabei geeignete Brutplätze mindestens ebenso wichtig wie das Nahrungsangebot.

Im *Kiefernbestand* (links vorn), der durch Anflug, also auf natürliche Weise entstanden ist, nisten gelegentlich Graureiher.

Die daran anschließende *Seggenwiese* (bräunlich) würde vielen Vögeln Brutplätze bieten, wenn sie nicht für Nesträuber (z. B. Marder) von Land aus zugänglich wäre. Entsprechend begehrt als Nistplätze sind die Seggenbestände auf den Inseln. Auf der großen Insel, die seit 20 Jahren durch Verlandung stark anwuchs, nisteten bis 1973 zwischen den Seggenbülten noch etwa 1000 Lachmöwenpaare und mit ihnen vergesellschaftet zahlreiche Reiher-, Tafel- und Schnatterenten sowie 30–40 Schwarzhalstaucherpaare. Offenbar im Gefolge mehrerer trockener Sommer, vielleicht mit bedingt durch die starke Nährstoffzufuhr im Nistplatzbereich, überwucherten tiefwurzelnde Schilf- und Weidenbestände die flachwurzelnden Seggen, von denen auf der großen Insel nur ein kleiner Rest übrigblieb. Da ihnen das hohe Schilf als Nistplatz nicht zusagt, sind die Lachmöwen bis auf einen kleinen Bestand auf der kleinen Insel verschwunden; mit ihnen sind die Entenarten stark zurückgegangen; der Schwarzhalstaucherbestand, der einzige bedeutende in Schleswig-Holstein, zählt nur noch 5 Brutpaare.

In den *Schilfbeständen*, vor allem auf der großen Insel und auf der Röhrichthalbinsel in Bildmitte, brüten Zwerg-, Rothals- und Haubentaucher, ferner Knäk-, Löffel- und Stockenten, gelegentlich auch Krickenten. Im Schilf nisten Rohrweihe und Große Rohrdommel. An Singvögeln leben im ufernahen Röhricht Rohrschwirl, Drossel- und Teichrohrsänger; etwas weiter landwärts, wo vermehrt Weidengebüsch auftritt, Schilfrohrsänger, Rohrammer und Feldschwirl.

Auf der großen Insel nisteten bis zu 100 Grauganspaare, der Brutvogelbestand ging bis 1983 auf 10–15 Paare zurück, vermutlich, weil die Gänse durch Wildschweine, die durch das flache Wasser auf die Insel gelangt waren, in der Brut gestört wurden. Mehrere Paare von Schwänen brüten an den Teichen, außerdem sind 20–30 nichtbrütende Schwäne im Bild erfaßt.

In den alten *Eichbäumen*, vor allem am westlichen Teichufer, in denen gelegentlich ein Seeadler einen Fisch verzehrt, nisten Schellenten; in den *Knicks* und in dem kleinen Waldstück am Straßendamm hört man – neben anderen Singvögeln – den Sprosser.

Im Juli/August unterziehen sich am Lebrader Teich bis 400 Tafelenten ungestört der Mauser. Vor allem im Herbst sammeln sich auf den Teichen zahlreiche Durchzügler, u. a. bis zu 2000 Schnatterenten, mehrere hundert Krick-, Löffel- und Spießenten, ferner Scharen von Graugänsen, Sing- und Zwergschwänen. Mehrere hundert Bekassinen und bis über tausend Krickenten suchen zeitweise im flachen Wasser der abgelassenen Teiche nach Nahrung.

Der Lebrader Teich steht seit 1938 unter Naturschutz. Als freiwillige Helfer des Naturschutzes arbeiten Mitglieder von Vogelschutzverbänden, sie beobachten und zählen die Vögel, bringen Nistkästen an und versuchen, Störungen fernzuhalten.

Bosau – die Vicelinkirche am Großen Plöner See

Der Name Bosau ist weit über die Grenzen unseres Landes bekannt. Das liegt daran, daß man ihn in der Verbindung „Helmold von Bosau" kennt. Dieser Pfarrer in dem kleinen Dorf am Plöner See verfaßte eines der bedeutendsten mittelalterlichen Geschichtswerke, die „Cronica Slavorum". Es gibt kein Buch, das über Sitten und Bräuche der Slawen und über die Kämpfe zur Zeit der Christianisierung, über die Leistung Heinrichs des Löwen, der Schauenburger Grafen von Holstein und der Oldenburg-Lübecker Bischöfe so ausgezeichnet berichtet wie eben seine Slawenchronik.

Nach dem großen Slawenaufstand von 1138/39 war im Gegenstoß die Burg Plön (Nr. 34) erobert und zerstört worden, und nun setzte die deutsche Kolonisation Wagriens ein. Ein erneuter Aufstand unter den Slawenfürsten Pribislav und Niclot konnte die Entwicklung nicht aufhalten. Im Jahre 1150 schenkte Herzog Heinrich der Löwe dem Bischof Vicelin das Dorf Bozoe, damit er dort, mitten in seinem Sprengel, sich ein Haus bauen und von dort aus missionieren könne. Graf Adolf II. stimmte dem zu und trat dem Bischof, dessen Unterhalt noch nicht geregelt war, die Hälfte der Zehnten ab. Im folgenden Jahr „ließ sich der Herr Bischof auf der Insel, die Bozoe heißt, nieder, und er wohnte zunächst unter einer Buche, bis sie Hütten errichteten, in denen sie Unterkunft fanden. Er begann aber auch, dort eine Kirche zu bauen, im Namen Gottes und zum Gedächtnis des heiligen Petrus, des ersten der Apostel."

Der Kirchenbau und die Kultivierung des Landes nahmen mehrere Jahre in Anspruch. Erst unter Vicelins Nachfolger Gerold erfuhr der Bischof eine angemessene materielle Sicherung, indem er 300 Hufen in der Gegend von Eutin (Nr. 35) erhielt. 1163 starb Gerold auf einer Visitationsreise durch seine Diözese in Bosau; seine Ruhestätte fand er im Dom zu Lübeck – dorthin war kurz zuvor der Bischofssitz von Oldenburg (Nr. 37) verlegt worden. Gerolds letztes Gespräch mit seinen geistlichen Brüdern hat Helmold miterlebt und uns überliefert. Er hat sein Geschichtswerk noch bis 1171 fortgeführt. In diesem Jahre schlossen der Dänenkönig Waldemar d. Gr., der kurz zuvor Arkona auf Rügen erobert hatte, und Herzog Heinrich der Löwe ein Bündnis, das durch die Verlobung des dänischen Thronfolgers mit der Tochter des Welfen besiegelt wurde. „Freude und Frieden herrschten nun", schreibt Helmold. „Die eisige Kälte des Nordwinds wurde abgelöst durch das linde Wehen des Südwinds, das Meer verlor seine Schrecken, und die Wut der Stürme legte sich. Wer von Dänemark ins Slawenland reisen wollte oder umgekehrt, konnte es nun ungefährdet tun, auch Frauen und Kinder ... Denn das ganze Gebiet der Slawen, das sich von der Eider, der Grenze des Dänenreiches, zwischen Ostsee und Elbe bis nach Schwerin erstreckt, dieses Gebiet, das einst durch räuberische Überfälle unsicher und fast verödet war, das ist nun durch Gottes Gnade gleichsam eine einzige große Ansiedlung der Sachsen geworden, und es werden dort Städte und Dörfer erbaut, und die Zahl der Kirchen und ihrer Diener wächst ständig."

Unser Bild zeigt Bosau 800 Jahre später. Die altehrwürdige Kirche hatte zu Vicelins Lebzeiten freilich ein anderes Aussehen: Nach den rings um den Turm entdeckten Fundamenten war es wahrscheinlich eine Rundkirche (ebenso wie die alte Kirche von Schlamersdorf, 6 km südlich gelegen), aus Feldsteinen erbaut; dann umgewandelt in eine Basilika. Der heutige kurze, gedrungene Bau und der quadratische Turm dürften aus dem 13. Jahrhundert stammen; den barokken Turmhelm erhielt die Kirche nach weitgehender Zerstörung im Dreißigjährigen Krieg. Der hohe romanische Kirchenraum mit flacher Balkendecke wirkt trutzig, der Granittaufstein reicht sicher in die Kolonisationszeit zurück. Der Flügelaltar stammt aus dem 14., die Kanzel ebenso wie die hölzerne Stifterfigur Vicelins aus dem 17. Jahrhundert.

Vor einigen Jahren – seit 1969 – hat man im Raume Bosau umfangreiche archäologisch-historische Untersuchungen durchgeführt. War die Kirche – so lautete eine Frage – vielleicht in einem wendischen Gaumittelpunkt erbaut worden? Das ließ sich nicht nachweisen, obwohl sich viele slawische Siedlungsspuren fanden, auch innerhalb des Ringwalles, dessen Reste noch auf der hellen Insel in der Mitte unseres Bildes zu erkennen sind. Andererseits fehlt es auch an jeglichem Beweis dafür, daß die Burg auf diesem „Bischofswarder" einst dem Bischof gedient haben könnte. In den Gehöften neben der Kirche leben Bauernfamilien, die urkundlich schon vor Jahrhunderten hier nachweisbar sind. Neuere Wohnhäuser, Gaststätten, Bootsstege und ein Campingplatz zeugen von der Beliebtheit des Ortes, der von Plön aus auch mit dem Motorboot zu erreichen ist.

Vor uns sehen wir die Kirche von Bosau – sie ist von Vicelin um 1150 gegründet worden. In Bosau starb Vicelins Nachfolger, Bischof Gerold, und als Pfarrer von Bosau schrieb Helmold, beider Zeitgenosse, seine Cronica Slavorum, unser bedeutendstes mittelalterliches Geschichtswerk, das höchst anschaulich die „deutsche Ostkolonisation" in diesem Bereich schildert. Am gegenüber liegenden Ufer des Großen Plöner Sees erkennen wir in fünfeinhalb Kilometer Entfernung das weiße Plöner Schloß. – Blickrichtung N

Um das weiße ehemalige Herzogsschloß auf beherrschender Höhe gruppiert sich die Kreisstadt Plön, reizvoll gelegen auf Moränenwäl-
len zwischen dem Großen und dem Kleinen Plöner See, dem Trammer See und dem Schöh-See. Für die Bundesstraße 76, die früher in
kurvigem Verlauf zwischen den Seen und – zum Verdruß der Anlieger und auch der Autofahrer – durch die anheimelnd-enge Altstadt
führte, hat man vor einigen Jahren die auf unserem Bild deutlich hervortretende Umgehungsstraße gebaut. Aber nicht jeder sollte das
idyllische Plön umgehen: Allein schon der Ausblick von der Schloßterrasse lohnt den Umweg. – Blickrichtung NNW

Stadt und Schloß Plön

Tiefdunkel – fast schwarz – im Vordergrund der aus anderem Blickwinkel oft himmelblau glänzende Große Plöner See. In ihm – auf der kleinen Insel Olsborg – lag in dunkler Vorzeit die wendische Burg Plune, Mittelpunkt des gleichnamigen Gaues. Die Burg, die durch eine hölzerne Brücke mit dem Festland verbunden war, wurde 1139 von Heinrich von Badwide zerstört. An ihrer Stelle entstand eine deutsche Burg; doch wurde diese bald wieder abgebrochen und 1173 an der Stelle des jetzigen Schlosses neu errichtet. Schon einige Jahre vorher hatte Graf Adolf II. von Schauenburg einer Siedlung deutscher Kaufleute in Plön das Marktrecht verliehen; 1236 erhielt sie das Lübsche Stadtrecht. Damit tritt Plön ins helle Licht der Geschichte.

Als nach dem Tode Adolfs IV. die Schauenburger Holstein geteilt hatten, wurde Plön für ein Jahrhundert (1290–1390) Residenz der „Plöner Linie", deren tatkräftige Fürsten von hier aus Holstein regierten. Unter den Herrschern des Oldenburger Hauses (seit 1460) kam Plön zuerst zum herzoglichen, dann zum königlichen Anteil der Herzogtümer. 1564 trat König Friedrich II. einen Teil seines Besitzes, darunter auch Plön, an seinen Bruder Hans d. Jüngeren von Sonderburg ab, den Erbauer der Glücksburg (Nr. 2). Sein Territorium, das Herzogtum Schleswig-Holstein-Sonderburg, wurde bald weiter in winzige Kleinstaaten geteilt, die sich alle „Herzogtum" nannten. Der größte dieser Zwergstaaten war das Herzogtum Schleswig-Holstein-Sonderburg-Plön. Zu ihm gehörten außer der Stadt Plön die säkularisierten Klöster Ahrensbök und Reinfeld, ferner Rethwisch und Traventhal – eine recht schmale Basis für eine prunkvolle Hofhaltung. Dessenungeachtet ließ der Herzog Joachim Ernst in den Jahren 1633–1636 – wie es heißt auf Wunsch seiner Gemahlin Dorothea Augusta von Gottorf – an Stelle der mittelalterlichen Burg das Schloß als repräsentativen Dreiflügelbau im Stil der italienischen Spätrenaissance erbauen. Der etwas nüchtern wirkende Bau erhält durch die Reihe der Zwerchgiebel im Dach und durch die zwei laternenartig gestalteten Türmchen eine gewisse Auflockerung.

Der Sohn des Bauherrn, Herzog Johann Adolf (1671–1704), weilte nur selten in Plön. Er kämpfte als kaiserlicher Offizier gegen Franzosen und Türken und stand zuletzt als Generalfeldmarschall in dänischen und niederländischen Diensten. Trotzdem entfaltete er in Plön eine rege Bautätigkeit. Auf seinen Befehl wurde auch die „Neustadt" nordwestlich des Schlosses für reformierte Glaubensvertriebene angelegt.

Im Jahre 1761 erlosch das Herzogsgeschlecht, und das verschuldete Territorium wurde in den Dänischen Gesamtstaat einverleibt. Um 1800 zählte das Städtchen 1800 Einwohner. Ein bescheidener fürstlicher Glanz kehrte in die Kleinstadt zurück, als König Christian VIII. das renovierte Schloß Plön 1842 zu seiner Sommerresidenz machte. Von hier aus erließ er 1846 den „Offenen Brief", der den Gesamtstaat erhalten sollte, aber schließlich wesentlich zu seinem Zerfall beitrug.

Plön wurde nach 1866 die „Stadt der preußischen Prinzen und Kadetten". In das alte Herzogsschloß zogen 1867 die ersten preußischen Kadetten ein. Die „Prinzeninsel" und das „Prinzenpalais", ein schöner, nunmehr erweiterter Rokokobau am Rande des Schloßparks, erinnern daran, daß Kaiser Wilhelm II. von 1896 bis 1910 seine sechs Söhne in Plön erziehen ließ – während ihr Großvater mütterlicherseits, Friedrich von Schleswig-Holstein-Sonderburg-Augustenburg, doch selbst so gern deutscher Bundesfürst und Herr von Schloß Plön geworden wäre! Das weitere Schicksal des Schlosses spiegelt den politischen Werdegang Deutschlands wider: Auf die kaiserlich-königliche Kadettenanstalt folgte die Staatliche Bildungsanstalt der Weimarer Republik, dann während der nationalsozialistischen Herrschaft die Nationalpolitische Erziehungsanstalt, dann das Internatsgymnasium (erstmals für Jungen und Mädchen) des Landes Schleswig-Holstein.

In der preußischen Zeit war Plön zur Kreisstadt für den neugeschaffenen Landkreis avanciert, und es hat diese Stellung bis heute behalten. Die Funktionen einer Verwaltungs- und Einkaufsstadt für die ländliche Umgebung prägen das Leben der Stadt, die mittlerweile 12 000 Einwohner zählt. Sie hat im Kern – um Schloß, Nikolaikirche (im 19. Jh. erneuert) und Neustädterkirche – noch viel alte Bausubstanz bewahrt und bietet zudem durch ihre reizvolle Umgebung mit mannigfachen Wander- und Wassersportmöglichkeiten viel Verlockendes. Daher gehört der Fremdenverkehr zu den Aktivposten der Stadt. Die 1892 gegründete, heute der Max-Planck-Gesellschaft unterstehende Hydrobiologische Anstalt befaßt sich – schon lange ehe es „modern" wurde – mit den ökologischen Verhältnissen der Binnengewässer.

Eutin – die ehemals fürstbischöfliche Residenz

Auf der „Fasaneninsel" (am rechten Bildrand) hat das slawische Utin gelegen, von dem um 1170 Helmold berichtet (vgl. Nr. 33). Er erzählt im 57. Kapitel, daß im Jahre 1143 Graf Adolf II. für sein Kolonisationswerk Siedler aus Flandern, Holland, Friesland, Utrecht, Westfalen sowie aus Holstein und Stormarn ins Land Wagrien gerufen und das Eutiner Gebiet an holländische Bauern gegeben habe.

Im Jahre 1156 wurden dem Bischof von Oldenburg – das war Vicelins Nachfolger Gerold – 300 Hufen Landes als Grundherrschaft zugewiesen. Ein Teil davon lag bei Eutin. Seit dieser Zeit besteht die für Eutin so wichtige Verbindung mit den Bischöfen, die bald von Oldenburg nach Lübeck übersiedelten. Gerold ließ sich in Eutin ein Haus bauen, er verlieh dem Ort das Marktrecht. Der Marktplatz ist südlich der – um 1230 errichteten – Michaeliskirche zu sehen. 1257 erhielt Eutin Stadtrecht. Es führt als bischöfliche Gründung ein Kreuz im Wappen. Im 13. Jahrhundert gelang es den Lübecker Bischöfen, sich der gräflichen Lehnshoheit zu entziehen und als reichsunmittelbare Fürsten selbst Landesherren zu werden. In Eutin entstand ein Bischofshof.

Durch die Reformation wurde das geistliche Fürstentum säkularisiert; die Bischöfe traten in den Ehestand, sie wurden aber weiterhin vom Domkapitel gewählt. Seit 1586 sind nur Mitglieder des Gottorfer Fürstenhauses gewählt worden. Diese „Fürstbischöfe" hielten sich seit 1634 dauernd in Eutin auf. Ähnlich wie Plön (Nr. 36) und auch etwa für den gleichen Zeitraum gewann Eutin nun den Charakter einer kleinen Residenzstadt.

Die aus dem Mittelalter überkommene bischöfliche Burg, von breitem Wassergraben umgeben – sie hatte wahrscheinlich schon die heutige Grundrißgestalt mit Innenhof –, wurde von den Fürstbischöfen zum Schloß ausgebaut. Dabei bezog man die beiden aus dem 15. Jahrhundert stammenden Ecktürme der Westseite in den Neubau mit ein. In seiner heutigen Gestalt stammt das Schloß im wesentlichen aus den drei Jahrzehnten nach dem großen Brand von 1689. Am Anfang des 19. Jahrhunderts wurden der Nord- und der Ostflügel aufgestockt.

Zu einem Schloß gehörte selbstverständlich auch ein „Lustgarten". Nach französischem Vorbild wetteiferten viele Fürsten darin, solche Gärten im geometrisch abgezirkelten Stil der Barockzeit zu schaffen.

Der in Eutin um 1710 angelegte Lustgarten verschwand aber schon siebzig Jahre später und machte einem Park im Stil des englischen Landschaftsgartens Platz. Das entsprach den Ideen des führenden Theoretikers der Gartenkunst, C. C. L. Hirschfeld, der zeitweilig Prinzenerzieher in Eutin gewesen war und der für die Befreiung der Natur aus der Knechtschaft mathematischer Rationalität eintrat. Ausgedehnte Rasenflächen mit einzelnen Baumgruppen lehnen sich an die schattige Baumreihe aus alten Linden an. Diese bildet zum Wasser hin den eindrucksvollen Abschluß.

Unter dem letzten Fürstbischof, Peter Friedrich Ludwig – er war zugleich Herzog von Oldenburg –, erlebte Eutin seine Glanzzeit (1785–1829). Dieser „Vater Eutins" kümmerte sich fürsorglich um die sozial Schwachen. Für die Armenkinder ordnete er – unter Zwangsandrohung – den Schulbesuch an, durch den sie nicht nur Kenntnisse erwerben sollten, sondern auch Fertigkeiten, „die ihnen zum künftigen Nahrungserwerb dienen".

Auf seinen Ruf hin kamen viele bedeutende Männer nach Eutin: Leopold Graf von Stolberg, der Mitbegründer des Hainbundes, Johann Georg Schlosser, der Schwager Goethes, der Philosoph Friedrich Heinrich Jacobi, Johann Heinrich Voß, der Übersetzer Homers. Es bildete sich ein literarischer Kreis, der mit Weimar und Emkendorf, mit Klopstock, Goethe, Claudius und Wilhelm v. Humboldt in geistigem Verkehr stand. Carl Maria von Weber wurde 1786 in Eutin geboren.

1803 wurde das „Fürstentum Lübeck" zu einem Teil des Großherzogtums Oldenburg und – nach Abschaffung der Monarchie – 1918 zum „oldenburgischen Landesteil Lübeck". Dieser wurde 1937 als „Kreis Eutin" der preußischen Provinz Schleswig-Holstein eingegliedert. 1932 hatte Eutin die erste nationalsozialistische Landesregierung erlebt – im April 1945 war es zehn Tage lang Sitz der nach Schleswig-Holstein geflüchteten Reichsregierung.

Die malerische alte Stadt mit ihrer anmutigen wald- und seenreichen Umgebung wird von Fremden viel besucht. In Eutin bemüht man sich sehr darum, das geistig-kulturelle Erbe der Vergangenheit lebendig zu erhalten. Die sommerlichen Aufführungen auf der Freilichtbühne unter den hohen Bäumen am See (rechts außerhalb des Bildes) sind ein schönes Beispiel dafür. Sorgen bereitet die Erhaltung der wertvollen Bausubstanz der Altstadt.

Das Gebiet mit den geschlossenen roten Dächern um Markt und Michaeliskirche bezeichnet etwa den Bereich der Eutiner Altstadt, von der das Schloß mit dem Schloßpark deutlich abgesetzt ist. Diesseits der baumumstandenen Fasaneninsel, auf der die slawische Siedlung Utin lag, ist am Bildrand das auf einem Ufervorsprung liegende Freilichttheater angeschnitten. Der Raum westlich der Altstadt ist jüngst durch planerische Eingriffe umgestaltet worden; man hat hier mehrere große Parkplätze geschaffen, die für die Funktionen Eutins als Kreisstadt und als Zielort des Einkaufs- und Fremdenverkehrs erforderlich sind. Eingebettet in die waldreiche ostholsteinische Landschaft im Hintergrund sind links der Kellersee und rechts der Sibbersdorfer See. – Blickrichtung NNO

Das bestimmende Element dieser Landschaft fällt jedem, der sich auf der Straße Segeberg nähert, schon von weitem auf. Aus der Vogelperspektive erkennt man es mehr indirekt daran, daß zwei Hauptstraßen es in schwungvollen Kurven umgehen: Es ist der „Segeberger Kalkberg". Der graue Felsklotz aus Gips und Anhydrit, 91 m hoch, ragt aus der hügeligen Moränenlandschaft auf, einst wohl 20 m höher als heutzutage und zudem von einer Burg gekrönt. Die Zechsteinschichten sind durch Salzdruck aus der Tiefe emporgepreßt worden, ähnlich wie die Buntsandsteinschichten von Helgoland. – Blickrichtung OSO

Sigeburg – Bad Segeberg

Um das Jahr 1128, nach dem Tode des in Alt-Lübeck residierenden christlichen Wendenfürsten Heinrich, war der dänische Königssohn Knud Laward, Herzog von Schleswig, von Kaiser Lothar zum König der Obotriten gekrönt worden. Knud beschloß, zur Eroberung und zum Schutze Wagriens den 1,5 km östlich der mittleren Trave aufragenden Alberg zu befestigen. Er war wie geschaffen für die Anlage einer Burg. Aber der Zwist im dänischen Königshaus rief Knud nach Dänemark zurück; hier wurde er auf Anstiften seines Vetters Magnus 1131 ermordet. Als nun in Wagrien und Polabien die Wendenfürsten Pribislaw und Niclot die Herrschaft übernahmen, brach für die christliche Mission in Holstein eine schlimme Zeit an. Hilfesuchend wandte sich Vicelin an Kaiser Lothar, der sich in Bardowick – in der Nähe von Lüneburg – aufhielt, und empfahl ihm, eine Burg auf dem Alberg zu erbauen. Nachdem Lothar die Situation hatte erkunden lassen, begab er sich selbst dorthin. Für den Bau wurden nicht nur nordalbingische Sachsen, sondern auch wagrische Fürsten dienstverpflichtet. Mit großer Sorge sahen sie die Burg emporwachsen. Und einer sprach zum anderen (so berichtet Helmold, vgl. Nr. 33): „Siehst du dieses feste, hochragende Bauwerk? Ich weissage dir: Es wird eine Zwingburg für das ganze Land sein. Von hier werden sie vorgehen und zuerst Plön niederbrechen, dann Oldenburg und Lübeck; dann werden sie über die Trave gehen und Ratzeburg und das ganze Land der Polaben sich unterwerfen. Und auch das Land der Obotriten wird vor ihnen sich nicht retten können." Darauf entgegnete der andere: „Wer hat uns dies Übel bereitet? Oder wer hat dem König diesen Berg verraten?" Darauf der erste: „Siehst du dort neben dem König den elenden Kahlkopf? Der hat alles Übel über uns gebracht." – Die Burg – so fährt Helmold fort – wurde vollendet, mit einer starken Besatzung belegt und Sigeburg genannt. Als Burghauptmann setzte der Kaiser seinen Gefolgsmann Hermann ein; der „Kahlkopf" Vicelin aber erhielt Anweisung, am Fuße der Burg ein Kloster zu gründen, um von hier aus das gesamte Slawenvolk dem Christentum zu unterwerfen. Streitigkeiten unter den deutschen Fürsten gaben zwar bald schon dem Pribislaw eine willkommene Gelegenheit zu einem Aufstand. Erst als wieder Ruhe eingetreten war, konnte Adolf II. von Schauenburg die Sigeburg aufs neue erbauen. Damals – 1138 – erließ er seinen berühmten

Aufruf an Flamen, Holländer und Friesen, an Westfalen, Holsten und Stormaren, sie sollten nach Wagrien kommen und das Land kolonisieren. Die Burg gewährte fortan Schutz, und 1156/57 wurde auch das vorübergehend hinter die Trave zurückverlegte Augustinerstift an alter Stelle wieder erbaut. Das Suburbium (es bestand nur aus einer Straße) erhielt vermutlich 1244 Stadtrecht. Segeberg war zeitweilig Residenz einer Schauenburger Linie, seit 1460 des königlichen Statthalters. Der berühmteste war Heinrich Rantzau. Er ließ das Bild der ragenden Burg, seines Hauses am Berghang sowie der Stadt und des Klosters für das Städtebuch von Braun und Hogenberg (1588) in Kupfer stechen.

Im Dreißigjährigen Krieg wurde das Schloß von den Schweden zerstört und bald darauf völlig abgebrochen; das gleiche geschah mit dem Kloster. Erhalten blieb als großartiges Denkmal der Kolonisationszeit die Marienkirche, eine der ersten Backsteinkirchen des Landes (im Vordergrund); ihr Äußeres ist leider wenig glücklich restauriert worden.

Seit dem 15. Jahrhundert haben die Segeberger ihren Burgfelsen um mindestens 20 m abgebaut und den aus Gips gebrannten Kalk, ein gesuchtes Baumaterial, vor allem nach Hamburg verfrachtet. Erst 1931 gebot man dem weiteren Abbau Einhalt und schuf oben in der Felsruine eine Freilichtbühne. Bei den Karl-May-Festspielen, die in jedem Sommer stattfinden, ist dort Platz für 10 000 Besucher. Eine noch größere Anziehungskraft aber haben die Auslaugungs- und Tropfsteinhöhlen, die 1913 im Innern des Felsens entdeckt wurden. Von ihnen hat man 800 m, die durch Scheinwerfer erleuchtet werden, zugänglich gemacht. Der heilkräftigen, 28prozentigen Sole, die seit 1884 aus dem Salzhorst heraufgepumpt wird, verdankt das „Bad Segeberg" seine Existenz.

Viel bedeutsamer ist jedoch Segebergs Funktion als Kreisstadt mit 15 000 Einwohnern. Sie ist über den mittelalterlichen Bereich weit hinausgewachsen, auf die andere Seite des Berges, vor allem aber – außerhalb unseres Bildes – nach N auf die Höhen über dem Großen Segeberger See und nach W bis ans Travetal. Von den Berufstätigen waren 41 % in Handel und Verkehr, 16 % im produzierenden Gewerbe, 40 % mit Dienstleistungen beschäftigt (1982). Größter Arbeitgeber ist eine weit über die Grenzen Schleswig-Holsteins bekannte Möbelfirma.

Oldenburg in Wagrien, in Holstein

Wie alt ist diese Burg, die heute eine der eindrucksvollsten Ruinen unseres Landes darstellt? In historischen Quellen erfahren wir von ihr erstmals im Jahre 940. Sie war damals ein Fürstensitz der wendischen Obotriten. Wann diese, von Osten her in das von germanischen Stämmen weithin verlassene Land vorstoßend, sich erstmals in Wagrien ansiedelten, darüber gibt es keine Urkunden; nach archäologischen Befunden dürfte es im 7. oder 8. Jahrhundert gewesen sein. Der Name Starigard, d. h. alte Burg (der gleiche wie Stargard in Pommern), hat zu der Vermutung geführt, daß die Wenden eine alte, ehemals germanische Burg vorgefunden haben könnten. Jedoch haben Ausgrabungen eine solche Hypothese nicht bestätigt: Die ältesten Funde entstammen der frühslawischen Zeit.

Auf dem Luftbild gewinnt man einen Eindruck von der großen Ausdehnung der Burg – sie bestand aus einer Hauptburg und zwei Vorburgen und umfaßte mit den Wallanlagen eine Fläche von 4,5 ha; aber man kann nicht ermessen und sich kaum die imposante Höhe des Walles vorstellen, der noch heute, trotz naturbedingter Abtragung, aus der Niederung im Norden steil bis zu 18 m hoch ansteigt. Die Niederung ist ein Teil des längst verlandeten Oldenburger Grabens, der das nordöstliche Wagrien vom Festland trennte.

Wo dieser Sund am schmalsten, flachsten und am leichtesten zu überqueren war, wo sich von beiden Seiten die Moränenplatten in die Niederung vorschoben, dort war die naturgegebene Stelle für eine Burg: Sie beherrschte einen wichtigen Landweg und bot andererseits Schiffen, die von der Ostsee bis hierher gelangen konnten, Schutz vor feindlichen Überfällen.

Für die Bedeutung dieser wagrischen Fürstenburg und Stadt spricht, daß Otto der Große hier – nach der Eroberung durch Hermann Billung 967 – ein Bistum gründete, gleichsam als Zwischenglied zwischen seinen Bistümern an der Elbe-Saale-Linie und den drei nordischen Bistümern, die er in Schleswig, Ripen und Århus stiftete. Der Wendenaufstand von 1002 vernichtete die Anfänge der Mission in Wagrien. Innerslawische Kämpfe zwischen heidnischen und christlichen Herrschern taten dem einst so bedeutsamen Starigard Abbruch. Erst als unter Adolf II. von Schauenburg die wendische Macht gebrochen und Wagrien ein Teil der Grafschaft Holstein wurde, konnte 1149 das Bistum Oldenburg erneuert werden, unter Vicelin. Doch bereits sein Nachfolger Gerold verlegte es auf Drängen

Heinrichs des Löwen nach Lübeck, der zukunftsträchtigen Stadt.

Oldenburg ist in den harten Kämpfen zwischen Deutschen, Dänen und Slawen um die Macht im südwestlichen Ostseeraum wiederholt erobert und geplündert worden. Die mächtige einstige Fürstenburg verfiel. Auf dem Wall und im Inneren entstanden Häuser und Gärten, wie im Bilde erkennbar. 1973 hat man mit systematischen archäologischen Untersuchungen begonnen. Dabei entdeckte man auch Reste einer alten, vielleicht dem ältesten Bistum zuzuordnenden Glocke. Das Ziel ist, die Stätte dieses bedeutendsten slawischen Fürstensitzes, befreit von späteren Zutaten, unter Denkmalschutz zu stellen.

Die Kirche, die wir auf dem Bilde sehen, Johannes dem Täufer geweiht, reicht nicht in Ottonische Zeit zurück. Der Bau begann unter Gerold. Eine Bischofskirche zu werden, blieb ihr versagt. Das romanische Langschiff und der gotische Chor erinnern an den Zustand des Gotteshauses vor dem großen Stadtbrand von 1773. Nach ihm erhielt die Kirche ihre heutige Gestalt, unter anderem den Turm, der in einer Laterne mit zwiebelähnlicher Haube gipfelt.

Der Markt war der Mittelpunkt der bürgerlichen Stadt, die 1235 mit Lübschem Recht begabt wurde. Den Glanz der alten Zeit aber gewann Oldenburg nicht wieder. Es lag nun abseits vom Verkehr, die Wasserzufahrten genügten größeren Schiffen nicht mehr, schließlich verlandeten sie weithin. Oldenburg wurde eine bescheidene Ackerbürgerstadt. Das blieb so bis in unsere Zeit. Erst in den 1950er Jahren verschwanden vom Markt und aus den engen Gassen die letzten Bauernhöfe mit ihren Misthaufen. Als Einzelhöfe baute man sie weit draußen vor der Stadt auf arrondierten Flächen neu auf.

Oldenburg war 1921 die Kreisstadt eines fast rein agrarisch bestimmten Kreises geworden. Das führte zu einer erheblichen Zunahme der Dienstleistungsberufe. Verstärkt wurde diese Entwicklung dann noch dadurch, daß Oldenburg 1936 Garnisonstadt wurde – die Kasernen und sonstigen Anlagen liegen freilich weit abseits der Stadt auf dem Gelände des eingemeindeten Gutes Putlos. Behörden, Schulen, Krankenhäuser, Handwerk und Handel bestimmen das Leben der Stadt; Industrie fehlt. Im Zuge der Kreiszusammenlegung hat Oldenburg die Funktion einer Kreisstadt verloren; es zählt (1983) knapp 10 000 Einwohner.

Wir blicken hinab auf die ziegelrote Stadt. Wir sehen – im Vordergrund – den Marktplatz, dahinter die Kirche, umgeben von hohen Bäumen, und rechts davon, erkennbar am grünen Baumbewuchs, ein (allerdings nicht ganz geschlossenes) Rund: Es markiert den Wall der alten Burg, der die Stadt ihren Namen verdankt. Das an diesem slawischen Fürstensitz von Otto I. gegründete Bistum hatte nicht lange Bestand – es wurde im 12. Jahrhundert nach Lübeck verlegt. – Blickrichtung W

Die offene Ostsee brandet gegen die Steilküste (vorn) und gegen den flachen, dicht mit Badegästen besetzten Sandstrand der Warder, hinter denen man landwärts die sumpfige Eichholz-Niederung und jenseits des Ferienzentrums den Heiligenhafener Binnensee erkennt. Durch ihre Entstehung miteinander verknüpft, liegen hier auf engem Raum sehr verschiedene Formen nebeneinander, die zusammen den besonderen Reiz der Küstenlandschaft bei Heiligenhafen ausmachen. Im Hintergrund links sieht man die Fehmarnsundbrücke. – Blickrichtung O

Heiligenhafen: Steilküste, Strandwälle und Strandseen

Unser Bild zeigt die wesentlichen Elemente der Ausgleichsküste: Steilküste, Strandwälle und Strandseen in ihrer räumlichen, ursächlichen Zusammengehörigkeit. Im Vordergrund sieht man das östliche Ende der von Wessek bis hierher 12 km langen Steilküste. An mehreren Stellen erreicht sie über 20 m Höhe. Das Material, das bei Küstenabbruch hier anfällt, wird bei westlichen Winden an der Steilküste entlang und darüber hinaus nach Osten verfrachtet. Der Materialtransport geschieht auf zweierlei Weise:

1. An der Küste selbst werden vor allem mehr oder weniger grobe Gerölle durch den Küstenversatz weiterbewegt (vgl. dazu Nr. 17). Wenn etwa bei Windstärke 8 die Wellen in zehn Sekunden Abstand aufeinanderfolgten und ein Stein bei jeder Welle sich um durchschnittlich 5 cm weiterbewegte, so würde er je Tag um rund 430 m versetzt. Der Transport findet auch über das Steilufer hinaus entlang des Strandwalles statt. Dieser wächst immer weiter ins Meer hinaus und wird gleichzeitig durch starke Brandung aufgehöht.

2. Entlang der Küste ist ein heller Streifen im Wasser zu sehen: das Sandriff. Bei Sturm aus Westen tritt eine ostwärts gerichtete, küstenparallele Strömung auf. Sie ist zu schwach, um selbst Sandteilchen in Schwebe zu halten. Wenn aber gleichzeitig eine kräftige Brandung herrscht, wirbelt jede Brandungswelle zahlreiche Teilchen vom Boden auf. Bis sie wieder zu Boden gesunken sind, werden sie von der Strömung ein Stück weit transportiert usw.

Der Abstand der einzelnen Sandriffe von der Küste wird durch Wassertiefe und Wellenhöhe bestimmt. In langgestreckten Strandwällen, die an ihrem Ende hakenartig landwärts eingebogen sind, kommen Sand und Steine vorläufig zur Ruhe.

Als die ersten Strandwälle entstanden, lag das Kliff viel weiter seewärts als heute. In weitem Bogen schwangen sich die Strandwälle damals oberhalb der Bildmitte von links nach rechts. Aber eine Sturmflut zerriß den schmalen Wall, und der östliche Teil wurde zu einer Insel. Dieser „Graswarder" wurde durch Abbruch landwärts wesentlich schneller zurückverlegt als das Kliff mit dem anhängenden Haken, dem Steinwarder. Beide Warder haben sich seither aber wieder einander genähert, ja, seit 1958 sind sie auf natürliche Weise wieder zusammengewachsen. Die verschiedene Richtung und Abbruchgeschwindigkeit von Steilküste

und Strandwallsystemen kommt in der vorspringenden Ecke in Bildmitte zum Ausdruck. Im Laufe der Zeit werden – durch weiteren Abbruch des Steilufers einerseits, durch Vorschüttung neuer Strandwälle andererseits – solche Unterschiede weitgehend verschwinden, und es wird eine fast gerade Küstenlinie entstehen, eine „reife Ausgleichsküste".

Zwischen den Wardern und dem Festland bilden sich Strandseen. Die Eichholzniederung im Vordergrund ist schon fast ganz vom Meer getrennt. Sie ist ein flacher, stagnierender Brackwassersumpf mit breiten Verlandungszonen, in denen das Schilf vorherrscht. Die langgestreckte Bucht dahinter, der Heiligenhafener Binnensee, steht im Osten noch mit dem offenen Wasser des Fehmarnsunds in Verbindung. In ferner Zukunft aber dürfte die Nehrung so weit nach Osten wachsen, bis der Anschluß an das Festland bei Großenbrode erreicht ist. Der Küstenabschnitt wird dann – in kleinerem Ausmaß – ein ähnliches Bild bieten wie in Ostpreußen Samlandsteilküste, Kurische Nehrung und Haff.

Ein Vergleich mit dem Bild aus dem Luftbildatlas I (aufgenommen am 1. 10. 1964) zeigt die enorme Veränderung der Küstenlandschaft. Mit ihren flachen und sandigen Stränden bieten die Warder für den Badebetrieb günstige, natürliche Bedingungen. Nur auf dem Graswarder, von dem 81 ha unter Naturschutz stehen, sind zu den bereits vorhandenen Sommerhäusern keine weiteren Bauten hinzugekommen. Dagegen entstanden auf dem Steinwarder zahlreiche, z. T. große Bauwerke, darunter mehrere Hotels, Restaurants usw. Zwischen Eichholzniederung und Binnensee wurde 1971 ein großes Ferienzentrum eröffnet; der massige, bis 15 Stockwerke hohe Baukomplex ist besonders von See her weithin sichtbar.

Zwei Dämme verbinden die Erholungslandschaft der Warder mit der freundlichen Schifferstadt Heiligenhafen, die von 1804 bis 1864 Ausgangspunkt einer Fährlinie nach Laaland war. Die hohen Silos am Kai dienen dem Umschlag der reichen Getreideernten Ostholsteins. 46 Fischkutter (1970 : 57) und 43 Fischerboote (53) gehen von Heiligenhafen aus auf Fang (vgl. Nr. 37). Mehrere ehemalige Fischkutter unternehmen täglich Angelfahrten bis zum Fehmarnbelt hin. Während der Sommersaison spielen außerdem Ausflugsfahrten eine wichtige Rolle. Ein großer Jachthafen dient dem Segelsport.

Der Hafen Burgstaaken auf Fehmarn

Fehmarn ist mit 185 km² die größte Insel der Bundesrepublik Deutschland. Wann Fehmarn – infolge des postglazialen Meeresspiegelanstiegs – zur Insel geworden ist, können wir nicht sagen; zweifellos in prähistorischer Zeit. Die ältesten urkundlich überlieferten Namen (Fimbria, Fembre, Ymbria) weisen vielleicht Anklänge an den germanischen Stamm der Kimbern auf. Eine andere Deutung leitet den Namen aus slawischer Sprachwurzel ab: fe morze = im Meere, vergleichbar po morze (Pommern) = am Meere. Slawischen Ursprungs ist auch der Name Puttgarden (= am Fuße der Burg) – das war mit ein Grund dafür, daß weite Kreise den neuen Fährhafen nicht Puttgarden, sondern „Fehmarnkai" o. ä. nennen wollten.

Der Fehmarnsund war zweifellos einst viel schmaler und flacher, ja, wenn man einer alten Sage Glauben schenken will, genügte einst ein Pferdekopf als Trittstein zwischen Festland und Insel. Doch diese Sage findet leicht ihre sprachliche Erklärung: Es handelte sich einst um einen Perekop, das ist slawisch und bedeutet nichts anderes als Übersetzstelle. Eine ähnliche Bedeutung hat das slawische Wort brody = Furt, das in dem Namen der Dörfer Großen- und Lütjenbrode steckt. Ob man aus „brody" den Schluß ziehen darf, der heute 6–8 m tiefe Fehmarnsund sei vor 1000 bis 1200 Jahren wirklich noch so flach gewesen, daß man mit dem Wagen zur Insel hinüberfahren konnte, erscheint jedoch ausgeschlossen.

Die sprachlichen Reminiszenzen an die Zeiten der slawischen Westexpansion bedeuten nichts gegenüber dem deutschen Namensgut und Erscheinungsbild der fehmarnschen Dörfer. Die Insellage trug zweifellos dazu bei, daß Fehmarn sich als eigenständige „Landschaft", als Bauernland mit Sippenverbänden und Dorfgenossenschaften behaupten konnte. Es erinnert in vielem an Dithmarschen, zu dem in früheren Zeiten auch manche familiären Beziehungen bestanden. Im Jahre 1617 brachten die Fehmaraner es fertig, den auf ihrer Insel vorhandenen adligen Besitz aufzukaufen. Sie veranlaßten die Ritter, Fehmarn zu verlassen, und ließen sich vom Landesherrn in der confirmatio libertatis bestätigen, daß kein Adliger jemals auf der Insel Grund und Boden erwerben dürfe. Großbauerntum gibt der Insel das Gepräge. Ihre Böden gehören zu den ertragreichsten ganz Deutschlands. Es ist eine flache Grundmoränenlandschaft (vgl. Bild Nr. 40!); fern der Eisrandzone fehlen Stauchungen, Blockpackungen,

Sand- und Kiesschichten. Wegen der Nähe der dänischen Kreidelandschaft, die das Eis überfuhr, ist der Moränenlehm besonders kalkhaltig.

Fehmarn, das flach in einer ringsum flachen See liegt, hat keine natürlichen Häfen; denn die niedrige Kliffküste im Osten ist genauso abweisend wie die Strandseen-, Strandwall- und Rollsteinküste im Norden und Westen. Auch die sandige Südküste ist verkehrsfeindlich. Im Südwesten ist die Orther Reede, im Südosten der Burger Binnensee ein so flaches Gewässer, daß sie in alten Zeiten allenfalls für kleine Frachtkähne befahrbar waren; doch mußten zum Löschen und Laden die Wagen meist ins Wasser hinausfahren. Ein brauchbarer Hafen aber war für die Insel mit ihren hohen Agrarüberschüssen von äußerster Wichtigkeit. Im 15. Jahrhundert legte man einen Hafen auf der Nehrung des Burger Binnensees an, die man durchstach. Diese „Burgtiefe" suchte man durch Molen gegen Versandung zu schützen, doch vergeblich. Schließlich baute man in den 1880er Jahren Burgstaaken künstlich zum Hafen aus (ebenso wie Orth) und baggerte eine später auf 4,5 m vertiefte Fahrrinne. Wir erkennen auf dem Bild die verschiedenen Funktionen: den Handelshafen für Küstenmotorschiffe; die großen Getreidesilos gehören der „Fehmarnmühle", der Raiffeisengenossenschaft und einer weiteren Firma; sie verarbeiten und verladen nicht nur fehmarnsches Getreide, sondern importieren auch Weizen und Mais von Übersee, z.T. zur Vermahlung und zum Wiederexport. Burgstaaken, mit dem fruchtbaren Fehmarn als Hinterland, ist ein bedeutender Getreidehafen. Links im Bilde sehen wir den Fischereihafen, in Bildmitte die jüngsten Hafenanlagen, für Segel- und Motorboote, mit einer kleinen Werft und großen Bootshallen. Daß von Burgstaaken aus kleinere oder größere Fahrten in See unternommen werden, sieht man an den vielen parkenden Pkw und Omnibussen. Die meisten „Freizeitschipper" haben jedoch ihre Liegeplätze in einem neuen großen Yachthafen im östlichen Teil des Binnensees; man hat ihn auf 3 m vertieft und mit dem Baggergut die Nehrung verbreitert. Auf ihr ist ein großes Ferienzentrum und Seebad geschaffen worden, an Deutschlands einzigem Südstrand.

Durch die Eröffnung der Vogelfluglinie (Nr. 40) sind die Verkehrsverhältnisse Fehmarns sehr verbessert worden. Trotzdem ist der Hafen Burgstaaken nicht ganz ins Abseits geraten.

*Das Bild verrät die Funktion, die Burgstaaken als wichtigster Hafen Fehmarns hat. Küstenmotorschiffe, Fischkutter, Segel- und Motor-
boote sowie hin und wieder Fahrgastschiffe legen hier an. Fehmarns Verkehrssituation wurde verbessert durch die Schaffung einer
Eisenbahnfähre (1904), vollends aber 1963 durch die Brücke im Zuge der Vogelfluglinie, die die Insel in das große europäische Ver-
kehrsnetz einfügte. – Blickrichtung N*

Für den Eisenbahn- und Straßenverkehr zwischen Mittel- und Nordeuropa wurde im Mai 1963 die Vogelfluglinie von den Staatsober-
häuptern der Bundesrepublik Deutschland und des Königreichs Dänemark feierlich eröffnet. Auf einer eleganten, 963 m langen Sie-
benpfeilerbrücke rollt der Verkehr über den Fehmarnsund, dann 14 km lang über die flache, fruchtbare Insel Fehmarn bis zu dem durch
zangenartige Molen vor Sturm und Seegang geschützten Hafen Puttgarden. Von hier bringen große Fährschiffe die Fahrzeuge in etwa
50 Minuten über den 19 km breiten Fehmarnbelt nach dem dänischen Fährhafen Rödby auf der Insel Laaland, die durch Brücken mit
Falster und Seeland verbunden ist. – Blickrichtung NO

Die Vogelfluglinie über Fehmarn

Für eine rasche Verbindung zwischen Skandinavien und Mittel-, West- und Südeuropa ist die Linie Kopenhagen–Laaland–Fehmarn–Hamburg die kürzeste Strecke. Diesen Weg über die „Inselbrücke" nehmen die Zugvögel auf ihrem Flug zwischen Lappland und der Iberischen Halbinsel. Während die Ornithologen von der „Fehmarnroute" sprechen, prägten die Verkehrsfachleute für ihr Fehmarnprojekt den Begriff „Vogelfluglinie". Sie entspricht der Europastraße 4, die Nordeuropa (Helsinki, Tornio, Stockholm, Kopenhagen) über Mittel- und Westeuropa (Hamburg, Frankfurt, Bern, Genf, Nimes) mit Südwesteuropa (Barcelona, Madrid, Lissabon) verbindet.

Schon 1865 hatte der „Vater der Vogelfluglinie", der Ingenieur Kröhnke aus Glückstadt, vorgeschlagen, für eine Eisenbahnverbindung Hamburg–Kopenhagen den Fehmarnsund zu durchdämmen, während der Fehmarnbelt mittels Trajekts überquert werden sollte. Als zu Beginn des 20. Jahrhunderts die Eisenbahnhochseefähren Warnemünde–Gedser und Saßnitz–Trelleborg in Betrieb genommen worden waren, griffen einflußreiche Kreise in Hamburg, Lübeck und Kopenhagen Kröhnkes Idee wieder auf; sie gründeten 1910 ein „deutsch-dänisches Komitee zur Förderung der Fehmarnlinie". 1921 faßte dann der preußische Landtag den einstimmigen Entschluß, eine feste Brücke über den Fehmarnsund zu bauen. Doch erst als mit dem Entwurf der Reichsautobahnen neben dem Eisenbahnnetz auch ein großzügiges Straßennetz in der Mitte Europas geplant wurde, gewann die Verbindung mit Skandinavien über Fehmarn erneut Interesse, und es wurden Vereinbarungen zwischen Deutschland und Dänemark getroffen. Die begonnenen Bauarbeiten mußten jedoch wegen des Krieges eingestellt werden. 1958 nahm man den Gedanken wieder auf. In einem deutsch-dänischen Regierungsabkommen hieß es, „daß der Ausbau der Vogelfluglinie von der größten Bedeutung ist und daß es nur ein gemeinschaftliches Anliegen der Bundesrepublik Deutschland und Dänemarks sein kann, eine Verbindung von solcher Kapazität herzustellen, wie sie der europäische Verkehr erfordert." Für die Überbrückung des Fehmarnsundes wurde ein Wettbewerb ausgeschrieben. Preisgekrönt und ausgeführt wurde der Entwurf der Gutehoffnungshütte in Oberhausen-Sterkrade. Die auf 7 Pfeilern und den beiden Rampen ruhende 963 m lange Brücke weist eine Hauptdurchfahrtsöffnung von 248 m Breite und

23 m Höhe auf. Sie wird überspannt von zwei oben gegeneinandergelehnten Bogen mit einer Scheitelhöhe von 69 m. An ihnen ist die 21 m breite, in Schienen- und Straßenverkehr geteilte Fahrbahn mit 69 bis 104 mm starken Stahlseilen aufgehängt, die über Kreuz verlaufen. Diese Konstruktion erfordert wenig Material, verleiht dem Bauwerk die nötige Stabilität und eine graziöse Beschwingtheit und gewährt den Brückenpassanten einen ungehinderten Ausblick. Als Nachteil erwies sich später allerdings, daß bei extremen Windverhältnissen Fahrzeuge auf der Brücke aus der Bahn oder gar umgeworfen werden können – bei solchem Wetter wird deshalb die Brücke für die besonders gefährdeten Wohnwagen gesperrt.

An der verkehrsfeindlichen Nordküste Fehmarns wurde ein künstlicher Fährhafen angelegt, eingefaßt von zwei 630 bzw. 820 m langen zangenartigen Molen, die eine 85 m breite Einfahrt freilassen. Die Steine (300 000 t) für die Molen wurden in dreijähriger Arbeit von deutschen und dänischen „Steinfischern" angeliefert. Die Molen schützen den bis auf 8,5 m Tiefe ausgebaggerten Hafen vor Versandung und Seegang. Die Schiffe fahren in genau abgemessene Fährbetten ein. Während Autos, Reisezüge und Waggons über Heck und Bug von und an Bord rollen, erfolgt der Fußgängerverkehr von der Seite her auf einer Brücke, die vom Bahnhofsgelände aus über die Schienenstränge nach dem Kai zwischen den Fährbetten führt. Ausgedehnte Gleisanlagen und Parkplätze sorgen mit dafür, daß ein Stau, wie er in den sommerlichen Hauptreisezeiten vorkommen kann, erträglich bleibt. Im Jahresdurchschnitt erfolgen etwa 50 Fahrten/Tag, deutsche und dänische Schiffe sind im Pendelverkehr eingesetzt. Im Jahre 1983 wurden 5 597 000 Passagiere über den Fehmarnbelt befördert; die Zahl der Pkw betrug 755 000.

Nachdem Dänemark bereits 1937 den Storström zwischen Seeland und Falster mit einer 3,21 km langen Brücke überquert hatte, sind Engpässe für den Verkehr auf der Vogelfluglinie nur noch der Öresund bei Kopenhagen oder Helsingör (seine Überbrückung und/oder Untertunnelung wird seit langem erwogen) und der Fehmarnbelt. Die auch hier erwogene Überbrückung dürfte so bald nicht verwirklicht werden. Die meisten Touristen sind sogar froh darüber, denn sie möchten den interessanten Fährbetrieb nicht missen; sie bedauern sogar oft, daß die Überfahrt (und damit das Essen an Bord) nicht noch etwas länger dauert.

Neustadt in Holstein

Neustadt und Kiel weisen fast den gleichen Grundriß einer mittelalterlichen „Gründungsstadt" auf. Sie haben in ihrem Wappen beide ein stilisiertes Schiff und das schauenburgisch-holsteinische Nesselblatt. Beide Städte liegen an der See, die Holstenstadt „tom Kyle" und de nighe stad „tho der Crempen". Ihre Bürger verehren den Grafen Adolf IV. als Gründer ihres Franziskanerklosters bzw. ihrer St.-Franziskus-Kirche. Und als Daten der Stadtrechtverleihung werden 1242 und 1244 überliefert. Es sind also offensichtlich Schwesterstädte. Daß sie eine unterschiedliche Entwicklung nahmen, liegt an „Umwelteinflüssen" und an „mangelnder Chancengleichheit".

Die urkundliche Überlieferung über die Gründung von Neustadt läßt sehr zu wünschen übrig. Doch haben Koch und Rothert das Quellenmaterial kritisch geprüft und festgestellt, daß die Vorgänge des Jahres 1244, wie sie im Stadtbuch von 1440 geschildert werden, durchaus glaubwürdig sind: „Do was Greue Gherd to Holstenlande, to Stormarn vnnd to Schouwenborg Herr, de Erbare Vorste mit sineme Rade hulpen mede leggen Straten delen, Kerckhoff vnnd Marckt deßer Stede vnd den Chrinck al vmmelanges, vnnd bott den Hußlunden an deßer Jheghene vnnd an sinem bede, datt se den Walgrauen mede hulpen grauen, alse se deden." Wir sind damit also auf dem Schauplatz unseres Bildes und erfahren, wie die Bewohner der Umgegend aufgeboten worden sind, um den Befestigungsring zu schaffen. Offenbar im selben Jahre wurde der rechtliche Status der neuen Siedlung festgesetzt: „Do to Hand ghaff Greue Gherd erbenomet den Inwonern syne Breff, datt se vnnd alle ere Nakomelinge hir Borgeren mechten hebben Lubisch Keyser Recht vnnd sulcke Freyheit alse syne Borghere hadden bynnen Hamborg, welcke byseghelde Breff noch licht by deßem Rade." Neustadt erhielt Ratsverfassung und Privilegien nach Lübschem Recht, das damals im ganzen Ostseeraum vorbildlich war.

Der Stadtgründer Graf Gerhard I. war ein zwölfjähriger Knabe. Der Initiator ist jedoch sein Vater Adolf IV. gewesen, der fünf Jahre zuvor ins Kloster eingetreten war. Er hatte bereits die Kirche gegründet.

Doch verlassen wir den engeren räumlichen und zeitlichen Bezirk und betrachten wir die Vorgänge im größeren historisch-geographischen Rahmen! 1143 war von Adolf II. diese Gegend Wagriens, nämlich der Gau Süsel, friesischen Siedlern zugewiesen worden.

Sie vermochten indes nur den südlichen Teil zu kolonisieren; das Binnenwasser an der Crempe blieb eine spelunca latronum, ein Schlupfwinkel der Seeräuber. Dieses Gebiet wurde erst einige Jahre später von der Mission erfaßt, als auf Veranlassung von Bischof Gerold das Kloster Neumünster den Bruder Deilaw entsandte. „An der Crempine" entstand dann in der ersten Hälfte des 13. Jahrhunderts die eindrucksvolle Kirche von Altenkrempe. Ausbaufähig erwies sich der Platz aber nicht – er blieb ein kleines Dorf. Für die Stadtgründung wählte man eine Stelle am Ausfluß des Binnenwassers (links im Bild) zur Ostsee, wo sich guter Baugrund, ein geschützter Hafen und eine leichte Überbrückung des Gewässers boten. Der Verlust Lübecks mag die Schauenburger Grafen bestärkt haben, eine neue Stadt zu gründen. Doch lag es ohnehin im Zuge ihrer Politik, ihr Territorium durch Städte zu sichern und wirtschaftlich zu entwickeln, wie es so viele Fürsten in jenem „Jahrhundert der Städtegründungen" taten.

Eine Konkurrenz für Lübeck konnte und sollte Neustadt nicht werden. Sein Hinterland war auf das wagrische Umland beschränkt. Die Stadt vermochte nicht einmal den ihr zugemessenen Raum zu füllen; so blieb vor allem der NW-Teil unbebaut. Drei Stadttore gab es; heute steht noch das Kremper Tor, während das Brücktor und im O das Hohe Tor ebenso wie Wall und Graben im 19. Jahrhundert beseitigt worden sind. Vor dem Brücktor erbaute die Bürgerschaft im 14. Jahrhundert das Heiligengeisthospital – das rote Gebäude auf unserem Bild, jetzt ein Altersheim.

Neustadt blieb lange Zeit eine bescheidene Stadt von Seefahrern und Fischern, Schiffbauern und Segelmachern, aber auch Ackerbürgern. 1769 zählte man innerhalb der Umwallung 1400 Einwohner und etwa 700 Stück Rindvieh; die letzten Bauernhöfe wurden erst nach dem Zweiten Weltkrieg aufs Stadtfeld hinaus verlegt. Neustadt hat die für die meisten Städte typische Entwicklung durchgemacht: In der Gründungsphase vollzog sich durch Niederlegung von Dörfern eine Entsiedlung des Umlandes zugunsten der Stadt – im 19./20. Jahrhundert dagegen erfolgte eine intensive Bebauung des Stadtfeldes sowie eingemeindeter Orte mit Wohnsiedlungen und gewerblichen Betrieben (Hafenspeicher, Milchwerk, Marineanlagen, Landeskrankenhaus). In der Altstadt von Neustadt wohnt heute nur ein geringer Teil der Bürger.

Am schmalen Ausfluß des „Binnenwassers" (links) in die Ostsee liegt Neustadt. Deutlich erkennt man den Bereich der Altstadt: die Kirche und den Marktplatz mit jeweils zwei in den Ecken abzweigenden Straßen sowie die durch Häuser und Grünanlagen markierte ehemalige Stadtbegrenzung durch Wall, Mauer und Graben. Es sind die typischen Formelemente einer planmäßig angelegten Stadt des 13. Jahrhunderts. – Blickrichtung NO

Vom Steilufer des Brodtener Ufers her – oben links – wird Sand antransportiert; die Transportrichtung erkennt man deutlich an den Buhnen, an denen sich der Sand sägezahnförmig ablagert, besonders markant an der langen Steinbuhne, die den kleinen Niendorfer Hafen vor Versandung schützen soll. Der Badeort Timmendorfer Strand–Niendorf liegt im zugesandeten Mündungsbereich einer ehemaligen Förde, deren jenseitiger Rand durch die geschlossene Fläche grüner Getreideäcker bezeichnet wird. Das Luftbild zeigt deutlich den überwiegend mittelständischen Charakter der Fremdenverkehrswirtschaft, welche die Lebensgrundlage der Gemeinde ist. Im Hintergrund Travemünde mit dem seeseitigen Teil der Traveförde. – Blickrichtung SO

Das Seebad Timmendorfer Strand-Niendorf

Der Untergrund, auf dem das Seebad Timmendorfer Strand liegt, ist geologisch sehr jung. Ein nach Süden vorgestoßener Gletscher hatte in diesem Raum ein tiefes Zungenbecken hinterlassen, das sich zunächst nur teilweise mit Wasser füllte; beim Ansteigen des Ostseespiegels entstand um 5000 v. Chr. eine Förde. Durch die Sandzufuhr vom Brodtener Ufer aus wurde der nördliche Teil der Förde nach und nach zugeschüttet, während der südliche als Hemmelsdorfer See erhalten blieb. Dem niedrigen und teils sumpfigen Land im Bereich der ehemaligen Fördemündung sind seewärts flache Strandwälle vorgelagert, auf ihnen liegt der heutige Badeort. Der Abfluß des Hemmelsdorfer Sees, die Aalbek, mündet bei Niendorf in die Ostsee; erst 1920 wurde hier ein kleiner Fischereihafen angelegt. Da die Bahn des Sandtransportes die Hafeneinfahrt quert, besteht Versandungsgefahr.

Die wichtigste natürliche Bedingung für einen Badeort, ein sauberer Sandstrand, ist also gegeben. Auch klimatisch ist der Raum begünstigt (jeweils in () die Vergleichsdaten für Hamburg-Fuhlsbüttel):

	Juni	Juli	August	September
Lufttemperatur C	15,4 (15,3)	17,4 (17,0)	17,3 (16,6)	14,1 (13,5)
Niederschlag (mm)	56 (64)	71 (82)	66 (84)	49 (61)
Sonnenscheindauer (Std.)	239 (222)	275 (220)	241 (183)	140 (171)

Eine Nutzung der Erholungsmöglichkeiten setzte in diesem Raum erst um die Mitte des 19. Jahrhunderts ein: 1854–1855 wurden in Niendorf die ersten beiden Badekarren am Strand aufgestellt, und schon 1856 wurde das 229 Einwohner zählende Fischerdorf „ziemlich stark von Badegästen besucht, welche auch bei den Niendorfer Eingesessenen Unterkunft finden". Schon bald nach der verheerenden Sturmflut von 1872, welche vier Menschenleben forderte und Niendorf weitgehend zerstörte, ging der Badebetrieb weiter; 1875 wurde wieder das erste „Logierhaus" für Badegäste fertig. Im gleichen Jahr wurde Niendorf von 1175, 1895 von 3600 Gästen besucht.

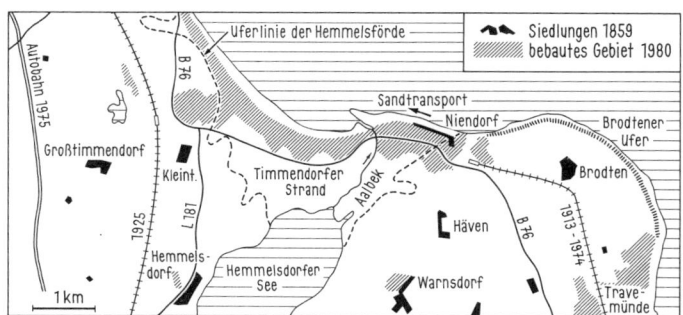

Der westlich anschließende, zum Ort Klein Timmendorf gehörende 3 km lange Strandabschnitt war unbewohnt. Die Strandwälle stellten eine Fast-Naturlandschaft dar, deren Dünenvegetation lediglich zur Schafgräsung genutzt wurde. Erst 1865 entstand das erste private Sommerhaus, drei Jahre später das erste Logierhaus; bis zur Sturmflut 1872 standen in Strandnähe drei, bis 1876 sechs Gebäude. Immerhin wohnten 1901 im Ortsteil „Klein Timmendorfer Strand" schon 181 Menschen, und 1014 Gäste besuchten den jungen Badeort. Seit 1945 bilden die Orte Klein Timmendorfer Strand und Niendorf sowie die landeinwärts gelegenen Dörfer Hemmelsdorf, Groß und Klein Timmendorf eine eigene Gemeinde.

Timmendorfer Strand war von Anfang an ein reiner Badeort. Auch heute beherrscht der Fremdenverkehr das Wirtschaftsleben des Ortes wie auch sein bauliches Bild so sehr, daß man von einer Monostruktur sprechen kann. Die meisten Menschen sind entweder direkt – also im Beherbergungs- und Gaststättengewerbe – oder aber indirekt, z. B. im Einzelhandel, Handwerk und Dienstleistungsbereich für das Wohl der Gäste tätig. Demgegenüber spielen andere Erwerbszweige wie die Landwirtschaft in den landseitigen Ortsteilen Hemmelsdorf, Groß und Klein Timmendorf und die Fischerei in Niendorf nur eine untergeordnete Rolle.

In Timmendorfer Strand gibt es rund 12 000 Fremdenbetten bei rund 11 500 Einwohnern (1983), statistisch also 104 Betten je 100 Einwohner. 6000 Fremdenbetten stehen in Hotels, Pensionen und Fremdenheimen, weitere 6000 werden von privaten Vermietern angeboten. Außerdem gibt es rund 400 Ferienwohnungen und -häuser.

Die vorhandenen Betten wurden bei 1,5 Mio. Übernachtungen an durchschnittlich 100 Tagen im Jahr genutzt (1983). Wie in allen Badeorten ist der Unterschied zwischen Sommer- (75 % der Übernachtungen) und Winterhalbjahr (25 %) sehr groß. Er wäre noch größer, wenn man nicht 1969 in Timmendorfer Strand ein Kongreßzentrum errichtet hätte, auf das jährlich 150 000 Übernachtungen, sämtlich im Winterhalbjahr, entfallen. Durch ein vermehrtes Angebot von Kur- bzw. Rehabilitationseinrichtungen sucht die Gemeinde die Unterschiede zwischen Sommer und Winter weiterhin zu vermindern, damit möglichst viele Menschen ganzjährig beschäftigt werden können.

Die alte Hansestadt Lübeck

Die Königin der Hanse, so hat man Lübeck zu Recht genannt. Das ist einmal bedingt durch seine geschichtliche Bedeutung, zum anderen, weil es sein ehrwürdiges Stadtbild besser als die Schwesterstädte bewahrt hat. Zwar hat die Gründerzeit im 19. Jahrhundert unschöne Spuren hinterlassen, und auch bei der Beseitigung der Bombenschäden ist man nicht immer glücklich vorgegangen. Aber jedenfalls hat die Stadt doch die sieben schlanken Türme ihrer historischen Silhouette wiedererhalten. In seinen Kirchen ist Lübeck vor allem die Stadt der Backsteingotik, in seinen Bürgerhäusern spiegelt sich höchst anschaulich der Stilwandel von der Gotik bis zur Gegenwart. Im Rathaus, im Heiligengeisthospital und im Gildehaus der Schiffergesellschaft – um nur einige bedeutsame Stätten zu nennen – verspürt man etwas vom bürgerlichen Gemeinschaftsgeist einer freien mittelalterlichen Stadt.

Zur Zeit der wendischen Herrschaft im südwestlichen Ostseebereich waren Starigard (Nr. 37), das nur als Ringwall erhaltene (Alt-)Lübeck an der Einmündung der Schwartau in die Trave und das noch nicht einwandfrei lokalisierte Reric wichtige Handelsplätze gewesen, für den Verkehr zwischen den Ostsee- und Nordseeländern aber vor allem Schleswig-Haithabu (Nr. 11, 13). Diese Aufgabe fiel nach Eroberung, Christianisierung und Kolonisierung Wagriens der von Graf Adolf II. von Holstein gegründeten Stadt Lübeck zu: Sie wurde für die deutschen Kaufleute Westfalens und der Rheinlande das große Tor zur Ostsee. Der Schauenburger Graf konnte sich nicht lange seiner jungen Stadt erfreuen: Sein Lehnsherr Heinrich der Löwe zwang ihn, ihm den Platz abzutreten, und nach dem Sturz des Löwen kam Lübeck nicht an Holstein zurück, sondern erlangte die Reichsunmittelbarkeit. Der Reichsadler im Wappen tut das aller Welt kund.

Die geographische Lage der Stadt war denkbar günstig: Nicht nur bestand von der Ostsee und der bis Lübeck hinauf schiffbaren Trave der kürzeste Überlandweg nach der Elbe im Raume Hamburg–Lauenburg–Lüneburg, sondern hier bot ein eiszeitlicher Talzug zudem den tatkräftigen Lübeckern die Möglichkeit, bereits 1391–1398 eine „Watervardt" zu schaffen (vgl. Nr. 51).

Aber auch die topographische Lage der Stadt war außerordentlich günstig auf einer etwa 100 ha großen Halbinsel. Die aus dem Ratzeburger See kommende Wakenitz wird im Norden der Stadt durch einen Hö-

henrücken gezwungen, in einem weiten Bogen den Stadthügel zu umfließen und erst im Süden (in Domnähe) in die Trave zu münden. Die Lübecker haben schon frühzeitig durch den Hüxtertor- und den Mühlendamm die Wakenitz aufgestaut und dadurch Antriebskraft für ihre Mühlen sowie einen breiten Wasserschutz im Osten ihrer Stadt gewonnen. Der schmale Landzugang im Norden wurde anfangs durch eine landesherrliche Burg, später durch das Burgtor gesperrt. Die künstlichen Zufahrten im Osten und Süden wurden durch Hüxter- und Mühlentor, im Westen durch das auf dem linken Traveufer erbaute Holstentor gesichert. Nach dem Aufkommen der Feuerwaffen verstärkte man im 16.–17. Jahrhundert die Defensivkraft an den gefährdeten Stellen durch Bastionen. Erst im Industriezeitalter wuchs Lübeck in das Umland hinaus. An der Trave schuf man Hafenanlagen. Der Elbe-Trave-Kanal wurde im Osten um die Altstadt herumgeführt und dafür der Hals beim Burgtor durchschnitten. In unser Bild tritt der Kanal in der Mitte der rechten Kante ein. Er ist von der auf 3,60 m gestauten Wakenitz durch einen Damm getrennt. Der Wakenitzabfluß erfolgt durch einen Düker unter dem Kanal hindurch in den Krähenteich (mit Badeanstalt) und in den (mit Seerosen und anderen Wasserpflanzen bedeckten) Mühlenteich – Spiegelhöhen 2,20 m – und dann, wie seit Jahrhunderten, über ein Mühlenwehr in die Trave.

Die Stadt wird der Länge nach von zwei Hauptstraßen durchzogen, der Königs- und der Breiten Straße. Vom Markt (vor der Marienkirche) und von der Petrikirche führen Straßen zur Trave hinunter – hier war das Quartier der reichen Kaufleute, die in ihren hohen Giebelhäusern Wohnung, Kontor und Speicher vereinten. Flußaufwärts an der Obertrave waren – in bescheideneren Häusern – die „Stecknitzfahrer" ansässig. Um den Dom herum lagen die Kurien der Domherren. In der östlichen Stadthälfte wohnten vorwiegend Handwerker. Um die wachsende Bevölkerung der Stadt unterzubringen, wurden viele Höfe innerhalb der Häuserblocks bebaut, oft nur durch enge Durchgänge von der Straße her zugänglich – typisch für Lübeck.

Wer heute die alte Hansestadt besucht, wird mit besonderem Interesse beobachten, wieweit es gelungen ist, die kulturellen Interessen der Denkmalpflege mit den wirtschaftlichen Interessen einer modernen Einkaufsstadt in Einklang zu bringen.

Ein Stadtbild von einzigartiger Geschlossenheit und eindrucksvoller Schönheit liegt vor uns. Lübeck nahm schon im Mittelalter, mit etwa 25 000 Einwohnern, den gesamten Raum dieser von Trave und Wakenitz gebildeten Halbinsel ein. Nur der Eingeweihte erkennt, wo die Zerstörungen aus dem Zweiten Weltkrieg ihre Spuren hinterlassen haben. Von den Kirchen fallen besonders die berühmtesten, die doppeltürmigen auf: der bischöfliche, überwiegend romanische Dom (im Vordergrund) und (auf dem höchsten Punkt der Stadt) die bürgerliche, gotische Marienkirche mit dem hohen, von Strebepfeilern und -bogen gestützten Langschiff. – Blickrichtung NNO

Auf den Travelauf unmittelbar vor der Mündung blicken wir hinab – diesmal ausnahmsweise nicht vom Flugzeug aus, sondern vom Dach des 117 m hohen Hotels Maritim. Statt flußaufwärts schmaler zu werden, wie man erwarten könnte, verbreitert sich die Trave jenseits des flachen und sandigen Priwalls (links) sogar bis auf 2 km. Der Unterlauf der Trave ist nämlich, wie man auch auf Bild Nr. 42 erkennen kann, eine – seewärts weitgehend zugesandete – Förde. – Der Ort Travemünde hat noch viel von seiner älteren Bausubstanz erhalten. Fähren stellen die Verbindung zum Priwall her, auf dem die Schlichting-Werft liegt. Das der Ostsee zustrebende Fährschiff hat vom Skandinavienkai abgelegt, der trotz aufziehendem Dunst im Hintergrund sichtbar ist. – Blickrichtung SW

Travemünde

Für Lübeck war seit ältester Zeit die ungehinderte Verbindung mit der Ostsee von lebenswichtiger Bedeutung. Das wußten natürlich auch die Gegner. So bauten die Holstengrafen an der Travemündung eine Burg, um von den passierenden Schiffen Zölle zu erheben, und der Dänenkönig Waldemar der Sieger blockierte das Fahrwasser durch Versenkung steinbeladener Schiffe. Die Lübecker erwirkten zum einen, daß Kaiser Friedrich II. ihnen die Halbinsel Priwall zusprach (insulam sitam contra castrum Travenemunde, quae Priwolc nominatur); zum anderen kauften sie den Holstengrafen in den Jahren 1320 und 1329 die Burg und den Ort Travemünde für eine gewaltige Summe ab. In Travemünde waltete fortan ein von Lübeck eingesetzter Vogt – die Vogtei, ein schöner hochgiebeliger Backsteinbau, ist nächst der St.-Lorenz-Kirche das älteste erhaltene Bauwerk in Travemünde! Da die Travemündung noch lange Ziel feindlicher Angriffe war, wurde Travemünde im 17. Jahrhundert zu einer Festung ausgebaut.

Eine Sandbarre vor der Flußmündung versperrte in früheren Zeiten tiefgehenden Schiffen die Einfahrt. Sie mußten deshalb draußen auf Reede geleichtert werden, ein lohnendes Geschäft für die Travemünder Schiffer. Zum Schutz gegen die Versandung der Fahrrinne bauten die Lübecker bereits 1465 Steinkistendämme beiderseits der Flußmündung; diese wurden 1830 durch Steinmolen ersetzt. Der zunehmenden Schiffsgrößen wegen wurde seit 1819 das Fahrwasser durch eine mit Menschenkraft (Tretrad) betriebene „Schlammühle", seit 1835 durch Dampfbagger vertieft, schließlich auf 10 m. Die Begradigung und Vertiefung der Untertrave (im Zusammenhang mit dem Bau des Elbe-Trave-Kanals) wirkt sich auch auf das Außenfahrwasser günstig aus: Der „Spülstrom", durch die Düsenwirkung der Molen bis zu 6 Knoten verstärkt, macht heute den Einsatz von Baggern fast überflüssig.

Seit den 1820er Jahren – mit dem Aufkommen der Dampfschiffe – hat Travemünde sich zu einem bedeutenden Fährhafen entwickelt. Es begann mit regelmäßigen Linienfahrten nach Kopenhagen, St. Petersburg, Riga und Stockholm. 1936 wurde für die Schiffsverbindung mit Ostpreußen ein besonderer Kai gebaut. Die rapide Entwicklung des Tourismus nach dem Zweiten Weltkrieg führte dazu, daß Travemünde zum größten Fährhafen Europas wurde. Seit 1962 schuf man für mehr als 100 Mio. DM den „Skandinavien-

kai". Ausreichende Abstellplätze für PKW, LKW und Omnibusse sowie sinnvoll gestaltete Pieranlagen sorgen für eine zügige Abwicklung des Roll-on-roll-off-Verkehrs im Personen- und Gütertransport.

Durch die Eröffnung der Vogelfluglinie (Nr. 40) übernahm zwar Puttgarden den Hauptverkehr mit Dänemark–Skandinavien. Travemünde behauptete sich jedoch, was die direkten Fährschiffverbindungen mit Dänemark (speziell Bornholm), Schweden und Finnland angeht. Das gilt in erhöhtem Maße vom Frachtverkehr, nicht zuletzt vom Im- und Export fabrikneuer Automobile.

Der Bau des riesigen Hotels Maritim – mittlerweile ein bedeutendes Kongreßzentrum – hat die Gemüter der traditionsbewußten Lübecker Bürger (und dazu zählen auch die Travemünder) sehr erregt; denn es widersprach dem alten Grundsatz, daß kein Haus höher sein dürfe als die Baumkronen – überragend sollte nur der Kirchturm sein. Nun, der Hotelturm (der auch die Funktion des alten Leuchtturms mit übernommen hat) war ein Zugeständnis an die Moderne, aber es soll nach dem Willen der Stadtplaner auch das einzige bleiben. Man möchte Travemünde seinen alten anheimelnd-bürgerlichen Charakter erhalten, der ihm so viele Freunde in aller Welt gewonnen hat. Das gilt für die enggebaute Hafenstadt zwischen Kirche und Kai, aber auch für die von unserem Bild nicht erfaßten gepflegten Kuranlagen und Wohnviertel am Ostseestrand. Sie haben sich entwickelt, seitdem im Jahre 1802 durch Initiative zweier Lübecker Ärzte das „Seebad" Travemünde am 1,5 km langen weißen Sandstrand zwischen dem Brodtener Ufer und der Travemünder Westmole gegründet worden war. Es gewann schon bald internationalen Ruf, nicht zuletzt durch die Spielbank, in der sich die vornehme Welt traf.

Im grenzüberschreitenden Verkehr reisten 1981 in Schleswig-Holstein ein (in 1000 Personen)*				
		mit Fährschiffen über		
aus	zu Land	Travemünde	Kiel	Puttgarden**
Dänemark	18 522	575	413	2166
Norwegen	–	–	309	–
Schweden	–	520	405	–
Finnland	–	91	–	–
Polen	–	1	–	–
DDR	1744	–	–	–
* Die Zahlen der Ausreisenden sind fast gleich				
** ohne Eisenbahnfahrgäste				

Seehafenindustrie an der Untertrave

Der Blick auf die alte Hansestadt Lübeck (Nr. 43) vergegenwärtigte uns eine längst vergangene Zeit, in der es noch kaum eine Trennung von Wohnplatz und Arbeitsplatz gab – das galt für Kaufleute ebenso wie für Handwerker. Anders wurde das erst mit dem Aufkommen von „Manufakturen", Werkstätten, in denen viele, bisweilen Hunderte von Menschen beschäftigt waren, und vollends im Industriezeitalter. Für derartige Arbeitsstätten war auf der Lübecker Stadtinsel kein Raum. Die Lübecker waren sich aber durchaus bewußt, daß ihre Stadt von Handel und Kleingewerbe nicht weiter existieren konnte. Erste Schritte zu wirtschaftlicher Expansion waren die Aufhebung der Torsperre (1864) und der Zunftsperre (1866, zwecks weitgehender Gewerbefreiheit) sowie der Bau der Eisenbahn nach Hamburg (1865 eröffnet). Nun entstanden neue Hafenanlagen außerhalb der Altstadt, dazu Industriebetriebe, wie Schiff- und Maschinenbau, Säge- und Hobelwerke, Nahrungs- und Genußmittelfabriken. Um durch die Eröffnung des Kaiser-Wilhelm-Kanals (1895, vgl. Nr. 58), der den Hansestädten Hamburg und Bremen gleichsam die Ostsee erschloß, nicht ins Hintertreffen zu geraten, begann Lübeck noch im gleichen Jahr mit dem Bau des Elbe-Trave-Kanals, der im Jahre 1900 fertiggestellt wurde. Mochte dieser Kanalbau zunächst auch vorwiegend aus merkantilen Erwägungen erfolgt sein, so erhielt mit ihm und der gleichzeitig begonnenen Begradigung und Vertiefung der Untertrave auch die Großindustrie ihren Einzug.

1905 erfolgte die Gründung der Hochofenwerk Lübeck A.G. in Herrenwiek. Sie geht auf die Initiative der Lübecker Handelskammer und des Industrievereins zurück und auf das Vorbild einer 1896 in Stettin gegründeten Eisenhütte. Die Idee war, schwedisches Erz und deutsche oder englische Kohle „in der Mitte" in einem Seehafen mit Hüttenwerk zusammenzuführen. Ein Walzwerk könnte Industriebetriebe der Küstenregion beliefern, etwa Werften und Konservenfabriken. Mit dem Hochofengas betrieb man zugleich ein Kraftwerk, die Schlacke ließ sich in einem Schamotte- und Betonsteinwerk verwerten. Im Laufe der Zeit verlagerte das Hochofenwerk seine Produktion auf Nichteisenmetalle und andere chemische Stoffe und änderte 1954 seinen Firmennamen in Metallhüttenwerke Lübeck AG. Wie viele vergleichbare Werke mußten die Metallhüttenwerke – nach mehrfachem Besitzerwechsel – 1981 den Konkurs anmelden. Die Hütte liegt still, Ko-

kerei und Zementwerk werden weitergeführt. Was sich einmal auf dem Gelände entwickeln wird, ist noch nicht abzusehen.

Wirtschaftliche Schwierigkeiten bekommt auch die in Lübeck seit langem beheimatete Werftindustrie zu spüren. Die Flenderwerft – auf unserem Bild – versucht die Situation zu meistern durch Bau von Spezialschiffen und -docks und durch den Einstieg in die Offshore-Technik; außerdem befaßt sie sich – vom Schiffbau her dafür besonders befähigt – mit dem Innenausbau von Hotels und Restaurants.

Mit den hohen Schornsteinen und schwarzen Kohlenhalden verrät sich das Großkraftwerk Siems. Sein weiteres Schicksal ist ungewiß, da die Anlage veraltet ist und man bei einer eventuellen Umstellung auf Erdgas auf die Lage an der Wasserstraße verzichten kann.

Im Vordergrund des Bildes haben wir das Zweigwerk der saarländischen Firma Villeroy und Boch vor uns, 1906 geschaffen zur Versorgung des norddeutsch-baltischen Raumes mit Wandplatten und Gebrauchskeramik. Es wurde durch die Teilung Deutschlands schwer in Mitleidenschaft gezogen, denn es verlor einen Großteil seiner an Ober- und Mittelelbe gelegenen Rohstoff- und seiner Absatzgebiete.

Auf dem rechten Trave-Ufer unterhalb der Herrenbrücke liegt Schlutup, ein altes Fischerdorf, in dem sich Fisch- und Holzverarbeitung und Emballagenherstellung angesiedelt haben. Der auf dem Bilde deutlich erkennbare Schlutuper Siedlungskomplex reicht bis unmittelbar an die Grenze zur DDR, die dort an die Untertrave stößt. Von da bis an den Priwallhals östlich von Travemünde verläuft die Grenze am rechten Trave-Ufer – nicht etwa im Stromstrich, denn der gesamte Flußlauf gehört seit dem Mittelalter zu Lübeck und damit heute zur Bundesrepublik Deutschland.

Lübecks größter Industriebetrieb (nächst der Kieler Howaldtswerft der zweitgrößte Schleswig-Holsteins) liegt nicht an der Untertrave, sondern im Süden der Altstadt: das Drägerwerk AG Lübeck. Hergestellt werden Geräte aller Art, die darauf abzielen, „Menschen mit lebensnotwendigen Gasen zu versorgen und vor gefährlichen Gasen zu schützen". In den Bereichen Atemschutz- und Filtertechnik, Tauch-, Luft- und Raumfahrttechnik sowie Medizintechnik nimmt das Drägerwerk Weltrang ein. Es beschäftigte 1983 etwa 4200 Menschen und erzielte einen Umsatz von über einer halben Milliarde DM.

Zwischen Lübeck und Travemünde hat sich seit Beginn unseres Jahrhunderts unter günstigen Standortbedingungen an Wasserstraße, Schiene und Landstraße eine bedeutende Industrie entwickelt. Wir sehen im Vordergrund die ausgedehnten Werksanlagen der Firma Villeroy und Boch in Dänischburg, dahinter das Lübecker Großkraftwerk in Siems und ein weiteres Kraftwerk. Hinter der Herrenbrücke erkennen wir die Flenderwerft und weiter stromabwärts die Metallhüttenwerke Lübeck; gegenüber auf dem rechten Flußufer liegt das Industriegebiet von Schlutup. Dahinter verläuft am rechten Traveufer die Grenze zu Mecklenburg. – Blickrichtung OSO

Auf der Insel zwischen dem Küchensee im Vordergrund und dem Ratzeburger See liegt die Altstadt Ratzeburgs. In der Bildmitte erkennt man den quadratischen Marktplatz, von dem rechtwinklig die Straßen abgehen. Der romanische Dom im Norden der Insel beherrscht das Stadtbild. Das parkähnlich gestaltete, locker bebaute Gebiet um den Dom herum ist der Domhof. Freundliche, teils stattliche Bauten im Altstadtbereich weisen auf die Rolle Ratzeburgs als Kreisstadt und Einkaufszentrum, gepflegte Anlagen an den Seeufern auf die Bedeutung des Fremdenverkehrs für die Stadt hin. – Blickrichtung NNW

Die Inselstadt Ratzeburg

Die Slawen liebten das Wasser! Viele ihrer Siedlungen lagen an Flüssen, Seen oder gar auf Inseln. Die 60 ha große Insel im Ratzeburger See, allseitig mehrere hundert Meter breit von Wasser umgeben, bot für eine befestigte Siedlung einen idealen Platz. Hier entstand um 1000 n. Chr. eine slawische Wallburg von beachtlichen Ausmaßen. Ihr Name Ratzeburg könnte von dem eines slawischen Fürsten Ratibor (Kurzform Ratse) abgeleitet sein. Man kann vermuten, daß der sichere und zentral gelegene Platz ein Fürstensitz war, von dem aus der Stamm der Polaben (zwischen Trave und Elbe) regiert wurde.

Die Schutzlage auf der Insel behielt auch in deutscher Zeit zunächst ihre Bedeutung. Erzbischof Adalbert von Bremen gründete 1062 in Ratzeburg ein Bistum, etwa gleichzeitig entstand ein Kloster auf der Landseite westlich der Insel. Beide gingen jedoch in dem großen Slawenaufstand von 1066 wieder verloren. Heinrich der Löwe setzte 1142 den Heinrich von Badwide als Grafen in Ratzeburg ein und stellte auch das Bistum wieder her. Der 1170–1200 als dreischiffige Basilika erbaute mächtige romanische Dom – Ausdruck des neuen Glaubens und der Macht des Löwen – ist bis heute das Wahrzeichen Ratzeburgs geblieben. Dem Dom ist auf der Nordseite ein Domkloster angebaut. Von der damaligen Burg und der Stadt ist der Domhof räumlich abgesetzt; er blieb als geistliche „Domimmunität" auch rechtlich abgegrenzt. Er gelangte nach der Säkularisation 1648 an den Herzog von Mecklenburg, der zur Verwaltung einiger Dörfer auf dem Domhof eine „Regierung" einrichtete. Ein schloßartiges „Herrenhaus" – im Bild diesseits des Domchores – erinnert an die mecklenburgische Enklave, die erst 1937 nach Ratzeburg eingemeindet wurde.

Ratzeburg kam 1295 an das askanische Herzogtum Sachsen-Lauenburg. Als 1689 die askanischen Herzöge ausstarben, begann sogleich der Streit um das Erbe. Dem Herzog Georg Wilhelm von Lüneburg-Celle gelang es, die Stadt zu besetzen. Er ließ die mittelalterliche Burganlage schleifen und weiter östlich – im Bereich des linken Bildrandes – eine moderne Festung im Vauban-Stil anlegen. Daraufhin rückte der dänische König Christian V., der sein Herzogtum Holstein bedroht sah, 1693 vor Ratzeburg und schoß es nach kurzer Belagerung völlig zusammen. Außer den beiden Kirchen blieben nur fünf Häuser stehen. Beim Wiederaufbau trat auf herzoglichen Befehl an die Stelle des unregelmäßigen mittelalterlichen Straßennetzes der rational geplante Grundriß, den unser Bild zeigt. Die Festungsanlagen wurden 1817/19 „demoliert".

Von Ratzeburg aus wurde auch während seiner Zugehörigkeit zu Hannover (ab 1705) und Dänemark (ab 1815) das Herzogtum Lauenburg verwaltet; Nach dem Übergang an Preußen 1867 behielt es als Kreisstadt eine ähnliche Funktion. 1851 erhielt Ratzeburg Eisenbahnanschluß. Die Einwohnerzahl wuchs nur langsam, sie betrug, bezogen auf die heutige Stadtfläche, 1845 – 1885 – 1925 – 1970 – 1984: 3700 – 4350 – 5550 – 11 830 – 12 740. Seit um 1850 der Raum auf der Insel knapp wurde, entstanden Vorstädte auf dem westlichen und östlichen Gegenufer, beide waren schon damals durch Dämme mit der Stadt verbunden. Der 1903–1908 erbaute Damm im Vordergrund diente bis 1934 als Trasse für die Kleinbahn.

Als Kreisstadt für den Kreis Herzogtum Lauenburg versorgt Ratzeburg 100 000 Einwohner mit zentralen Dienstleistungen; Sitz der Kreisbehörden sind die weißen Gebäude am linken Bildrand. Die Ratzeburger Altstadt hat sich zu einem Einkaufszentrum für das östliche Lauenburg entwickelt.

Um 1955 war die Ratzeburger Altstadt eng bebaut mit Häusern, die großenteils noch aus der Zeit nach 1693 stammten. Seit 1967 hat man die Altstadt saniert und baufällige Gebäude, die keinen Wert als Baudenkmäler besaßen, durch Neubauten ersetzt, die der heutigen Funktion der Altstadt besser entsprechen. Mit dem bei der Sanierung angefallenen Schutt wurde südlich der Altstadt ein breiter Streifen Neuland gewonnen, auf dem eine Kurparkanlage nebst Schwimmhalle (vorn rechts) entstand. In Ratzeburg gibt es eine Kurklinik mit 120 Betten und etwa 1 km südlich der Altstadt einen modernen Seniorenwohnsitz mit rund 500 Apartments und vielseitigen Einrichtungen.

Wegen seiner einzigartigen Insellage, der Wassersportmöglichkeiten (Schwimmen, Rudern, Segeln, Sportfischerei) und seiner zentralen Lage im Naturpark Lauenburgische Seen wird Ratzeburg von vielen Gästen aufgesucht (1983: 913 Betten, 94 500 Übernachtungen). Hinzu kommen viele Tagesgäste. Ratzeburg wird zunehmend als Ansteuerungspunkt für Ausflugsfahrten mit Bussen gewählt, u. a. wegen seiner Sehenswürdigkeiten, zu denen neben dem Dom die Ernst-Barlach-Gedenkstätte, das A. Paul-Weber-Haus und das Kreismuseum zählen.

Das Schaalseekraftwerk

In dem gefällearmen Land Schleswig-Holstein sind Wasserkraftwerke eine Seltenheit. Das Schaalseekraftwerk nutzt das Gefälle zwischen dem Schaalsee (35 m NN) und dem Ratzeburger Küchensee (4 m NN). Allerdings sind diese beiden Seen nicht durch ein Fließgewässer verbunden; vielmehr ging der natürliche Abfluß des Schaalsees, die Schaale, zur Elbe.

Um das Schaalseewasser zur Energiegewinnung nutzen zu können, mußte man den Ablauf nach Süden abdämmen und einen neuen nach Nordwesten schaffen, in den der Pipersee und Salemer See einbezogen werden konnten. Vom Salemer See führt der 6 km lange Schaalseekanal nach Farchau am Küchensee. Der Kanal quert in seinem östlichen Teil die Wasserscheide zwischen Nord- und Ostsee in einem bis ca. 12 m tiefen Einschnitt, während der westliche Teil auf einem Damm verläuft, der kurz vor dem Kraftwerk eine Höhe von etwa 12 m erreicht.

Pläne für das Schaalseekraftwerk hatte es schon vor 1914 gegeben. Gebaut wurde es 1925 als „Landeskraftwerk" des Kreises Herzogtum Lauenburg zur regionalen Selbstversorgung mit Strom in einer Zeit, als weitreichende Verbundnetze noch nicht vorhanden bzw. erst im Aufbau waren. Etwa gleichzeitig entstanden mehrere Wasserkraftwerke auch an anderen Gewässern im Bereich des Baltischen Höhenrückens.

Durch Verträge mit den Anliegern des Schaalsees und den Inhabern alter Wasserrechte an der Schaale wurden die wasserrechtlichen Grundlagen für den Kraftwerksbau geschaffen. Demnach sind die Betreiber des Kraftwerks berechtigt, aber auch verpflichtet, das gesamte aus dem Schaalsee abfließende Wasser abzuleiten und dabei im See einen Höchstwasserstand von 35,15 m NN im Winter und 34,95 m NN im Sommer sowie ganzjährig einen Mindestwasserstand von 34,70 m NN einzuhalten. Diese Verpflichtungen werden auch heute, nachdem der Schaalsee durch die innerdeutsche Grenze geteilt wird, genau befolgt.

Der Kanaldamm besteht in seinem unteren Teil aus Sand, oben jedoch zur Vermeidung von Sickerverlusten aus Lehm. Am Ende des Kanals gelangt das Wasser in ein Einlaßbauwerk, vor dem sich ein Rechen befindet, der das Treibsel zurückhält; der Rechen wird von Zeit zu Zeit automatisch gereinigt. Nun strömt das Wasser in das etwa 150 m lange unterirdische stählerne Fallrohr, das – bei einem Höhenunterschied von rund 31 m – zu den Turbinen führt.

Ursprünglich waren zwei Francis-Turbinen von je 2,25 m³/sec Schluckvermögen installiert, je mit einem Generator von 500 kW Leistung auf einer horizontalen Welle gekuppelt, die gleichzeitig betrieben wurden. Von diesen wurde 1983 eine ersetzt durch eine auf vertikaler Welle laufende Francis-Turbine von 7,0 m³/sec Schluckvermögen mit einem Generator von 1600 kW Leistung. Die beiden jetzt vorhandenen Aggregate können nur einzeln eingesetzt werden. Wenn die Turbine angelaufen ist und der Generator die Frequenz von 50 Hertz erreicht hat, erfolgt zunächst eine automatische Synchronisation auf die Phasen der Netzfrequenz und erst dann die Einspeisung in das 11 000 Volt-Stromnetz.

Wie lange das Kraftwerk täglich betrieben wird, ist stark von den im Schaalsee verfügbaren Wassermengen abhängig. Steigt nach ergiebigen Niederschlägen der Schaalsee bis nahe an den zulässigen Höchststand an, so müssen die Turbinen Tag und Nacht laufen, um das Wasser abzuführen. Bei mittlerem Wasserstand wird das Werk nur morgens und abends zur Deckung des Spitzenbedarfs gefahren. Wegen ihrer kurzen Anlaufzeit sind Wasserkraftwerke dafür besonders geeignet. Sinkt nach längerer Trockenheit der Wasserspiegel auf bzw. unter den festgelegten Tiefststand, muß der Kraftwerksbetrieb eingestellt werden.

Der mittlere Abfluß aus dem Schaalsee liegt bei etwa 25 Mio. m³/Jahr; dem entspricht eine Stromerzeugung von 1,5 Mio. kWh/Jahr. Entsprechend den großen Schwankungen der jährlichen Abflußmenge bewegt sich die erzeugte Strommenge zwischen 0,4 Mio. und 3 Mio. kWh im Jahr.

Das Landeskraftwerk ist 1938 in den Besitz der Schleswag AG übergegangen, die es noch heute betreibt. Die Schleswag ist ein Stromversorgungsunternehmen, das in den schleswig-holsteinischen Landkreisen rd. 43 000 km Leitungen sowie 274 Umspannwerke und Schaltstationen unterhält. Den Strom bezieht die Schleswag überwiegend von den Nordwestdeutschen Kraftwerken (NWK).

Auch im Raum Kiel gibt es einige Wasserkraftwerke. An der wasser- und gefällereichen Schwentine liegen bei Oppendorf dicht hintereinander zwei Kraftwerke mit Stauhöhen von 6 m und 8,5 m, die zusammen 4 bis 9 Mio. kWh/Jahr erzeugen. Ein weiteres Kraftwerk befindet sich bei Strohbrück an der Mündung der Obereider in den Nord-Ostsee-Kanal.

Der geschwungene Wasserlauf ist der Schaalseekanal, dessen Wasserspiegel 31 m über dem des im Hintergrund sichtbaren Ratzeburger Küchensees liegt und der deswegen hier, kurz vor dem Kraftwerk, auf einem hohen Damm verläuft. Am Ende des Kanals erkennt man das Einlaufbauwerk, von dem aus das Wasser durch ein unterirdisches Rohr in die Turbinen schießt, die in dem zweistöckigen Kraftwerksgebäude stehen. Von hier aus fließt das Wasser nach links in den Küchensee ab. Unterhalb des Kanalendes befindet sich eine Umspannanlage. – Blickrichtung W

In Mölln hat der Sage nach Till Eulenspiegel gelebt; und er soll hier auch gestorben sein. Um den hohen Kirchenhügel mit St. Nikolai und dem Ring hoher Linden gruppiert sich das altertümliche, liebevoll gepflegte Städtchen mit seinen steilen ziegelroten Dächern. Wie eine glitzernde Fischhaut blinkt der See. Das neuzeitliche Mölln hat sich zum Glück abseits der Altstadt entwickelt: gewerbliche Betriebe vor allem im Westen an der Eisenbahn Lübeck–Büchen und am Elbe-Lübeck-Kanal, große Wohnviertel dagegen im Süden. Im Osten entstand hoch über dem Hegesee in waldreicher Umgebung das Augustinum, ein beliebter Alterssitz für etwa 550 Menschen. – Blickrichtung SO

Eulenspiegelstadt Mölln

Dem Chronisten Arnold von Lübeck, der Helmolds Geschichtswerk bis zum Jahre 1209 fortführte, verdanken wir die erste Nachricht von Mölln. War es damals – im Jahre 1202 – Stadt oder Burg? Wir wissen es nicht. Jedenfalls bot seine Lage auf einer Anhöhe in einer ehemaligen Schmelzwasserrinne ausgezeichneten Schutz. Der Stadthügel wird durch natürliche und künstliche Gewässer begrenzt: Oben links im Bild sieht man den Schulsee; er geht unter der Brücke in den Stadtsee über. Am oberen Bildrand erkennen wir einen dunklen Wassergraben; die Möllner haben ihn vom aufgestauten Schmalsee an ihre Stadt herangeführt, einmal um ihre Halbinsel vollends zur Insel zu machen und zu schützen, zum anderen, um ihre Mühlen zu betreiben.

Mölln liegt an der alten Salzstraße von Lüneburg nach Lübeck. Sie führte von SW her durch das Steintor (rechts außerhalb des Bildes) in die Stadt und verließ sie wieder auf der Brücke über die Seenenge. Stadtmauer und -tore sind längst abgebrochen, aber die Geschlossenheit des Stadtbildes blieb gewahrt.

Aus dem Namen und dem Mühlrad im Wappen könnte man schließen, die Stadt sei nach einer oder mehreren Mühlen benannt worden. Doch das ist sehr fraglich. Wäre es der Fall, so hätte z. B. der Schreiber des Ratzeburger Zehntregisters im Jahre 1230 zweifellos den Mühlennamen lateinisch wiedergegeben, wie er es mit ähnlichen Namensbezeichnungen tat, etwa Hohenkirchen (alta ecclesia). Er ist sich aber offenbar der Tatsache bewußt gewesen, daß Mulne/Mölln mit Mühle nichts zu tun hat; vielleicht ist es ein slawischer Name – die Bedeutung kennt man nicht.

Mölln hat wahrscheinlich – ebenso wie Lauenburg – vom Askanierherzog Albrecht I. (1226–1260) das Stadtrecht verliehen bekommen. Mit dem Bau der Kirche dürfte schon um 1210 begonnen worden sein. Es ist eine gewölbte Pfeilerbasilika, die im 15. Jahrhundert durch ein großes südliches Seitenschiff erweitert wurde. Rechts neben der Kirche sehen wir das Rathaus am Markt; das Untergeschoß diente als Kaufmannshalle. Um den engsten Stadtkern legen sich schalenartig die Hauptstraße und die Seestraße – die giebelständigen Häuser erweisen sich gegenüber den Traufenhäusern als älter und vornehmer. Die geschwungene Linienführung der Straßen verrät die hügelige Geländeform – vom Wasser aus ist sie eindrucksvoller als aus der Luft.

Die Stadt an der vielbefahrenen Salzstraße nahm eine rasche Entwicklung; diese kam jedoch nur Handwerk und Gastwirtschaft zugute. Für das Aufkommen einer Fernhandelskaufmannschaft fehlten die Voraussetzungen – die waren in Lüneburg und Lübeck gegeben, nicht aber bei einer „Etappenstation". Schon im 13. Jahrhundert kauften die Bürger dem Herzog zwei Dörfer ab; ihre Einwohner wurden in die Stadt aufgenommen, die Gemarkungen dem Stadtfeld zugeschlagen. 1329 ließen die Möllner sich vom Herzog dessen Burg abtreten und brachen sie ab; auf dem Burgplatz erbauten sie die Stadtmühle – es ist der Komplex am oberen Bildrand, am Abfluß des Stadtgrabens in den Schulsee (der einstige Burggraben ist jetzt Parkplatz). Wie aber vertrug es sich mit dem Selbstbewußtsein der Bürger, daß ihr Herzog, von Geldnot bedrängt, 1359 Mölln an Lübeck verpfändete? Gar nicht schlecht! Denn für die Möllner wirkte sich das keineswegs nachteilig aus. Im Gegenteil: Die reiche Hansestadt an der Trave hatte großes Interesse daran, Mölln zu einem Stützpunkt an der Salzstraße und an der Waterfahrt nach Lauenburg auszubauen (vgl. Nr. 51). Als ein Brand Mölln verheerte, sparte der Lübeckische Rat nicht mit Wiederaufbauhilfe. Mehr als 300 Jahre blieb die kleine Stadt im Pfandbesitz der großen Schwester, bis zum Jahre 1683 – da war es aber auch mit Lübecks Macht vorbei. Mölln blieb, ähnlich wie Lübeck, als eine Art „Mittelaltermuseum" erhalten.

Das ist heute übrigens ein wirtschaftlicher Aktivposten, dessen sind sich die Möllner durchaus bewußt. Moderne Neubauten bleiben aus dem Kern der Altstadt verbannt. In den Außenbezirken freilich greift man alle Möglichkeiten technisch-industrieller Entwicklung auf. Täten die Bürger es nicht, wären sie des pfiffig-weltklugen Till Eulenspiegel nicht würdig. Der Besucher der Stadt findet an der Westseite der Nikolaikirche eingelassen die Grabplatte Till Eulenspiegels, welcher der Legende nach um 1350 in Mölln gestorben ist. Viele Geschichten von ihm sind noch in Umlauf, und Erinnerungen an ihn birgt das Stadtmuseum in einem altertümlichen Fachwerkhaus am Marktplatz. Auf der gegenüber liegenden Seite des Marktes, vor der hohen Stützmauer des Kirchhofs, sitzt der Schalk in Gestalt einer von dem Bildhauer Goedtke geschaffenen Bronzeplastik. Wer ihn anschaut, muß mit ihm schmunzeln und kann – für einen Augenblick – den Ernst des Lebens vergessen.

Gut Kogel

Das Gut Kogel ist 1283 ha groß. Davon sind 26 ha Seefläche und 602 ha Wald. Von der landwirtschaftlichen Nutzfläche erfaßt das Bild nur etwa ein Fünftel. 1968 waren noch 62 ha Hauptgrünlandfläche vorhanden, auf der 163 Milchkühe, 307 Stück Jung- und Mastvieh sowie 3 Zuchtbullen, ferner 240 Mutterschafe und 350 Lämmer gehalten wurden. Bis auf eine 12 ha große Fläche, die verpachtet ist, wurde alles Grünland in Ackerland umgewandelt.

Die Viehwirtschaft wurde aufgegeben, weil dieser Betriebszweig mit hohen Lohnkosten belastet, also „lohnintensiv" und daher für landwirtschaftliche Großbetriebe vielfach nicht rentabel ist. Viehwirtschaft insbesondere zur Milcherzeugung findet daher in Schleswig-Holstein ganz überwiegend in bäuerlichen Familienbetrieben statt.

Auf 98 % der landwirtschaftlichen Nutzfläche wird Ackerbau betrieben. Die Fruchtfolge richtet sich nach der Bodenqualität: Der Sandboden diesseits des Waldstreifens (Bodenwertzahl 19–32) wird in jährlichem Wechsel mit Wintergerste und Winterroggen bestellt, wobei nach der Wintergerste eine Zwischenfrucht zur Humuserhaltung folgt. In trockenen Sommern kann das Gebiet durch eine Beregnungsanlage mit Wasser aus dem Schaaleseekanal bewässert werden. Die übrigen Ackerflächen sind sandige Lehmböden (Bodenwertzahl 48–61); sie werden in einer dreijährigen Fruchtfolge bewirtschaftet:

1. Jahr   Wintergerste bzw. Wintergerste + Zwischenfrucht
2. Jahr   1/2 Raps   1/2 Zuckerrüben
3. Jahr   Winterweizen

Auf Kogel arbeiteten 1983 sieben AK, also 1,1 AK auf 100 ha landwirtschaftlicher Nutzfläche (1 AK ist die tariflich zu leistende Jahresstundenzahl eines Arbeiters. Auf je 100 ha waren im Einsatz:

1945/47	1951/52	1962	1968	1979	1983
17,6	11,1	6,2	3,6	1,6	1,1 AK

In noch weiter zurückliegender Zeit war die Zahl der Arbeitskräfte noch sehr viel größer.

Die heute auf dem Gut beschäftigten Arbeiter sind vielseitig ausgebildete Fachkräfte, die ständig weitergebildet werden, und die im Betrieb mannigfach wechselnde Aufgaben übernehmen können. Ihnen obliegt während des Sommers vor allem die Bedienung und Wartung der Maschinen. Im Winter, wenn naturgemäß weniger landwirtschaftliche Arbeiten anfallen, ermöglichen Maschinenreparatur und Waldarbeit eine durchgehende Beschäftigung der Arbeitskräfte. Außer in Spitzenzeiten wird nur an fünf Tagen in der Woche gearbeitet. Alle Arbeitskräfte wohnen in Landarbeiterwohnungen des Gutes. Die Zahl der im Laufe der Zeit für die Gutsarbeiter errichteten Gebäude – weitere liegen am Wald außerhalb des linken Bildrandes – ist heute wesentlich größer, als es dem Bedarf entspricht.

Auch die Wirtschaftsgebäude des Gutes haben ihre frühere Funktion weitgehend verloren, da Vieh nicht mehr gehalten und das Getreide nicht gelagert, sondern bei der Ernte vom Feld sofort in die Silos des Großhandels gefahren wird. Die Zuckerrüben werden auf der Straße im Vordergrund zur betriebseigenen Verladerampe an der Bundesbahn gebracht und zur Zuckerfabrik Uelzen befördert. Nur zur Unterbringung und Wartung der Maschinen sowie als Düngerlager werden noch Gebäude benötigt; andere stehen leer, mehrere wurden bereits abgerissen.

Der Rückgang der je 100 ha eingesetzten Arbeitskräfte – der auch in mittelbäuerlichen Betrieben stattgefunden hat – wird vor allem bedingt durch die gestiegenen Lohnkosten, die dazu führten, daß lohnintensive Betriebszweige wie die Viehhaltung (s.o.) ganz aufgegeben wurden zugunsten der leichter mechanisierbaren Feldwirtschaft. Diese Umstellung ist durch die technologische Entwicklung des Landmaschinenbaus erst möglich geworden. Die Konzentration auf eine einfache Fruchtfolge mit nur noch fünf Nutzpflanzen erfordert nur wenige, dafür leistungsfähige Maschinen.

Im Jahre 1983 waren auf Kogel 8 Schlepper mit 980 PS im Einsatz (1962 : 14 mit 580 PS); die bis 165 PS starken Schlepper besitzen sämtlich vollklimatisierte Kabinen, in denen der Fahrer vor der Witterung geschützt ist. Drei selbstfahrende Mähdrescher besorgen die Getreideernte; dagegen werden die Zuckerrüben nicht im Eigenbetrieb des Gutes, sondern durch ein Lohnunternehmen gerodet.

Das zum Gut gehörende Forstareal besteht etwa je zur Hälfte aus Laub- und Nadelwald, wobei im Laubwald die Buche überwiegt. Der Wald wird von einem Förster betreut, der zugleich den etwa gleich großen Wald eines Nachbargutes bewirtschaftet. Die erforderlichen Einschlags- und Pflegearbeiten werden im Winter von den Arbeitskräften des Gutes durchgeführt. Den Pipersee hat ein Angelverein gepachtet.

Das Luftbild zeigt einen Ausschnitt, der für das östliche Lauenburg als typisch gelten kann: im Vorder- und Mittelgrund bis zur Kogeler Mühle eine flachkuppige Moränenlandschaft, dahinter eine flachere, von Schmelzwassern mit Sand bedeckte Region, in die ein steilwandiges Tal 20 m tief eingesenkt ist. Es handelt sich um eine subglaziale Schmelzwasserrinne, in der mehrere Toteisseen liegen: der Salemer See (links) und der Pipersee (rechts). Die Seeufer und die waldbedeckten Talhänge sind vielbesuchte Campingplätze. – Blickrichtung ONO

Dicht an dem Dorf Güster fressen sich Bagger in die sandigen Absätze der eiszeitlichen Schmelzwasser hinein. Die Agrarlandschaft wird zerstört. Aber nach Beendigung des Bergbaues ist eine neue, viel reizvollere Landschaft aus den ehemaligen Kiesgruben entstanden, die vielen Menschen Erholung bietet. Am oberen Bildrand der Elbe-Lübeck-Kanal. – Blickrichtung ONO

Von der Bergbau- zur Erholungslandschaft in Güster

Die eiszeitlichen Schmelzwässer haben in Schleswig-Holstein eine große Zahl nutzbarer Kieslagerstätten hinterlassen. Die meisten von ihnen sind jedoch entweder in ihrer Ausdehnung begrenzt oder verkehrsungünstig gelegen. Im Urstromtal der Stecknitz-Delvenau setzte das von der Lübeck-Ratzeburger Eiszunge herabströmende Wasser ausgedehnte Kiesschichten ab – bei Güster bis zu einer Mächtigkeit von 18 m. Der Elbe-Lübeck-Kanal bietet die Möglichkeit, den Kies billig nach Hamburg zu liefern.

Unser Bild erfaßt nur einen kleinen Ausschnitt der Bergbaulandschaft. Seit 1909 sind im Raum Güster von den Hanseatischen Kieswerken 40 Mio. Tonnen Kies abgebaggert worden. Das von der Familie Prüß begründete Unternehmen wird heute als Grundstücksverwertungsgesellschaft Güster weitergeführt.

Vor dem Zweiten Weltkrieg arbeiteten in jenem Betrieb 220 Menschen; sie förderten mit Hilfe von Trockenbaggern, Lorenbahnen und zentraler Aufbereitungsanlage die gleiche Menge Kies, die 1968 von 24 Arbeitern geschafft wurde: 5000 t je Tag. Nach dem Krieg ging man nämlich zu schwimmenden Eimerkettenbaggern über, und 1964 wurden diese durch eine moderne Großanlage ersetzt, die unser Luftbild von 1967 zeigt. Sie besteht aus zwei schwimmenden Geräten: Links ist der eigentliche Bagger zu sehen. Der riesige Greifer hat gerade 9 t Kies emporgeholt, man sieht das Wasser hinabfließen. Der Greifer wird zurückgezogen und in eine Siebanlage entleert. Das Material unter 30 mm Größe wird über eine Rohrleitung in die Aufbereitung (rechts) geschickt. Die größeren Steine werden gebrochen und dann ebenfalls in die Leitung gegeben. In der schwimmenden Aufbereitungsanlage wird der Kies sortiert. Auf die Korngrößen 1–3 mm, 3–7 mm und 7–30 mm entfallen je 20 %. aus der Fraktion 0–1 mm (40 %) wird noch der feinste, für die Verwendung ungeeignete Anteil unter 0,2 mm abgesiebt und in einiger Entfer-

nung (rechts) über eine Rohrleitung wieder in die Kiesgrube gespült.

Die perlschnurartigen Schwimmer halten die Stromkabel im Baggerbereich über Wasser. Ein kleinerer Bagger fördert die von dem großen nicht erfaßten, brauchbaren Kiesreste und spült sie am Ufer (links) zusammen, wo sie später mitverarbeitet werden.

Die Fraktionen werden in einem Schleuderverfahren getrocknet und dann in Flußschiffe gefüllt, von denen zwei gleichzeitig angelegt haben (eins ist durch den Bagger fast verdeckt). Ein leeres Schiff wartet schon darauf, längsseits zu gehen. Auf dem Elbe-Lübeck-Kanal können Flußschiffe bis zu 800 t fahren. Die Fracht nach Hamburg kostete 1968 2,70 DM/t; die LKW-Fracht betrug etwa 6–8 DM. Der Kies wird fast ausschließlich für Bauzwecke verwendet.

Der „trockene" Abbau in der Vorkriegszeit hat die Erdoberfläche auf 75 ha um etwa 5 m erniedrigt. Das Land – außerhalb des Bildes – ist aufgeforstet worden. Weit mehr fallen die Veränderungen ins Auge, die seit dem Krieg durch das Kiesbaggern geschahen: es entstanden rund 150 ha Wasserflächen. Der im Bild sichtbare Abbauprozeß gehört der Vergangenheit an; die Kiesgewinnung ist inzwischen eingestellt worden.

Die ehemaligen Kiesgruben sind – teils schon während des Abbaus – neuen Zwecken erschlossen worden: Ihre buchtenreichen und durch Halbinseln gegliederten Ufer sind teils parzelliert und mit Sommerhäusern bebaut worden, so das Gebiet um die vom Bildausschnitt erfaßte Bucht. Weitere ausgedehnte Uferabschnitte wurden zu Campinggelände ausgestaltet, das in Gehölz eingebettet ist. Parkplätze, Badestrände, Liegeplätze für Boote, ein Tiergehege, sanitäre Anlagen, Spielplätze, Einkaufsmöglichkeiten – alles wurde eingeplant. Schon während der Baggerarbeiten wurde die spätere Aufgabe durch entsprechende Geländegestaltung berücksichtigt: Tonhaltige, für die Kiesgewinnung nicht geeignete Ablagerungen blieben stehen, wie zum Beispiel die Halbinsel rechts; sie wurden planiert, bepflanzt und durch Wege erschlossen. Die Aufspülung rechts ergab einen ungefährlichen, flach abfallenden Strand. Die Campingplätze bieten Stellplätze für 1000 Wohnwagen. 1983 wurde das Erholungszentrum von 43 000 Menschen besucht.

Das großzügig geplante und gestaltete Erholungsgebiet bei Güster ist ein gutes Beispiel für eine sinnvolle Verwandlung der Landschaft.

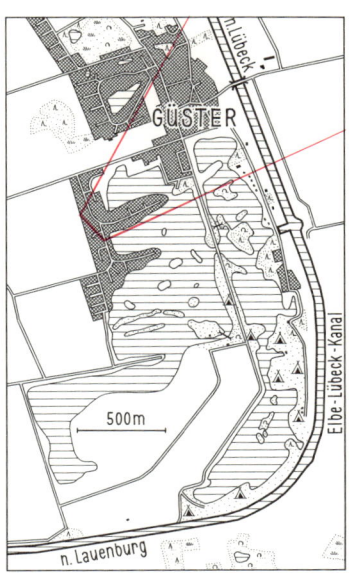

Die Lauenburger Schleusen und ihre Kanäle

Vor allem der Wunsch, das auf den Fischereiplätzen des Nordens so wichtige Lüneburger Salz bequem heranzuschaffen, veranlaßte die Lübecker, einen Kanal zwischen Elbe und Trave zu graben. Die Natur hatte insofern gute Vorarbeit geleistet, als den hohen Moränenwall des Lübecker Beckens ein Schmelzwassertal durchbricht; es wurde zur Trave hin von der Stecknitz, nach der Elbe hin von der Delvenau benutzt. Die Wasserscheide zwischen diesen beiden Flüßchen lag nur 19 m über dem Meeresspiegel. Die „Waterfahrt" führte mit Hilfe von dreizehn, später von siebzehn Schleusen von Lauenburg nach Lübeck. Da sie allen Flußwindungen folgte, war sie 94 km lang, d. h. 37 km länger als die Luftlinie. Die Mindestbreite betrug 7,5 m, die Tiefe 85 cm. Der eigens für diesen Verkehr geschaffene Kahntyp war 12 m lang, 2,5 m breit; bei etwa 35 cm Tiefgang konnte er 7 bis 8 t laden. 1527 wurden die Maße vergrößert auf 19 m Länge, 3,25 m Breite und 12,5 t Ladegewicht. Für die Treidelfahrt zwischen Lauenburg und Lübeck benötigten die „Linentrecker" (Menschen oder Pferdegespanne) je nach Wasserstand zwei bis fünf Wochen. Besonders in trockenen Sommern konnte man das beim Schleusen verlorene Wasser auf der Scheitelstrecke (16 m NN) nur schwer wieder ersetzen. In der Blütezeit des Kanalverkehrs, in der ersten Hälfte des 16. Jahrhunderts, machten jährlich etwa 1500 Prähme den Weg von Lauenburg nach der Travestadt. Dann ging der Verkehr zurück, vor allem weil das französische Salz von der Biskaya, das Baiensalz, auf dem Seeweg billiger geliefert werden konnte. Fast zum Erliegen kam der Kanalbetrieb, als Lübeck 1851 durch die Eisenbahnstrecke nach Büchen Anschluß an das deutsche Eisenbahnnetz erhielt, und vollends, als 1876 die Lauenburger Eisenbahnbrücke eine schnelle Verbindung mit dem Süden schuf.

Als Kulturdenkmal sehen wir auf dem Bild die ovale, aus Felsquadern gemauerte Palmschleuse, die 1724 eine hölzerne Kastenschleuse ersetzte. Die Schleusentore sind nicht mehr erhalten.

Schon im 17. und 18. Jahrhundert hatte man Pläne, den 1398 eröffneten Kanal zu modernisieren, vor allem die Wasserhaltung zu verbessern, womöglich unter Benutzung von Schaalseewasser. Sie scheiterten am deutschen Föderalismus. Aber auch Napoleons großräumige Planung eines „Canal de la Seine à la Baltique" wurde nicht verwirklicht – nur ein paar Jahre lang reichte das französische Kaiserreich bis an die Ostsee bei Travemünde. Als 1895 der Kaiser-Wilhelm-Kanal (vgl. Nr. 21) eröffnet worden war, fürchteten die Lübecker für ihren Handel. Auf Lübecks Initiative und größtenteils auch auf Lübecks Kosten wurde daher in den Jahren 1896–1900 ein neuer Elbe-Trave-Kanal geschaffen. Er ist – dank gestreckterer Linienführung – nur 67 km lang. Bei einer Sohlenbreite von 22 m und einer Tiefe von 2,5 m ist er für 1200-t-Kähne befahrbar. Auf unserem Bild sehen wir eine der sieben Schleusen; sie haben alle eine Nutzlänge von 80 m und eine Kammerbreite von 17 m.

Die Lauenburger Schleuse überwindet einen Niveauunterschied von etwa 4 m. Eigenartig sind die „Sparbecken" neben der Schleuse; mit ihnen begegnet man dem Wassermangel, dem Problem fast aller Kanäle. Um beim Hinabschleusen nicht alles Wasser der Schleusenkammer in den unteren Kanalabschnitt abfließen zu lassen und zu verlieren, läßt man (unter dem Bahndamm hindurch) jeweils den oberen Teil des Wassers in die zwischen oberem und unterem Kanalspiegel liegenden Sparbecken fließen; aus ihnen kann man dann später für das Hinaufschleusen das Becken zum Teil wieder füllen.

Folgende Gütermengen passierten die Lauenburger Schleuse:

1901	250 000 t	1950	844 000 t
1912	1 377 000 t	1965	2 752 000 t
1939	2 542 000 t	1983	849 000 t

Der sehr starke Anstieg in den 1960er und 1970er Jahren täuscht eine große Bedeutung des Kanals aber nur vor; denn es handelt sich nunmehr großenteils um billige Massengüter, wie z. B. Kies von Güster (vgl. Nr. 41) und vom Ostseegrund – unser Bild zeigt drei Kieskähne. Der Handelsverkehr mit dem sächsisch-thüringischen Raum, der 1938 mit 78 % veranschlagt war, ist heute auf 3 % zurückgegangen. Eine gewisse Belebung des Kanalverkehrs brachte die Fertigstellung der südlichen „Fortsetzung" des Kanals bis in den Raum Braunschweig-Salzgitter, der „Elbeseitenkanal". Man möchte auch den Elbe-Lübeck-Kanal so vergrößern, daß „Europakähne" mit 3000 t ihn befahren können – doch ob das rentabel ist?

Die Bundesstraße 5 ist eine der wenigen Straßen, über die der innerdeutsche Verkehr nach Berlin verläuft. Wir sehen im Bild die Grenzkontrollstelle (mit grünen Dächern) der Bundesrepublik Deutschland.

Wir blicken auf ein Gewirr von Verkehrsanlagen: Gewässer, Straßen, Eisenbahn, Brücken, Schleusen. Ordnen wir die wichtigsten nach ihrem Alter, so ist an erster Stelle der 1398 eröffnete Stecknitzkanal zu nennen. Im 16. Jahrhundert baute man einen Dammweg über die Delvenau-Niederung nach Osten, der 1837 durch die Hamburg-Berliner Chaussee ersetzt wurde. Um die Mitte des 19. Jahrhunderts schuf man die Eisenbahn Lübeck–Lüneburg; im Jahre 1900 wurde der Elbe-Trave-Kanal eingeweiht, der später in Elbe-Lübeck-Kanal umbenannt wurde. – Der alte Stecknitzkanal bildet 500 m vor Eintritt ins Bild die innerdeutsche Grenze; diese quert dann, zur Elbe hin abbiegend, die Berliner Chaussee. An ihr liegt (mit grünen Dächern) die Grenzkontrollstelle der Bundesrepublik Deutschland. – Blickrichtung ONO

127

Wir blicken stromaufwärts. Von Norden her mündet in das Elbe-Urstromtal ein breites Schmelzwassertal, das einst die vom Lübecker Eislobus abfließenden Wassermassen geschaffen haben. Dieses Tal benutzt jetzt der Elbe-Lübeck-Kanal. Mitten durch diese breite Talaue, die von den Lauenburger und – drüben – von den bewaldeten Boizenburger Moränenhöhen begrenzt wird, verläuft die alte Grenze zwischen Lauenburg und Mecklenburg – heute die Grenze zwischen der Bundesrepublik Deutschland und der DDR. Sie quert die Bundesstraße 4 (Hamburg–Berlin) an deren deutlich erkennbarem Knick; der helle Geländestreifen, der sich zur Elbe hinzieht, liegt bereits jenseits. Das Land auf dem anderen Stromufer gehört zu Niedersachsen. – Blickrichtung O

Lauenburg an der Elbe

Das Schifferstädtchen zieht sich mit altertümlichen Fachwerkhäusern entlang einer einzigen Straße auf der schmalen Fußstufe zwischen der 30 bis 50 m hohen Altmoränenhöhe und dem 250 m breiten Elbstrom hin. Die Häuser an der Wasserseite stehen auf mächtigen Granitfundamenten, gewappnet gegen den bei Hochwasser gefährlich andrängenden Strom. Wo die Delvenau (jetzt der Elbe-Lübeck-Kanal) mündet, weicht die Bebauung zurück und gibt Raum für eine Schiffsanlegestelle.

Auf der Bergseite bietet ein von der Höhe herabführendes Tal so viel Platz, daß dort die Kirche erbaut werden konnte. Der von hier im Bogen auf die Höhe hinaufführende Hohlweg wurde erst um 1550 zur Bebauung freigegeben. Bis dahin stellte diese tiefe Erosionsrinne den natürlichen Burggraben dar; sie schneidet nämlich aus dem hohen Plateau einen kegelstumpfartigen Berg heraus, der sich hervorragend eignete für eine in unserem Lande so seltene Höhenburg. Auf dem Bild erkennt man deutlich die Brücke, die über den Hohlweg vom Plateau zum Burgberg (links über der Kirche) führt.

Als die Burg erbaut wurde, war das gesamte Höhengebiet, das von NW her bastionsartig gegen die Elbe-Delvenau-Niederung vorspringt, bewaldet und siedlungsleer. Das war vor fast 800 Jahren. Der Sturz Heinrichs des Löwen 1180 und die Zerstörung der Ertheneburg, die 4 km unterhalb unseres Blickpunktes den alten Elbübergang schützte, waren Voraussetzungen für die Entstehung der Lauenburg. Denn der sächsische Besitz der Welfen wurde zerschlagen, der Hauptteil mitsamt der Herzogswürde fiel an die Askanier. Albrechts des Bären Sohn Bernhard erbaute die Lauenburg hoch über der Elbe, um seine Macht im Lande zu sichern. Es gelang ihm nicht. Denn die Rivalität der norddeutschen Fürsten und Städte machte sich der Dänenkönig Waldemar II. zunutze, um seine Herrschaft südlich der Ostsee auszudehnen. Er eroberte auch die Lauenburg und setzte dort als Statthalter seinen Neffen Albrecht von Orlamünde ein. Erst die Schlacht bei Bornhöved am Maria-Magdalenen-Tag 1227 brachte den Zusammenbruch der dänischen Macht. Wenig später gründete der Askanier Albrecht I. die Stadt zu Füßen der Lauenburg; die Kirche wurde bezeichnenderweise der Namensheiligen des Siegestages von Bornhöved geweiht. Die Stadt hatte kein Stadtfeld, daher auch keine Ackerbürger; sie war

reine Schifferstadt. Den Verkehr auf der Elbe darf man sich in jenen Zeiten freilich nicht allzu bedeutsam vorstellen. Die Benutzung des 1398 eröffneten Stecknitzkanals behielten sich die Lübecker vor. Die Lauenburger übernahmen jedoch die Frachtbeförderung nach Hamburg; ihre Stadt wurde damit zu einem wichtigen Stapelplatz. Der Elbübergang für den Landverkehr, für die bedeutsame „Salzstraße" zwischen Lüneburg und Lübeck, verblieb zum Leidwesen der Lauenburger bei Artlenburg – dort war die am besten geeignete Stelle.

Das Askanische Haus hatte sich 1296 in zwei Linien geteilt, die eine residierte in Wittenberg, die andere, der auch die Grafschaft Ratzeburg zugefallen war, auf der Lauenburg; nach ihr erhielt das Herzogtum seinen Namen. Die im 15. Jahrhundert zu einem Schloß umgestaltete Burg brannte 1616 größtenteils ab (die wenigen Reste sind auf unserem Bild kaum zu erkennen). Die Herzöge verlegten daher ihre Residenz nach Ratzeburg. Das Herzogtum fiel 1689 an Lüneburg-Celle, 1705 an Hannover; 1810 wurde es französisch, 1815 dänisch, 1865 preußisch und demzufolge ein schleswig-holsteinischer Landkreis.

Neben der Unterstadt hatte sich allmählich auch auf der Höhe eine Siedlung „Oberbrücke" entwickelt, auf dem Plateau vor der Burgbrücke, und hier, wo genügend Ausdehnungsmöglichkeit besteht, wächst beiderseits der Straße Hamburg–Berlin das neuzeitliche Lauenburg heran.

Die schiffahrtorientierten Gewerbe haben sich in den letzten 100 Jahren zu Industrien entwickelt. Wir sehen an der Mündung des Kanals Maschinenfabriken und Schiffswerften und – jenseits der Straßenbrücke – den um 1900 vom preußischen Staat geschaffenen Binnenhafen. In der bedeichten, hochwassergeschützten Delvenau-Niederung finden wir u. a. die Niederlassung einer Großhandelsgenossenschaft sowie – ganz rechts – eine für die Sauberhaltung der Elbe wichtige Kläranlage. 1878 hatte eine Eisenbahnbrücke die wenig leistungsfähige Elbfähre ersetzt. Die in den letzten Kriegstagen zerstörte Brücke ist 1950/51 als kombinierte Straßen-/Eisenbahnbrücke wiederhergestellt worden. So sind dem Nord-Süd-Verkehr Wege geöffnet. Dagegen ist der Verkehr zwischen Ost und West durch die deutsche Teilung aufs schwerste beeinträchtigt. Darunter leidet natürlich auch die wirtschaftliche Entwicklung Lauenburgs.

Der Sachsenwald

Vor den Toren der Millionenstadt Hamburg liegt, nur 20 km vom Stadtzentrum entfernt, der Sachsenwald, das größte Waldareal Schleswig-Holsteins. Das Gebiet des Sachsenwaldes ist in der Vorzeit vermutlich schon einmal Kulturland gewesen – dies wird jedenfalls durch eine große Zahl von Grabanlagen und anderen Funden aus der Jungstein- und Bronzezeit nahegelegt. Offenbar haben die Bewohner in der Völkerwanderungszeit das Land verlassen, das dann der natürlichen Wiederbewaldung anheimfiel. In karolingischer Zeit wird der Sachsenwald als Teil des Grenzwaldes, des Limes Saxoniae, zwischen Sachsen und Wenden erwähnt. Nach der Absetzung Heinrichs des Löwen kam er an die Herzöge von Sachsen-Lauenburg. Diese hielten zähe an ihrem Wald, ihrem geliebten Jagdrevier, fest, während sie andere Gebiete langfristig an die Hansestädte verpfändeten (Nr. 48). Die Holzwirtschaft bestand damals darin, daß man bei Bedarf geeignete Bäume schlug, das Aufkommen von Nachwuchs jedoch der Natur überließ.

Als nach dem Aussterben der Askanier der Sachsenwald in den Besitz Hannovers kam, trat an die Stelle des bisherigen „Plenterbetriebes" zum ersten Male eine Forstwirtschaft. Ihrer Einführung standen freilich große Hindernisse entgegen: Die Bauern aus 24 umliegenden Dörfern hatten das Recht, im Wald Plaggen zu hauen, Weichholz zu gewinnen und Bruchholz zu sammeln; vor allem aber durften sie ihr Vieh zur Weide in den Wald treiben. Noch 1740 ernährte der Sachsenwald, damals ein reiner Laubwald, rund 1100 Pferde, 3000 Kühe, 6000 Schafe und in den „Mastjahren" 3000 bis 5000 Schweine. Erst nach und nach gelang es, vor allem bei der Verkoppelung, die Holz- und Weiderechte – durch Hergabe von Waldfläche an die Bauern – abzulösen. Nun konnte der Wald eingehegt werden. Vor Viehverbiß geschützt, wuchsen die ersten gepflanzten Jungwälder heran.

In dänischer Zeit (1816–1864) setzte eine moderne, planvolle Forstwirtschaft ein. Umfangreiche Mischbestände wurden angelegt, sie sind zum Teil heute noch vorhanden. Fichtenreinbestände pflanzte man nur dort an, wo der Boden keinen Mischwald zuließ.

1865 wurde der Sachsenwald königlich-preußischer Privatbesitz. 1871 schenkte Kaiser Wilhelm ihn dem Reichskanzler Fürst Otto von Bismarck. Der fand an seinen Forsten viel Freude und kümmerte sich auch persönlich viel um ihre Bewirtschaftung. Damals begann man – aus Rentabilitätsgründen – die Fichte stark zu bevorzugen, so daß das Nadelholz von 15 % des Bestandes (1856) auf 48 % (1907) zunahm.

Nach 1945 sind auf Anordnung der Besatzungsmacht gewaltige Holzmengen zur Versorgung der Hamburger Bevölkerung geschlagen worden: Mit etwa 550 000 fm machten sie etwa ein Drittel des damaligen Holzvorrates aus. Es entstanden rd. 700 ha Kahlschläge, die rasch wieder aufgeforstet werden mußten. Dies geschah, weil anderes Pflanzmaterial nicht greifbar war, zunächst großenteils mit Fichten, deren Anteil deshalb noch weiter zunahm: 1983 waren 60 % Nadelwald. Der Raubbau der Nachkriegsjahre bewirkte eine ungünstige Verteilung der Altersgruppen der Holzbestände. Außerdem rückten viele Bäume, die vorher mitten im Wald standen, plötzlich an den windgefährdeten Rand. Die seitherigen großen Verluste durch Windbruch bei Stürmen sind dadurch mitbedingt, sie betrugen am 17. 2. 1982 allein 80 000 fm Holz.

Heute bemüht man sich, bei der Verjüngung der Bestände den natürlichen Bedingungen (Boden, Wasserverhältnisse usw.) in der Auswahl der Hölzer mehr als bisher Rechnung zu tragen. Ein naturähnlicher Mischwald wird auf vielen Standorten das Ergebnis sein. Wegen der Leelage zu Hamburg ist der Sachsenwald besonders stark durch Luftverschmutzung betroffen: 1983 waren 43 % der Bestände sichtbar geschädigt (Nadelholz 60 %, Laubholz 26 %), darunter 30 % schwach, 10 % geschädigt, 3 % stark geschädigt.

Schleswig-Holstein ist mit einem Waldanteil von 8,7 % ein waldarmes Land (BRD: 20 %). Von rd. 138 000 ha Forstareal sind rd. 48 000 ha Staatsforst, 69 000 ha Privatforst, der Rest gehört Kreisen, Gemeinden und anderen Körperschaften. Vor hundert Jahren war der Waldbestand als Ergebnis jahrhundertelanger Rodung und Verheidung noch wesentlich geringer. Er nahm in den Jahren 1878–1900–1913–1948–1983 von 6–6,6–7,8–8,1 auf 8,7 % zu. Von 1950 bis 1983 sind, z. T. im Rahmen des Programms Nord, rd. 15 000 ha – meist geringwertige Geestböden – aufgeforstet worden. An den Baumarten sind in unserem Lande die Nadelbäume mit 56%, die Laubbäume mit 44 % beteiligt. Im Jungmoränenland herrschen Buchenwälder vor, aber auch viele Altmoränen tragen Laubwald (Nr. 54). Bei der Aufforstung armer Sanderflächen bevorzugte man die anspruchslosen Nadelbaumarten (Nr. 55). Fast waldlos ist die Marsch.

Aus niedriger Höhe blicken wir auf einen etwa 180 Jahre alten Buchenbestand. Dieser ist im Laufe der Zeit durch Einschlag so weit gelichtet worden, daß die Bäume einzeln stehen. Unter ihrem Schirm hat sich durch Samenwurf reichlicher Jungwuchs eingestellt. Nur hier und da ist noch der Waldboden sichtbar, er erscheint durch das vorjährige, trockene Buchenlaub hellbraun. Links oben ein Fichtenbestand. – Blickrichtung SSW

Unser Bild erfaßt eine typische Geestlandschaft im Spätsommer. In die Flur, die hohe Grünlandanteile aufweist, sind mehrere Wald-stücke, Reste eines alten Geestwaldes, eingestreut. Die Heide, die einst große Areale bedeckte, ist dagegen völlig verschwunden; daß sie hier einst vorhanden war, läßt sich aus der grauvioletten Farbe des Bleicherdebodens auf den bereits abgeernteten und gepflügten Ackerflächen in Bildmitte deutlich erkennen. In dem Bauerndorf Wittbek erkennt man viele, meist kleinere Bauernhöfe, weitere liegen verstreut in der langen und schmalen Gemarkung, die im Osten bis an die Treene reicht. – Jenseits des Waldes liegen die Dörfer Wester-Ohrstedt und Oster-Ohrstedt. – Blickrichtung N

Wittbek – ein Bauerndorf auf der Geest

Flachwellige bis flachkuppige Oberflächenformen kennzeichnen den Raum zwischen der B 201 im Norden, dem Geestrand bei Husum–Rantum im Südwesten und dem Treenetal im Südosten als typisches Altmoränengebiet. Etwa in der Mitte dieser Geestlandschaft erfaßt das Luftbild das alte Haufendorf Wittbek.

10 km von Husum, aber weit entfernt von den Verdichtungs- bzw. Ballungsräumen wie Kiel oder Hamburg vollzieht sich hier der Wandel in mancher Beziehung langsamer als anderswo.

Dies kommt bereits in den Einwohnerzahlen zum Ausdruck. Die Zahl der Menschen in Wittbek betrug:

1871	1885	1910	1933	1946	1950	1956	1970	1984
576	516	550	642	1284	1147	738	709	720

Abgesehen von dem enormen Zustrom an Flüchtlingen, von denen nach 1950 nur wenige in Wittbek blieben, ändert sich die Einwohnerzahl nur sehr langsam. Ein Vergleich der Zunahme der Einwohner in Wittbek von 576 auf 709, also um 23 % in 100 Jahren (1871–1970) mit der in ganz Schleswig-Holstein von 863 000 auf 2 494 000, also um 189 %, läßt erkennen, daß Jahr für Jahr ein nicht geringer Teil, vor allem der jungen Menschen, den Ort verlassen mußte, weil ihnen das Dorf keine ausreichenden Lebensmöglichkeiten bot.

Wittbek war seit jeher ein Bauerndorf. 1853 gab es hier 55 Bauernwirtschaften, darunter 1 Vollhufe, 1 Dreiviertel-, 1 Zweidrittel-, 13 Halbhufen, 3 Dreiachtel-, 3 Drittel-, 15 Viertelhufen, 1 Sechstel-, 2 Achtelhufen, 15 Katenstellen. Sie alle produzierten überwiegend für den eigenen Bedarf. Ferner gab es im Dorf eine Schmiede und mehrere andere Handwerker.

Die landwirtschaftliche Nutzfläche, heute 1766 ha, umfaßte 1853 1452 Steuertonnen zu je 0,5463 ha, das sind 793 ha, davon waren 19 % Grünland. Die Textzeichnung läßt erkennen, daß 1857 noch über die Hälfte der Gemarkung Heide war, selbst 1880 waren

noch große Heideareale vorhanden (Nr. 59). Heute ist die Heide verschwunden, während der Wald nur zum Teil gerodet und in Kulturland umgewandelt wurde – er ist ein Rest des einst auf der Geest allgemein vorhandenen großen Waldbestandes ursprünglich mit Eichen, Hainbuchen und auf sandigen Böden auch Birken als Hauptbaumarten.

Auch heute ist die Landwirtschaft der bei weitem wichtigste Erwerbszweig in Wittbek, in dem fast die Hälfte der Erwerbstätigen arbeitet. Die landwirtschaftliche Nutzfläche wird von rd. 70 vorwiegend kleineren und mittleren Betrieben bewirtschaftet. Ganz überwiegend wird Viehwirtschaft betrieben, dementsprechend sind rd. 75 % der Nutzfläche Grünland. Man bevorzugt die Grünlandwirtschaft einmal deshalb, weil der Geestboden, der teils aus lehmigem Sand, teils aus stark sandigem Lehm besteht und der mit 35 bis 40 Bodenpunkten bewertet wird, die im Getreidebau erforderlichen hohen Aufwendungen für Handelsdünger nicht lohnt. Dabei spielt auch die hier größere Dürregefährdung des Ackers gegenüber dem Grünland eine Rolle; auf den ehemaligen Heideböden trifft man teilweise noch Ortstein an (Nr. 59).

Ein weiterer Grund besteht in der für Getreidebau zu geringen Betriebsgröße. Viehhaltung, vor allem Milchwirtschaft, ist arbeitsintensiv, d. h. durch hohen Arbeitseinsatz kann auf gleicher Fläche mehr erwirtschaftet werden als beim Getreidebau (Nr. 49). Die einzelnen Betriebe sind stark spezialisiert, z. B. bieten Kälbermast oder Sauenhaltung zur Ferkelanzucht Möglichkeiten zu noch intensiverer Wirtschaft auf kleiner Betriebsfläche. Durch die Milchkühe wird ein Überschuß an Jungtieren erzeugt, der in die Marsch, z. B. in das nahe Eiderstedt, zur Mast verkauft werden kann (Nr. 81).

In Wittbek gibt es acht Handwerksbetriebe; in der ehemaligen Dorfschmiede werden landwirtschaftliche Maschinen repariert. Es gibt einen Gemischtwarenladen, einen Raiffeisen-Landhandel mit Bank und eine Gastwirtschaft mit 14 Betten. Damit bietet das Dorf auch heute nicht genügend Arbeits- und Verdienstmöglichkeiten für seine Bewohner. Etwa 100 Berufsauspendler fahren täglich zur Arbeit in andere Orte, vor allem nach Husum. 12 Hausbesitzer in Wittbek, davon 10 Bauern, bieten Zimmer und Ferienwohnungen mit 77 Betten für Sommergäste an, vor allem für Familien mit Kindern.

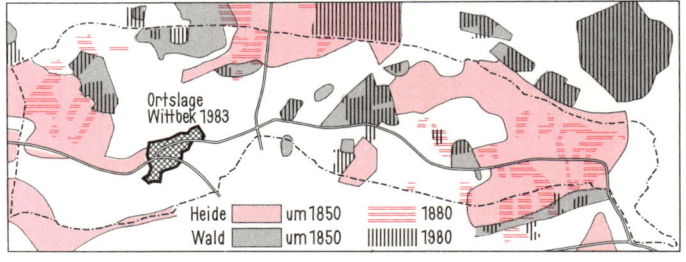

Die Treene bei Jerrisbek

Ein Vergleich der Karten 1879 und 1978 zeigt, daß der Fluß heute teilweise anders verläuft als vor 100 Jahren. Auch in der Landschaft können wir die Spuren von Laufverlegungen entdecken, an mehreren Stellen zeichnen sich die Reste alter Flußschlingen farblich ab. Wie kommt es zu derartigen Veränderungen eines Flußlaufes?

In einem geraden Laufabschnitt beeinflussen bei gleichmäßigem Gefälle nur die Reibung an der Sohle und an den Ufern die Fließgeschwindigkeit, die in dem oberflächennahen Bereich der Flußmitte am größten ist. In einer Kurve dagegen bewirkt die Fliehkraft, daß sich die Zone größter Fließgeschwindigkeit, der „Stromstrich", nach außen verlagert, was zur Folge hat, daß der Fluß am „Prallhang" sein Bett vertieft und sein Ufer angreift. An zwei der Schlingen erkennt man die Verbreiterung des Bettes im Bereich der stärksten Krümmung. Auf der Innenseite, dem „Gleithang", fließt das Wasser langsamer, der Fluß bleibt flach, und bei Hochwasser lagert sich hier Material ab. Dieser Prozeß setzt sich so lange fort, bis sich eine Haarnadelform herausgebildet hat, wie sie drei Schlingen im Vordergrund bereits aufweisen. Sehr schön sieht man, daß die Schlinge am unteren Bildrand von einem anderen Prallhang angeschnitten wird. Eines Tages wird der Fluß bei Hochwasser über den wenig breiten Hals strömen und die Schlinge abschneiden.

Bogenförmige Einkerbungen am linken Talhang zeigen, daß der Fluß hier mit einem Prallhang die Talkante angegriffen hat, wobei jeweils der Talboden ein Stück verbreitert wurde. Am oberen Bildrand wird soeben der rechte Talhang angeschnitten.

Der Talboden besteht aus Sedimenten, die der Fluß selbst abgesetzt hat. Weil die Treene kein großes Gefälle besitzt, kann sie nach Starkregen leicht ausufern und die Talaue überschwemmen; gelegentlich kann dies auch während des Sommers geschehen. Wegen der Überschwemmungsgefahr und des hohen Grundwasserstandes ist in der Talaue Ackerbau nicht möglich, sie ist Zwangsgrünland. Die aus der Luft sichtbaren Grüppen verdeutlichen die Bemühungen der Bauern um Entwässerung der feuchten Treenewiesen.

Dagegen ist der Boden beiderseits des Treenetales sandig und trocken. Er wurde am Ende der letzten Eiszeit als Sander vor dem nur etwa 10 km entfernten Eisrand abgelagert. Durch Sandverwehungen in der frühen Nacheiszeit erhielt die ursprünglich fast ebene

Oberfläche des Sanders ihre heutige flachwellige Gestalt. Die aschgraue Farbe, die an manchen Stellen durchschimmert, besonders auf der Fläche rechts zwischen den beiden Waldstücken, zeigt, daß es sich um Bleicherdeboden handelt (Nr. 59).

Die Sandböden beiderseits des Treenetales sind nur mit Ackerzahlen um 20 bewertet; in dem durchlässigen Sandboden versickert das Wasser rasch, so daß sich nach längerer Trockenheit im Getreide Schäden zeigen, wie sie im Bild oben rechts sichtbar sind.

Östlich der Treene begann man schon um 1900 mit der Aufforstung der ertragsschwachen Sandböden. Man erkennt die 1972 durch Windbruch entstandenen, inzwischen wiederbepflanzten Kahlflächen. Die beiden Waldstücke rechts der Treene wurden 1954 aufgeforstet. Hauptbaumarten sind hier Fichten und Lärchen, dazu einzelne Kiefern.

Die Treene, mit 76 000 ha Einzugsgebiet nach Eider, Trave und Stör der viertgrößte Fluß Schleswig-Holsteins, ist in ihrem mittleren Laufabschnitt noch in einem weitgehend naturähnlichen Zustand. Der extensiv genutzte Talboden, auf dem sich auch gänzlich ungenutzte Areale befinden, stellt ein Feuchtgebiet mit artenreicher Vegetation dar, zu dem die trockenen Talhänge in deutlichem Kontrast stehen. Die Treene selbst ist ein Lebensraum mit sehr unterschiedlichen ökologischen Kleinregionen. In geraden Abschnitten ist das Flußbett annähernd eben; lange, in der Strömung pendelnde Fahnen von Wasserpflanzen bieten Jungfischen und vielen anderen Kleintieren, vor allem Wasserinsekten und deren Larven, Schutz und Nahrung. Andere leben im strömungsarmen Flachwasser zwischen den Stengeln der Uferpflanzen; viele Würmer und Muscheln hausen im Boden. Am Prallhang, wo eine scharfe Strömung und tiefes Wasser herrschen, lauern größere Fische auf Beute. Daß sie auch Zeiten sehr niedrigen Wasserstandes überdauern können, ist solchen geschützten Plätzen zu danken, wie sie ein begradigter Abflußkanal niemals bieten kann.

Wenngleich auch die Treene von Abwasserbelastung nicht frei ist, zeigen doch die hier lebenden Fische, u. a. Elritzen, Gründlinge und Sandschmerlen, dazu Forellen und Äschen, den guten Zustand dieses Gewässers an. Aus der Nordsee steigen einzelne Meerforellen und Lachse zum Laichen in die Treene auf. Hier findet der Eisvogel noch seine Nahrung; Gabelweihe und Kolkrabe horsten im Bereich der mittleren Treene.

Mit schönen Mäandern windet sich die Treene durch ihre feuchte und daher als Grünland genutzte Talaue. Die trockenen Sanderflächen beiderseits des Tales gehören zu den magersten Böden Schleswig-Holsteins. Aufforstung solcher Grenzertragsböden ist daher eine vom Staat geförderte, sinnvolle Maßnahme. Als bei dem Sturm am 13. November 1972 auf einer großen Fläche – im Bild links – das Holz geworfen wurde, blieb nur der westliche Waldrand, der durch frühere Stürme gefestigt war, stehen. – Blickrichtung S

Durch ackerbauliche Nutzung, Knicks und dichte Besiedlung hebt sich die Geestinsel, der „Holm" von Meggerdorf, von den Grünlandflächen im Vorder- und Hintergrund deutlich ab. Die Siedlungsreihe am jenseitigen Rand der Geestinsel entstand im Zusammenhang mit den jahrhundertelangen Bemühungen um die Trockenlegung des feuchten Meggerkooges, in dem zu wohnen ungesund und
gefährlich war und der noch heute fast siedlungsleer ist. Die Alte Sorge, von der im Hintergrund ein Stück erfaßt ist, windet sich durch
ausgedehnte, nur extensiv genutzte Feuchtgebiete, in denen die Störche noch Frösche finden können. Für ein Gebiet von 500 ha an der
Alten Sorge ist Naturschutz vorgesehen. – Blickrichtung N

Meggerdorf und Meggerkoog

Vom Eisrand, der gegen Ende der letzten Eiszeit bei den Hüttener und Duvenstedter Bergen lag, flossen die Schmelzwasser durch den Raum Stapelholm zur Nordsee nach Westen ab. Einen Teil des mitgeführten Sandes lagerten sie als Sander ab, wobei die vorhandenen Altmoränen teilweise verschüttet wurden. Nur die höheren Kuppen reichen durch die Sanderdecke hindurch. Im Gelände kann man die Altmoränen an den hochgepflügten Steinen erkennen, während es sich bei steinfreien Sandhügeln – z. B. im Raum Sorgwohld – um Binnendünen handelt (Nr. 55).

Seit etwa 5500 v. Chr. rückte das Meer in die Deutsche Bucht vor, als Folge davon wurden die Flüsse gestaut, und auch der Grundwasserspiegel stieg an. Im Küstengebiet setzte bald die Marschbildung ein, die Schlickzufuhr in den meerfernen Raum der unteren Sorge war jedoch nur gering. Hier bildeten sich Schilfsümpfe und Bruchwälder aus, über denen stellenweise später Hochmoore emporwuchsen, z. B. das Tetenhusener Moor. An besonders niedrigen Stellen entstanden flache, schlammige Seen. Während die trockenen Geestinseln, Holme genannt, schon seit vorgeschichtlicher Zeit besiedelt waren, konnte man die Seen nur zur Fischerei, Vogeljagd und Reetgewinnung nutzen.

Ähnliche Binnenseen konnte man in Holland schon um 1600 mit Pumpen, die von Windmühlen angetrieben wurden, trockenlegen. Für die wohlhabenden und unternehmungslustigen Holländer, die um 1620 nach Friedrichstadt kamen (Nr. 83), lag es nahe, die neue Technik auf die Seen des riesigen Sorgekoogs anzuwenden, der 1613/15 durch den Bau des Eiderdeiches zwischen Stapelholm und Erfde entstanden war.

Christian Becker und mehrere andere niederländische Partizipanten erhielten 1623 einen herzoglichen Oktroi für den Megger-, Börmer- und Bergenhusener See. Schon 1624 begann man das großangelegte Vorhaben auszuführen: Die von Osten kommenden Flüsse Sorge und Bennebek wurden abgedämmt und durch einen Kanal, die Neue Sorge, nach Süden zur Eider abgeleitet. Für den Sorgeunterlauf, die Alte Sorge, schuf man einen neuen Abfluß zur Eider hin nach Westen. Der Meggersee wurde mit einem niedrigen Randdeich gegen den übrigen Sorgekoog abgegrenzt und dann durch Mühlen in die Niederung hinein entwässert. Ähnlich verfuhr man mit den übrigen Seen.

Obgleich das Vorhaben richtig geplant war, gelang es nicht, die Seen zu entwässern und zu nutzen. Dies

lag vor allem an den viel zu niedrig veranschlagten Kosten: Christian Becker ging schon 1627 in Konkurs. Außerdem standen die einheimischen Bauern dem Projekt der ausländischen Partizipanten, das ihnen keinen Nutzen brachte, ablehnend gegenüber. Schließlich wurden im Zuge der Kriegshandlungen die Deiche durchstochen, die halbfertigen Anlagen verfielen. 1645 beklagten die Partizipanten, „die noch vorhandenen Häuser und Mühlen würden durch den täglich aus und eingehenden Strom ruiniret". Um 1650 gaben fast alle niederländischen Partizipanten ihre Anteile auf, die nun an den Herzog zurückfielen.

Häufiger Wechsel der Pächter – ab 1706 Besitzer – und viele Klagen kennzeichnen die traurige Lage im Meggerkoog und den anderen ehemaligen Seen im 17. und 18. Jahrhundert. 1845 kaufte der Landinspektor Heinrich Tiedemann den ganzen, als „Dreckloch und Poggenpohl" bezeichneten Meggerkoog für 4800 Taler. Er hatte in Holland die Entwässerungstechnik genau studiert; nun ließ er die Gräben und Sielzüge reinigen, brachte die Deiche in Ordnung und stellte eine Dampfmaschine auf, die im Frühjahr in nur 14 Tagen den Koog trockenpumpte. Zur besseren Ausnutzung der Dampfmaschine errichtete Tiedemann u. a. eine Kornmühle und eine Dampfbäckerei. 1934 erwarb die Höfebank, die heutige Schleswig-Holsteinische Landgesellschaft, 787 ha Land im Meggerkoog, das nach 1950 teils aufgesiedelt, überwiegend zu Betrieben von 5–20 ha, teils zur Aufstockung verwendet wurde.

Seit 1940 hebt bei Fünfmühlen, dem Standort der einstigen Wind-Wassermühle und späteren Dampfmühle, ein modernes Schöpfwerk das Wasser in die Alte Sorge. Von dort fließt es zu dem großen Schöpfwerk Steinschleuse, wo es in die Eider gepumpt wird.

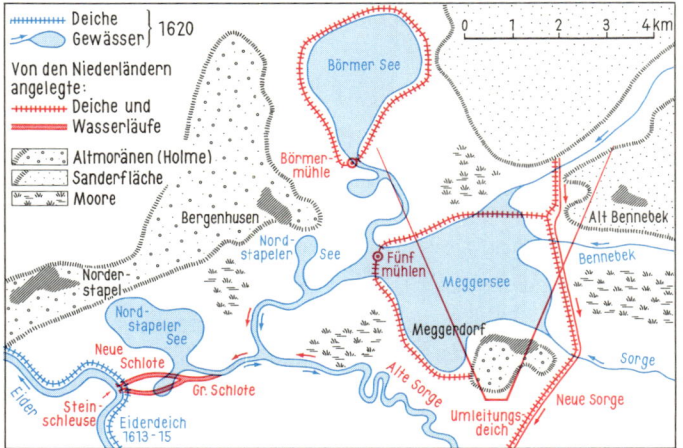

Eiderlandschaft bei Bargstall

Durch ein flaches, baumloses, grünes, fast siedlungs-leeres Land führt der gewundene Lauf der Eider. Wir sehen nur wenige Gehöfte beiderseits des Stromes: rechts liegen die Einzelhöfe der Moorkolonie Fried-richsgraben, auf dem linken, Dithmarscher Eiderufer lehnt sich Tielenhemme an den Deich an. Im Hinter-grund ist die Geestinsel von Erfde zu erkennen.

Seit alter Zeit bildet die Eider die Grenze zwischen Schleswig und Holstein. Einst war sie mit einer Länge von 188 km und einem Einzugsgebiet von 3000 km² der größte Fluß des Landes. Beim Bau des Nord-Ost-see-Kanals wurde die Eider in mehrere Teile zer-schnitten, deren obere in den Kanal entwässern. Nur in ihrem Unterlauf ist die Eider noch ein selbständiger Fluß. Die windungsreiche Strecke Rendsburg–Tön-ning ist 100 km lang (Luftlinie nur 46 km). Die Schön-heit des Bildes darf uns nicht darüber hinwegtäuschen, daß wir hier eine Landschaft mit vielen Problemen vor uns haben.

Der Boden besteht aus Moor bis zu einer Mächtig-keit von 8 m. Nur in der Nähe der Eider liegt eine dünne Kleischicht darüber, schon in einer Entfernung von einigen hundert Metern hört sie auf. Stellenweise finden wir noch unkultivierte Hochmoore. Auf dem feuchten und nicht standsicheren Moorboden kann man keine Gebäude errichten. Das braune Grundwas-ser ist für den menschlichen Gebrauch ungeeignet. Deswegen liegen die Siedlungen am Geestrand.

Früher machten sich die Gezeiten der Nordsee über diesen Raum hinaus bis nach Rendsburg bemerkbar. Bei Sturmfluten entstand in der Trichtermündung der Eider ein gewaltiger Rückstau; dann wurde das niedri-ge Land weithin überschwemmt. Dort, wo der Marschboden höher aufgeschlickt und darum doppelt wertvoll war, in der Gegend von Stapelholm-Erfde, hat man zuerst Deiche gebaut. In unserem Raum sind erst nach dem Jahre 1634 Sommerdeiche angelegt worden, und auch 150 Jahre später bildeten die Eider-deiche noch keineswegs eine lückenlose Linie. Auf den großen unbedeichten Flächen konnte sich nach wie vor bei Sturmfluten das Wasser ausbreiten.

Erst am Ende des 19. Jahrhunderts wurde die Eider durchgehend bedeicht, die vorhandenen Deiche wur-den erhöht. Wir können auf dem Bilde diese Deiche zu beiden Seiten des Flusses gut erkennen. Große Tei-le des Landes wurden damals erstmalig in Kultur ge-nommen. Eine unerwartete Folge dieser Verbesserun-gen war jedoch, daß bei Sturmfluten in dem verengten Raum zwischen den Deichen das Wasser extrem hoch anstieg und verheerende Deichbrüche eintraten.

Nachdem man 1936 die Eider bei Nordfeld, 4 km oberhalb von Friedrichstadt, durchdämmt hatte und das Wasser nun durch Siele abfloß, hat es keine Über-schwemmungen durch Deichbrüche mehr gegeben. Dagegen konnte die Entwässerung des tiefliegenden Gebiets nicht durchgreifend verbessert werden, zumal sich unterhalb der Abdämmung schon bald große Sandmassen ablagerten und den Abfluß zusätzlich er-schwerten (Nr. 82). Deswegen hat man die Eidernie-derung in den Jahren 1949/1951 auf künstliche Ent-wässerung umgestellt. Zahlreiche kleine Pumpwerke heben das Wasser aus der Niederung in den Fluß. Ein solches Schöpfwerk sehen wir am linken Ufer in der ersten großen Rechtskurve.

Diese Entwässerung reicht zwar aus, um Über-schwemmungen zu verhindern, der Grundwasserstand ist aber nach wie vor sehr hoch. Deshalb ist in dieser Landschaft praktisch kein Ackerbau möglich, und auch das Grünland kann keine hohen Erträge abwer-fen. Die unebene Beschaffenheit mehrerer Parzellen im Vordergrund läßt vermuten, daß sich hier an Stelle der Nutzgräser die Flatterbinse und die Rasenschmiele ausgebreitet haben. Diese Unkräuter bedecken auf vielen Fennen über die Hälfte des Landes.

Einer Gesundung des Eidergebietes stehen große Schwierigkeiten entgegen. Um die landwirtschaftli-chen Nutzungsmöglichkeiten zu verbessern, müßte der Grundwasserstand weiter abgesenkt werden. Dies wäre technisch möglich, hätte aber zur Folge, daß der Mooruntergrund erheblich „sacken" würde. Damit käme die Erdoberfläche in eine tiefere Lage als vorher. Das Grundwasser läge zur Flur nach wie vor zu hoch, jedoch würden die Pumpkosten im Vergleich zur Aus-gangssituation ansteigen. Eine Melioration des Eider-gebietes wäre daher kaum rentabel.

Heute trägt dieser menschenarme und verkehrsent-legene Raum noch manche Charakterzüge einer Na-turlandschaft. Auf den Wiesen und am Eiderufer fin-den wir Storch und Fischreiher, Kiebitz und Austernfischer. In manchen Mooren kann der gedul-dige Beobachter noch Birkwild zu sehen bekommen. Im moorbraunen Wasser der Eider leben Aal, Brach-sen und Zander; der früher hier heimische Stör dage-gen ist seit der Abdämmung verschwunden.

In ruhigen, großen Bogen windet sich die Eider durch eine Landschaft von wunderbarer Weite und Harmonie. Aber das grüne Land an der Eider ist ein Problemgebiet. Mooriger Untergrund, hoher Grundwasserstand und verkehrsferne Lage stehen einer intensiven Nutzung des Bodens entgegen. Die Eider bildet auch hier die Grenze zwischen den beiden alten Landesteilen Schleswig (rechts) und Holstein (links). Im Hintergrund links ist die Geestinsel von Erfde erfaßt. – Blickrichtung NW

Die Weiche Breiholz liegt genau in der Mitte des fast 100 km langen Nord-Ostsee-Kanals. Die kreisrunde Erweiterung sollte den Kriegsschiffen in dem nur 67 m breiten Kanal von 1895 das Wenden ermöglichen. An Ackerland und Knicks erkennt man die Altmoränen, am Grünland die weithin vermoorte Sanderlandschaft, in der links die durch den Kanalbau abgeschnittenen Bachläufe der Haarbek und Haalerau, rechts die Untereider in der Sonne glänzen. – Blickrichtung SW

Der Nord-Ostsee-Kanal

Handels-schiffe	Tonnage BRT	Anzahl der Passagen/Tonnageanteil					
		BRT bis 2000		2000–10 000		über 10 000	
1971	75 Mio.	60 835	44 %	6 508	40 %	858	16 %
1982	90 Mio.	33 971	25 %	9 127	49 %	1 631	26 %

Die Schiffe müssen im Kanal langsam fahren (Höchstgeschwindigkeit für alle Schiffe 15 km/h, für sehr große mit bestimmten Abmessungen 12 km/h). Da zwischen zwei Schleusungen in einer Richtung etwa je 45 Minuten vergehen, fahren die Schiffe einer Schleusung auch im Kanal als Pulk. Überholt wird selten. Ein solcher Pulk von vier Schiffen fährt soeben, von Brunsbüttel kommend, in die Weiche Breiholz ein. Zwei weitere Schiffe der gleichen Fahrtrichtung, aber vermutlich aus der vorangegangenen Schleusung, haben an den Dalben der Weiche haltgemacht, um die entgegenkommenden Schiffe einer Schleusung in Holtenau vorbeizulassen.

Nach ihren Abmessungen (Länge, Breite, Tiefgang) und z. T. nach der Art ihrer Ladung werden die Schiffe in 6 Verkehrsgruppen eingeteilt. Ein etwa 4000 BRT großes Schiff wie das im Vordergrund liegende würde in Gruppe 4 eingestuft. Es gilt die Regel, daß sich außerhalb der Weichen nur solche Schiffe begegnen dürfen, deren Verkehrsgruppen addiert die Zahl 7, in noch nicht ausgebauten Kanalabschnitten 6 nicht überschreiten. Ein Schiff der Gruppe 4 darf also außerhalb einer Weiche nur kleineren Schiffen begegnen.

Die Leitstelle Brunsbüttel lenkt den Schiffsverkehr im Kanal bis zur Weiche Breiholz, die Leitstelle Holtenau betreut die östliche Kanalhälfte. In den Leitstellen werden die laufend eingehenden Meldungen über die Schiffsbewegungen gesammelt und ausgewertet; über Fernsprecher werden Anweisungen an die Signalstationen gegeben, von denen aus der Verkehr in den Weichen durch Lichtsignale gelenkt wird. Eine solche Signalstation sehen wir am Nordufer der Weiche. Die Lotsen auf den Schiffen stehen mit den Leitstellen in Funksprechverbindung, sie können auch mit den Lotsen anderer Schiffe Sprechverbindung aufnehmen.

Lotspflichtig sind alle Schiffe mit mehr als 3,1 m Tiefgang und solche ab Verkehrsgruppe 2. Schiffe über 2500 BRT oder mehr als 15 m Breite müssen außerdem Kanalsteurer annehmen.

Nach 1950 nahm die Zahl der durch den Kanal fahrenden Schiffe, sowohl der kleineren als auch der großen, erheblich zu. Seit Ende der 1960er Jahre sinkt die Zahl der Kanaldurchfahrten wieder, wobei jedoch nur die kleinen Schiffe ab-, die großen dagegen weiterhin zunehmen. Von 1971 bis 1982 sank die Gesamtzahl der Schiffe von 73 400 auf 49 100, die Handelsschiffe von rd. 68 200 auf 44 700 ab.

Für eine so hohe Zahl großer Schiffe war jedoch der Kanal nicht dimensioniert. Wenn nämlich das Verhältnis Unterwasserquerschnitt des fahrenden Schiffes zu Kanalquerschnitt den Wert 1:7 überschreitet, treten an der Kanalsohle und an den Böschungen durch den starken Wasserrückstrom Schäden ein. Bei dem 828 m² großen Kanalquerschnitt von 1914 hatte ein 20 000 tdw großes Schiff ein Verhältnis von 1:4,3. Seit 1966 wird der Kanalquerschnitt auf der Strecke Brunsbüttel–Königsförde auf 1353 m² erweitert, so daß sich für ein 20 000 tdw-Schiff das Verhältnis von 1:7 ergibt. Nach Fertigstellung des Bauprogramms werden – einschließlich schon vorhandener Verbreiterungen – 88 km des Kanals die neuen Abmessungen besitzen (Nr. 21).

An der durch den Kanal gehenden Gütermenge (1971: 53 Mio. t; 1983: 59 Mio. t) hatte der Transport in West-Ost-Richtung einen Anteil von 41,5 % bzw. 40,7 %.

Da der Kanal die Landwege schneidet, obliegen dem Staat Bau und Betrieb von Verkehrseinrichtungen, die den Kanal queren. Dazu gehören 9 Brücken, 1 Fußgänger- und 1 Straßentunnel sowie 12 Fähren. Auch an der Nordostseite der Weiche Breiholz quert eine Fähre – vom Bild nicht erfaßt – den Kanal.

Durch den Bau des Nord-Ostsee-Kanals sind die Eider und zahlreiche Auen von ihren Oberläufen und deren Einzugsgebieten abgeschnitten worden. Daraus und aus der Tatsache, daß der Kanal annähernd im Meeresniveau liegt, ergibt sich, daß er Vorfluter für ein Niederschlagsgebiet von 1580 km² ist, das sind rd. 10 % Schleswig-Holsteins; davon werden 250 km² durch Schöpfwerke entwässert. Eines dieser Schöpfwerke sieht man auf dem nördlichen Kanalufer neben dem letzten Dalben.

Da der mittlere Salzgehalt in der Kieler Förde etwa 15 ‰, in der Elbe bei Brunsbüttel 3,5 ‰ beträgt, nimmt auch der Salzgehalt im Nord-Ostsee-Kanal von Holtenau in Richtung Brunsbüttel ab, er beträgt bei Breiholz noch etwa 3,5 ‰. Dem Salzgehalt entsprechend leben östlich von Rendsburg mehr Brackwasserfische; der Hering zieht zum Laichen bis in die Nähe der Autobahnbrücke Rade. Westlich von Rendsburg sind vermehrt Süßwasserfische anzutreffen.

Heidelandschaft am Boxberg bei Innien

In der Nähe des Dorfes Homfeld führt die neue Betonstraße Neumünster–Hohenwestedt als elegant geschwungene Linie durch unseren Bildausschnitt. In der großen Linkskurve liegt der Boxberg (mit langem o zu sprechen); dort, wo die drei hellen Trampelpfade zusammenlaufen, hat dieser Heidehügel seinen höchsten Punkt. Unmittelbar rechts der Straße ist eine zweite Heidefläche zu sehen. An ihrem vorderen Rand erkennen wir als dunklere Flecken im grünen Gras drei Hünengräber. Im Bildhintergrund rechts liegt das Mischwaldgebiet des Aukruges.

Vom Boden aus können wir die Pflanzengesellschaft der trockenen Sandheide kennenlernen. Neben dem Heidekraut (Calluna) finden wir nur wenige andere Pflanzen: die Geschlängelte Schmiele, mehrere Ginsterarten und – im Birkenschatten – die Bickbeere.

Wenn wir – etwa an einem warmen Augusttage – am Abhang des Boxberges rasten, können wir uns wohl in die Zeit Theodor Storms zurückversetzt fühlen, der die Heide so stimmungsvoll geschildert hat:

Es ist so still. Die Heide liegt
im warmen Mittagssonnenstrahle;
ein rosenroter Schimmer fliegt
um ihre alten Gräbermale.
Die Kräuter blühn, der Heideduft
steigt in die blaue Sommerluft.

Vor hundert Jahren bedeckte die Heide weit größere Areale als heute, ganz besonders auf der Geest im Landesteil Schleswig, aber auch auf dem Störsander westlich Neumünsters, wo damals viele Gemarkungen zur Hälfte oder mehr aus Heideland bestanden.

Die Moränenlandschaft auf unserem Bildausschnitt hat ein bewegtes Relief. Der Höhenunterschied zwischen dem Boxberg (67,9 m) und den tiefsten Punkten beträgt über 40 m. Dabei liegt diese Landschaft westlich der Grenze der jüngsten Vereisung. Picard nimmt an, daß ein am Ende der vorletzten Eiszeit, der Warthe-Vereisung, erfolgter Eisvorstoß diesen Raum gestaltet habe. In den tief eingeschnittenen Tälern hat man Fischteiche angelegt, die auf unserem Luftbild allerdings vom Wald verdeckt sind.

Auf unserem Herbstbild liegt der Acker frei, wir können an der Farbe die Böden erkennen. Bei den aschgrauen Flächen rund um die Heidehügel in Bildmitte handelt es sich um „trockenen Heidepodsol" (Podsol = russisch Asche). Die Entwicklung eines solchen Bodens stellt man sich so vor, daß zuerst unter dem Einfluß hoher Niederschläge ein sandiger Boden entkalkt wird. Bestimmte Pflanzen, zum Beispiel das Heidekraut, bilden saure, zum Teil wasserlösliche Humusstoffe, unter deren Wirkung auch andere Bodenbestandteile, vor allem Kolloide in Lösung gehen und ausgewaschen werden; zurück bleibt ein aschfahler Sand, die „Bleicherde". In einer Tiefe von etwa 35 bis 40 cm werden die Kolloide als Ortstein wieder ausgefällt. Wir können den oberen schwarzen Humusortstein von dem unteren gelbbraunen Eisenortstein unterscheiden. In einem Heidepodsol folgt also auf die Auswaschungszone die Anreicherungszone und erst dann der wenig veränderte Unterboden. Pflanzenwurzeln können den harten Ortstein nicht durchdringen, er behindert zudem den vertikalen Austausch von Luft, Wasser und Nährstoffen. Zur Kultivierung wird der Ortstein durch Tiefpflügen gebrochen.

„Rostfarbener Waldboden" nimmt die übrigen, mehr gelblichen Flächen ein. Auch er ist ein Podsolboden, doch ist die Bleichung im oberen Teil des Bodens nicht so ausgeprägt – am besten ist sie als graue Schicht unter der Pflugsohle zu erkennen. Auch die Ausfällung beschränkt sich auf rostbraune Bänder und Flecken; eine feste Ortsteinschicht fehlt.

Der trockene Heidepodsol tritt immer mit der Pflanzengesellschaft der trockenen Sandheide zusammen auf. Daraus ergibt sich die Frage, ob zuerst der Boden da war oder die Pflanzen, beziehungsweise ob die Heide als eine letzten Endes klimabedingte Naturlandschaft zu erklären oder ob sie erst als Folge menschlicher Eingriffe entstanden ist.

Der Name Boxberg (eigentlich Booksberg) läßt vermuten, daß der Hügel früher mit Buchenwald bestanden war. Wir hätten uns die Entwicklung der Landschaft dann so vorzustellen, daß der Wald gerodet oder durch lang dauernde Nutzung als Waldweide zu Heide wurde. Die damit einsetzende stärkere Podsolierung des Bodens blieb auf die Hügel in Bildmitte beschränkt, während der beackerte Boden ringsum kaum in Mitleidenschaft gezogen wurde. Nur die in jüngster Zeit in die Heide gerodeten Flächen zeigen deshalb die graue Farbe der Bleicherde. Nach 1950 hat man den größten Teil der ehemaligen Heidefläche mit Nadelhölzern (Lärchen, Fichten) aufgeforstet. Die Heide wäre wohl schon ganz verschwunden, hätten Heimatfreunde nicht die Erhaltung des restlichen Areals durchgesetzt.

Zur Heide gehört nicht nur die charakteristische Pflanzengesellschaft der „Calluna-Heide", sondern auch ein ebenso typischer Boden, der „trockene Heidepodsol", dessen grauer Bleichsand selbst aus der Luft unverkennbar ist. In den letzten hundertzwanzig Jahren sind auf der schleswig-holsteinischen Geest sehr große Heideflächen kultiviert und vor allem mit Nadelhölzern aufgeforstet worden. — Blickrichtung OSO

Unweit der Landschaftsgrenze zwischen der Geest, die im Rücken des Betrachters liegt, und dem östlichen Hügelland erfaßt der Blick eine wechselhaft gestaltete und unterschiedlich genutzte Jungmoränenlandschaft mit Acker- und Grünlandparzellen, Knicks, Laubwäldern, mehreren Einzelhöfen und dem Haufendorf Dätgen (links). Das Große Dätgener Moor, ein Hochmoor, das sich im Laufe mehrerer Jahrtausende in einer feuchten Senke gebildet hat, lieferte einst Torf als Feuerung für die Dörfer der Umgebung; heute wird er im Torfwerk Schülp (vorn) zu bodenverbessernden Torfprodukten verarbeitet. – Blickrichtung NO

Großes Dätgener Moor – Hochmoorentstehung und Torfgewinnung

Hochmoore können im gemäßigten Klima dort gedeihen, wo erheblich mehr Niederschläge fallen, als Wasser verdunsten kann, wie es in Schleswig-Holstein der Fall ist. Hochmoore können auf verschiedene Weise entstehen. Einmal kann ein Hochmoor über einem verlandeten Gewässer, also über einem Flach- oder Niederungsmoor, emporwachsen. Hochmoore können aber auch ohne vorangegangene Flachmoorbildung auf mineralischem Untergrund entstehen, wenn dieser genügend feucht, nährsalzarm und sauer ist. Die meisten Hochmoore unseres Landes, auch das Große Dätgener Moor, gehören zu dem letzteren Typ des „wurzelechten Hochmoores".

Die eigentliche hochmoorbildende Pflanze ist das Torfmoos (Sphagnum). Es kann von dem Wasser und von den Nährstoffen leben, die Wind und Niederschläge ihm zuführen. In ihrem lockeren, schwammigen Gewebe und zwischen den engstehenden Pflanzen eines Polsters können Torfmoose ein Vielfaches ihrer eigenen Masse an Wasser speichern. Das Torfmoos hat keine Wurzeln, es wächst oben unter Verzweigung weiter und stirbt unten ab. Infolge der sehr sauren Reaktion, verstärkt durch Sauerstoffabschluß, verwesen die abgestorbenen Moose nicht, sondern unterliegen nur einer sehr langsamen Zersetzung: es entsteht Torf, dessen obere, hellbraune, lockere Schicht als *Weißtorf*, die untere, dunkelbraune, stärker verdichtete und zersetzte Schicht als *Schwarztorf* bezeichnet wird.

Das Große Dätgener Moor war ursprünglich etwa 8 m mächtig, z. Zt. sind es noch 5–6 m, wovon das obere Drittel Weißtorf, der Rest Schwarztorf ist.

Am Rand ist das Moor parzelliert, es fällt auf, daß die Streifen schmal und viel kleiner sind als die Nutzflächen im Vordergrund. Noch viel mehr und schmalere Streifen, also mehr Besitzer, läßt die Katasterkarte erkennen. Darin zeigt sich die enorme Rolle, welche der Torf, vor allem der Schwarztorf, für die Versorgung der ländlichen Bevölkerung mit Brennmaterial einst hatte. Jedermann, auch aus weiter entfernten Orten, versuchte, ein kleines Moorstück zu erwerben, teils auch zum gewerbsmäßigen Abbau. Der Torf wurde im Mai gestochen, also in einer für die Bauern arbeitsarmen Zeit. Die hergebrachte Brenntorfgewinnung nahm nach 1945 noch einmal stark zu, sie erlosch im Großen Dätgener Moor um 1965.

Der seit 1920 vom Torfwerk Schülp betriebene Abbau zielt nicht auf die Gewinnung von Brenntorf, vielmehr dient der Torf als Rohstoff für bodenverbessernde Erzeugnisse. Bis vor wenigen Jahren war dazu nur der Weißtorf geeignet, heute kann man – mit neuen Verfahren – auch den Schwarztorf einsetzen.

Das Große Dätgener Moor geht in das Schönbeker Moor ohne Grenze über, beide Moore zusammen sind rund 300 ha groß. Auf rund 180 ha wird großflächig der Torf abgebaut. Dies geschah bis um 1955 mit bis zu 120 Arbeitskräften noch im reinen Handstichverfahren. Seither erfolgt der Abbau maschinell. Dazu teilt man die trockengelegte Mooroberfläche in parallel verlaufende lange Gräben, „Kuhlen" genannt, mit dazwischenliegenden „Bänken" ein (Luftbild). Beim „Sodenstichverfahren im Kuhlensystem" fährt die Maschine langsam an der etwa 1 m hohen Torfwand der Bank entlang, von der sie einen 42 cm breiten senkrechten Streifen abschneidet und in Torfblöcke von 16×16×42 cm Größe zerteilt. Diese werden auf der Mooroberfläche zum Trocknen ausgelegt; im Laufe des zwei Jahre dauernden Trocknungsprozesses werden sie mehrmals von Hand auf- bzw. umgesetzt. Zum Schutz gegen länger dauernde Niederschläge, vor allem während des Winterhalbjahres, werden die Soden durch schwarze Kunststoffolien geschützt.

Die trockenen Soden werden mit der Feldbahn, die durch das Moor führt, zur Fabrik gefahren. Dort werden sie gelagert und vor der Verarbeitung elektronisch auf Fremdkörper, z. B. Geschosse aus dem Zweiten Weltkrieg, durchsucht. Der Torf wird grob zerrissen, dann gemahlen, gesiebt und den Abfüllautomaten zugeführt, wo er gepreßt und in Folie verpackt wird.

Jährlich werden etwa 200 000 Ballen „Floratorf" und Torfmischdünger „Supermanural" sowie Torfkultursubstrat für den Erwerbsgartenbau erzeugt und überwiegend in Schleswig-Holstein abgesetzt.

Im Torfwerk sind 50–70 Arbeitskräfte beschäftigt, großenteils Gastarbeiter, die in werkseigenen Unterkünften wohnen. Während Fabrikation und Versand ganzjährig betrieben werden, ruht die Arbeit im Moor saisonbedingt 1–3 Monate lang.

Nach Beendigung der Abtorfung – voraussichtlich in etwa 30 Jahren – wird die Moorfläche nach Abstimmung mit den Fachbehörden in ein vom Menschen ungenutztes Feuchtbiotop überführt.

Torfgewinnung wird in Schleswig-Holstein außerdem im Himmelmoor, Breitenburger und Tarbeker Moor betrieben.

Die Industriestadt Neumünster

Das Gemenge von Verkehrs- und Grünanlagen, Wohn-, Industrie-, Kasernen- und Geschäftsbauten, vielfach im unharmonischen Nebeneinander aller Baustile der letzten hundert Jahre, zeigt, daß Neumünster trotz seines hohen Alters eine junge Stadt ist.

Von dem novum monasterium, einem Augustiner-Chorherrenstift, das Vicelin im 12. Jahrhundert an dieser Stelle als Stützpunkt seiner Slawenmission gründete, hat der Ort seinen Namen erhalten. Stiftskirche und Kloster lagen etwa an der Stelle, an der sich heute die 1828–1834 erbaute klassizistische Vicelinkirche befindet (Bildmitte), umgeben von freundlichen Grünanlagen, die den Schwalebogen begleiten. Jenseits der Kirche liegt der durch moderne Wohnbauten neu gestaltete Kleinflecken; östlich (rechts) des Schwalebogens erkennt man den langen, dreieckigen Großflecken, an dessen jenseitigem Ende liegt links der umgrünte Schwaleteich, rechts eine Parkanlage an der Stätte eines mittelalterlichen Nonnenklosters. Damit ist der alte Ortskern Neumünsters bezeichnet. Vor allem die Stadtteile jenseits des Schwaleteiches bis zum oberen Bildrand sind erst mit dem Wachstum der Industrie seit etwa 1820 entstanden (Textzeichnung).

Das wichtigste Gewerbe war lange Zeit die Tuchmacherei. Bereits im 18. Jahrhundert arbeiteten in Neumünster an fünfzig zünftige Tuchmachermeister. Mehrere hundert Spinner stellten gegen Lohn in Heimarbeit das benötigte Garn her. Auch die Insassen des Zuchthauses – im ehemaligen Klostergebäude – mußten Garn spinnen. Als der Zunftzwang bald nach 1800 wegfiel, stellten sich die Tuchmacher nach englischem Vorbild auf Maschinenarbeit um. 1823 wurde in der Tuchfabrik von Renck auf der Klosterinsel die erste Dampfmaschine aufgestellt.

Seit 1832 verband die neue „Chaussee", seit 1845 die erste schleswig-holsteinische Eisenbahn Neumünster mit Altona und Kiel. Die Eisenbahntrasse – sie verläuft quer durch den Bildausschnitt – lag damals noch außerhalb des Ortes. 1846 baute man die Strecke nach Rendsburg, bis 1877 die Linien nach Neustadt, Oldesloe und Heide. Damit war Neumünster zum Eisenbahnknoten Schleswig-Holsteins geworden.

Der mit der Einverleibung in Preußen gegebene Anschluß an den Deutschen Zollverein hatte eine erhebliche Umstellung für die Wirtschaft Neumünsters zur Folge. Zur Tuchfabrikation und zum Textilmaschinenbau kamen nun Trikotagenherstellung und Konfektion hinzu, ferner eine vielseitige Eisenindustrie, ein bedeutendes Eisenbahnausbesserungswerk und mehrere große Lederfabriken. Rasch wuchs die Einwohnerzahl (1803: 2600, 1867: 9000, 1895: 22 000, 1914: 38 000, 1939: 54 000); die Stadtfläche weitete sich aus. Jenseits der Eisenbahn erkennen wir enggebaute Wohnblocks aus Wilhelminischer Zeit. Ältere Ortsteile wurden mit häßlichen Mietshäusern durchsetzt.

Im Zweiten Weltkrieg wurde durch Bomben etwa ein Drittel Neumünsters zerstört. Beim Wiederaufbau hat man sich bemüht, die Stadt sinnvoll zu gliedern und freundlich zu gestalten: Zwischen Bahnhof und Großflecken hat sich ein modernes Einkaufs- und Geschäftszentrum entwickelt, zum Teil mit repräsentativen Bauwerken.

Auch die Industrie Neumünsters erfuhr einen Strukturwandel. Alle vier Werke der Lederindustrie mußten zwischen 1964 und 1968 stillgelegt werden, da sich die Standortbedingungen für diese Branche zuungunsten Norddeutschlands verändert hatten. Auch in der Textilindustrie kam es zu Stillegungen. Dagegen konnte der Maschinenbau seine Stellung ausbauen, außerdem entstand je ein bedeutendes Werk der Elektro- und Bekleidungsindustrie neu.

Die Stadt zählt 79 500 Einwohner (1983). 45 Prozent aller Beschäftigten sind im Jahre 1982 in Industrie und Handwerk tätig – keine andere Stadt in Schleswig-Holstein weist einen so hohen Prozentsatz auf. Mit Recht führt Neumünster Fabrikschornsteine in seinem Wappen!

Die Stadt hat außer einer Textilfachschule auch ein Textilmuseum. Hier findet man unter anderem Stoffe, die vorgeschichtlichen Funden aus den Torfmooren und Baumsärgen des Landes nachgewebt worden sind.

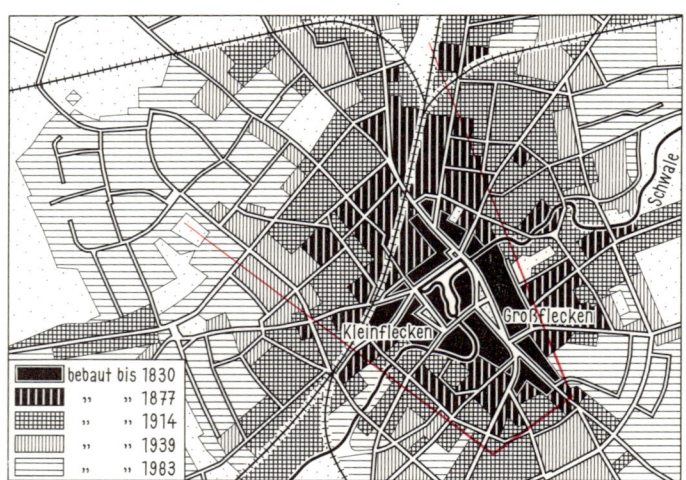

bebaut bis 1830
„ „ 1877
„ „ 1914
„ „ 1939
„ „ 1983

Mitten durch Neumünster windet sich die Schwale, ein kleiner Nebenfluß der Stör. An dem Grün, das die Schwale begleitet, kann man ihren Lauf leicht verfolgen. In der großen Schwaleschleife liegt – genau in Bildmitte – die klassizistische Vicelinkirche; der dreieckige Platz jenseits davon, der Kleinflecken, ist der älteste Siedlungskern Neumünsters. Rechts der Vicelinkirche erkennt man den ebenfalls dreieckigen Großflecken, einen ehemaligen Straßenmarkt, durch den heute wie einst der Verkehr geht. Vom Großflecken bis zum Bahnhof (oben) ist ein Geschäftszentrum mit mehreren großen Bauten entstanden. Im übrigen weist die Bebauung Neumünsters Elemente aus verschiedenen Epochen in recht bunter Mischung auf, darunter befinden sich mehrere Fabrikkomplexe. – Blickrichtung NW

Trappenkamp in Holstein gehört wie Espelkamp in Westfalen zu den Siedlungen, die nach 1945 auf dem Gelände ehemaliger Muni-tionslager geschaffen wurden und namentlich Heimatvertriebenen Unterkunft und Lebensmöglichkeit gaben. Diese Orte sind zugleich Ansatzpunkte für eine Industrialisierung vorwiegend agrarischer Gebiete. In den Straßennamen von Trappenkamp klingt die verlore-ne Heimat der Flüchtlinge: Gablonz, Hermannstadt und Breslau, Kurland, Königsberg und Danzig. – Im Hintergrund links der Ort Bornhöved und das Schlachtfeld entscheidender Kämpfe unserer mittelalterlichen Geschichte. – Blickrichtung SO

Trappenkamp

Was wir im Bilde vor uns sehen, ist – geologisch – ein Teil des Bornhöveder Sanders aus der letzten Eiszeit, dessen hier 30 m mächtige Sand- und Kiesmassen bis zu 50 m NN aufgeschüttet worden sind. Wegen seiner mageren Böden trug er eine Heidevegetation und wurde nur extensiv als Weide genutzt. Diese verkehrsfreundliche Landschaft ist eines der bekanntesten Schlachtfelder unseres Landes: Hier schlugen 798 die Wenden mit fränkischer Unterstützung die nordalbingischen Sachsen; hier besiegte 1227 Adolf IV. von Holstein mit seinen Verbündeten den Dänenkönig Waldemar II.; hier lieferte 1813 die auf Napoleons Seite kämpfende schleswig-holsteinisch-dänische Armee ein Rückzugsgefecht gegen die schwedischen Truppen Bernadottes, der „in Holstein Norwegen erobern" wollte. Zwischen 1870 und 1900 wurde hier Krieg nur noch geübt: Die „Gönnebeker Heide" war Truppenübungsplatz der Schleswiger und Wandsbeker Husaren. Dann aber brach der preußische Fiskus durch metertiefes Pflügen die Ortsteinschicht und forstete das Gelände auf. 1935 war der Fichtenbestand bereits so hoch und dicht, daß er gegen feindliche Luftaufklärung eine ausreichende Tarnung bot für ein hier anzulegendes riesiges Depot von hochbrisanten Minen und Wasserbomben. Auf einem 172 ha großen Gelände wurden 170 Betonbunker mit dazugehörigen Laborierräumen und Unterkünften gebaut. Jeder Bunker war an ein leistungsfähiges Löschwasserleitungsnetz aus eigenem Pumpwerk sowie durch Schienenstränge an die Kleinbahn Kiel–Bornhöved angeschlossen. Die gegen Kriegsende befohlene Sprengung unterblieb – sie hätte sich in weitem Umkreis verheerend ausgewirkt. Die britische Besatzungsmacht ließ die Munition fortschaffen, den Wald restlos abholzen und wollte die Bunker sprengen. Doch dazu kam es nicht. Durch die furchtbare Not infolge der Bombenzerstörungen und des Zustroms von Flüchtlingen und Heimatvertriebenen nach Schleswig-Holstein sowie im Bewußtsein ihrer eigenen Verantwortung gestatteten die Engländer der Gablonzer Glas- und Schmuckwarenindustriegenossenschaft, die Bunker als Unterkünfte zu benutzen. Etwa sechshundert Menschen, meist Sudetendeutsche, fanden hier Obdach. Jede Familie erhielt einen Bunker als Wohn- und Werkraum. Eine Glashütte belieferte die Handwerksbetriebe.

Trappenkamp war zu einem großen, trostlos anmutenden Flüchtlingslager geworden. Doch nach und nach wurden in die Muni-Bunker Fenster gebrochen; als zusätzliche Notunterkünfte wurden „Nissenhütten" aus Wellblech aufgestellt. 1948 begann man langsam, wie die Not der Zeit es erlaubte, mit dem Bau richtiger Wohnhäuser. Wegen der vorhandenen Wasserleitungen folgen Wegenetz und Bebauung weitgehend dem alten Arsenalschema.

Die Bewohner der umliegenden Bauerndörfer empfanden die „Industriesiedlung" Trappenkamp wegen der völlig andersartigen Sozialstruktur als einen Fremdkörper. Schon die Mundart (etwa 75 % der Heimatvertriebenen waren Sudeten- und Rumäniendeutsche und Schlesier) und die Konfession (41 % Katholiken, 13 % Altkatholiken) wirkten kontakthemmend. So ist es verständlich, daß die meisten „Gablonzer" Anschluß an ihre Landsleute suchten, die in Bayern, in Neu-Gablonz südlich von Augsburg, eine Heimstätte gegründet hatten. Verständlich aber auch, daß auf beiderseitigen Wunsch Trappenkamp 1956 aus dem Kommunalverband Bornhöved ausschied, als eine Gemeinde von 950 Einwohnern.

Die Landesregierung in Kiel hat weiterhin der *Industriesiedlung Trappenkamp* ihre Fürsorge zugewendet. Standortgemäße Industrien ausfindig zu machen, war nicht leicht, da ein abseits gelegenes ehemaliges Munitionslager an sich keineswegs ideale Voraussetzungen bot. Doch verleiht die neue Bundesstraße 404 dem Ort eine günstige Verkehrslage.

Ein starker Anreiz war der bewußt niedrig gehaltene Bodenpreis von 20 Pfennig/qm (allerdings mit der Klausel, bei Weiterverkauf den Mehrerlös an das Land abzuführen). Bis 1970 stieg die Einwohnerzahl auf 4300, davon waren nur noch etwa ein Drittel Flüchtlinge und nur noch ein Sechstel Katholiken. Aber immer noch waren rund Dreiviertel aller Beschäftigten im produzierenden Gewerbe tätig. Von der krisengefährdeten Glasindustrie hat sich das Schwergewicht zur Bauindustrie verlagert. Andere Betriebe stellen Motorgeräte und Feuerwerkskörper her.

Die meisten Bunker und Nissenhütten sind verschwunden. Weiträumig hat man die neuen Wohnblocks und Einfamilienhäuser gebaut. Ein Fernwärmeheizwerk versorgt die Siedlung. Die Katholiken, Protestanten und Neuapostoliker haben ihre eigenen Kirchen, die Zeugen Jehovas ihren Versammlungsraum, die Altkatholiken sind in der Evangelischen Kirche zu Gast.

Holsteinische Baumschulenlandschaft bei Halstenbek

Wir blicken über einen kleinen, etwa 250 ha umfassenden Teil der holsteinischen Baumschulenlandschaft beiderseits der Bundesstraße 5, die quer durch unser Bild zieht. Die aschfahle Farbe einiger frisch gepflügter und geeggter Ackerbeete verrät, daß es sich um Podsolböden handelt. Die flachgewellte Altmoräne ist fast ganz mit Baumschulkulturen bedeckt, ausgenommen sind eigentlich nur die Niederungen, die sich wegen Bodenfrostgefahr dafür nicht eignen.

Unser Bildausschnitt mutet wie eine Gartenbaulandschaft an, und damit ließen sich diese Baumschulen auch am ehesten vergleichen. Wir haben hier die intensivste Art der Bodennutzung vor uns, die wir in Schleswig-Holstein kennen. Immer noch ist Handarbeit weithin unentbehrlich. Je Hektar werden daher ungewöhnlich viele Arbeitskräfte benötigt. Und dabei war gerade diese Gegend vor hundert Jahren so gut wie völlig siedlungsleer, eine armselige Heide- und Moorlandschaft ohne Baum und Strauch; eingesprengt lagen hier und da magere Äcker, auf denen die Bauern der nächsten Dörfer ein paar Jahre hintereinander Buchweizen, Roggen und Kartoffeln anbauten, um sie dann jahrelang brachliegen zu lassen, damit sich der Boden wieder etwas erholen konnte. Wenige Landstriche haben einen solchen Wertzuwachs erfahren.

Den Anstoß dazu gab die 1795 in Flottbek bei Hamburg gegründete „Englische Baumschule" von J. Booth. Sie versorgte vornehmlich die Parks und Gärten von Hamburger Patriziern mit Pflanzgut. Ein weiterer großer Bedarf an Hecken- und Waldpflanzen ergab sich durch die Verkoppelung, weil die Knickwälle und – bei der beginnenden Forstpflege – die Kahlflächen in den Wäldern bepflanzt werden mußten. Da Booth selbst nicht genug liefern konnte, übernahm er auch Wildlinge und Jungpflanzen, die von Leuten in der Umgegend gesammelt wurden. Der Halstenbeker Bauernsohn H. H. Pein begann um 1820 auf dem väterlichen Grund und Boden mit der planmäßigen Anzucht von Forstpflanzen, und allmählich folgten andere Dorfbewohner seinem Beispiel, alle zunächst im Vertragsverhältnis mit Booth. Selbst aus sehr kleinen Flächen war ein guter Verdienst herauszuwirtschaften. Die Bodenpreise stiegen, die Bauern verkauften mehr und mehr von ihrem Land. Schließlich wurde Halstenbek, als es Bahnanschluß erhalten hatte, zu einer reinen Baumschulgemeinde, und ähnlich ging es mit einigen Nachbardörfern.

Die Firma Pein & Pein nennt sich mit Recht die älteste und größte deutsche Forstbaumschule. Sie, ebenso wie andere größere Firmen, übernimmt auch den Verkauf von Pflanzen aus den zahllosen Zwergbetrieben, die sich – oftmals nebenberuflich – mit Pflanzenanzucht befassen. Während es sich in unserem Bereich um eine Forstpflanzen-Monokultur handelt, finden wir in der Gegend von Tornesch und Uetersen vorwiegend Hochbaumkulturen (Obst- und Zierbäume) und Rosenzucht.

Die Samen werden meist etwas vorgekeimt ausgesät und die Beete mit hellem Sand bestreut, damit die jungen Pflanzen bei starker Sonneneinstrahlung nicht verbrennen – man erkennt solche Flächen auf dem Bild. Gegen Sonnenbrand, aber auch gegen Nachtfrost werden empfindliche Kulturen auch wohl mit Rohrmatten oder Planen überdeckt – im Vordergrund sehen wir sie an einigen Stellen zusammengerollt über den Beeten. Dunkle Streifen auf dem Bild sind 1 bis 2 m hohe Thujahecken. Sie dienen als Windschutz; denn der ausdörrende und bodenverwehende Wind ist der größte Feind. Die Pflänzchen werden meist nach zwei Jahren erstmals umgepflanzt, nach vier oder mehr Jahren sind sie versandreif. Ein großer Teil geht an ausländische Kunden.

Ein Baumschulbetrieb bedeutet einen „Raubbau"; denn dem Boden wird nicht nur die gesamte Pflanzensubstanz einschließlich der darin festgelegten Nährsalze restlos entzogen, sondern außerdem noch mit den Wurzelballen wertvolle Muttererde. Mit Kunstdünger allein lassen sich Nährstoff- und Humusgehalt und die Bodenstruktur nicht erhalten; in großem Maße müssen daher Dung, Kompost und andere organische Substanzen zugeführt werden.

Unser Bild stammt aus dem Jahre 1964, ist also „historisch". Seitdem hat sich mancherlei geändert. Die gestiegenen Lohnkosten, die nur in geringem Maße durch verstärkten Maschineneinsatz kompensiert werden können, stellten die Rentabilität vieler Betriebe in Frage. Zugleich boten andere Gewerbezweige besser bezahlte Arbeitsbedingungen. Andererseits drängt das nur 1 km entfernte Hamburg mit Gewerbebetrieben und Wohnsiedlungen stark in den holsteinischen Raum hinein (vgl. Topogr. Atlas Nr. 53). Dort jedoch, wo die kleinfeldrige, gartenbauähnliche Intensivkultur noch vorhanden ist, sieht sie ebenso aus wie auf unserem Bild.

Eigenartig, daß Schleswig-Holstein, das waldärmste deutsche Bundesland, die „Wiege des deutschen Waldes" ist! Es liefert etwa 40 % des deutschen Bedarfs an Forstpflanzen. Auf den peinlich sauber gehaltenen Beeten wachsen Millionen von Waldbäumen heran, die dann als Pflanzgut in alle Welt verkauft werden. Halstenbek genießt Weltruf – das spricht für Qualität, und die wiederum ist das Ergebnis langer Erfahrung und sorgsamster Behandlung. Es gibt Betriebe von wenigen Ar bis zu solchen mit über 100 Hektar. – Blickrichtung NNO

Unser Bild zeigt eines der bedeutendsten schleswig-holsteinischen Industrieunternehmen, standortmäßig gebunden an Kreidevorkommen in oberflächennaher, abbaugünstiger Lage. Wir sehen im Vordergrund das hochgradig automatisierte neue Zementwerk, links dahinter sowie in der Ferne (südlich von Itzehoe) die älteren, jetzt z. T. stillgelegten Fabriken; sie belasteten in viel stärkerem Maße als das moderne Werk die Umwelt durch Staub und Abgase. – Blickrichtung NW

Die Alsen-Breitenburger Zement- und Kalkwerke GmbH

Auf unserem Bild gewinnen wir Einblick in Erdschichten, die vor 60 bis 130 Millionen Jahren, während der Kreidezeit, entstanden sind. Damals war unser Land großenteils von einem Meer bedeckt. Dieses war reich an kalkschaligen Einzellern; sie lieferten die Hauptmasse für die Kreideablagerungen, während aus den Resten von Kieselschwämmen, die am Meeresgrund wuchsen, die dunklen Feuersteine innerhalb der Kreide entstanden sein dürften.

Während der Tertiärzeit – es war eine geologische Unruhezeit, in der auch die Alpen entstanden – sind an Schwäche- und Bruchzonen der Erdkruste Salzmassen, die in der Zeit des Rotliegenden und des Zechsteins abgelagert worden waren, emporgedrückt worden und haben dabei die darüber lagernden Erdschichten entweder durchstoßen (bei Elmshorn) oder lediglich emporgehoben (bei Lägerdorf). Hier konnte dann das Inlandeis die Kreideschichten z. T. abhobeln und eine dünne Moränendecke darüberlegen.

Den Bauern auf der Münsterdorfer Geestinsel fiel schon vor Jahrhunderten das dicht unter der Oberfläche anstehende Kalkgestein auf. Trotz des Verbotes der Grundherrschaft, der Grafen Rantzau auf Breitenburg, gruben und hackten sie das Gestein auf und verkauften es als Malerkreide oder Düngekalk.

Die für den Abbau bequem zugängliche Lägerdorfer Lagerstätte gewann große Bedeutung, nachdem 1824 in England der Maurer J. Aspdin herausgefunden hatte, daß eine Mischung aus drei Teilen Kreide und einem Teil Ton bei Erhitzen auf etwa 1500° C ein hartes Kalksilikat und, zu Pulver vermahlen, einen guten Zement ergibt, den sogenannten Portlandzement. Dieses Baumaterial hat, vor allem nach der Erfindung

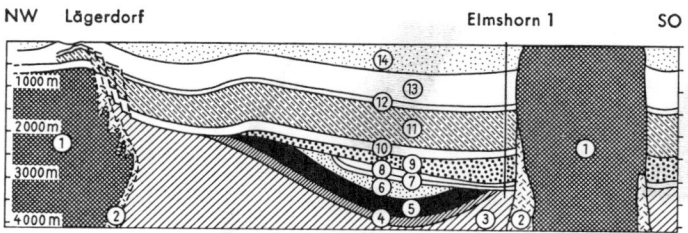

Länge zu Höhe = 2:1   nach Gripp

1 Rotliegendes	8 Malm Alpha
2 Zechstein	9 Wealden-Unterkreide
3 Gipskeuper	10 höhere Unterkreide
4 Oberer Keuper	11 Oberkreide
5 Lias	12 Paläozän
6 Dogger Alpha-Epsilon	13 Eozän
7 Dogger Zeta	14 Oligozän u. Miozän

des Stahlbetons durch den Franzosen Monier (1870), die Welt erobert. In Zülchow bei Stettin war 1855 die erste deutsche Zementfabrik errichtet worden. Sieben Jahre später gründete der Ire E. Fewer zusammen mit W. Aspdin, dem Sohn des Erfinders, in Lägerdorf eine „Englische Cementfabrik". Im Jahr darauf entstand die Alsensche Cementfabrik in Itzehoe (links im Hintergrund die weiße Fabrik mit den hohen Schornsteinen). 1890 übernahm das Alsensche Werk auch die Fewerschen Anlagen. Mittlerweile (1882) hatte der Graf Rantzau die Breitenburger Portland-Cement-Fabrik in Lägerdorf gegründet.

In den Produktionsmethoden kommt die Entwicklung der Technik zum Ausdruck. Es begann mit fast ausschließlicher Handarbeit: Abbau der Kreide mit Hacke und Schaufel, dann mit Baggern, heute mit Großraumbaggern mit einer Schnittiefe von 36 m und einer Stundenleistung von 800 bis 900 t. Der Transport von der Grube zur Fabrik erfolgte zuerst mit Schubkarren, dann mit Pferdebahn und Eisenbahn, jetzt mit Drahtseilbahn oder Pipeline, in der die mit 73 % Wasser „verflüssigte" Kreide befördert wird. Zeitweilig (seit 1878) benutzte man den eigens für den Antransport der Kohle und den Versand von Kalk und Zement geschaffenen Breitenburger Kanal zwischen der Stör und dem Werk Lägerdorf. 1974 ist man vom Wasserweg wieder abgekommen zugunsten eines raschen und unmittelbaren Verkehrs zwischen Lieferant und Empfänger, per Bahn oder LKW. Der für die Zementherstellung erforderliche Ton kommt per Seilbahn oder LKW von dem 23 km entfernten Muldberg bei Wacken: Dort stehen hochwertige tertiäre Tone in einer vom Inlandeis verschleppten Scholle an.

Die zunehmende Konkurrenz anderer Zementhersteller und der Zwang zu verstärkter Modernisierung führte 1972 zur Fusion der beiden hiesigen Werke, zur „Alsen-Breitenburger Zement- und Kalkwerke GmbH", und zur Konzentration der Produktion in dem neuen Werk im Vordergrund unseres Bildes. Es bezieht die Rohkreide vorwiegend aus der riesigen Grube Saturn (man sieht einen Zipfel hinten am rechten Bildrand). In mächtigen Drehöfen wird die Kreide-Ton-Mischung gebrannt, dann gemahlen und in Silos gespeichert oder zum Versand in Papiersäcke abgefüllt (die von einem Mann bediente Maschine schafft in 1 Stunde 1000 Sack). Die Jahresproduktion des Werkes beträgt etwa 2,5 Mio. t Zement und Kalk.

Der Gotteskoogsee

In der Mitte des 16. Jahrhunderts bestand nördlich von Niebüll eine große Wattbucht, die an zwei Stellen mit der Nordsee in Verbindung stand. Wahrscheinlich ist das Meer erst im 14. Jahrhundert in diese Niederung – bis dahin eine Moor- und Sumpflandschaft – vorgedrungen. In dem meerfernen Raum wuchs das Vorland viel langsamer als weiter seewärts. Obgleich also das Gebiet noch nicht „deichreif" war, bewog Herzog Hans d. Ä. von Sonderburg die Bauern der drei angrenzenden Harden zur Bedeichung: Sie stellten dazu 663 Störten (Sturzkarren). Der Herzog setzte seinerseits die Hand- und Spanndienste anderer Untertanen in großem Umfang für die Sache ein. Während man für die Durchdämmung der Wiedau, des Feddersbüller und des Hülltofter Tiefs vier Jahre (1562–1565) benötigte, konnte der sehr viel längere Deich zwischen Wiedingharde und Bökingharde (Kornkoog) in einem Jahr (1566) gebaut werden. Es sollte aber noch vierhundert Jahre dauern, bis man die Probleme der Entwässerung lösen konnte.

Etwa 2900 ha des Gotteskooges waren „Hochland", über 5000 ha entwässerungsbedürftiges „Schlickland", 2000 ha waren Wasser, hier war eine Trockenlegung ohnehin nicht möglich. Aber auch das Schlickland konnte wegen häufiger Überschwemmung nicht genutzt werden. Nach 1600 gaben daher immer mehr Bauern ihr Land auf. Die „derelinquierten" Anteile – bis 1622 etwa 2800 ha – fielen an den Landesherrn; der erteilte nunmehr seinem Generaldeichgrafen Claas Janssen Rollwagen eine Konzession für ihre Trockenlegung. Dafür sollten 1250 ha Schlickland an Rollwagen fallen. Dieser legte das noch heute vorhandene System von Sielzügen an, von denen einer „Rollwagenzug" heißt, aber weder Rollwagens großangelegtes Unternehmen noch spätere Versuche waren erfolgreich.

Jahrhundertelang wurde dieses niedrige Land alljährlich viele Monate überschwemmt. In diesem Binnengewässer lagen mehrere „Halligen", deren Bewohner nur Fischerei, Reetgewinnung und eine geringe Viehhaltung betreiben konnten. Das Boot war das wichtigste Verkehrsmittel. In den ausgedehnten, unzugänglichen Schilfsümpfen brütete der Kranich.

1928 waren noch über 800 ha Wasserflächen vorhanden. Doch nun ging man energischer an die Trockenlegung des Gotteskooges und baute bei Südwesthörn ein Schöpfwerk. Dessen Wirkung befriedigte jedoch wegen der langen Vorflut nicht. Ein zweites Schöpfwerk entstand 1932/33 bei Verlath an der Wiedau. Diese Maßnahmen bewirkten eine Absenkung des Wasserstandes und ein Vorrücken der Schilfgürtel. Nach der Erweiterung des Schöpfwerks Verlath von 10 auf 23 m³/sec Pumpleistung (1951) jedoch verschwanden der Gotteskoogsee und die übrigen kleineren Seen bis auf Restflächen mit salzigem Wasser (Bild), riesige Areale des Seebodens verschilften.

Aus damaliger Sicht waren die ökologischen Nebenwirkungen gegenüber der landwirtschaftlichen Inwertsetzung in Kauf zu nehmen. Die Einstellung dazu hat sich aber inzwischen gewandelt; schon 1972 wurde vorgeschlagen, den ursprünglichen Zustand des Gotteskooges wiederherzustellen.

Auf Betreiben des Deich- und Hauptsielverbandes Südwesthörn-Bongsiel, dem das Gebiet gehört, werden unter Beteiligung der Landesregierung Schleswig-Holstein seit 1982 Maßnahmen ausgeführt, mit denen rund 270 ha des Gotteskoogsees wieder als Wasserfläche hergestellt werden sollen: Die großen Vorfluter werden aus der ehemaligen Seemitte an den Rand verlegt; mit dem dabei gewonnenen Aushub wird eine Umwallung hergestellt. Ein kleines Schöpfwerk mit einer Leistung von 500 l/sec pumpt Wasser in die umwallte Fläche. Ein 70 ha großes Teilgebiet wird bis unter den Grundwasserspiegel ausgebaggert und als ständige Wasserfläche gestaltet. Nur während der verdunstungsarmen Zeit wird eine 270 ha große Wasserfläche vorhanden sein, im Sommer dagegen wird der Wasserspiegel allmählich absinken, so daß Feuchtwiesen entstehen. Die auf das Wasser angewiesenen Tierarten können sich in die ständigen Wasserflächen zurückziehen. Die neu gestaltete Fläche wird ausschließlich dem Naturschutz gewidmet, eine Nutzung irgendwelcher Art ist nicht vorgesehen.

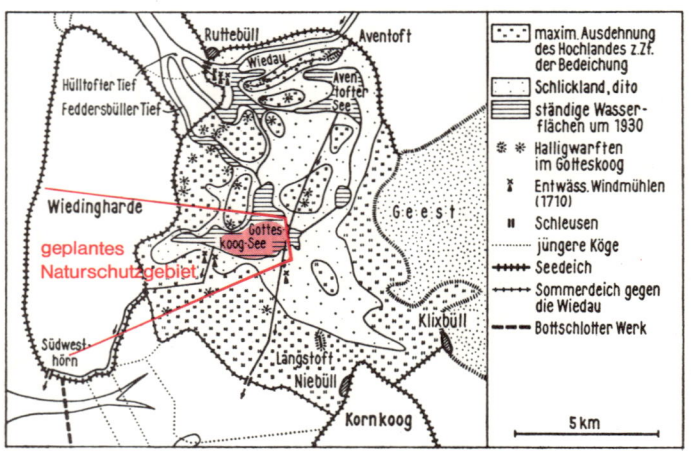

Seen sind in der Marsch selten. Der Gotteskoogsee verdankt seine Entstehung vor allem der Tatsache, daß man zu niedriges Land bedeicht hat. Als Folge von Entwässerungsmaßnahmen in der frühen Nachkriegszeit ist der See weitgehend ausgetrocknet und als Gewässer verschwunden. Auf dem Luftbild erkennt man den ehemaligen Seeboden an der dunkelgrünen Farbe. Der Gotteskoogsee – damals ein Vogelparadies – wird nun in seinem südlichen Teil wiederhergestellt und zu einem Natur-schutzgebiet gestaltet. – Auf der von rechts in den See hinein vorspringenden Halbinsel, der einstigen „Hallig" Bundesgaard, liegt auf einer Warf das gleichnamige Gehöft. – Blickrichtung SW.

Das Bild umspannt den gesamten Bereich der Marsch bis hin zum Geestrand, der am hinteren Bildrand durch die dichtere Besiedlung sich abzeichnet. Hinter der ehemaligen Hallig Fahretoft liegt der Bottschlotter See, das einstige Bottschlotter Tief; jenseits davon fließen die beiden großen, von der Geest herabkommenden Entwässerungskanäle Lecker Au (links) und Bongsieler Kanal zusammen. In der Bildmitte die Fahretofter Kirchwarft zwischen zwei bäuerlichen Warfsiedlungen. Weitere Warften sind an den dichtbebauten "Holländerdeich" angelehnt, der schräg durch den Mittelgrund führt. – Blickrichtung O

Landschaftswandel in der Bongsieler Marsch

Die unregelmäßige Flureinteilung und die krummlinigen Gräben in der Nähe der Kirchwarf lassen erkennen, daß Fahretoft einmal eine Hallig gewesen ist. Die Bewohner haben sie zwar frühzeitig mit Sommerdeichen umgeben; aber weder dadurch noch auch nach deren Erhöhung zu Seedeichen (1688) wurden die Warfen überflüssig: bei den Deichbrüchen von 1690, 1693, 1701, 1702, 1703, 1717 und zuletzt 1792 boten sie den Bewohnern eine Zuflucht.

Zwischen Bottschlotter Tief und Geestrand bestand seit dem 15. Jahrhundert eine ausgedehnte, niedrige Wattbucht, die man 1544/45 als Störtewerkerkoog bedeichte (Hintergrund Mitte und links).

Schon bald darauf nahm man ein ähnliches, jedoch weit umfangreicheres Deichprojekt in Angriff. Zwischen Waygaard und der Wiedingharde lag eine große Bucht mit mehreren Inseln und Halligen, dazu Vorland und Watten. Wenn es gelang, die Tiefs zwischen den Halligen zu durchdämmen, konnte man hier eine Fläche von etwa 7500 ha mit einem Schlage gewinnen. Nach mehreren vergeblichen Versuchen unter landesherrlicher Regie vergab Herzog Friedrich III. von Gottorf ein Privileg für das „Bottschlotter Werk" an eine Gruppe reicher Holländer, die 1632 tatkräftig mit dem Unternehmen begannen.

Der Deichbau gab jedoch sogleich zu Spannungen mit den Fahretofter Bauern Anlaß. Diese protestierten dagegen, daß der neue „Holländerdeich" mitten über ihr Land führte und daß die „Partizipanten" nicht nur die zum Bau benötigte Kleierde hier entnahmen, sondern sogar den innerhalb des neuen Deiches liegenden Teil Fahretofts als ihr Eigentum beanspruchten.

Unter Einsatz von 5500 Arbeitern und einem für die damalige Zeit gewaltigen Materialaufwand gelang es

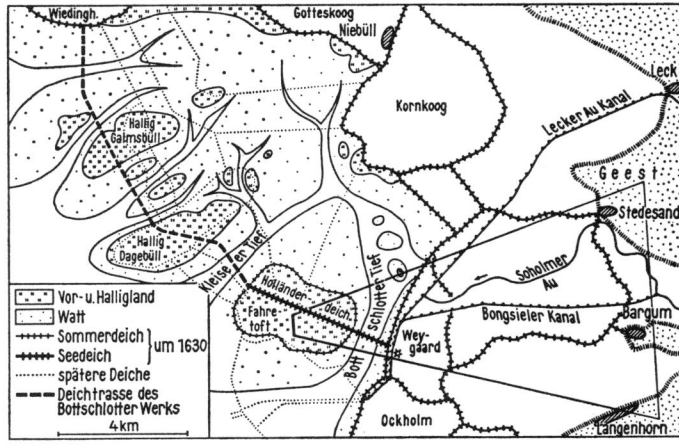

Bottschlotter Werk um 1633

1633, das Bottschlotter Tief zu schließen. Seine seewärtige Fortsetzung schlickte alsbald völlig zu; als dunkleres Pflugland zeichnet sie sich in unserem Bild noch deutlich ab.

Vielleicht wäre es den Niederländern gelungen, auch die übrigen Tiefs, voran das Kleiseer Tief, zu überschlagen, wenn nicht die große Sturmflut vom 11. Oktober 1634 einen furchtbaren Rückschlag gebracht hätte. Zwar hielt der Holländerdeich – als einer der wenigen Deiche in Nordfriesland überhaupt – stand, um so schlimmer waren die Schäden an den übrigen, halbfertigen Deichstrecken. 1647 mußten die Holländer das große Werk unter Verlust von etwa 600 000 Rthlr. endgültig aufgeben.

In schrittweiser Bedeichung kleinerer Köge hat man bis 1800 die von den Holländern erstrebte Deichlinie erreicht und seither etwas überschritten.

Im Gegensatz zu diesen jungen, hochaufgeschlickten Kögen gelang es in dem niedriggelegenen Störtewerkerkoog nicht, das Land trockenzulegen. Ergossen sich doch in diesem Raum die beiden Flüsse mit einem Geesteinzugsgebiet von 570 km². Selbst nachdem 1860 die Soholmer Au und 1921 die Lecker Au bedeicht und kanalisiert worden waren, standen im Störtewerkerkoog alljährlich über 700 ha zwei bis sieben Monate lang unter Wasser. Oft schwamm selbst im Sommer das eben geschnittene Seggenheu davon. Im Herbst waren die überschwemmten Sumpfwiesen ein Dorado für die Zugvögel.

Diese Verhältnisse wurden erst beseitigt, als man nach dem Zweiten Weltkrieg daranging, das Land auf künstliche Entwässerung umzustellen und die Kanaldeiche, soweit der moorige Untergrund dies gestattete, zu erhöhen. Da bei anhaltenden Niederschlägen und geschlossenen Seeschleusen die Kanaldeiche leicht überlaufen konnten, umdeichte man den Bottschlotter See und schuf so ein Speicherbecken zur Entlastung des Vorflutsystems. Man erkennt das Bauwerk zum Ein- und Auslaß des Wassers. Weitere Speicherbecken befinden sich bei Schlüttsiel (Nr. 67).

1953 wurde der Raum in das Programm Nord einbezogen und tiefgreifend umgestaltet: Auf dem trockengelegten und dränierten Boden schuf eine Flurbereinigung arrondierte Flächen, zahlreiche neue Bauernhöfe (besonders links des Bongsieler Kanals) wurden errichtet. An die Stelle der früheren Kleiwege traten moderne, feste Straßen und Wirtschaftswege.

Küstenschutz und Entwässerung bei Schlüttsiel

Hoher Wasserstand außendeichs und hoher Wasserstand binnendeichs führen die beiden Aufgaben vor Augen, die dem Menschen in der bedeichten Marsch gestellt sind: Hochwasserschutz und Entwässerung. Der Volksmund traf die Problematik mit dem Satz: „Versupt wi nich in Soltwater, versupt wi in Sötwater!"

Deiche zum Schutz gegen das Meer gibt es in Nordfriesland seit etwa achthundert Jahren. Die ersten Deiche waren wohl nur so groß wie heutige Sommerdeiche: unter den damals im Küstenraum herrschenden Bedingungen mochte das auch ausreichen. Man wohnte ja außerdem noch auf Warfen, auch Warften oder Wurten genannt. Im Laufe der Zeit hat man die Seedeiche immer mehr erhöht und ihre – bei den alten Deichen sehr steilen – Außenböschungen flacher gestaltet, damit sich die Wellen „totlaufen" können.

Für die Bemessung der Deichhöhen ist man früher von den höchsten Sturmflutwasserständen – in jüngerer Zeit meist von der Flut am 3./4. Februar 1825 – ausgegangen. Anstatt aus solchen Erfahrungswerten bestimmt man heute den maßgebenden Sturmflutwasserstand aus dem möglichen Zusammentreffen mehrerer ungünstiger Einzelfaktoren. Für die Festsetzung der erforderlichen Deichhöhe wird noch ein Wellenauflauf von 2 bis 3 m hinzugefügt. Bei der Sturmflut vom 16./17. 2. 1962 wurde in Schlüttsiel als höchster Wasserstand +4,55 m NN gemessen, am 3. 1. 1976 waren es +4,46 m NN, das sind 3,17 bzw. 3,08 m mehr als das Mitteltidehochwasser. Die Deichkrone des Hauke-Haien-Koogs liegt auf +8,40 m NN.

Der hohe Binnenwasserstand auf unserem Bild ist die Folge hoher Niederschläge in dem 750 km² großen Einzugsgebiet von Schlüttsiel. Von der Geest (Einzugsgebiet 570 km²) strömt das Wasser mit natürlichem Gefälle in die Marsch. Diese liegt jedoch im Hinterland von Schlüttsiel überwiegend so tief, daß sie ohne Deichschutz schon von dem gewöhnlichen THW überschwemmt würde; teilweise besteht sogar bei Niedrigwasser kaum ein Gefälle zu den Schleusen hin. Infolgedessen waren alljährlich viele Quadratkilometer Marsch monatelang überschwemmt.

Um Abhilfe zu schaffen, begradigte und bedeichte man 1860 die Soholmer Au und 1921 die Lecker Au vom Geestrand an und trennte so das Geestwasser vom Marschwasser. Das Ergebnis war eine gewisse Verbesserung, aber keine wichtige Lösung der Entwässerungsprobleme.

Mit dem Bau des Schöpfwerkes für den Herrenkoog (1928) wurde erstmals ein Koog wirksam trockengelegt. Der Bau weiterer Pumpen war jedoch problematisch: Gerade dann, wenn bei hohen Niederschlägen die Geestflüsse anschwollen und das Wasser zwischen den Kanaldeichen stark anstieg, drückte oft gleichzeitig ein stürmischer Westwind das Meerwasser gegen die Seedeiche, so daß sich die Schleusen nicht oder nur kurzzeitig öffneten. Der begrenzte Raum zwischen den Kanaldeichen reichte nicht aus, um das Wasser aufzunehmen, besonders, wenn gar noch gepumpt wurde. Eine Erhöhung der Kanaldeiche war wegen des Moooruntergrundes kaum möglich.

Eine wirkliche Abhilfe war nur möglich durch den Bau eines Großschöpfwerkes am Seedeich, das bei hohem Kostenaufwand immer nur kurzzeitig in Aktion treten würde – oder durch Anlage von Speicherbecken, die bei anhaltenden Westwinden das Binnenwasser so lange fassen können, bis die Schleusen sich wieder öffnen. Man entschied sich für die zweite Lösung.

1948 wurde zunächst der Bottschlotter See (Nr. 66) als Speicherbecken eingerichtet. Da er allein in Katastrophenfällen nicht ausreicht, entschloß man sich, im Rahmen des „Programms Nord" einen neuen Seedeich durch das Watt zu bauen, der 1959 fertig wurde. Im hohen Ostteil des neuen Kooges entstanden 21 Bauernhöfe, 700 ha Wattflächen wurden als Speicherraum umdeicht. Die Lage des neuen Siels am Schlütt, einem tiefen Priel, versprach günstige Abflußverhältnisse. Nun erst war es möglich, die Köge der Bongsieler Marsch auf künstliche Entwässerung umzustellen. Fünfzehn Schöpfwerke pumpen das Wasser in die bedeichten Kanäle. Wenn der Wasserstand im Kanal eine bestimmte Höhe überschreitet, wird das Wasser in die Speicherbecken, die zusammen 7 Mio. m³ fassen, eingelassen. Von hier aus fließt es, wenn der Außenwasserstand sinkt, auf kurzem Wege in das Wattenmeer. Die großen Sieltore öffnen und schließen sich mit dem Wechsel der Gezeiten von selbst. Vor dem Siel ist ein kleiner Hafen angelegt worden, der dem Schiffsverkehr zu den Halligen dient.

Die Wasser- und Sumpfflächen der Speicherbecken haben sich zu einem Vogelparadies entwickelt. In diesem Vogelschutzgebiet brüten u. a. verschiedene Enten-, Möwen- und Seeschwalbenarten, Rallen und Wasserhühner, Austernfischer, Kiebitz, Rotschenkel, Uferschnepfe, Kampfläufer und Säbelschnäbler.

Das bei Hochwasser außendeichs und großflächig gefülltem Speicherbecken binnendeichs aufgenommene Luftbild läßt gut erkennen, daß der Deich des Hauke-Haien-Kooges einerseits niedriges Watt, andererseits hoch aufgeschlicktes Vorland umschließt, das jetzt landwirtschaftlich genutzt wird (Hintergrund rechts). Für die Schiffahrt zu den Halligen hat man den Auslauf des Siels zu einem kleinen Hafen ausgestaltet, der durch die am Seedeich entlangführende Straße mit dem Hinterland verbunden ist. – Blickrichtung N

Unser Flugzeug befindet sich über dem Wattenmeer südöstlich der Hamburger Hallig. Wir blicken über das amphibische Vorland, das dank planmäßiger Landgewinnungsarbeiten erheblichen Anwachs aufweist. Im Schutz des hohen Seedeichs liegt der fast nur ackerbaulich genutzte Sönke-Nissen-Koog (von 1924/26) mit seinen großen weißen Höfen unter grünen Blechdächern. Dahinter sehen wir den Reußenkoog (von 1788) und den Sophien-Magdalenen-Koog (von 1742/43). Der Bordelumer Koog (von 1489) und die Geest sind überwiegend durch Wolken verdeckt. – Blickrichtung NO

Der Sönke-Nissen-Koog

Die Köge auf unserem Bild, vor der Bredstedter Geest, sind – abgesehen von einem schmalen geestnahen Marschstreifen – erst ziemlich spät dem Meere abgerungen worden. Weiter im Norden hatte man von den Dörfern Langenhorn und Sterdebüll aus bereits um 1515 die Marschinsel Ockholm mit dem Festland verbunden, und im Süden hatte man von Wallsbüll und Hattstedt aus die weite Arlau-Niederung bedeicht und durch Gewinnung des Hattstedter Kooges die Küstenlinie weit nach Westen vorgeschoben. So lag der Wunsch wohl nahe, die weite Wattenbucht zwischen diesen beiden Vorsprüngen gleichfalls zu bedeichen. Das im Jahre 1619 mit großen Hoffnungen begonnene „Bredstedter Werk" scheiterte jedoch schon nach wenigen Jahren. Eine Wattbucht auf 12 km zu durchdämmen, war für damalige Zeiten ein zu schwieriges Unterfangen. Man mußte sogar schwere Rückschläge im Kampf mit dem Meer hinnehmen: In der Sturmflut von 1634 wurde der „Strand", die große vorgelagerte Insel, zerstört (vgl. Nr. 74). Viele Jahrzehnte später versuchte man erneut, das „Bredstedter Werk" zu vollführen – wiederum scheiterte man (1712/19). Man begann später damit, vom Festland aus in kleinen Schritten Koog um Koog zu gewinnen.

1489 Bordelumer und Bredstedter Koog	1788 Reußen-Koog
	1800 Louisen-Reußen-Koog
1742/43 Sophien-Magdalenen-Koog	1904 Cecilien-Koog
1765/67 Desmercieres-Koog	1924/26 Sönke-Nissen-Koog

Die Namen der Köge sind aufschlußreich für ihre Entstehung: Bis in die frühe Neuzeit waren die „Unternehmer" die Bauernschaften, die auch die Finanzierung besorgten. In der Folgezeit, unter dem Zeichen aufsteigender Fürstenmacht, beanspruchten die Landesherren das Vorland für sich und organisierten auch die Landgewinnung, häufig mit Hilfe holländischer Unternehmer. Namenpaten dieser Köge waren Mitglieder des Herrscherhauses oder der Beamtenaristokratie, das gilt auch noch für die preußische Zeit – bis Sönke Nissen auftaucht.

An sich hätte die Bedeichung des Vorlandes vor den Reußenkögen Sache des preußischen Staates sein müssen; sie wurde noch zu „königlicher" Zeit (1913) auch wirklich geplant. Aber Krieg und Nachkriegszeit verhinderten die Durchführung. Schließlich erklärte sich der Staat bereit, seine Besitzrechte an eine bäuerliche Deichbaugenossenschaft zu verkaufen. Obgleich der Staat geneigt war, das Unternehmen aus Mitteln der „produktiven Erwerbslosenfürsorge" zu fördern, erwies es sich bald für die bäuerlichen Interessenten als unmöglich, die notwendigen Kredite zu erlangen, selbst bei hypothekarischer Belastung ihrer alten Höfe.

In dieser Situation trat Sönke Nissen auf den Plan. Er war der Sohn eines nordfriesischen Zimmermanns, hatte sich vergeblich um das Amt eines Deichhauptmanns beworben und deshalb enttäuscht seine Heimat verlassen. Er hatte dann seit 1903 als leitender Ingenieur einer Berliner Firma in den deutschen Kolonien Eisenbahnen gebaut, vor allem in Südwestafrika. Seine technischen und organisatorischen Fähigkeiten und seine menschlichen Qualitäten ließen ihn alle Schwierigkeiten meistern. Dem Tüchtigen kam aber auch das Glück zu Hilfe: Beim Eisenbahnbau stieß man auf Diamantenfelder; Schürfrechte, die Nissen erwarb, machten ihn zu einem vermögenden Mann. Als er, nach Deutschland zurückgekehrt, 1922 von den Deichbauplänen in seiner Heimat hörte, sah er hier eine verlockende Aufgabe, die er mit ebensoviel Idealismus wie Realismus anpackte. Es war vorgesehen, das einzudeichende Vorland in vierzig Anteile zu je 25 ha aufzuteilen, davon sollten acht an ihn als Hauptbeteiligten und Darlehnsgeber fallen. Aber bereits 1923 starb Nissen. Die Bedeichung wurde jedoch mit Hilfe des Sönke-Nissen-Nachlasses durchgeführt. Durch erhöhten Kapitaleinsatz vergrößerte sich sein Anteil an der 1132 ha großen landwirtschaftlichen Nutzfläche auf 395 ha. Die sieben auf diesem Areal erbauten Höfe erhielten ihre Namen (z. B. Elisabethbay, Lüderitzbucht, Keetmannskoop) nach Stationen an der von Nissen in SW-Afrika erbauten Bahn, „als Erinnerung an das Land, welches den Koogbau erst ermöglicht hat". Mittlerweile sind die meisten dieser Höfe verkauft worden.

Nach staatlicher Direktive wurden alle Höfe (mit arrondiertem Areal) in einheitlichem Stil erbaut, und zwar nach der Devise „Billig und praktisch, aber doch ansprechend und landschaftsgerecht". Das ist dem Architekten Stav gut gelungen. (Später, in der Zeit des Nationalsozialismus, empfand man diesen Beton-Blech-Kolonialstil als „artfremd" und baute im „Adolf-Hitler-" und „Hermann-Göring-Koog" ziegel- und reetgedeckte Höfe, wesentlich teurer und unpraktischer; im „Friedrich-Wilhelm-Lübke-Koog" (1954/55) baute man dann wieder rationaler). Der Sönke-Nissen-Koog – rein ackerbaulich genutzt – zählt zu den reichsten Kögen. Die Zahl der Betriebe geht zurück, die Flächen werden größer – hier wie überall im Lande.

Husum

Zwei Strukturlinien kennzeichnen dieses Bild:

1. die Grenze zwischen Geest und Marsch, die durch den Westrand der Stadt und die Westküstenbahn von 1888 deutlich hervorgehoben wird. Der Höhenunterschied ist gering: die Geest erreicht in unserem Bildausschnitt nicht mehr als 10 m über NN;

2. quer zum Geestrand die Husumer Au. Als Mühlenau fließt sie durch grüne Wiesen, dann wird sie von der uralten Geestrandstraße überbrückt, bildet sodann – bis zur Eisenbahnbrücke – den Binnenhafen, anschließend den Außenhafen bis zur Seeschleuse, die sich etwa 800 im Rücken des Betrachters befindet; außerhalb der Schleuse wird die Au zum Außenpriel, der anfangs noch von Deichen eingefaßt ist, schließlich als Heverstrom das Wattenmeer durchzieht.

Wo der Geestrandweg die sumpfige Auniederung querte, entstand Husum. Als „Husenbro", Brücke bei den Häusern, begegnet es uns erstmals 1252. Die hochwasserfreie Lage, fester Baugrund und gutes Trinkwasser waren günstige Bedingungen für die Entwicklung dieser Geestrandsiedlung. Sie erhielt starken Auftrieb, als durch die große Flut von 1362 die Verbindung zwischen der Geest und dem „Strand" unterbrochen wurde. Da gleichzeitig die Husumer Au nachhaltiger unter den Einfluß der Tiden geriet und dadurch besser schiffbar wurde, konnte Husum zum natürlichen Hafen und Umschlagplatz für den Verkehr mit den Inseln und Halligen werden. Darüber hinaus entwickelte sich Husum – seit 1603 Stadt – zu einem der besten schleswig-holsteinischen Häfen an der verkehrsfeindlichen Wattenmeerküste; es gewann vorübergehend auch für den Transithandel zwischen Ost- und Nordsee Bedeutung. Solcher Entwicklung waren jedoch seit dem Aufkommen der Großschifffahrt im 19. Jahrhundert Grenzen gesetzt. Auf unserem Bild ist gerade Hochwasser – bei Niedrigwasser zeigt der Binnenhafen mehr Schlick als Wasser. Ihr Hafen, so meinen die Husumer selbst, „harr all längstens Weltverkehr, wenn he en beten natter weer".

Von Osten her führen zwei Straßenzüge, von Flensburg, Schleswig und Kiel her, auf den Marktplatz. Hier steht die Marienkirche – der hohe gotische Bau wurde wegen Baufälligkeit 1833 durch ein klassizistisches Bauwerk ersetzt. Vom Markt zweigt nach Süden über den „Damm" die Hamburger Straße ab, nach Norden die „Neustadt" genannte Straße nach Nordfriesland. An ihr lagen (links außerhalb des Bildes)

viele Wirtshäuser mit Stallungen sowie der Viehmarkt, einst der bedeutendste Deutschlands. Husum war der Markt für die Gräsungsmarschen Nordfrieslands und Eiderstedts: Im Spätsommer und Herbst wurden etwa 50 000 Mastochsen umgesetzt, außerdem noch Schafe und Schweine. Im Frühjahr kauften die „Gräser" hier Magervieh von den Bauern der Geest zum Fettweiden in den Marschkögen. Die Höchstleistung erreichte der Viehmarkt 1963; damals wurden nahezu 100 000 Tiere hier aufgetrieben. Heute erfolgt der Handel nicht mehr auf dem „Markt" – er ist inzwischen bebaut worden, sondern unmittelbar beim Produzenten. Husum ist aber nach wie vor Mittelpunkt des Viehhandels. Nahe dem Verladebahnhof Husum-Nord befindet sich seit 1964 ein großer Versandschlachthof. Die Europäische Wirtschaftsgemeinschaft hat zur Folge, daß aus anderen Partnerländern Fleischwaren auf den deutschen Markt vordringen; um konkurrenzfähig zu bleiben, mußte sich Husum weitgehend von Viehversand auf Fleischversand umstellen.

An der linken Bildkante sehen wir den Schloßpark. Seine Rasenflächen unter den hohen Bäumen sind im Frühjahr violett von Krokusblüten. Diese Sehenswürdigkeit, die Jahr für Jahr von weit her Besucher nach Husum lockt, ist vielleicht den Grauen Mönchen des Minoritenordens zu verdanken, die die Zwiebeln einst in ihrem Garten pflanzten. Das Schloß, das der Gottorfer Herzog sich nach der Reformation auf Klostergrund erbaute, hat jetzt wieder seinen Turmhelm erhalten und wird zu einem Kulturzentrum ausgestaltet. Nur wenige hundert Meter südöstlich vom Schloß liegt das mindestens ebenso sehenswerte, vielbesuchte lehrreiche Nordfriesische Museum, eine großzügige Stiftung Ludwig Nissens, eines Sohnes der Stadt, der in Amerika reich geworden war. Storms „graue Stadt" findet man noch am ehesten in den engen Gassen am Hafen mit den hohen Patrizierhäusern und den niedrigen schlichten Häusern der Krabbenfischer.

Husum ist ein beliebter Ausgangspunkt für Fahrten in die Insel- und Halligwelt. Am Binnenhafen spürt man echte Husumatmosphäre – welcher Tor konnte nur auf die Idee kommen, ihn zuzuschütten, zugunsten von Parkplätzen? Die dortige leistungsfähige Werft ist an den Außenhafen verlagert worden. Die hohen Silos, die von Husums Getreideumschlag zeugen, verleihen der Stadt ein weithin sichtbares markantes Profil.

Von Theodor Storms „grauer Stadt am Meer" vom Flugzeug aus etwas zu sehen, das sollte eigentlich unmöglich sein; heißt es doch: „der Nebel drückt die Dächer schwer". An einem klaren Sommertag wirkt Husum ebenso farbenfroh wie andere Städte. Seit 1970 ist Husum die Kreisstadt von ganz Nordfriesland. Sehenswert sind – namentlich zur Zeit der Krokusblüte – das Schloß mit dem Schloß-park (links), die Storm-Gedenkstätten in der Altstadt und (am rechten Bildrand angeschnitten) das „Nissenhaus", das Nordfriesische Museum. – Blickrichtung NO

Von den Außensänden, welche das nordfriesische Wattenmeer begrenzen, erfaßt das Luftbild links den Norderoogsand und rechts den teilweise von einer Wolke verdeckten kleinen Jaapsand. Die helle Fläche in Bildmitte oben ist der Kniepsand der Insel Amrum. Die Außensände und ebenso der Kniepsand sind bei normalen Tiden hochwasserfrei, werden aber von Sturmfluten überspült. Die gefährdete kleine Hallig Norderoog ist ein Vogelschutzgebiet, hier nisten zahlreiche Seevögel, vor allem Seeschwalben. – Blickrichtung NW

Norderoogsand und Hallig Norderoog

Die heute kleinste Hallig des nordfriesischen Wattenmeeres ist Norderoog. Diese Hallig, von der wir 1597 zuerst etwas hören, war auch in der Vergangenheit nur klein. Es gab auf Norderoog immer nur eine Warf mit einem Haus. Halligwirtschaft zusammen mit der – auf dem Norderoogsand besonders einträglichen – Seehundjagd und der Bergung von Strandgut ermöglichte die knappe Existenz nur einer Familie.

In der Sturmflut von 1825 wurde das Haus völlig zerstört. Die Bewohner, welche die Sturmflut auf einem stehengebliebenen Teil des Dachstuhls überlebten, verließen die mit Seetang, Sand und Muscheln bedeckte Hallig. Seither wurde Norderoog von Hooge aus bewirtschaftet. Eine auf Pfählen stehende Hütte diente den Arbeitern während der Heuernte als Unterkunft. Viehhaltung war, da der Fething zerstört war und damit das notwendige Tränkwasser fehlte, nicht möglich. In der Hütte fanden gelegentlich Schiffbrüchige, die auf dem Norderoogsand gestrandet waren, eine Zuflucht. 1907 hatten Hamburger Vogelfreunde auf der Hallig Jordsand östlich von List das Recht erworben, die Seevögel vor Eiersammlern zu schützen. 1908 erwarb der „Verein Jordsand zum Schutze der

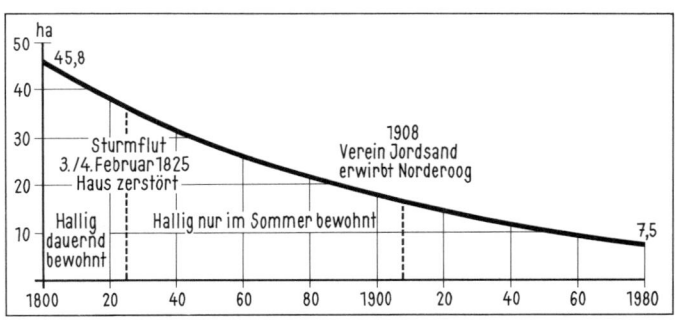

Flächengröße der Hallig Norderoog 1800–1980 (nach Knop)

Seevögel" die Hallig Norderoog, die sich noch heute in seinem Besitz befindet. Die Hallig Jordsand wurde 1920 an Dänemark abgetreten. Auf Norderoog unterhält der Verein Jordsand eine Unterkunft für Vogelwärter. Dies war zunächst ein schlichter Pfahlbau, ein weiterer kam hinzu. Die Sturmflut vom 3. 1. 1976 zerstörte die Pfahlhütten. An deren Stelle wurden 1977 auf Pfähle zwei Container gesetzt, die auf dem Luftbild am rechten Inselrand zu erkennen sind.

Die Bemühungen der Vogelschützer gelten vor allem den Seeschwalben, von denen 1980 etwa 3500 Paare, davon allein 1550 Paare der Brandseeschwalbe, auf Norderoog brüteten. Innerhalb der Brutkolonie

beträgt der Abstand von Nest zu Nest meist nur etwa 35 cm. Zu den Brutvögeln zählen ferner Lach-, Silber- und Sturmmöwen; hinzu kommen Austernfischer, Stockenten, Eiderenten und Brandgänse. In den Zugzeiten im Frühjahr und Herbst dient die Hallig vielen Zugvögeln, darunter Ringelgänsen, als Rastplatz. Da die meisten Seevögel Nistplätze mit niedriger Vegetation bevorzugen, stellen die hohen Salzpflanzenbestände, die auf der nicht mehr landwirtschaftlich genutzten Hallig im Sommer gedeihen, ein Problem dar.

Da der Boden der Hallig Norderoog weniger Schlick und mehr Sand enthält als der anderer Halligen, leistet er dem Abbruch der Halligkante entsprechend weniger Widerstand. Durch den Bau von Lahnungen hat der Verein Jordsand den Rückgang der Halligfläche verlangsamen, aber nicht aufhalten können: Von 11 ha (1947) ging die Fläche auf 7,5 ha (1982) zurück. Außer dem fortschreitenden Abbruch droht der Hallig Norderoog aber noch eine andere Gefahr.

Der Hallig ist seewärts der rund 1000 ha große Norderoogsand vorgelagert. Zusammen mit dem Süderoog- und dem Jaapsand markiert er zwischen Amrum und Eiderstedt den Übergang zwischen dem Wattenmeer und der offenen Nordsee. Die Außensände wirken – vor allem wenn bei schweren Sturmfluten hier eine gewaltige Brandung tobt – als schützender Wellenbrecher für das übrige Wattenmeer. Gleichzeitig werden hier durch die Brandung große Stoffmengen bewegt und z. T. umgelagert, wobei die Außensände ostwärts wandern. Der Norderoogsand ist von 1965 bis 1980 im Mittel um 25 m/Jahr nach Osten gerückt. In ähnlichem Ausmaß verlagern sich die übrigen Außensände, darunter Trischen (Nr. 86). Hauptursache dieser Umlagerungen und des starken Abbruchs auf Sylt (Nr. 76) ist vermutlich der Meeresspiegelanstieg, eine umfassende Erklärung für diese komplexen Prozesse fehlt aber noch.

Im Zeitpunkt der Luftaufnahme (Juli 1982) betrug die Entfernung des Sandes von der Hallig noch etwa eine Halliglänge, also etwa 700 m. Bei gleichbleibender Geschwindigkeit wird der Außensand also in zwei bis drei Jahrzehnten die Hallig erreichen und sie dann in weiteren 20–30 Jahren mit Sand zugeschüttet haben. Dabei dürfte an die Stelle der jetzigen Salzwiese eine vegetationsarme Sandfläche treten, die den Vögeln andere Bedingungen bietet; die Zusammensetzung des Brutvogelbestandes wird sich daher verändern.

Kulturspuren im Rungholtwatt

Nördlich der kleinen Hallig Südfall führt ein Priel vorbei – ein Arm der Norderhever. Auf diesem Priel fährt ein Krabbenkutter bei eben auflaufendem Wasser nach Osten in Richtung Nordstrand.

Südlich des Priels ziehen sich schnurgerade, dunkle Linien in Abständen von 10 bis 15 m durch das Watt: es sind durch Schilfwurzeln verfestigte Grabensohlen, Reste einer 600 Jahre alten Flureinteilung. Sie kommen unter dem Sand heraus, welcher – als helle Fläche im Vordergrund erkennbar – diese Kulturspuren jahrhundertelang bedeckt und geschützt hat.

Im frühen Mittelalter bestand im heutigen Wattenmeer eine riesige Sumpf- und Moorlandschaft, die gegen die offene Nordsee durch Inseln und Nehrungen weitgehend geschützt war. Um 1000 n. Chr. drangen die Friesen von den höher gelegenen Geestlandschaften aus in diese Niederung, das „Sietland", vor. Sie wandelten die Wildnis in eine Kulturlandschaft um, indem sie das feuchte Land entwässerten – die Gräben auf unserem Bild – und durch niedrige Deiche gegen den damals schwachen Meeresandrang schützten. Das Land wurde abgetorft und der darunterliegende Boden als Acker- oder Grünland genutzt. Durch die Abtragung der Torfschicht und das Sacken des trockengelegten Bodens geriet die ohnehin niedrige Landoberfläche in eine gefährlich tiefe Lage, jedenfalls erheblich unter das damalige MTHW. Solange jedoch bei Niedrigwasser ein Gefälle zu den nahen Seeschleusen bestand, konnte das Land trotzdem hinreichend entwässert und ackerbaulich genutzt werden.

Als aber das Meer nach und nach die schützenden Nehrungen durchbrach und mit hohen Sturmfluten in das besiedelte Sietland eindrang, reichten die niedrigen und steil profilierten Deiche nicht aus. Mochte es auch gelingen, sie einmal und noch einmal zu flicken, früher oder später mußten sie dem Angriff des Meeres erliegen.

Die gewaltigste unter den Sturmfluten des Mittelalters, als Mandränke von den Chronisten bezeichnet, war die Flut vom Jahre 1362. Die Deiche brachen; das reiche Rungholt und über dreißig andere Kirchspiele gingen unter. Wegen seiner tiefen Lage wurde das Land nun täglich von den Gezeiten überspült, es wurde zu Meeresboden, zu Watt. Was aus dem Erdboden weit herausragte, wurde von den Wellen bald zerstört. Die alte Landoberfläche wurde von Prielen zerschnitten, an vielen Stellen dagegen von einer Sand- oder Schlickschicht zugedeckt, und schließlich entstand sogar hier und da eine Hallig über der ehemaligen Kulturlandschaft.

Eines Tages aber trug die Brandung oder ein vordringender Priel die schützende Deckschicht wieder ab; für kurze Zeit wurde nun ein Teil der Kulturspuren sichtbar. Der Bauer Andreas Busch von der Insel Nordstrand hat 1921 die mittelalterlichen Reste im Rungholtwatt wiederentdeckt: Brunnenringe, Warf- und Deichfundamente, Schleusenreste, großformatige „Klostersteine", Waffen, Geräte, Gefäße und Knochen; ja sogar die Entwässerungsgräben und die Pflugfurchen der Äcker kamen auf einer großen Fläche zum Vorschein.

Busch hat diese Kulturspuren in vorbildlicher Weise planmäßig beobachtet, sie fotografisch und kartenmäßig aufgenommen und wertvolle Funde geborgen. Im Nissenhaus, dem nordfriesischen Heimatmuseum in Husum, sind sie ausgestellt. Es ist sehr wichtig, die mittelalterlichen Reste im Wattenmeer möglichst rasch aufzunehmen beziehungsweise zu bergen; denn wenn sie erst einmal freigespült worden sind, ist ihnen nur noch ein kurzes Dasein beschieden: innerhalb weniger Jahre haben Eisgang, Strömung und Brandung sie endgültig zerstört, während vielleicht andere dafür ans Tageslicht kommen.

An zahlreichen Stellen im nordfriesischen Wattenmeer sind derartige Kulturspuren sichtbar, zum Beispiel bei Habel, Langeneß und besonders am Rummelloch zwischen Pellworm und Hooge. Viele dieser Stätten sind erst bei der zweiten großen Sturmflut im Jahre 1634 untergegangen.

Den Beweis dafür, daß die auf unserem Bild sichtbaren Gräben tatsächlich schon 600 Jahre alt sind, liefert einmal das Alter der hier gefundenen rheinischen Keramik. Zum anderen finden wir auf Johannes Mejers „Landtcarte vom Sudertheil des Herzogthumbes Schleswig Anno 1650", auf welcher der Landschaftszustand vor 1634 wiedergegeben ist, Südfall schon als Hallig verzeichnet, umgeben von Watt, in dem nordöstlich der Hallig der Name „Rongholt" steht. Wahrscheinlich hat Mejer hier mit eigenen Augen Kulturspuren gesehen und mit Rungholt verknüpft. Eine eindeutige Zuordnung der Kulturspuren zu einem bestimmten Ort aus der Zeit vor 1362, etwa zu dem berühmten Salzhandelsort Rungholt selbst, ist aber bisher nicht möglich.

Im Kampf der Friesen mit der Nordsee ist hier das Meer Sieger geblieben. Die letzten Spuren des 1362 untergegangenen mittelalterlichen Kulturlandes im Raum von Rungholt werden bei Niedrigwasser sichtbar, nachdem sie sechshundert Jahre unter Sand und Schlick gelegen hatten. Für die Größenverhältnisse der alten Flur gibt der etwa 9 m lange Schatten des Sportflugzeugs einen Maßstab ab. Ackerstreifen von ähnlicher Breite und vergleichbarem Alter sind auf dem Bild der Vierlande (Nr. 94) zu sehen. – Blickrichtung N

Wenn bei einer Sturmflut „Landunter" eintritt, ist auf der Hallig die Warf der einzige Zufluchtsort für Mensch und Tier. An der überfluteten Steinkante steht die Brandung und läßt die sichelförmige Gestalt der nur 4 ha großen Hallig ahnen. Der Fething, der runde Tränkteich für das Vieh, kann bei einer schweren Sturmflut voll Salzwasser geschlagen werden, das Salzwasser muß dann abgelassen werden. Das reetgedeckte Hallighaus ist west-östlich orientiert, damit es dem Weststurm möglichst wenig Angriffsfläche bietet. Im Hintergrund der Sönke-Nissen-Koog. – Blickrichtung ONO

Hallig Habel bei „Landunter"

„Landunter" ist auf den Halligen keine Seltenheit, man kann durchschnittlich mit elf Überflutungen im Jahr rechnen. Die Oberfläche des Halliglandes liegt nur etwa 0,5 bis 1,0 m über Mitteltidehochwasser (MTHW). Am Tage der Aufnahme, dem 24. März 1966, erreichte der Wasserstand in diesem Raum am Pegel Schlüttsiel 2,61 m über NN, das heißt 1,23 m über MTHW. Das Bild macht augenfällig, daß die Halligen nur durch die Warfen bewohnbar sind. Der künstliche Hügel birgt die Wohnstatt für Mensch und Vieh, dazu das lebensnotwendige Süßwasser. Der offene Fething dient als Tränkteich für das Vieh, er ist jetzt, am Ende des Winters, gut gefüllt. Für den menschlichen Gebrauch wird das Regenwasser vom Dach in geschlossene Zisternen geleitet: man erkennt die weißen Rohre am Dach. Zu einigen Halligen führen Wasserleitungen vom Festland.

Der Dachstuhl des alten Hallighauses ruht auf eichenen Ständern, die tief in den Boden der Warf eingerammt sind. Wie ein Pfahlbau konnte der Dachboden, wenn das Wasser auch die Warf überspülte und die Mauern zerschlug, noch eine letzte Zuflucht bieten. Oft fehlte es freilich an Mitteln, die morschen Ständer beizeiten zu erneuern. Aus dem gleichen Grunde, aber auch aus Unkenntnis hat man früher vielfach versäumt, die Warfen rechtzeitig zu erhöhen, obgleich dies wegen des vermutlichen Meeresspiegelanstiegs und wegen des höheren Anstaus an den verbesserten Festlandsdeichen erforderlich gewesen wäre.

Die Sturmfluten in früheren Zeiten konnten für die Halligbewohner zu schweren Katastrophen werden.

In der „Halligenflut" vom 3./4. Februar 1825 ertranken 74 Menschen; von 339 Hallighäusern blieben nur 27 bewohnbar, viele Häuser wurden gänzlich weggerissen. Die Menschen mußten vom Dachboden aus den Tod ihrer Haustiere, die doch ihre Existenzgrundlage bildeten, mit ansehen. Von 257 überlebenden Familien wanderten damals 95 auf das Festland aus.

Eine zweite gefährliche Wirkung der Sturmfluten ist der Abbruch der ungeschützten Halligkanten; dadurch werden die Halligen mehr und mehr verkleinert. Um 1600 gab es auf Habel drei oder vier Warfen, 1805 noch zwei Warfen mit sieben Wohnstätten. Damals war die Hallig rund zehnmal größer als heute. Die Reste der – schon vorher verlassenen – Süderwarf wurden 1908 zerstört. Bereits im Jahre 1905 war die kleine Hallig von ihren letzten Bewohnern, denen sie nur noch kümmerliche Existenz bot, an den preußischen Staat verkauft worden. Dieser schützte die Halligkante durch eine Steindecke und verhinderte so den weiteren Abbruch. Das Haus ist unbewohnt, es dient den Arbeitern des Marschenbauamts während der Reparaturen an den Uferbefestigungen als Unterkunft.

Vom Kirchspiel „Habeld" wird urkundlich berichtet, daß es 1362 untergegangen sei. Kulturspuren, die rings um die Hallig festgestellt wurden, bestätigen die große Ausdehnung des früheren Kulturlandes. Man fand im Watt Entwässerungsgräben, Deichreste, Bodenentnahmestellen, Pflugspuren, Warffundamente und Sodenbrunnen sowie die mittelalterliche Friedhofswarf. Die Kulturspuren liegen etwa 2,8 bis 3,0 m tiefer als das heutige Halligland.

Nach Bantelmann haben hier die Menschen im hohen Mittelalter (etwa gleichzeitig mit den Bewohnern Rungholts) auf Warfen gesiedelt; sie haben einzelne Flächen mit niedrigen Deichen umgeben, so daß das Land zum Teil sogar gepflügt werden konnte. In dem Maße, in dem dieses Gebiet infolge Zunahme des Tidenhubs und der Sturmfluthöhen unter immer stärkeren Meereseinfluß geriet, wuchs das niedrige Land zur Hallig empor. Die Bewohner stellten sich auf reine Viehhaltung um. Es entstand die bis heute typische Halligwirtschaft. Für einen allmählichen Wandel der Landschaft spricht, daß die Halligpriele, die sich auf Habel herausbildeten, die gleiche Richtung hatten wie das mittelalterliche Grabensystem. Auch auf der heutigen Hallig sind diese Richtungen nach sechshundert Jahren noch erkennbar (Textzeichnung).

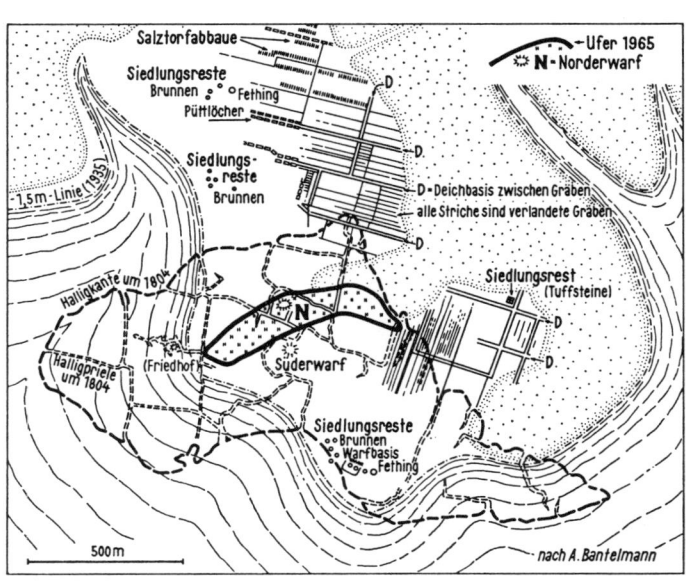

Hallig Langeneß

Wenn man auf dem Wasserwege die Halligen ansteuert, erblickt man zuerst die Warfen, die wie eigenartige Schiffe auf dem Wasser zu schwimmen scheinen; erst später wird das Halligland sichtbar: ein schmaler dunkler Strich am Horizont.

Die Halligen sind auf natürliche Weise entstanden. Im Schutz von Sandbänken und Inseln setzte sich der Schlick ab, und nach und nach wurde er durch Pionierpflanzen besiedelt. Da gerade Sturmfluten viel Material mitführen, konnte das Halligland über den Spiegel des MTHW emporwachsen bis auf etwa + 2,2 m NN (= 1 m über MTHW). Es ist die Pflanzengesellschaft der Salzwiese, die den Halligrasen bildet.

Bei kräftigem Wind steht eine Brandung am Halligufer, ein niedriges „Kliff" bildet sich heraus, die Halligkante, ähnlich den steilen Kanten an Prielen und Bodenentnahmestellen (Vordergrund). Bei jeder Sturmflut wird die Halligkante – besonders auf der Westseite – zurückverlegt. Infolge dieses Abbruchs sind die Halligen seit 300 Jahren ständig kleiner geworden; auf Langeneß mußten zwischen 1770 und 1870 sieben Warfen aufgegeben werden. Mehrere weitere, darunter im Bildausschnitt die Neuwarf, waren bereits stark gefährdet, als um 1900 der Staat Maßnahmen zum Schutz der Halligen ergriff. Seither sind die Halligen zum größten Teil mit festen Steinkanten umgeben worden, die den weiteren Abbruch verhindern.

Die Steinkanten halten auch die normalen Gezeiten fern, die früher zwischen Wattenmeer und dem Inneren der Hallig hin- und herströmten und dabei die eigenartigen Halligpriele schufen. Auf Langeneß gab es außerdem einige besonders große und bei Hochwasser schiffbare Priele, welche das heutige Langeneß in drei Halligen gliederten, Nordmarsch (im Westen), Buthwehl diesseits des im Bildausschnitt „Osterwehl" genannten Großpriels und Langeneß jenseits davon.

Durch ein Siel kann überschüssiges Wasser, vor allem nach Sturmfluten und bei Starkregen, abfließen. Ein kleiner Anleger vor dem Siel (vorn rechts), neben dem ein Prahm im Schlick liegt, verdeutlicht die Rolle, die der Verkehr mit Booten auch heute noch spielt. Im

Rahmen des „Programms Nord" entstanden die weißen Betonwege für den landwirtschaftlichen Verkehr.

Einziger landwirtschaftlicher Erwerbszweig und wichtigste Lebensgrundlage der Halligbewohner ist seit jeher die Viehwirtschaft, vor allem Schafhaltung. Wegen der kargen, ständig gefährdeten Erträge waren die Halligen aber immer ein Ungunstraum, der dazu – durch Abbruch – immer kleiner wurde. Viele Menschen wanderten daher ab. Manche fanden im 17./18. Jahrhundert einen Zuerwerb darin, daß sich die jungen Männer als „Gastarbeiter" verdingten: als Matrosen, Harpuniere und Steuerleute fuhren sie auf holländischen oder hamburgischen Schiffen zum Walfang in das nördliche Eismeer, während Frauen, Kinder und alte Leute die Halliglandwirtschaft betrieben.

Die Landwirtschaft auf der Hallig läßt keine Ertragssteigerung – wie auf dem Festland – zu. Dies kommt auch in dem wenig veränderten Landschaftsbild zum Ausdruck. Dem Schutz gegen sommerliche Sturmfluten dienen streckenweise niedrige Sommerdeiche, vor allem um das zur Heugewinnung bestimmte „Meedland"; auf diesem hat man außerdem die kleineren Halligpriele zugeschüttet, um Flächen zu erhalten, auf denen maschinelle Heuwerbung möglich ist.

Heute bietet die Unterbringung von Gästen – vor allem im Sommerhalbjahr – die Möglichkeit eines nichtlandwirtschaftlichen Verdienstes. Für sehr viele Halligbewohner ist der Fremdenverkehr bereits zum wichtigsten Erwerbszweig geworden.

Bei Gefahr von „Landunter" (vgl. Nr. 72) müssen Mensch und Vieh rechtzeitig auf der Warf Zuflucht suchen. Daß schwere Sturmfluten auch im 20. Jahrhundert noch gefährlich werden können, hat sich am 16./17. 2. 1962 gezeigt. Als in der Nacht das Wasser in das Haus auf der Neuen Peterswarf (auf der ehemaligen Teilhallig Nordmarsch) eindrang, flüchtete die Familie zunächst auf den Hausboden. Als jedoch das alte Haus von den Wellen Stück um Stück zertrümmert wurde, rettete der Bauer – bis an die Brust im Wasser watend – seine Frau und ihr zehn Monate altes Kind auf einen großen Heustapel, der im Schutze des Hausrestes mehr Sicherheit versprach. Hier überlebte die Familie die Sturmflut.

Seither wurden die Halligwarfen erhöht und die meisten Häuser neu erbaut. Auf jeder Warf befindet sich heute ein sturmflutsicherer Schutzraum auf Betonpfählen, meistens in eines der Häuser eingefügt.

Aus der Luft gesehen sind die Halligen scharf umgrenzte, große grüne Flecken im graublau und silbern blinkenden Wattenmeer. Keine andere Landschaft in Schleswig-Holstein ist so dauernd und vollständig grün. Im Südosten der Hallig Langeneß sehen wir jenseits des großen Halligpriels, des Osterwehls, vorn die Peterswarf, rechts dahinter die Neuwarf und am Bildrand links oben die Bandixwarf. Noch zu Anfang des 19. Jahrhunderts lag jenseits der Neuwarf – im heutigen Watt – die Knudswarf. Über das von gewundenen Halligprielen durchzogene und von zahlreichen Schafen belebte Grünland geht der Blick über das Wattenmeer bis zur Nachbarhallig Gröde. – Blickrichtung ONO

Zwischen weißen Haufenwolken an einem klaren Frühlingstag geht der Blick vom nordfriesischen Festland nördlich von Husum auf den Nordstrander Damm, über den eine Straße zur Insel Nordstrand führt. Beiderseits des Dammes erkennt man ausgedehnte Lahnungsfelder mit verschiedenen Stadien der marinen Verlandung, die man hier auch vom fahrenden Auto aus beobachten kann. Der Damm erreicht die Insel am Pohnshalligkoog, der – wie ganz Nordstrand – überwiegend ackerbaulich genutzt wird. Am rechten Bildrand gibt eine Lücke in den Wolken den Blick frei auf eine Baustelle der im Gange befindlichen „Vordeichung Nordstrand". Eine provisorische „Schleuseninsel" ermöglicht hier den Bau eines Siels. Im Hintergrund rechts die Insel Pellworm. – Blickrichtung W

Landschaftswandel im Raum Nordstrand

Bis 1634 lag etwa dort, wo auch heute – scheinbar unverändert – die Ostküste Nordstrands verläuft, die Ostküste der Insel Alt-Nordstrand. Diese hat ihre hufeisenförmige Gestalt vermutlich durch die Sturmflut von 1362 erhalten; vor allem ist in dieser Flut die Rungholter Bucht eingebrochen (Nr. 71), in der seither ein Wattstrom, das Fallstief, neu entstand.

Mitten auf der Insel, etwa an der Stelle der heutigen Hallig Nordstrandischmoor, war ein Hochmoor, aus dem die Anwohner Brennstoff gewannen. Das hohe „wüste Mohr" bot bei Sturmfluten eine Zuflucht.

Die Marschoberfläche in Alt-Nordstrand lag vielerorts sehr niedrig, große Flächen müssen schon damals unter dem MTHW gelegen haben. Die Deiche waren niedrig und steil geböscht; sie boten für das Land und seine Bewohner nur einen sehr bescheidenen Schutz. Im 16. und frühen 17. Jahrhundert brachen die Deiche bei mindestens 17 Sturmfluten; die Fluten von 1532, 1570 und 1615 waren besonders verheerend.

In der Sturmflut vom 3./4. Oktober 1634 stieg das Wasser vermutlich bis auf 4,60 m NN – etwa 4 m über dem damaligen MTHW – an. Sämtliche Deiche brachen, und die gesamte Insel mit Ausnahme des Moores wurde überschwemmt. 6123 Menschen kamen ums Leben.

Durch die tiefen Wehlen und über das niedrige Land, das nun zu Watt wurde, strömten ungehindert die Gezeiten, bald schnitten sich Priele ein. Aus dem Fallstief wurde die Norderhever, ein mächtiger Wattstrom, der bis heute Nordstrand und Pellworm trennt.

Fast alle Häuser, mit ihnen Hausrat, Haustiere und Vorräte, waren vernichtet. Viele der Überlebenden wanderten ab. Manche der Zurückgebliebenen, die ihre Häuser verloren hatten, bauten sich auf dem Moor aus Strandgut eine Hütte. Notdürftig ernährten sie sich von Muscheln, Fischen und Feldfrüchten, die sie mit dem Spaten auf kleinen Moorflächen anbauten.

Auf Pellworm gelang es den Einheimischen, 1635/37 den Kern der Insel wieder zu bedeichen; weitere Köge folgten 1657, 1663, 1672/73 und 1687. Anders auf Nordstrand: Hier waren die wenigen Überlebenden nicht in der Lage, die schwierige und kostspielige Bedeichung durchzuführen; Versuche dazu scheiterten bereits 1636. Staatliche Hilfe blieb aus. Statt dessen zog der Herzog von Gottorf kapitalkräftige ausländische Interessenten heran. Ihnen wurde 1652 das Recht gewährt, auf eigene Rechnung Land

zu bedeichen; die Ausländer – großenteils Niederländer – durften ihren katholischen Glauben behalten und eigene Kirchen bauen. Für die bisherigen Eigentümer aber galt das alte Wort „De nich will diken, de mutt wiken". Die erste Bedeichung duch die ausländischen Partizipanten erfolgte auf Nordstrand erst 1654–1656, weitere folgten 1657, 1663 und 1691. Die Einheimischen konnten nur als Landarbeiter oder Pächter auf Nordstrand bleiben. Zwar ging der Grundbesitz seit etwa 1750 nach und nach wieder in einheimische Hände über, doch blieb die friesische Sprache verschwunden. Pellworm und Nordstrand litten vom 17. bis ins 19. Jahrhundert sehr unter Sturmfluten und Deichbrüchen, zuletzt 1825.

Infolge starker Anlandung konnte 1886 auf der Ostseite Nordstrands der Morsumkoog gewonnen werden. Um die Neulandbildung weiter zu fördern, baute man 1906/07 einen niedrigen Damm zum Festland. Bereits 1921/25 wurde der Pohnshalligkoog bedeicht (Bildmitte) und 1933/35 der Damm zu dem heutigen hochwasserfreien Straßendamm ausgebaut (Bild).

Durch diesen Damm ist zwischen Nordstrand und dem Festland eine Bucht entstanden (im Bild rechts), welche durch eine Vordeichung geschlossen werden soll. Dadurch wird u. a. vor der gefährdeten Hattstedter Marsch eine zweite Deichlinie sowie für die Arlauniederung ein Speicherbecken nach dem Vorbild Schlüttsiels geschaffen werden. Ferner wird durch die Vordeichung der Flutraum der Norderhever und damit deren gefährliche Erosion vermindert. Diesem Ziel dient auch der Bau eines Sicherungsdammes, der die Insel Pellworm mit dem Festland verbinden soll.

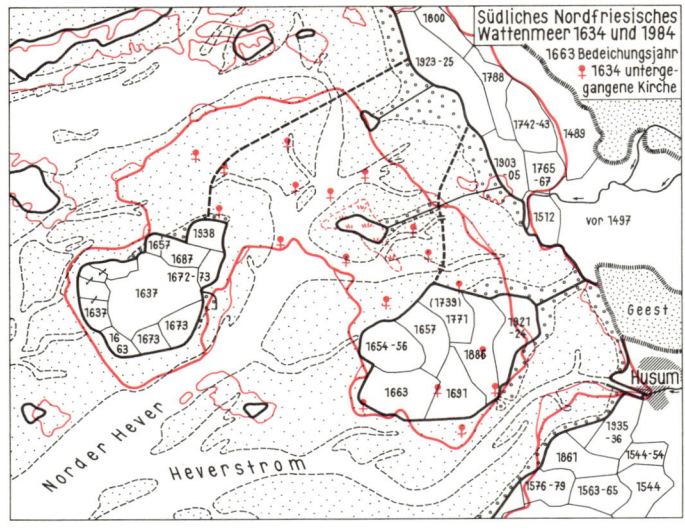

Die Geestinsel Amrum

Wie Sylt und Föhr besitzt Amrum einen Geestkern aus Altmoränen; er wurde um 1000 v. Chr. von der Nordsee angegriffen und z. T. abgetragen. Während jedoch auf der Nachbarinsel Sylt am Roten Kliff der Abbruch bis heute weitergeht (Nr. 76), ist das Geestkliff auf Amrum heute von Dünen zugedeckt. Im Osten hat sich an den Geestkern ein schmaler Streifen sandiger Marsch angelagert. Der Kniepsand und die Dünen sind die jüngsten landschaftlichen Elemente Amrums, sie sind vermutlich erst in den letzten 1000 Jahren entstanden. Wir betrachten die Landschaftszonen Amrums von Westen nach Osten.

Der *Kniepsand* ist der eigentlichen Insel im Westen vorgelagert. Während diese Sandbank im Süden etwa 1,2 km breit ist, wird sie nach Norden allmählich schmaler. Das hakenartig ausgebildete Südende des Kniepsandes (Vordergrund) ist nicht formkonstant, sondern unterliegt starken Verlagerungen.

Der trockene Sand wird vom Wind als Flugsand weggeblasen und in Form niedriger Dünen abgelagert, die man auf dem Kniepsand im Bild in großer Zahl erkennen kann. Vorzugsweise vor dem Rand der Dünen wirken bei der Festlegung des Flugsandes Pionierpflanzen mit, besonders der Strandweizen. Er besiedelt den frischen, noch salzhaltigen Sand und hält ihn mit seinen stark wachsenden Wurzelstöcken fest. Frisch angewehter Sand lagert sich zwischen den Halmen an und höht so die betreffende Stelle auf: kleine Primärdünen entstehen. Wenn bei winterlichen Sturmfluten der Kniepsand unter Wasser steht, werden sie wieder eingeebnet; auch die Dünen selbst werden angegriffen, ein Dünenkliff bildet sich.

In einem breiten Bogen zieht sich die *Dünenzone* im Westen um die Insel Amrum herum. Unruhige Formen und rasch wechselnde Farben deuten an, daß sich die Dünenlandschaft in ständigem Umbau befindet: Die weißleuchtenden Sandflächen und -krater zeigen den Abbau durch Ausblasung, die hellgrüne Farbe hingegen rührt von ausgedehnten Strandhaferbeständen her. Diese Charakterpflanze der Sekundärdünen bringt noch stärker als der Strandweizen den Sand zur Ablagerung. Das Vorkommen des Strandhafers zeigt also das Wachstum der Dünen an. Die dunkelbraunen Flächen sind von der Pflanzengesellschaft der Krähenbeerheide besiedelt. Wir finden sie vor allem in den Dünentälern. Wenn die Dünen ganz bewachsen sind, kommen sie zur Ruhe – ob für die Dauer, ist jedoch

fraglich. Denn die schützende Pflanzendecke wird allzuleicht durch Mensch oder Tier (man beachte die hellen Trampelpfade!) zerstört, so daß der Wind von unten her die Düne angreifen kann. Da die Dünenpflanzen wohl von unten nach oben, nicht aber umgekehrt zu wachsen vermögen, wird eine solche Düne dann regelrecht ausgeblasen und in einen Krater verwandelt. Der ausgewehte Sand lagert sich auf der Leeseite ab, wird rasch vom Strandhafer durchwachsen und bildet so eine neue Düne. Die Ausblasung kann nach unten hin nur so weit fortschreiten, bis der Sand vom Grundwasser feucht wird oder bis der anstehende, feste Altmoränenboden freigelegt wird (nördliche Teile der Insel). Nicht selten kommen dabei Grabanlagen zum Vorschein, die in vor- bzw. frühgeschichtlicher Zeit auf dem Geestboden angelegt worden sind.

Landwärts wird der Dünengürtel abgelöst durch die dunkelfarbige *Heidezone*. Sie entstand dadurch, daß von den Dünen her die Altmoräne mit Flugsand überweht wurde. Seit Ende des 19. Jahrhunderts hat man größere Flächen der Heide mit Kiefern aufgeforstet. An einigen Stellen sind Sommerhauskolonien im Gebiet der Heide erbaut worden.

In der *Ackerzone* werden die sandigen Böden der Altmoräne genutzt. Die Erträge sind jedoch nur bescheiden. Andere, nichtlandwirtschaftliche Erwerbszweige spielten daher auf Amrum seit jeher eine große Rolle. Im 17. und 18. Jahrhundert war es die Seefahrt; viele Amrumer fuhren als Kapitäne, Steuerleute und Matrosen auf holländischen Handels- und Walfangschiffen. Von ihrem bewegten Leben berichten reichverzierte Grabsteine auf dem alten Friedhof in Nebel. Seit 1890 ist Amrum Seebad, und die drei alten Bauerndörfer der Insel: Süddorf (Mitte), Nebel (rechts dahinter) und Norddorf (hinten) sind inzwischen zu Badeorten geworden, während Wittdün auf dem südlichen Nehrungshaken der Insel (vorn rechts) gleich als Badeort gegründet worden ist (1890).

Am östlichen Inselrand liegt der schmale, als Grünland genutzte *Marsch*streifen, das angrenzende Watt ist zur Zeit der Aufnahme überflutet. Im Hintergrund erkennt man zwischen den Wolken die Dünen des nördlichen Nehrungshakens, sie sind Vogelschutzgebiet. Von hier aus führt bei Niedrigwasser ein Fußweg über das Watt nach Föhr. Hinten jenseits des Wassers liegt von Wolken verdeckt Hörnum, die Südspitze der Nachbarinsel Sylt.

Der Insel Amrum ist ein breiter Vorstrand vorgelagert, der Kniepsand, auf dem der Wind stellenweise den Sand zu vergänglichen kleinen Dünen zusammengeweht hat. Nach rechts folgt die Dünenzone, an die sich – im Bild dunkelgrün – die aufgeforsteten Flächen der Heidezone anschließen. Den größten Teil der Insel nimmt die landwirtschaftlich genutzte Geest ein, von der sich der schmale Marschstreifen am östlichen Inselrand nicht deutlich abhebt. Auf dem schmalen Sandhaken vorn liegt der Badeort Wittdün; in der Bildmitte sieht man Süddorf, rechts davon liegt am Watt Nebel, der alte Hauptort der Insel. Norddorf, der nördlichste Ort Amrums, ist durch eine Wolke verdeckt. – Blickrichtung N

Sylt mit seinem steinfreien Sandstrand, seiner salzigen Seeluft und seiner großartigen Brandung ist mit Recht berühmt. Mit 40 km Länge liegt die Insel wie ein natürlicher Schutzwall vor dem Wattenmeer und dem Festland. Sie besteht aus mehreren Geestkernen, die durch dünenbesetzte Strandwälle und durch Marschland miteinander verbunden sind. Die Westseite von Sylt ist dem harten Angriff der See ausgesetzt – Jahr für Jahr gehen 1–3 m Land verloren. Der Strand ist keineswegs überall so schmal wie hier zwischen Wenningstedt und Kampen, wo der Hauptgeestkern der Insel steil abfällt. Der Name „Rotes Kliff" wird vor allem bei tiefstehender Abendsonne verständlich. – Blickrichtung NO

Sylt – das Rote Kliff

Wir blicken von der Sylter Westküste über die z. T. dünenbesetzte, z. T. ackerbaulich genutzte Geest mit dem Dorf Kampen bis zum Wattenmeer, das bei Ebbe großenteils trockenfällt. Im Vordergrund sehen wir Menschen im Wasser und am Strand und erkennen die sandfangende Funktion der weit ins Meer hinausgebauten Buhnen. Deutlich können wir den nassen, zweimal am Tag bei Flut überspülten Strand von dem trockenen Strand oberhalb des normalen Hochwassers unterscheiden. Zwischen den Strandburgen und Strandkörben steht absolut hochwasserfrei auf Pfählen eine Strandsauna. Der Fuß des Kliffs ist durch eine Reihe von Faschinen (Reisigbündeln) markiert; sie bieten jedoch nur geringen Schutz gegen Abrasion bei Hochwasser. Auf das ca. 25 m hohe Kliff führt ein Zickzackweg hinauf. Wegen des Kliffabbruchs muß er Jahr für Jahr erneuert werden. Die hellere Farbe der Schuttböschung am Weg verrät, daß unter der rostfarbenen Altmoräne und hinter den herabgestürzten Schuttmassen weißer Kaolinsand liegt. Man sieht ihn am besten, wenn winterliche Sturmfluten den Moränenschutt am Kliffuß weggeräumt haben: Dann erscheint das „Rote Kliff" zeit- und streckenweise als „Rot-Weißes Kliff". Der Kaolinsand bildet den tieferen Sockel von Sylt. Am deutlichsten tritt er zutage im Morsumkliff und im „Witten Kliff" bei Braderup sowie in großen Tagebauen bei Munkmarsch. Die kreuzgeschichteten Kaolinsande sind dem Übergang von der tertiären Warmzeit zur quartären Kaltzeit zuzuordnen. Sie wurden später mit Moränen überdeckt, die heute als „rotes" Kliff in Erscheinung treten.

Bei einer Wanderung oben auf der Kliffkante oder unten am Kliffuß erlebt man sehr eindrucksvoll jüngste Erdgeschichte: den Abbruch des Landes durch das Meer: Sturmfluten spülen erst den Schutt weg, greifen sodann den recht losen Kaolinsand an; die kompakte Moräne stürzt dann in mächtigen Blöcken ab oder fließt, wenn sie wasserdurchtränkt ist, als zähflüssiger Schlammstrom hinab an den Strand.

Es gehört nicht viel Einbildungskraft dazu, sich vorzustellen, daß Sylt einst viel weiter nach Westen reichte, daß die Geest sich allmählich dorthin abdachte und daß aus dem Abbruchmaterial mit der Zeit die langen Sandhaken im Norden und Süden entstanden (Nr. 77). Um 1650 entwarf der Husumer Kartograph Johannes Mejer eine „historische Karte von Nordfriesland" für das Jahr 1240. Er konnte draußen vor der Küste noch allerlei Kulturspuren sehen, und die Sylter wußten von einer vorgelagerten, einst mit Sylt verbundenen Insel zu erzählen; von dem dortigen Hafen Wendingstad seien Angeln, Sachsen und Jüten einst nach Britannien gefahren. In all dem mag ein wahrer Kern stecken, aber eine exakte räumliche und zeitliche Einordnung ist unmöglich.

Den Rückgang der Sylter Westküste beobachten die Insulaner ebenso wie die mit dem Problem befaßten Wissenschaftler und Techniker mit Sorge. Bei List, Rantum und Hörnum droht die See die Insel auseinanderzureißen. Zur Sicherung der Küste hat man seit 1872 Buhnen gebaut (anfangs aus Holzpfählen mit Steinen, später aus Stahlspundwänden, dann aus Betonpfählen), die den seegangs- und strömungsbedingten Sandtransport unterbinden sollen. An der Dünenküste sucht man zudem durch Reisigzäune und Halmpflanzungen den Sand zu fangen und neue Dünen entstehen zu lassen. Vor Westerland hat man (1912 beginnend) durch eine Ufermauer (mit Promenade) und durch ein Basaltdeckwerk die Küste „verfelst". Dem Küstenabbruch hat man dadurch aber nur scheinbar Halt geboten; denn gerade von hier wird der Sand nach beiden Richtungen fortgeführt, der Meeresgrund immer tiefer. Durch Tetrapoden, 4 t schwere, vierfüßige Betonklötze, die ineinander verkeilt verlegt werden, hofft man, an besonders gefährdeten Küstenabschnitten einen Brecherschutz zu schaffen. Aber sie können nicht den Abtransport des Sandes und damit den Abbau des Inselsockels verhindern. Durch Vermessungen mit Hilfe von radioaktiv gemachtem Sand hat man 1963 und 1970/71 genauere Kenntnis von den Sandbewegungen gewonnen und 1972 erstmals eine Sandvorspülung praktiziert: Aus dem Wattenmeer wurde durch eine Rohrleitung ein Sand-Wassergemisch über die Insel hinweg gepumpt, um das Sanddefizit vor Westerland auszugleichen. Regelmäßige Syltbesucher sind allerdings erstaunt, wie innerhalb weniger Jahre diese Sandmassen vom Meer wieder fortgeschwemmt werden. Die Sandvorspülung mußte 1978 wiederholt werden, und 1984 werden erneut an der Sylter Westküste annähernd 2 Mio. m³ Sand mit einem Kostenaufwand von 9,6 Mio. DM aufgespült. Diese „elastische" Methode ist erfolgreicher als die starre Defensive mit Küstenschutzwerken. Doch wie lange soll das so weitergehen? Ist der Aufwand ökonomisch und ökologisch zu rechtfertigen?

Wanderdünen im Listland auf Sylt

Die Wanderdünen im Norden der Insel Sylt sind die einzigen an der deutschen Nordseeküste. Ihre – noch nicht völlig geklärte – Entstehung hängt mit der Erdgeschichte Sylts eng zusammen.

Als die Nordsee um 3000 v. Chr. in diesen Raum eindrang und die Brandung den eiszeitlichen Talsand, später auch den vermutlich nach Westen abfallenden Geestkern Sylts angriff, entstand weit westlich der heutigen Küste ein breiter, dem heutigen Kniepsand Amrums (Nr. 75) vergleichbarer Vorstrand. Auf dieser Sandfläche konnten Dünen entstehen, die mit dem Vorrücken des Meeres windbewegt ostwärts wanderten und teilweise auf die Geest hinaufgelangten.

Gleichzeitig wurde ein Teil des Sandes von der Küstenströmung nach Norden und Süden transportiert, die Vorläufer der beiden noch heute vorhandenen Haken bildeten sich aus. Diese verlängerten sich ständig, während sie gleichzeitig – mit dem Abbruch des Inselkörpers Schritt haltend – ostwärts wanderten. Im Zuge dieses Prozesses kam es im Bereich des Listlandes zu vermehrter Sandzufuhr und damit zu der starken Verbreiterung des nördlichen Hakens, welche für die Entstehung der Wanderdünen eine wesentliche Voraussetzung dargestellt haben dürfte.

Während in Bewegung geratene Strandhaferdünen von selbst wieder zur Ruhe kommen (Nr. 75), ist dies bei echten Wanderdünen nicht der Fall. Ihre Entstehung kann man sich so vorstellen, daß sich bei gleichzeitiger Zerstörung mehrerer benachbarter, sehr großer Strandhaferdünen gewaltige Sandmassen in Bewegung setzten und von der Vegetation nicht wieder festgelegt werden konnten. Wanderdünen haben eine andere Größenordnung als selbst große Strandhaferdünen; ihre Länge erreicht auf Sylt bis 1400 m, die Breite 300 bis 500 m. Sie wandern mit dem Winde unaufhaltsam weiter. Wegen der vorherrschenden Westwinde geht die Bewegung nach Osten, obwohl natür-

lich bei Ostwind ein gewisser Rücktransport von Sand stattfindet. Im jährlichen Mittel rücken die Wanderdünen 6 m vor.

Die Überquerung einer Wanderdüne in West-Ost-Richtung veranschaulicht uns die Vorgänge, die sich hier abspielen. Bei starkem Westwind wird der Sand bis in die Nähe des Grundwasserspiegels abgetragen. Erst dann können die Dünenpflanzen diese Ausblasungszone wieder besiedeln. Der Sand wandert den flachen, vegetationslosen Luvhang der Düne hinauf. Schwache Winde führen nur die kleineren Sandkörner weg, während die groben liegenbleiben.

Auf dem breiten, flach gewölbten Rücken der Düne finden sich zahlreiche von Strandhafer bewachsene Hügel, die Kupsten. Zwischen ihnen wird der Sand hindurchgeweht; auf der Leeseite im Osten lagert er sich wieder ab. Wir erkennen deutlich, daß diese Ostseite erheblich steiler ist als die dem Winde zugewandte Westseite. Scharf ist am Fuße der Düne die Grenze zwischen dem weißen Sand und dem dunkelgrünen Teppich der Krähenbeerheide, welcher von der vorrückenden Düne nach und nach zugeschüttet wird.

Die eigenartigen Kupsten entstehen dadurch, daß es einzelnen Strandhaferpflanzen gelingt, mit der enormen Übersandung auf der Leeseite im Wachstum Schritt zu halten. Auf diese Weise gelangen sie schließlich bis auf den Dünenrücken, wo sie Sand einfangen und so die Kupsten bilden. Allmählich wandert jedoch die Düne unter den Kupsten hindurch; auf dem Luvhang, wo die Abtragung überwiegt, werden die Strandhaferbüschel von unten her freigelegt und zerstört.

Nur an den niedrigen Flanken der Düne kann der Strandhafer mit der Übersandung Schritt halten und hier die Düne festlegen, die dadurch eine nach Westen offene Sichelform erhält. Die Wanderdünen sind weit von jeder Ortschaft entfernt; sie können daher nicht – wie in früheren Jahrhunderten – Schaden anrichten.

Seit 1974 stehen die Wanderdünen des Listlandes unter Naturschutz. – In diesem Raum weisen fast nur Straße und Parkplatz auf den Menschen hin, dazu – vom Parkplatz ausgehend – die hellen Trampelpfade.

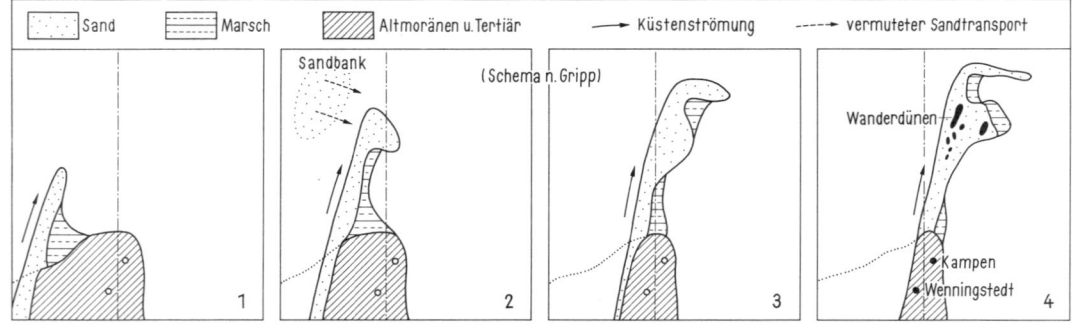

Aus der dunklen, braun-grünen Krähenbeerheide des Listlandes heben sich die graugrünen Bestände des Strandhafers und der fast vegetationslose Dünensand der großen Wanderdüne deutlich voneinander ab. Rechts sieht man den Flügel einer weiteren Wanderdüne. Jenseits des Listlandes geht der Blick über den bei Niedrigwasser trockenfallenden Königshafen und den Ellenbogen auf das Lister Tief und die Insel Röm. – Blickrichtung NO

Etwa 65 km von Cuxhaven und von Hörnum/Sylt entfernt ragt die Buntsandsteinklippe von Helgoland 50 m hoch empor. „Grün ist das Land, rot ist die Kant, weiß ist der Strand – das sind die Farben von Helgoland.“ Wir erkennen die Betonmauer, die besonders an der gefährdeten Westseite den weiteren Abbruch der Küste verhindern soll, die Schutz- und Hafenmolen und die noch weitgehend unbebauten Aufschüttungsflächen. Zwischen Felseninsel und Düne (links) liegt die gut geschützte Reede. – Blickrichtung SO

Helgoland

Bei Felseninseln, die irgendwo einsam aus der See aufragen, fragt man wohl nach der Entstehung. Häufig sind vulkanische Kräfte die Ursache dafür. Im Falle Helgoland liegen andere Gründe vor. Hier ist man mit einer Bohrung in 718 m Tiefe auf mächtige Salzschichten des einstigen Zechsteinmeeres gestoßen. Sie sind, infolge des starken Druckes plastisch, an Störungslinien der Erdkruste emporgedrungen und haben dabei die überlagernden Schichten hochgepreßt (vgl. Nr. 63). Wir haben also das Deckgebirge eines „Salzhorstes" vor uns. Deutlich kann man die rötlich-weiß gestreiften Schichten des Buntsandsteins erkennen. Auf der uns zugekehrten Westseite der Insel scheinen sie waagerecht zu liegen; sie sind jedoch schräg gestellt, fallen nach Osten, zur Düne hin, unter einem Winkel von 18° ein. Daß die Oberfläche des Felsens fast horizontal liegt, ist auf die Wirkung des Inlandeises zurückzuführen: Es hat Helgoland abgehobelt und beim Abschmelzen eine dünne Moränendecke mit nordischen Urgesteinsgeschieben zurückgelassen. Da der Fels beim Emporheben kreuz und quer von Rissen durchzogen wurde, sind Schwächezonen entstanden, an denen das Meer besonders nachhaltig angreifen, die Verwitterung stärker wirken konnte; so erklären sich die vorspringenden Bastionen und die frei stehenden Türme, von denen einer noch erhalten ist.

Die Buntsandsteinschichten liegen auch unter der „Düne", jedoch in größerer Tiefe. Darüber lagern dort jüngere Schichten der Muschelkalkformation. Diese bilden die Grundplatte für die Strandwälle und Dünen. Bis zum Jahre 1711 ragten noch Reste des Kalkfelsens annähernd ebenso hoch empor wie die Hauptinsel. Das Nebeneinander eines weißen und eines roten Felsens, die sich jäh aus blauem Meer erhoben, bot einst ein höchst eindrucksvolles Bild. Die „Witte Klyppe" ist nicht allein durch Naturgewalten, sondern auch durch Menschenhand verschwunden, weil die Helgoländer das begehrte Baumaterial schiffsladungsweise nach Hamburg verkauften.

Zwischen den beiden Felsklötzen bestand eine niedrige, dünenbesetzte Verbindung, der „Woal". Er wurde in der Silvesterflut 1720/21 durchbrochen, und seither haben Brandung und Tidenströmung die Rinne zwischen Helgoland und der Düne auf 5 m vertieft. Die ausgedehnte, nur von 1 bis 3 m Wasser bedeckte und daher bei extremem Niedrigwasser großenteils trockenfallende marine Abrasionsfläche – besonders

im Norden von Helgoland – deutet die frühere Ausdehnung der Insel an, und die steile Kliffküste würde noch weiter zurückverlegt werden, hätte der Mensch nicht durch die Betonmauer am Fuße der Felsen dem Angriff der See Halt geboten. Auf den Gesimsen der Felswände nisten Hunderte von Trottel-Lummen.

Im Frühdämmer der Geschichte befand sich auf Helgoland ein sagenumwobenes friesisches Heiligtum. In den folgenden Jahrhunderten diente die Insel Fischern und Seefahrern, gelegentlich auch Seeräubern und Schmugglern als Stützpunkt. In den Kämpfen gegen Napoleon eroberten die Engländer Helgoland. In englischer Hand bot die Insel so manchem freiheitlichen Deutschen, der von der Reaktion verfolgt wurde, ein politisches Asyl. Hier dichtete 1841 Hoffmann von Fallersleben das Deutschlandlied:

... Einigkeit und Recht und Freiheit
für das deutsche Vaterland!

1890 wurde Helgoland, das sich inzwischen zum Seebad entwickelt hatte, von Deutschland gegen Sansibar und Anrechte in Ostafrika eingetauscht, „ein Hosenknopf gegen eine Hose", wie Bismarck sagte. Aber für das Reich besaß die Felseninsel mitten in der Deutschen Bucht, vor den Mündungen von Weser, Elbe und Kaiser-Wilhelm-Kanal, erheblichen Wert, wenn sie (mit Düne) auch nur 160 Hektar groß ist.

Helgoland wurde zum Seenot- und Fischereischutzhafen und Flottenstützpunkt, nach dem Ersten Weltkrieg entfestigt, seit 1935 verstärkt militärisch ausgebaut. Bombenangriffe im und nach dem Zweiten Weltkrieg und vor allem die Sprengung des U-Boot-Bunkers und der Festungsanlagen im Innern des Felsens 1947 zerstörten den Ort und den Südteil der Insel. Von 1952 an kehrte die evakuierte Bevölkerung zurück, der Ort auf dem Unter- und Oberland entstand wieder und bietet heute ein außerordentlich reizvolles Bild. Die Einmaligkeit dieser Insel, die frische Seeluft, das Baden von der Düne aus oder im Meerwasserwarmbad auf dem Unterland lockt viele Menschen. Ein zusätzlicher Anreiz ist die Möglichkeit, im „Zollausland" Helgoland billig einzukaufen.

Die Schiffe, welche Besucher und Badegäste vom Festland herüberbringen, müssen – trotz ausgezeichneter Hafenanlagen – auf Reede ankern; das Ausbooten besorgen auf Grund eines alten Privilegs die Insulaner – es bringt mehr ein als der Hummerfang auf den Steingründen rings um die Insel.

Priele in der Eidermündung

Wenn man zu Fuß diesen Raum durchwandert, ist die Ebenheit der feuchtglänzenden, grenzenlos wirkenden Wattlandschaft der stärkste Eindruck. Die Unterschiede, welche die Wattoberfläche bietet, erscheinen demgegenüber gering: Seegrasbewuchs, Muschelschalen und die zahllosen Kothäufchen der Pierwürmer sind auffälliger als die feine Profilierung des Watts durch flache Rinnen, und den Unterschied zwischen reinem Sand und sandigem Schlick nehmen wir mehr mit den bloßen Füßen als mit den Augen wahr. In der großen Stille, die an ruhigen Tagen über dem Watt liegt, horchen wir um so mehr auf die leisen Laute: das feine, knisternde Wattgeräusch, die Rufe der Vögel und das ferne Tuckern eines Krabbenkutters.

Aus dem Flugzeug bietet das Watt ein ganz anderes Bild, es wird durch die Oberflächengestalt bestimmt. Aus geringer Flughöhe (etwa 150 m) erkennen wir die Kleinformen, die sich auf dem Watt unweit des Hauptprieles – hier der Eidermündung – ausgebildet haben. Die gestaltenden Kräfte in diesem Raum sind vor allem die Gezeiten. Das auflaufende und das ablaufende Wasser verhalten sich jedoch verschieden.

Das auflaufende Wasser, von den Küstenbewohnern meist Flut genannt, folgt zunächst den großen Hauptprielen und ihren kleineren Verzweigungen; erst dann breitet es sich auf dem eigentlichen Watt mehr flächenhaft aus. Beim Übergang vom Priel zum Watt läßt die Stromgeschwindigkeit stark nach, schließlich sinkt sie bis zum Erreichen des höchsten Wasserstandes, dem Tidehochwasser (THW), auf Null ab. Dabei können die mitgeführten Sinkstoffe – die gröberen zuerst, die feineren zuletzt – abgelagert werden.

Das ablaufende Wasser fließt anfangs ebenfalls flächenhaft – allerdings nicht immer in genau entgegengesetzter Richtung – vom Watt ab. In den großen Prielen und in deren Nähe erreicht der Ebbstrom – für den Unkundigen unglaublich rasch – hohe Geschwindigkeiten, die auch dem geübten Schwimmer lebensgefährlich werden können.

Wenn das meiste Wasser schon abgelaufen ist und nur noch eine dünne Wasserschicht von einigen Dezimetern oder Zentimetern auf dem Watt steht, ist die Zeit gekommen, in der solche Kleinpriele, wie die hier sichtbaren, gestaltet werden. Auf den fast ebenen Wattrücken fließt das Wasser nur langsam dahin; inzwischen ist aber der Wasserstand in den großen Prielen schon stark gesunken, so daß dort, wo schließlich

der Abfluß erfolgt, ein starkes Gefälle besteht. In dem weichen, leichtbeweglichen Material kann sich das Rinnsal rasch rückwärts einschneiden und die etwa von der Flut verwischten Formen als scharfe Kanten wieder herausmodellieren. Dabei bilden sich klassische Mäanderschlingen mit steilen Prallhängen auf der Außen- und sanften Gleithängen auf der Innenseite. Wir erkennen die Spuren häufiger Laufverlegungen.

Das hohe Watt beiderseits des Hauptpriels ist zur Zeit der Aufnahme noch von flachem Wasser bedeckt, welches teils das Himmelslicht spiegelt, während die hellen Prielränder trocken daliegen. Diese Erscheinung kann verschiedene Ursachen haben: einmal kann die Prielkante – besonders an Prallhängen – tatsächlich etwas höher liegen als ihre Umgebung. Zum anderen aber besteht das Watt in Prielnähe wegen der stärkeren Strömung vorwiegend aus Sand, wie das Bild deutlich erkennen läßt. Im Sand kann das Wasser rasch versickern, im schlickigen Watt dagegen nicht.

Auf dem sandigen Watt der Eidermündung können wir das Zwergseegras und an größeren Tieren vor allem die Strandschnecke, den Watt- oder Pierwurm, die Sandklaffmuschel und die Herzmuschel antreffen, wenn auch nicht alle sehen, denn die drei letztgenannten leben im Wattboden verborgen. An ihren Kothäufchen kann man die Wattwürmer und an ihren Strudellöchern die gleichfalls tiefsitzenden Klaffmuscheln lokalisieren, während die Atemröhren der Herzmuscheln, durch die sie Atemwasser und Planktonnahrung herbeistrudeln, nur bei Wasserbedeckung offen und sichtbar sind.

Die Flut bringt die Fische, Butt und Aal, mit auf das Watt, dazu die große Schar der Krebse: Strandkrabben, Einsiedlerkrebse und Garnelen. Dieses so vielfältige Leben bei Hochwasser ist nicht einmal von einem Boot, geschweige denn aus der Luft zu sehen. Erst ein Blick auf das Tiergewimmel im Netz eines Krabbenkutters gibt uns eine Vorstellung vom Tierleben im Wattenmeer.

Wenn das Watt trockengefallen ist, kommen zahlreiche Vögel, um dort nach Würmern, Muscheln, Kleinkrebsen und Fischchen zu suchen. Es ist ein eigenartiges Bild, vom Flugzeug aus einen Schwarm weißer Möwen oder schwarzweißer Austernfischer vor dem grauen Schlickgrund dahingleiten zu sehen.

Mit etwas Glück kann man Seehunde erblicken, die sich bei Niedrigwasser auf sandiger Prielkante sonnen.

Graublau schimmert die feuchte Oberfläche des sandigen Watts bei Niedrigwasser. Die Priele mit ihren filigranartig feinen Veräste-
lungen werden von den täglich je zweimal hin- und herflutenden Gezeiten herausmodelliert und dabei, ähnlich wie Flußläufe, im
Laufe der Zeit immer wieder verändert. Auf diesem Bild erkennt man keine Werke, keine Einflüsse des Menschen; damit fehlt auch der
gewohnte Größenmaßstab. Vielleicht aber ist der menschliche Größenmaßstab für die Betrachtung dieser einzigartigen Naturlandschaft auch überflüssig.

Sand, See und Sonne – und die Weite, der Wind, die Wolken und die würzige Luft – man muß es erleben. Verständlich, daß es so viele Menschen hierherzieht. Und doch sind es nicht so viele, daß sie sich lästig werden. – Über die Sandbank vor St. Peter-Ording gehen im Winter die Sturmfluten hinweg, im Sommer ist ihr südlicher Teil ein Revier der Strandsegler. Jenseits der Sandbank geht der Blick über die Tümlauer Bucht bis nach Westerhever, der nordwestlichen Ecke der Halbinsel Eiderstedt. – Blickrichtung N

Sandbänke vor St. Peter-Ording

Diese Landschaft mit ihrem weißen Sand erinnert an die Inseln Amrum und Sylt, die sich nach Westen der offenen Nordsee zuwenden. Auch der Ort Ording, den wir auf unserem Bild sehen, lag früher einmal auf einer Insel am äußersten Rand Schleswig-Holsteins, auf Utholm. Das war neben Everschop und Eiderstedt eines der Lande, die im Mittelalter zur Landschaft Eiderstedt zusammengeschlossen wurden. Die Verbindung mit dem Festland riß zwar 1362 ab, als die „Nordereider" nordwärts zur Hever durchbrach. Doch seit 1489 ist Eiderstedt „wieder" eine Halbinsel Schleswig-Holsteins. Durch die Bahnlinie Husum–Tönning–St. Peter-Ording und vollends durch die seit 1973 über das Eidersperrwerk führende Straße ist St. Peter-Ording bequem zu erreichen.

Wie eigentlich die ganze Westküste unseres Landes bietet auch dieser Abschnitt ein Augenblicksbild. Freilich scheint es seit geraumer Zeit recht konstant. Einst reichte die Küste erheblich weiter nach Westen. Die heutige Kirche von Ording, im Dorfkern hinter dem Deich gelegen, hatte eine erste Vorläuferin etwa 1500 m westlich, weit außerhalb unseres Bildes. Diese wurde im 15. Jahrhundert 750 m nach Osten verlegt. Aber 1724 war diese Kirche von küstennahen Dünen bereits so zugesandet, daß man sich den Weg zum Gottesdienst jedesmal wieder freischaufeln mußte, und so baute man die dritte Kirche dort, wo sie heute steht. Die Reste der von den Dünen überwanderten zweiten Kirche wurden in der Sturmflut von 1788 völlig vernichtet (sonst würde man Spuren im Bereich unseres Bildes noch finden können). Ja, damals befürchtete man, auch die dritte Kirche aufgeben zu müssen; man erwog bereits den Bau eines Deiches weiter landeinwärts. Aber so weit ist es doch nicht gekommen. Vielmehr hat man die in der Sturmflut von 1825 bewährte Verteidigungslinie bis auf den heutigen Tag halten können und sie nach der Sturmflut von 1962 durch zusätzliche Buhnen und Panzerung des Deiches mit einem Steinpflaster widerstandsfähiger gemacht.

Wir sehen auf dem Bild, daß von Ording an südwärts sich vor dem als helles Band erscheinenden Deich ein Dünengelände befindet. Es zieht sich, breiter werdend, rechts außerhalb des Bildes weiter fort, über St. Peter-Bad zum alten Dorf St. Peter und, wieder schmaler werdend, bis nach Süderhöft, der Südwestecke von Eiderstedt. Die genannten Orte liegen großenteils auf diesem viele Kilometer langen, bis zu 15 m hohen und z. T. aufgeforsteten Dünenstreifen, der Hochwasserschutz gewährt – auf weite Strecken schützt allerdings ein niedriger Deich den seeseitigen Dünenfuß. Der Strand und das Wiesengelände davor bieten Feriengästen, namentlich mit kleinen Kindern, Gelegenheit zum Baden, Wattlaufen und Spielen.

Die „herbe Attraktion" von St. Peter-Ording aber ist die riesige Sandbank vor der Küste. Zwei Wege und Stege, z. T. auf solider Stahlbetonbrücke, führen kilometerlang von den Festlanddünen auf die Sandbank hinaus, die am Außenrand am höchsten ist – unser Bild zeigt den nördlichen Weg. Sie enden dort, wo bei normalem Hochwasser die Sandbank trocken bleibt. Wir sehen dort daher, ziemlich dicht gedrängt, Strandburgen und Strandkörbe, dazwischen einige Pfahlbauten mit Restaurant, sanitären Anlagen und der Strandaufsicht, aber auch zahlreiche Podeste, auf die bei besonders hohem Wasserstand die Strandkörbe in Sicherheit gebracht werden – notfalls natürlich auch Menschen; aber diese werden gewöhnlich rechtzeitig gewarnt, beizeiten aufs Festland zurückzukehren oder gar nicht erst den Weg zur Sandbank anzutreten. Überhaupt muß jeder, der sich bei niedrigem Wasserstand vom bewachten Badestrand entfernt und die Einsamkeit der weiten „Landschaft" aufsucht – gerade das ist reizvoll! –, auf seine eigene Sicherheit bedacht sein. Dazu gehört nicht nur die Vorsorge gegen Sonnenbrand, sondern auch die Beachtung von Tiden, Wind und Wetter; er muß die Gefahr plötzlich aufkommender Seenebel kennen und muß wissen, daß der vermeintlich kürzeste Weg zum Festland der allergefährlichste sein kann, weil in den küstennahen Prielen (s. Bild!) das Wasser schnell übermannstief und die Strömung reißend sein kann.

Als Bad und Kurort erfreut sich St. Peter-Ording zunehmender Beliebtheit. Eine 1957 bei Bauarbeiten zufällig entdeckte und erschlossene ausgezeichnete Schwefelsolequelle hat mit dazu beigetragen, daß die Saison immer weniger auf die Sommermonate beschränkt ist. Der Feriengast und Erholungsuchende findet ein reiches Angebot, von Campingplätzen (so auch auf unserem Bild) über Einzelhäuschen und große Apartmenthäuser bis hin zu Kurhaus und Kurkliniken und all dem, was zu vielseitiger moderner Freizeitgestaltung gehört. Verständlich, daß die weit überwiegende Zahl der Einheimischen im Dienstleistungsgewerbe tätig ist.

Haubarg im Dreilandenkoog bei Tating

Jede Grünlandparzelle, in Eiderstedt „Fenne" genannt, wird durch schmale Grüppen zwischen gewölbten Beeten entwässert. Die einzelnen Fennen sind voneinander durch Gräben getrennt, die zugleich der Entwässerung dienen und daher von Zeit zu Zeit „gekleit" werden müssen (oberer Bildrand). Auf jeder Fenne gibt es eine ovale Tränkkuhle und einen Scheuerpfahl für das Weidevieh.

Das Grundwasser steht hoch in den Gräben und Tränkkuhlen; hier leben Frösche und Karauschen, Nahrung für „Adebar" (Storch) und „Schietreiher". Die Charaktervögel des Eiderstedter Grünlandes, Feldlerche, Kiebitz und Star, können bei dem milden und feuchten Seeklima (Januarmittel von St. Peter +0,5° C) in manchen Jahren in ihrem Brutgebiet überwintern.

Aus dem hellen Grün der Fennen hebt sich ein Haubarg mit seinen dunklen Windschutzbäumen markant ab. Vom Boden aus würde man auch die Warf deutlich sehen: den Erdhügel aus Kleierde, auf dem fast alle Haubarge stehen. Der im Vordergrund liegende Haubarg im Besitz der Familie Hamkens ist 1849 mit einem Vierkant aus vier Ständern erbaut worden, sein Dach ist noch in herkömmlicher Weise mit Reet gedeckt, während der im Hintergrund sichtbare Blumenhof, ebenfalls mit vier Ständern, aber aus dem 18. Jahrhundert, ein Dach aus Eternit trägt.

An beiden Haubargen erkennt man – noch besser vom Boden aus – die Windschur, die parabelförmig bis zum Boden sich neigende Wipfelfläche der Bäume, die auf der Westseite als Windschutz gepflanzt sind.

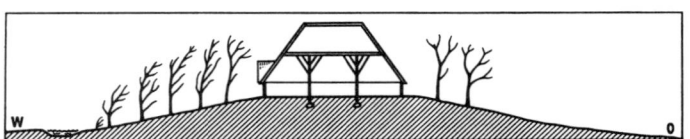

Jeder Ast, der sich aus dem Schutz der anderen herausstreckt, wird früher oder später, vom Sturm seiner Blätter und Zweige beraubt, zum Absterben gebracht.

Der Eiderstedter Haubarg – er ist das größte Bauernhaus der Welt – ist seit etwa 1600 auf der Halbinsel zwischen Eider und Hever zu finden. Das mächtige Dach aus Reet ruht nicht auf den niedrigen Außenmauern, sondern auf vier, sechs oder mehr Ständern aus Eichen-, seit dem 18. Jahrhundert aus Kiefernholz, die fest im Boden stecken und oben durch einen rechteckigen Rahmen verbunden sind. Im Vierkant zwischen den Ständern reicht der riesige Stapelraum

für das Heu, nach dem das Haus benannt ist, bis hoch unter das Dach. Um den Vierkant herum liegen Wohnräume, Ställe und die Dreschdiele (Loh).

Als nämlich vor 400 Jahren der Haubarg – wohl aus den Niederlanden – nach Eiderstedt gelangte, war die Landschaft keineswegs solch ein reines Grünlandgebiet mit Weidewirtschaft wie heute. Vielmehr wurde in Eiderstedt überwiegend Getreide angebaut – die umfangreichen Pferdeställe in den Haubargen erinnern noch daran. Erst seit etwa hundert Jahren, als in den neuentstandenen Industriegebieten – zuerst in England – ein großer Bedarf an Rindfleisch auftrat, wurde die Ackerwirtschaft zugunsten der arbeitsparenden Viehwirtschaft aufgegeben. Für die in Eiderstedt bevorzugte Fettgräsung wurde das magere Jungvieh im Frühjahr über den Husumer Viehmarkt von der Geest her bezogen und im Herbst desselben Jahres als Schlachtvieh verkauft. So ist es in manchen Betrieben auch heute noch. Um 1875 wurden aus Eiderstedt jährlich vierzig- bis fünfzigtausend Rinder und bis zu sechzigtausend Schafe über den Hafen Tönning nach England verschifft. Erst in jüngster Zeit dringt in Eiderstedt der Ackerbau wieder vor.

Jenseits der Straße erkennt man ein Stück des alten Süderdeichs; er folgt dem Südrand der ehemaligen Marschinsel Utholm. Wie schon die unregelmäßige, auf ehemalige Halligpriele (Nr. 73) zurückgehende Flureinteilung (Bild oben links) zeigt, ist die Marsch Utholms sehr alt. Ähnlich altes und hochgelegenes Marschland ist in Eiderstedt schon um 100 n. Chr. besiedelt gewesen, wie Bantelmann an den Warfen Tofting und Elisenhof bei Tönning nachgewiesen hat.

Das Land diesseits des Süderdeiches war einst Teil eines Meeresarms, der Süderhever, welche die beiden Inseln Utholm im Westen und Everschop/Eiderstedt im Osten trennte. Nachdem es – vermutlich 1231 – gelungen war, die Süderhever etwa 3 km nordöstlich des Bildausschnitts zu durchdämmen, konnte man schon 1235 südlich des Dammes den Wattkoog gewinnen. 400 Jahre später ging man an die Bedeichung des Dreilandenkooges, so genannt, weil daran ursprünglich Kirchspiele aus den drei Harden Utholm (Tating), Everschop (Garding) und Eiderstedt (Welt, Vollerwiek) beteiligt waren. Die nach dem Deichschluß (1627) noch verbleibende Bucht wurde durch den Grothusenkoog (1693) und den Wilhelminenkoog (1821) weitgehend geschlossen.

Als stolze Einzelhöfe liegen zwei Eiderstedter Haubarge, jeder auf seiner Warf, von schützenden Baumpflanzungen umgeben inmitten des ebenen, von weidenden Rindern belebten Grünlandes. Nach langer Trockenheit erscheint dies nicht so saftig grün wie sonst. Dagegen zeigen die mit Wasserpflanzen bedeckten Tränkkuhlen eine satte Grünfärbung. Typisch für die Eiderstedter Marsch sind die flachgewellte Oberfläche der „Fennen" und die – teils krummlinigen – Wassergräben. – Blickrichtung NW

Zur Flutzeit strömt das Wasser aus dem Wattenmeer durch die offenen Sieltore des Sperrwerks in den Mündungstrichter der Eider, der sich zum Horizont hin deutlich verengt. Links liegt das zu Eiderstedt gehörende Katinger Watt, rechts Dithmarschen. Die Molen links des Sperrwerks umschließen schützend den Vorhafen für die Schiffahrtsschleuse. Kleinere Seeschiffe können auf der Eider nach Tönning, Friedrichstadt und durch den Gieselau-Kanal in den Nord-Ostsee-Kanal gelangen. – Blickrichtung NO

Das Eidersperrwerk

Die Eider, der größte Fluß Schleswig-Holsteins, weist ebenso wie Elbe, Weser und Ems eine typische Trichtermündung, ein Ästuar, auf. Solche Ästuare entstehen dort, wo – bei großem Tidenhub – die von den Gezeiten im mündungsnahen Flußlauf hin- und herbewegten Wassermengen wesentlich größer sind als das aus dem Einzugsgebiet herabfließende „Oberwasser" des Flusses.

In der Eider reichte die Gezeitenbewegung ursprünglich bis Rendsburg. Die täglich zweimal zu- und zweimal abströmenden großen Wassermassen schufen die breiten und tiefen, mäandrierenden Unterläufe von Eider, Treene und Sorge (Nr. 55). Bei Sturmfluten tritt in dem Mündungstrichter der Eider ein zusätzlicher Staueffekt ein, wobei enorme Wassermengen in die Fußunterläufe gedrückt werden. In den Flußniederungen zwischen Stapelholm und Rendsburg kam es früher zu ausgedehnten und lang dauernden Überschwemmungen.

Schon frühzeitig durchdämmte man die Treene (1570) und die Sorge (um 1630) und entzog sie so dem Gezeiteneinfluß. In der Eiderniederung, in der nur stellenweise niedrige Sommerdeiche das Land schützten, konnte sich das Wasser bei Sturmfluten weithin ungehindert ausbreiten.

Als man jedoch seit 1890 die Flußdeiche an der Untereider zwischen Rendsburg und Friedrichstadt durchgehend ausbaute und zunehmend erhöhte, kam es – wegen des nun drastisch verringerten Stauraumes – bei den Sturmfluten von 1911, 1916 und 1926 zu Wasserständen von bisher unbekannter Höhe; zahlreiche Deichbrüche und große Schäden waren die Folge. Man erkannte, daß eine abermalige Erhöhung der Deiche das Problem eher verschärfen als lösen würde.

Mit der Abdämmung der Eider bei Nordfeld (oberhalb Friedrichstadts) im Jahre 1936 gelang es, die Niederungen an der Untereider endgültig von den Auswirkungen der Sturmfluten zu befreien.

Aber auch die normalen Gezeiten blieben nun auf das Ästuar unterhalb der Abdämmung beschränkt. Während vorher der Ebbstrom bei annähernd gleicher Stärke länger andauerte als der Flutstrom, also eine größere Räumkraft besaß, bewirkte der Eingriff eine Umkehrung: seither ist der Flutstrom stärker als der Ebbstrom, infolgedessen trat in der Eider unterhalb von Nordfeld eine starke Versandung ein, die Schiffahrt und Wasserabfluß behinderte.

Dadurch, daß man dazu überging, in Nordfeld die – engen – Sieltore für den Durchlaß der normalen Tiden zu öffnen, konnte man zwar einen für Schiffahrt und Entwässerung ausreichenden Querschnitt wiederherstellen, die Versandung insgesamt aber nicht beheben.

Vor allem war durch den Damm die Sturmflutgefährdung der Deiche im Bereich der Trichtermündung noch verstärkt worden. Dies zeigte sich besonders bei der Sturmflut vom 16./17. 2. 1962, als im Eiderästuar der höchste Wasserstand an der schleswig-holsteinischen Nordseeküste überhaupt auftrat.

Eine Lösung mußte außer dem vorrangigen Hochwasserschutz im Ästuarbereich auch die Rolle der Eider als Vorfluter für die Entwässerung sowie als Fahrwasser für die Schiffahrt berücksichtigen und zugleich die Möglichkeit einer neuen Versandung auf der Wattseite ausschließen. Man entschied sich für den Bau eines Sturmflutsperrwerks quer durch den Mündungstrichter der Eider, das rund 60 km bisheriger Eiderdeiche entlasten würde. – Kernstück des 1968–1972 erbauten Eidersperrwerks ist das Sielbauwerk mit 5 je 40 m breiten Öffnungen, die jederseits durch 250 t schwere und rund 400 m² große Tore geschlossen werden können. Diese Sielverschlüsse haben die Form von Segmenten eines liegenden Zylinders, sie können um horizontal angeordnete Achsen hydraulisch nach oben bzw. unten geschwenkt werden.

Normalerweise bleiben die Sielverschlüsse in ihrer oberen Position, in der man sie auch auf dem Luftbild erkennt; nur ein Sielverschluß (auf der Innenseite) ist zur Zeit der Aufnahme herabgelassen. Es können jetzt, während der 6 Stunden dauernden Flut, rund 50 Mio. m³ Wasser in das Ästuar ein- und ebenso bei Ebbe wieder ausströmen: die Strömung verhindert eine Versandung des Außentiefs. Eine Leitzentrale, von der aus die Funktionen der gesamten Anlage gesteuert werden, liegt zwischen dem Sielbauwerk und der Schiffahrtsschleuse mit Klappbrücke (links).

Nur bei Sturmfluten werden die Sieltore geschlossen. In mehreren Sturmfluten, vor allem am 3. 1. 1976, hat sich das Eidersperrwerk bereits bewährt.

Über den 4,8 km langen und +8,50 m NN hohen Eiderdamm und durch einen Tunnel im Sielbauwerk verbindet eine neue Straße Dithmarschen mit Eiderstedt. Sie kürzt die frühere Strecke Hamburg–Bad St. Peter-Ording um 20 km ab und führt auch zu dem neuen Feriengebiet im Katinger Watt.

Friedrichstadt, die Holländerstadt an der Treenemündung

Friedrichstadt – der Name ist bezeichnend für das Zeitalter der aufsteigenden Fürstenmacht. Herzog Friedrich III. von Gottorf wollte nicht hinter seinem großen Rivalen, dem König Christian IV., zurückstehen, der soeben an der Elbe Glückstadt gegründet hatte (Nr. 91). Den alten Transitweg über die Cimbrische Halbinsel hoffte der Herzog neu beleben zu können – dank der großpolitischen Situation: Durch das Vordringen der Türken war der Orienthandel, durch den Venedig, Genua, Pisa reich geworden waren, stark beeinträchtigt. Statt durch das Mittelmeer hoffte der Gottorfer Herzog die Kostbarkeiten Persiens – Seide und Gewürze – über die russischen Ströme und die Ostsee und durch sein Territorium nach Westeuropa leiten zu können. Die politische Situation in den Niederlanden machte er sich dabei zunutze. Dort in den „Sieben Provinzen" war es nach dem Sieg über das katholische Spanien zu harten Auseinandersetzungen gekommen; denn die „Autorität der Bibel und der Gewissen" führte im evangelischen Lager zu unterschiedlichen Lehrmeinungen. Die kalvinistische Prädestinationslehre lehnten die „Remonstranten" als unchristlich ab; sie wandten sich gegen jeden Gewissenszwang. Da die Synode zu Dordrecht 1619 die streng-kalvinistische Lehre als alleingültig erklärte, verließen viele Dissidenten das Land; darunter waren weltgewandte Kaufleute. Gerade solche suchte der Gottorfer Herzog für sich zu gewinnen, indem er ihnen freie Religionsausübung und weitgehend kommunale Selbstverwaltung gewährte. Außer Remonstranten fanden auch Mennoniten, Katholiken, Quäker, Juden sowie Protestanten hier eine religiöse Freistatt.

Die Textkarte zeigt, daß man bereits 1570 die Treene durchdämmt hatte, um das breite Tal vor Sturmflutüberschwemmungen zu schützen; durch den Wester- und Ostersielzug – mit Schleusen – ließ man den Fluß in die Eider münden. Die so entstandene hochwasserfreie Insel ist der Platz, auf dem Friedrichstadt 1621 gegründet wurde. Von Süden, vom Deich her, führte das Goldene Tor in die regelmäßig angelegte Stadt. Durch die Prinzenstraße oder die Prinzessinstraße, an der die Remonstrantenkirche steht, gelangt man auf den Markt. Dahinter durchschneidet die mehrfach überbrückte, von Bäumen gesäumte Mittelburggracht die Stadt. Die vom Markt nach Norden führende Norderburggracht ist später zugeschüttet worden. Zwar hat Friedrichstadt im Lau-

fe der Zeit erhebliche Kriegszerstörungen erlitten, namentlich 1850, als die Schleswig-Holsteiner die von Dänen besetzte Stadt beschossen; trotzdem hat sich der holländische Gesamteindruck erhalten. Zu den schönsten Häusern gehört die sogenannte „Alte Münze", das Statthalterhaus am Mittelburgwall, das Adolph van Wael sich erbauen ließ: Über der Jahreszahl 1626 steht der bezeichnende Spruch „Omne solum forti viro patria", d. h. „Einem tapferen Mann wird jeder Boden zur Heimat". Später kauften die Mennoniten das Haus und richteten dort ihren Betsaal ein, den sie – selbst stark zusammengeschmolzen – vor einigen Jahren an die dänisch-lutherische Gemeinde verpachtet haben. Jenseits der Gracht liegt die lutherische Kirche mit einer barocken Turmhaube. Auf unserem Bild links vorne am Vörsteburgwall sehen wir die katholische Kirche. An der Ecke links daneben lag die erste Synagoge; sie wurde im 19. Jahrhundert etwas weiter nach Norden verlegt.

Friedrichstadt hat jedoch nicht die erhoffte glänzende Entwicklung genommen. Die von Herzog Friedrich III. nach dem Orient geschickte Gesandtschaft hatte keinerlei ökonomischen Erfolg – nur einen wissenschaftlichen, nämlich Adam Olearius' „Beschreibung der muskowitischen und persischen Reise".

Die religiöse Toleranz, die anfangs vorwiegend merkantilistischen Zwecken diente, blieb das Grundprinzip dieser kleinen Stadt. Im Jahre 1908 waren von den 2467 Einwohnern 1804 Lutheraner, 422 Juden, 114 Remonstranten, 83 Katholiken und 44 Mennoniten. Den Pogromen der Nationalsozialisten fielen die Friedrichstädter Juden und ihre Synagoge zum Opfer.

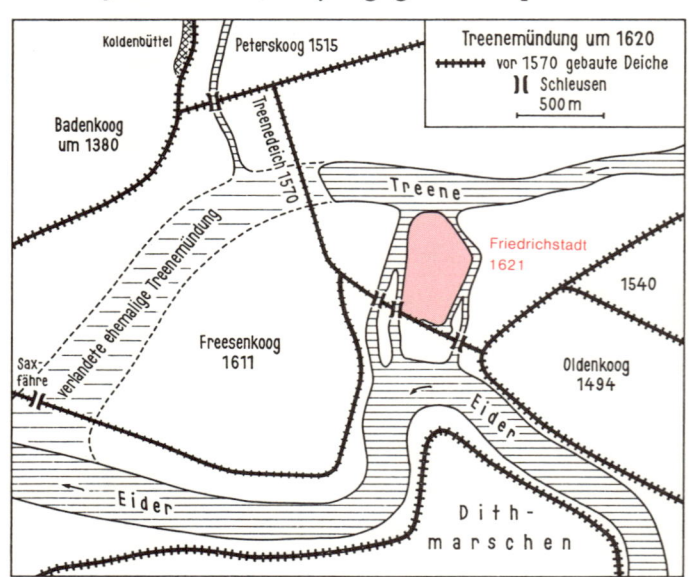

Den Namen gab der Stadt ihr Gründer, der Gottorfer Herzog Friedrich III. Ihr Grundriß mit den Grachten sowie die Giebel vieler Häuser weisen auf Holländer als Bauherren und erste Bürger hin. Die Kirchen und Versammlungshäuser von Remonstranten und Mennoniten, Lutheranern und Katholiken, Quäkern und Juden kennzeichnen Friedrichstadt als eine Freistatt der Toleranz, durch mehr als dreieinhalb Jahrhunderte – mit einer schicksalsschweren Unterbrechung von 12 Jahren. – Blickrichtung NNO

Wesselburen an einem regenschweren Tag. Hier verbrachte in beengten Verhältnissen ein großer Dramatiker und Lyriker seine Jugendzeit. Wer heutzutage von weit her nach Wesselburen kommt, besucht das Hebbelmuseum und das Haus des reichen Kirchspielvogts Mohr, bei dem Friedrich Hebbel Laufjunge und Schreiber war; er besucht sicher auch die Bartholomäuskirche, deren „russischer Turm" über dem mächtigen Walmdach auf einen Wunsch des Landesherrn zurückging – das war 1736 der Gottorfer Herzog Carl Friedrich, vermählt mit einer Tochter Peters des Großen. – Blickrichtung WNW

Wesselburen – Siedlungsgeschichte Dithmarschens

Wer von Dithmarschen hört, denkt im allgemeinen an das reiche Marschland mit seinen großen Bauernhöfen, seinen stolzen Geschlechtern. Man hat früher viel Gelehrsamkeit aufgewandt, um eine etymologische Beziehung zwischen Marsch und Dithmarschen herzustellen. Aber es ist gar kein Zusammenhang vorhanden. Thietmarsgaho bedeutet nichts anderes als Gau des Thietmar – neben Holstein und Stormarn ist es der dritte nordalbingische Sachsengau. Er bestand einst zu zwei Dritteln aus Geestland. Auf der Geest liegen die ältesten Siedlungen, die großen „Urdörfer" auf -stedt, die in den ersten nachchristlichen Jahrhunderten entstanden sein mögen, und die jüngeren, kleineren auf -dorp. Als man in der mittelalterlichen Rodungsperiode seit dem 12. Jahrhundert die Kulturfläche erweiterte, nannte man die Siedlungen -rade, -loh, -holt, -wohld. Daß das Christentum, das im 8. Jahrhundert von Westen her ins Land kam, die Mutterkirche in einem Mel-dorf gründete, erklärt sich aus der geographischen Lage des Ortes. Im übrigen sind die ältesten Kirchorte samt und sonders Urdörfer auf -stedt. Von dort aus sind später Tochterkirchen auf der Geest und in der Marsch gegründet worden.

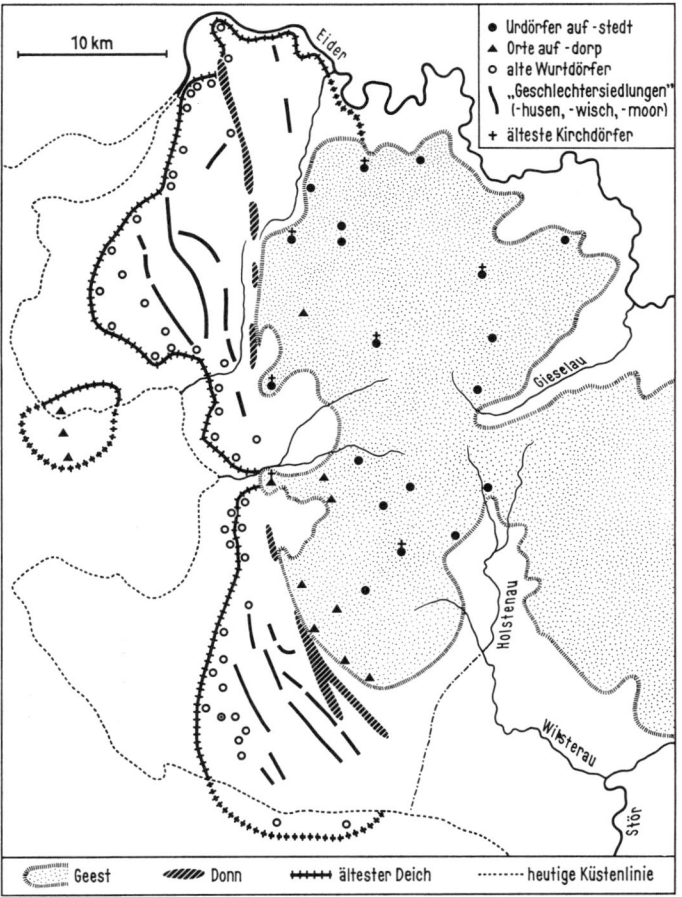

Die Menschen sind keineswegs von der Geest her Schritt für Schritt gegen die Küste vorgedrungen. Die ältesten Marschsiedlungen finden wir vielmehr am hohen Außenrand der damaligen Marsch. Alle Dörfer dort draußen liegen auf großen Wurten, und sie heißen denn meistens auch entsprechend: Dahrenwurt, Oldenwöhrden usw. Sie dürften nicht viel jünger als die -stedt-Orte auf der Geest sein, zumal in keinem Namen ein christlicher Vorname enthalten ist. Zu den Wurtdörfern gehören auch die Orte auf -buren und -diek. Nur eine Ortsnamengruppe gibt es in beiden Landschaften, das sind die Orte auf -büttel.

Aus dem Geestranddorf Weßeling (die -ing-Orte zählen überall in Deutschland zu den ältesten) könnte eine Sippe verlockt worden sein, das üppige Grasland jenseits einer damals von einem breiten Priel durchflossenen Niederung in Besitz zu nehmen; sie mag Weßlingburen (so der alte Name) gegründet haben. Zur Weidenutzung trat bald der Ackerbau: Auf Flurstücken von unregelmäßiger Gestalt, zum Teil wohl schon geschützt durch niedrige Ringdeiche, säte man Sommerkorn. Noch heute weisen Wesselburen und andere Wurtdörfer eine gewannartige Flureinteilung auf, wie sie sonst für die Geest typisch ist.

Priele, die zwischen einzelnen Wurtdörfern verliefen, wurden im Laufe der Zeit durchdämmt, und so entstand um das Jahr 1000 die erste geschlossene Deichlinie. Sie hatte Anschluß an die Geest (bei Meldorf und bei Kleve im Norden), an den Donn (den dünenüberwehten Strandwall bei Lunden) und an das hochaufgewachsene Wüste Moor zwischen Kudensee und Elbe. An diesem ältesten Deich finden wir namentlich -wurt-, -buren-, -büttel- und -fleth-Dörfer. Diese Deichlinie verläuft quer durch den Mittelgrund unseres Bildes, durch das Dorf Norddeich.

Zwischen 1000 und 1200 ging man dann von den Wurtdörfern aus an die Erschließung der niedrigeren geestrandnahen „Binnenmarsch". Dazu schlossen sich Leute aus mehreren Sippen zusammen. Das sind die berühmten „Geschlechter", deren Mannen sich Eideshilfe und Rechtsschutz gewährten. Orte mit streifenförmiger Marschhufenflur und mit Namen auf -husen, -wisch und -moor sind typisch, z. B. Nannemannshusen, Edemannswisch, Blankenmoor.

Das jüngste Dithmarschen sind die Köge im Westen, auf unserem Bild der Hillgrovenkoog (1600) und der Wesselburener Koog (1862).

Büsum

Im Nordwesten der Meldorfer Bucht springt die Küste nach Süden vor; die Einfahrt zum Büsumer Hafen markiert den südlichsten Punkt. Unmittelbar vor den Molen der Hafeneinfahrt und quer dazu verläuft ein tiefer Wattstrom, die „Piep"; im Bild vorn links erkennt man ihr dunkleres, weil weniger schlickiges Wasser. Die Lage an der Piep bietet ungewöhnlich günstige Bedingungen für einen Hafen am Wattenmeer, das sonst meist zu flach ist. Da der Seedeich westlich der Mole stark zurückspringt, ist hier eine Wattbucht entstanden, die mit sandigem Boden zur 700 m entfernten Piep hin flach abfällt. Hier kann man bei Hochwasser baden, bei Niedrigwasser wattlaufen.

Der älteste Teil des Büsumer Hafens ist das kleine Becken I am Deich neben dem rot-weißen Leuchtturm, hier liegen heute die Boote der Nebenerwerbsfischer. Die übrigen drei Becken wurden 1938–1941 angelegt, als man Büsum zu einem Hafen für 250 Hochsee- und 100 Krabbenkutter ausbauen wollte. Damals wurde der ganze Hafen umdeicht und mit einem Sperrwerk versehen. In dem – im Bild hinteren – Becken II erkennt man drei weiße „Butterdampfer", die Ausflugsfahrten zu zollfreiem Einkauf unternehmen. An dem Kai zwischen den Becken II und III können die 28 Krabben- und Hochseekutter anlegen und in der langen Halle mit hellem Dach ihren Fang anlanden. Die rötlichen Schuppen dienen zum Trocknen der Netze. Auf dem gleichen Kai liegt rechts des Bildrandes die Büsumer Schiffswerft. Auf dem Kai zwischen den Becken III und IV sieht man links die parkenden Autos der Tagesausflügler, die mit dem Schiff nach Helgoland unterwegs sind, rechts Getreidesilos. Das Becken IV dient als Sportbootliegeplatz.

Wegen seiner geringen Breite von 14 m hemmte das alte Sperrwerk den Schiffsverkehr; vor allem konnte die Büsumer Werft nur Schiffe bis etwa 500 BRT bauen. 1979–1981 wurde ein neues, 22 m breites Sperrwerk erstellt, daher können jetzt Schiffe bis etwa 8000 BRT auf der Werft gebaut bzw. im Trockendock repariert werden. Die 255 m lange Ostmole des neuen Sperrwerks wurde 1983 fertiggestellt, die 280 m lange, nach links vorn gebogene Westmole folgt 1984–1986, die alten Anlagen werden abgebrochen. Die Tore des Sperrwerks, die von dem runden Leitstand aus gesteuert werden, bleiben bei normalen Tiden offen. Nur bei einem Hochwasserstand von mehr als 50 cm über MTHW werden die Tore geschlossen (1983: 170mal).

Schiffe bis 36 m Länge können auch dann noch durchgeschleust werden, größere Schiffe finden bei Sturm in dem von Molen umschlossenen Vorhafen Schutz.

Seit 1837 ist Büsum Seebad, seit dem Zweiten Weltkrieg hat es einen großen Aufschwung genommen. Die Zahl der Betten stieg 1960 – 1971 – 1980 – 1984 von 2800 – 6100 – 8580 auf rund 10 000; bei 85 000 Dauergästen zählte man 1983 rund 1,5 Mio. Übernachtungen. Im Jahre 1983 wurde Büsum außerdem von 230 000 Tagesgästen besucht.

Die begrünte Deichböschung dient den Badegästen als Liegewiese und zum Aufstellen der Strandkörbe. In der seit 1721 vorhandenen Bucht nordwestlich des Badestrands hat man eine Insel aufgeschüttet und seeseitig befestigt; damit wurde ein 10 ha großer Sandstrand geschaffen. Das Wasser in den beiden flachen Becken, das sich bei Sonnenschein stark erwärmt, kann beim Einsetzen der Ebbe zurückgehalten werden, so daß man hier bei jedem Tidestand gefahrlos baden kann.

Außer Baden und Wattlaufen bieten sich vielerlei Kur-, Erholungs- und Bildungsmöglichkeiten, u. a. Inhalations- und Trinkkuren im Kurhaus, Baden im Meerwasserschwimmbad, Land- und Wassersport, ferner Angelfahrten, Führungen und Vorträge.

Auf der Büsumer Werft arbeiten 450 Menschen (vor dem Bau des neuen Sperrwerks 350), vier Bauunternehmen beschäftigen rund 150 Arbeitskräfte, weitere Arbeitsplätze bietet die Kutterflotte. Dennoch ist der Fremdenverkehr der bei weitem wichtigste Wirtschaftsfaktor. Von den rund 10 000 Betten (Ende 1984) werden 6000 von gewerblichen Betrieben bereitgestellt, großenteils in mittelgroßen Hotels und Pensionen mit 40 bis 60 Betten; private Vermieter bieten weitere 4000 Betten an. Über die Hälfte der Gästebetten steht in den 1500 Apartments. Viele der 1250 Zweitwohnungen in Büsum gehören Menschen aus Ballungsräumen, die hier ihren Urlaub, später ihren Lebensabend verbringen wollen. Diesem Trend entspricht auch der Bau einer Seniorenwohnanlage mit 60 Wohnungen, 30 Altenheim- und 20 Pflegeheimplätzen, Begegnungsstätte und Sozialstation.

Nach dem starken Wachstum des Fremdenverkehrs in den letzten Jahren beabsichtigt die Gemeinde Büsum nun vor allem die Qualität des Angebots zu verbessern. Diesem Ziel dient u. a. der Bau des neuen Kurgastzentrums mit Lese- und Fernsehräumen sowie einem Veranstaltungsraum, mit bis zu 700 Plätzen.

Im Vordergrund sieht man rechts die vier Becken des Büsumer Hafens, hinter dem Becken II den alten Seedeich, der Büsum bis 1938 schützte. Links erkennt man das geschlossene alte, dicht davor das offene neue Sperrwerk, dessen Achse auf die Einfahrt des künftigen Vorhafens weist. An der hellen Farbe sieht man, daß die Ostmole zur Zeit der Aufnahme gerade fertiggestellt worden ist. Jenseits des Hafens liegt der freundlich durchgrünte Badeort Büsum mit Meerwasserschwimmbad, Kurmittelhaus und Kurgastzentrum. Zahlreiche Badegäste tummeln sich im Wasser oder am Seedeich, dem „grünen Strand" Büsums. Den Hintergrund bilden die gelben, meist schon abgeernteten Getreidefelder und die baumumstandenen Einzelhöfe der Marsch. Im Wattenmeer herrscht annähernd Hochwasser. – Blickrichtung NW

Trischen ist ein Beweis für die Ohnmacht des Menschen gegen Naturgewalten. – Grünes Marschland im Schutz einer mit hohen Dünen besetzten Sandbank verlockte einst zur Nutzung, zunächst als Schafweide, nach der im Jahre 1922 erfolgten Bedeichung auch als Ackerland. Doch die Skeptiker behielten recht: Unaufhaltsam, trotz Buhnen und Sandfangzäunen an der Westseite, wanderte die Insel ostwärts, 20 bis 30 m pro Jahr. Wo der 1922 gewonnene, 1942 zerstörte Trischenkoog lag, brandet heute die See gegen die Westseite der Insel. Da hier mehrmals im Jahr „Landunter" erfolgt, müßte man sie eigentlich eine Hallig nennen. – Blickrichtung N

Die Insel Trischen

Wo heute die Insel Trischen sich aus dem Meere erhebt, befand sich einst, 34 m unter NN, die tiefste Stelle des Elburstromtales. Damals, am Ende der Eiszeit, war die Nordsee Festland, durchströmt von den Flüssen Elbe, Rhein und Themse. Der Meeresspiegel lag nämlich 60 bis 80 m niedriger als heute, weil große Wassermengen als Eis auf dem Festland „gebunden" waren. Beim Abtauen stieg der Wasserspiegel, die Nordsee drang in die Deutsche Bucht vor, der Abfluß der Elbe wurde zunächst gestaut, die Talsohle des Urstromtals vermoorte. Diese Moorschichten von 2 bis 3 m Mächtigkeit hat man unter Trischen erbohrt. Darüber liegen marine Sande, die das Meer beim weiteren Ansteigen im Laufe der Zeit ablagerte.

Um 3000 v. Chr. verlief die Küste dort, wo noch heute das steile Kliff von Brandung und Abrasion zeugt. Seitdem hat sich vor diesem „Kleve" die Marsch gebildet. Auf der Karte zu Nr. 84 sehen wir die Küstenlinie der „alten Marsch" um 1000 bis 1200 n. Chr. Aber die Anlandung ging weiter, Koog auf Koog konnte gewonnen werden. Draußen vor der Küste bildeten sich Sandbänke und in Lee davon grünes Halligland. Solch eine Insel war der Dieksand. Der Dithmarscher Chronist Neocorus berichtet, ein gewisser Peter Scherenberg habe sich dort ein Haus gebaut und sein Vieh geweidet. „Dewile averst durch dat Krup (Vieh) dat Gras affgeetet, und also dat Sand verjagede, nham dat Land gruwlik aff, alse dat he dieses Mandes (Monats) gänzlich daraff tog unnd dat Huß stahn leth, den itt tho Westen so sehr affgescholet, dat de Wandmuhre nagesunken." Das war 1616. Auf einer Karte, die der Husumer Kartograph Johannes Mejer 1645 gezeichnet hat, sehen wir die von der angreifenden See fast völlig zerstörten Reste von Scherenbergs Haus.

Das Festland aber ist allmählich immer weiter nach Westen hinausgewachsen, gleichsam dem ostwärts wandernden Dieksand entgegen. 1854 wurde die Hallig Dieksand als „Friedrichskoog" bedeicht, und 1933/1936 hat man weiteres Vorland als Dieksander Koog eindeichen können.

Draußen in der See gab es längst wieder neue Sandbänke. Trischen erscheint bereits auf einer Seekarte von 1784 als halbmondförmige Sandbank. Auf ihr wurden im Laufe der Zeit bis zu 6 m hohe Dünen aufgeweht. An ihrer geschützten Ostseite bildete sich, unterstützt durch Landgewinnungsarbeiten, ein ausgedehntes grünes Marschland. Der Staat schuf innerhalb eines kleinen Ringwalls eine Viehtränke und eine auf Pfählen stehende Unterkunft und verpachtete den Anwuchs an Bauern vom Festland. Doch Sturmfluten gefährdeten immer wieder die Insel und übersandeten die Grasflächen. 1922 erhielt ein unternehmungslustiger Mann vom Staat die Genehmigung, das auf 80 ha angewachsene Vorland durch einen an den westlichen Dünenwall angelehnten Deich sturmflutsicher zu machen. Er tat das trotz skeptischer Äußerungen der Fischer vom Friedrichskoog. Da dem Unternehmer die Gelder ausgingen, führte die staatliche Domänenverwaltung die Eindeichung zu Ende; sie verpachtete den Trischenkoog an einen Bauern. Dieser brachte gute Ernten ein. Aber auch ihm blieb das Schicksal Peter Scherenbergs nicht erspart. Wie einst beim Dieksand, so griff auch bei Trischen die See von Westen her weiter an. Der Dünenwall wurde trotz des Baues von Sandfangzäunen schmaler und niedriger – unaufhaltsam wanderte die Sandbank nach Osten –, der Koog aber wanderte natürlich nicht mit. So kam es, daß eines Tages, bei der Sturmflut vom Oktober 1942, die See über die Dünen hinweg in den Koog einbrach. Das wiederholte sich in den folgenden Monaten mehrmals, und in kurzer Zeit war der Deich durch den Wellenschlag von der steilen Innenseite her völlig zerstört. Den Bauern und sein Vieh hatte man von den Dünen, wo er sich in Sicherheit gebracht hatte, aufs Festland hinüberretten können.

Heute liegt die Stätte des Trischenkoogs bereits westlich der Insel (s. Topogr. Atlas Nr. 75). Auf unserem Bild sieht man noch den geradlinigen „Hafenpriel". An der Westkante der Insel erkennen wir einen dunklen Streifen: Dort kommt das Marschland, das sich in Lee der Insel gebildet hatte, wieder zum Vorschein, nachdem der Sand darüber hinweggewandert ist. In den Sturmfluten von 1962 und 1976 wurde die ganze Insel überspült und von der Brandung weitgehend eingeebnet. Seither haben sich aber wieder, wie wir sehen, Dünen gebildet. Die Grenze zwischen feuchtem und trockenem Sand zeigt, wie wenig von der sichelförmigen, immer kleiner werdenden Insel bei Hochwasser übrigbleibt. Es gibt heute nur ein Zeugnis menschlichen Wirkens auf Trischen. Das ist die Rettungsbake, ein hohes Pfahlgerüst mit einem Unterkunftsraum für Schiffbrüchige und einer Hütte, in der im Sommer ein Vogelwärter wohnt. Trischen ist nämlich seit 1908 Seevogelfreistätte.

Hemmingstedt

Erdöl entsteht aus unzersetzten organischen Resten, die als Faulschlamm (Nr. 9) in tiefen Meeresbecken abgelagert werden. Solche Bedingungen, wie sie heute etwa im Schwarzen Meer bestehen, herrschten in der Permzeit vor rund 300 Mio. Jahren im nördlichen Mitteleuropa. Aus dem „Muttergestein" wandert das Erdöl später aufwärts und sammelt sich in porösen „Speichergesteinen" an, bevorzugt, wenn diese zwischen undurchlässigen Schichten eingeschlossen sind. Die Voraussetzungen für die Entstehung solcher Erdöllagerstätten sind bei uns vor allem dort gegeben, wo Salzstöcke, die wie in Segeberg (Nr. 35) bis in die Nähe der Erdoberfläche empordringen können, Gesteine des Erdmittelalters mit aufgeschleppt haben. Wenn nahe der Erdoberfläche die flüchtigen Bestandteile verdunsten können, entsteht Asphalt.

Das deutsche Erdölzeitalter begann in Hemmingstedt! Als 1856 der Bauer Peter Reimers auf seiner Weide am Geestrand bei Hemmingstedt einen Brunnen graben wollte, fand er kein Wasser, sondern bituminösen, teerigen Sand, der übel roch. Der Geologe Ludwig Meyn, der davon hörte, begann im März 1856 mit einem Handbohrgerät in Hemmingstedt nach Erdöl zu bohren: dies war die erste – etwa 12 m tiefe – Erdölbohrung der Welt. Meyn fand kein Öl, wohl aber öl- und asphalthaltigen Sand in Mengen. Eine rasch gegründete Gesellschaft baute die Lagerstätte ab und destillierte daraus Asphalt und verschiedene Ölsorten. Aber schon zehn Jahre später mußten Meyn und seine Kompagnons ihre Fabrik wieder schließen, weil aus Amerika besseres und viel billigeres Öl nach Deutschland verschifft wurde. Nach mehreren weiteren vergeblichen Bohrungen nach Erdöl wurde 1919 ein Bergwerk zur Förderung der Ölkreide angelegt, in dem zeitweise 600 Menschen beschäftigt waren. Es ist bis 1926 und von 1934 bis 1945 in Betrieb gewesen.

Erst 1935 wurde man in 400 m Tiefe auch auf Erdöl fündig; bis 1942 stieg die Förderung auf 231 000 t/Jahr an. 1983 wurden nur noch rund 8000 t gefördert. Die Erdölraffinerie Hemmingstedt nahm 1942 den Betrieb auf; seither wurde das Werk mehrfach erweitert und der technischen Entwicklung angepaßt. 1966 ging die DEA, die das Werk bis dahin betrieben hatte, in der Deutschen TEXACO AG auf. Aufgabe einer Raffinerie ist es, das Erdöl in marktgängige Produkte umzuwandeln. Dies geschieht in mehreren Prozessen, denen im Werk jeweils umfangreiche Anlagen gewidmet sind.

Rohöl ist ein Gemenge aus Kohlenwasserstoffen, die unterschiedliche Siedepunkte haben und die daher durch *Destillation* voneinander getrennt werden können. Die dabei erhaltenen Stoffe entsprechen jedoch nur z. T. dem Bedarf. Insbesondere ist der Gehalt an Destillaten mit hohen Siedepunkten, das sind Stoffe mit langen Kohlenstoffketten – stets zu hoch.

Die langen Ketten können durch verschiedene Verfahren vor allem durch Hitzeeinwirkung, teils unter Mitwirkung von Katalysatoren, in kürzere Ketten zerlegt werden. Diesen Prozeß bezeichnet man als *Cracken*.

Bei einem weiteren als *Reformieren* bezeichneten Prozeß wandeln sich Kohlenwasserstoffe mit Kettenstruktur in solche mit ringförmiger Anordnung der Kohlenstoffatome um. Zu diesen „aromatischen" Kohlenwasserstoffen, die wegen ihrer hohen Klopffestigkeit als Kraftstoffbestandteile wichtig sind, gehört z. B. das Benzol. In einer Entschwefelungsanlage wird den Produkten der Schwefel entzogen. Ein eigenes Kraftwerk, im Luftbild an dem hohen Schornstein erkennbar, versorgt das Werk mit Energie.

Das Rohöl kommt überwiegend aus der Nordsee; per Pipeline wird es aus Brunsbüttel (Nr. 88) nach Hemmingstedt befördert, hierher führt eine weitere Leitung aus Ascheberg, wo das Öl aus dem ostholsteinischen Fördergebiet der TEXACO gesammelt wird.

In den großen Tanks, die je 20 000 m³ fassen, wird das Rohöl, in den kleineren werden die zahlreichen Zwischen- und Endprodukte gelagert. Von den Endprodukten entfallen auf Benzin etwa 15 %, auf Diesel- und Leichtes Heizöl 32 %, auf Schweres Heizöl 23 %; der Rest verteilt sich auf viele verschiedene Produkte, davon u. a. 7,6 % Rohstoffe zur Schmiermittelherstellung, 3,1 % Bitumen; 7,6 % dienen dem Eigenverbrauch. Etwa 60 % der Produkte gehen über acht verschiedene Rohrleitungen zum Hafen Brunsbüttel, 10 % verlassen das Werk per Schiene und 30 % mit Tankwagen auf der Straße. Auch wenn die Verarbeitungskapazität der Anlagen nicht zu 100 % ausgelastet ist, arbeitet, da die Anlagen kontinuierlich betrieben werden müssen, der größere Teil der rund 700 Beschäftigten in Schichten.

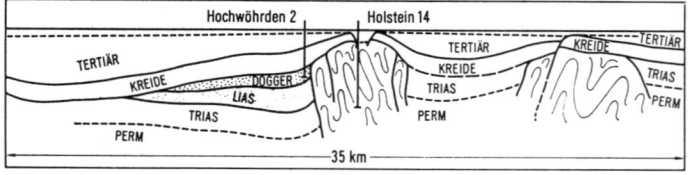

Die Bildmitte wird von den Anlagen der Erdölraffinerie beherrscht. Zahlreiche Tanks nehmen nicht nur die flüssigen Rohstoffe auf, die in verschiedenen Anlagen chemisch umgewandelt werden, sondern auch die bei diesen Prozessen entstehenden Zwischen- und Endprodukte. – Die Ölraffinerie liegt auf der Geest; die Grenze zur Marsch zeichnet sich (im Bild links oben) durch Flureinteilung und Nutzung deutlich ab. Im Hintergrund rechts ist die Stadt Heide erfaßt. – Blickrichtung NW

An die Elbe, deren drei Kilometer breiter Mündungstrichter vom Bild nur angeschnitten wird, schließt sich das Industriegelände an. Weil es aufgespült ist, hebt es sich auch farblich von dem feuchten Grünland der Wilstermarsch im Hintergrund ab. Am Elbufer liegen vorn eine stillgelegte Düngemittelfabrik, dahinter der Elbehafen und das Kernkraftwerk. Am Nord-Ostsee-Kanal erkennt man vorn die Schleusen, hinten die Auffahrt und ein Stück der neuen Hochbrücke; die Wasserfläche davor ist der Ostermoorhafen. Von dem Ölhafen auf dem nordwestlichen Kanalufer ist – diesseits der Brücke – nur die Einfahrt angeschnitten. Man sieht die Fähren, welche die beiden Kanalufer verbinden, wartend am Ufer liegen – sie müssen erst die aus der Schleuse ausfahrenden Schiffe passieren lassen. – Blickrichtung ONO

Kanalort und Industriestadt Brunsbüttel

Die am rechten Bildrand erkennbare Krümmung des Elbufers weist auf einen für Brunsbüttel schicksalhaften Sachverhalt hin: Seit etwa 450 Jahren drängt in diesem Raum der Stromstrich der Elbe gegen das nördliche Ufer und greift es an (Nr. 55). Die Auswirkungen waren zunächst verheerend, im 16. bis 18. Jahrhundert traten schwere Deichbrüche und Landverluste ein. – Seit etwa 100 Jahren hat sich dagegen der gleiche Umstand positiv ausgewirkt: Das dicht am nördlichen Elbufer verlaufende tiefe Fahrwasser der Elbe war ein wesentlicher Grund dafür, die Mündung des Nord-Ostsee-Kanals an diese Stelle zu legen.

Mit dem Bau des Nord-Ostsee-Kanals 1887–1895 und dessen Erweiterung 1907–1914 entstanden wie in Holtenau zwei Schleusenpaare (Nr. 21). Für die beim Kanal-, Schleusen- und Fährbetrieb als Schleusenpersonal, Zollbeamte, Lotsen usw. tätigen Arbeitskräfte und für die vielen Bauarbeiter wurden in der Nähe der Schleusen Wohnungen gebaut, bald kamen Kaufleute und Handwerker hinzu, so daß der neue Ort Brunsbüttelkoog das alte, etwa 2,5 km westlich gelegene Dorf Brunsbüttel rasch überflügelte. Erst 1970 wurden beide vereinigt.

In der Nähe der Kanalmündung siedelten sich kleinere und mittelgroße Unternehmen an, vor allem in der Zeit nach 1920. Der Vorläufer der heutigen ELF-Bitumenwerke (Tanks am Ostermoorhafen) wurde 1928 gegründet; aus einer ehemaligen Zementfabrik entstand nach dem Ersten Weltkrieg am Elbufer eine Düngemittelfabrik, die bis 1982 in Betrieb war.

Erst nach 1950 begann man die Möglichkeiten, welche die Lage am Schnittpunkt zweier Großschiffahrtswege und am seeschifftiefen Wasser bot, stärker zu nutzen. 1953 entstand die erste Pipeline zwischen Brunsbüttel und Hemmingstedt (Nr. 87); in dem 1959 fertiggestellten landeseigenen Ölhafen am westlichen Kanalufer stehen Öltanks der TEXACO und seit 1962 eine Erdölraffinerie der Condea-Chemie. 1983 wurden im Ölhafen 1,7 Mio. t umgeschlagen.

1967 traf die schleswig-holsteinische Landesregierung die Entscheidung, die im Raum Brunsbüttel vorhandenen Standortbedingungen für eine Industrieansiedlung nutzbar zu machen und damit zugleich neue Arbeitsplätze zu schaffen in einer peripheren Region, in der es an gewerblich-industriellen Erwerbsmöglichkeiten mangelte und deren Bevölkerung daher stagnierte bzw. durch Abwanderung abnahm.

Eine wesentliche Voraussetzung für die Ansiedlung von Industrie war die Verbesserung der Infrastruktur. Dazu führte das Land eine Reihe von planmäßig aufeinander abgestimmten Erschließungsmaßnahmen durch, für die insgesamt rd. 570 Mio. DM aufgewendet wurden und deren Auswirkungen das Luftbild vom 20. 8. 1983 zeigt: Am Elbufer wurde 1964–1967 der neue Elbehafen geschaffen; an dessen 450 m langem Kai mit 14,5 m Wassertiefe legen vor allem Großschiffe an, die nicht in den Kanal einfahren können. In erster Linie wird hier Rohöl gelöscht und durch eine Rohrleitung zu den Tanks am Ölhafen geleitet. 1983 wurden im Elbehafen 3,25 Mio. t umgeschlagen.

Zwischen Elbe und Nord-Ostsee-Kanal wurde eine 630 ha große Fläche bis auf 2,20 m NN mit Sand aufgespült, durch Straßen und Versorgungsleitungen erschlossen und an interessierte Unternehmen verkauft. Östlich des Kanals entstand für den Umschlag von Ammoniak und anderen chemischen Rohstoffen der Ostermoorhafen (Umschlag 1983: 0,57 Mio. t).

Zur besseren Verbindung Brunsbüttels und des südlichen Dithmarschens vor allem mit dem Großraum Hamburg wurde eine neue Straßenhochbrücke gebaut und 1983 in Betrieb genommen. Daneben blieben die Fähren – jenseits der Schleusen – im Einsatz für den Nahverkehr zwischen den Ortsteilen Brunsbüttels.

Am Elbufer jenseits des Elbehafens liegt das 805-MW-Kernkraftwerk der Nordwestdeutschen Kraftwerke und der Hamburgischen Electricitätswerke; es ist verbunden mit einem 268-MW-Gasturbinenkraftwerk, das jedoch nur zur Deckung des Spitzenbedarfs arbeitet. Im übrigen haben sich Werke der chemischen Industrie angesiedelt: Der hohe Schornstein über der Bildmitte markiert das Werk der BAYER AG, die Anlagen rechts dahinter gehören der Schelde-Chemie. In der Nähe des Ostermoorhafens liegt, ebenfalls mit hohem Schornstein, das Werk der AMH-Chemie, einer Tochtergesellschaft der VEBA AG.

Im Raum Brunsbüttel sind bisher rund 4200 neue Arbeitsplätze entstanden, davon in den neu angesiedelten Industriebetrieben, für die rund 4 Mrd. DM investiert worden sind, allein 2400. Da sich unter den in Brunsbüttel Beschäftigten viele Pendler befinden, kommen die positiven Auswirkungen auch dem Umland zugute. Wegen der für die Zukunft erwarteten günstigen Entwicklung hat man Brunsbüttel (1983: 12 600 Einwohner) als Mittelzentrum eingestuft.

Burg in Dithmarschen

Die Bökelnburg ist heute eine Stätte des Friedens. In diesem Rund von 100 m Durchmesser zu Füßen der 8 m hohen Wallkrone, über der mächtige Eichen und Buchen schirmend aufragen, befindet sich seit 1818 der Friedhof des Ortes, ein Bezirk der Andacht.

Weder aus den archäologischen Untersuchungen, die Kulturspuren aus der Zeit von 800 bis 1200 zutage förderten, noch aus der historischen Überlieferung läßt sich die Bedeutung dieser Burganlage eindeutig erkennen. Der Chronist Helmold berichtet, im Jahre 1032 hätten bei einem Einfall der Slawen nach Holstein, Stormarn und Dithmarschen nur Itzehoe und die Bökelnburg sich behaupten können; dorthin hätten sich einige Bewaffnete mit Frauen und Kindern und dem Rest ihrer Habe begeben. Wir haben keinen Grund, diese Angaben in Zweifel zu ziehen; sie sind übrigens ein Hinweis darauf, wie weit die Slawen nach Westen vorgestoßen sind. Ein anderes Ereignis hat uns der Dithmarscher Chronist Neocorus aufgezeichnet: 1127 oder 1144 sei „solch ene geschwinde dühre Tidt" in Dithmarschen gewesen, und deshalb hätten die Bewohner den vom Bremer Erzbischof eingesetzten Grafen Rudolf von Stade auf der Bökelnburg gebeten, ihnen eine nicht allzu hohe Schatzung aufzuerlegen. Als der Graf „dorch Anstifftung sines Gemahls, welche ene harde Fru gewesen", unerbittlich blieb, seien die Dithmarscher „daraver hefftig beschweret unnd sehr ungeduldig geworden, up alle Gelegenheit und Middel gedacht, wo se solch Joch aflegen unnd ehre olde friheit, darin se tempore Wittekindi unnd folgendes gewesen, wedderum erlangen mochten ... Dewile se nu up St. Martens Avend dat Korn plechten tho bringen, hebben se etlich Wagen, mit Korn gefüllet, vöran geschicket, up datt ehr Anschlag nicht verrahden noch vermerket worde. Idt hadde ock de Böklenborger Herr um en schon Mensche, enes Buhren Dochter, gebohlet, de de Vader up den Wagen gesettet unnd mit geföhret. Up den andern Wagen averst hebben se starke Männer in unnd under de Säcke verborgen gehadt, de ihlends up enander gefolget, dat se nicht alle upfahren konnden, sundern etliche im Dohre geholden, up datt dat Dohr nicht gesperret unnd denen folgenden de Ingank unnd Nadruck gewehret worde. Idt sind ock ahne dat bi jederm Wagen starke Männer gewest, als de dat Korn dragen scholden. Als nu de Grafe sick kenes Argen vermohdet unnd se ehres Gefallens upfahren unnd holden, hebben se de Lose gefefen: Röh-

ret de Hände, schnidet de Sacksbände! Do schniden sich de verborgene uth den Säcken, de Wagendrifers unnd de andern, so de Säcke afdregen scholden, rotten sick thosamen." Gräfin und Graf wurden von den Dithmarschern erschlagen, die Burg abgerissen.

Während man aus dem Helmoldschen Bericht auf eine Volks- und Fluchtburg schließen könnte, handelt es sich nach der zweiten Geschichte eher um eine Herrenburg, eine Zwingburg. Es ist zweifelhaft, wieweit diese, auch von anderen Stätten erzählende Sage wirkliche historische Vorgänge wiedergibt. Vielleicht hat das feste Haus des Grafen Rudolf innerhalb des Walles der alten Volksburg gelegen. Es könnte aber auch sein, daß es an der Stätte der heutigen Kirche lag; eine Überlieferung besagt, daß dort von den Dithmarschern zur Sühne des Mordes aus den Steinen der Burg eine Kapelle erbaut worden sei.

Eine eigentliche Grenzverteidigungsaufgabe hat die Bökelnburg offenbar nicht gehabt. Denn Dithmarschen ist an dieser Stelle, wie fast überall, nur schwer zugänglich. Elbe, Eider und Wattenmeer, gräbendurchzogenes Marschland und unpassierbare Moore bildeten ringsum einen natürlichen Schutz. Für die Verbindung mit der Außenwelt waren zwei Stellen bedeutsam (vgl. Karte zu Nr. 84): Im Westen Meldorf, wo die Geest unmittelbar an die Nordsee heranreichte. Hier kamen die ersten Missionare ins Land, hier entstand die älteste Kirche, der Meldorfer Dom. Die andere Zugangsstelle befindet sich im Osten, wo zwischen den Niederungen von Gieselau und Holstenau ein schmaler Landrücken die Dithmarscher und die holsteinische Geest verbindet. Über ihn führte der alte Verkehrsweg, die Lübsche Trade, auf der aber auch immer wieder feindliche Heere ins Land eingefallen sind. Erstaunlicherweise haben die freiheitsliebenden Dithmarscher dieses Einfallstor nur durch eine völlig unzureichende Landwehr zu schützen versucht. Dort, so möchte man meinen, wäre der rechte Platz für eine Burg gewesen! Die geographische Situation legt die Vermutung nahe, daß die Bökelnburg auf der abgelegenen, schwach besiedelten, bewaldeten Geest nicht als Trutz-, sondern als Fluchtburg gedient hat. Bekanntlich haben die Dithmarscher die Geest oft den andrängenden Feinden preisgegeben und sich in der Marsch verteidigt, vor allem 1500 bei Hemmingstedt, wo sie das Meer – sonst ihr Gegner – als natürlichen Bundesgenossen gegen die Feinde einsetzen konnten.

Die Dithmarscher Geest fällt in einem steilen fossilen, zum Teil mit Bäumen und Gebüsch bewachsenen Kliff ab zu dem 40 bis 50 m tiefer liegenden Moorland, durch das sich die Burger Au windet, die dann in den Kudensee (Hintergrund) mündet. Links führt der Nord-Ostsee-Kanal als helles Band bis hin nach Brunsbüttel, wo wir den breiten Elbmündungstrichter erkennen. Unser Blick wird aber vor allem angezogen durch den baumbestandenen Ringwall der sagenberühmten Bökelnburg. – Blickrichtung SW

„Vor der Einteichung ist diese Marsch eine Wüsteney gewesen, in welcher Bäume, Büsche und Hecken gestanden, welches die unter dem hohen Moor liegenden und zum theil ausgegrabenen großen Eichbäume, Haselstauden und ander Buschwerk sattsahm bezeugen. Das meiste aber davon waren Seen, Sümpfe und Morasten", so schreibt Gregorius Culemann, Archidiakon in Wilster, 1728. – Würde man für diese Aufnahme ein Weitwinkelobjektiv benutzen, so erschienen in dieser grünen Landschaft links und rechts zwei riesige Baukomplexe der jüngsten Zeit, am Elbstrom gelegen: die Atomkraftwerke Brokdorf und Brunsbüttel. – Blickrichtung SW

Die Wilstermarsch

Wir haben soeben die Stadt Wilster überflogen und blicken nun über die Wilstermarsch bis an den 7 km entfernten Elbdeich und über den 2–3 km breiten Strom. Die baumbestandene Bundesstraße von Itzehoe nach Husum zieht schnurgerade durch die Marsch. Nach links zweigt die Siedlungsreihe des Dorfes Neufeld ab, 1 km weiter kreuzt die Straße, an der die Höfe des Dorfes Poßfeld aufgereiht liegen. Die im Gegenlicht silberhelle Neufelder Wettern sammelt das Wasser dieses 1–2 m unter NN liegenden Marschlandes und führt es der Stör zu. Die nur durch geringe Farbnuancen und durch Wolkenschatten belebte grüne Fläche wird überwiegend als Wiesen- und Weideland genutzt, für Fettgräsung und Milchviehhaltung.

Vor 800 bis 1000 Jahren waren die Elbmarschen zum größten Teil ein unbewohntes Sumpfgebiet. Nur die natürlichen Uferdämme der Elbe, der Stör und anderer Nebenflüsse boten Siedlungsmöglichkeiten. Solche Uferdämme entstehen dadurch, daß die Flüsse, wenn sie bei Hochwasser über ihre Ufer treten, gerade dort die Sinkstoffe, die sie mit sich führen, ablagern, weil die Strömungsgeschwindigkeit plötzlich nachläßt. Diese Erscheinung kennen wir von allen Tieflandflüssen. Auf den hohen Uferrändern liegen die Siedlungen relativ sicher. So sind denn auch in der Wilstermarsch die Streifen entlang der Elbe und der Stör zuerst besiedelt worden. Die Ausgrabungen von Hodorf und von Ostermoor haben wertvolle Aufschlüsse erbracht. Bis auf den heutigen Tag finden wir auf den natürlichen Uferdämmen Spuren einer unregelmäßigen, sächsischen Flureinteilung, und hier liegen auch die ältesten urkundlich erwähnten Orte: Badenflioth (Beidenfleth) und Heligonstad (Heiligenstedten).

Als unter Adolf II. von Schauenburg die Wendengefahr gebannt worden war und die deutsche Besiedlung Wagriens in die Wege geleitet wurde, kamen holländische Siedler auch in die Elbmarschen. Sie eigneten sich ganz besonders für ihre Aufgabe, denn sie waren Experten im Deich- und Entwässerungswesen. Holländisch ist die streng geometrische Aufteilung des Landes in Streifen von 3¾ Ruten Breite (etwa 18 m), die durch Gräben voneinander getrennt sind, sowie die Anlage rechtwinklig sich kreuzender Dämme und Wege. An ihnen liegen die Höfe aufgereiht. Jeder war ursprünglich 18 oder 24 ha groß. Da die Bauern über ihren Grund und Boden frei verfügen konnten, haben sich die Besitzgrößen im Laufe der Zeit verändert.

Es galt nicht nur, das Salz- oder Brackwasser der Elbe durch Deiche von der Marsch fernzuhalten; man mußte auch das Niederschlagswasser durch Wettern (wateringhe) und Schleusen (lat. exclusa, holl. sluis) abführen; und dieses Süßwasser behandelte man unterschiedlich: Das für Mensch und Vieh unbrauchbare „Schwarzwasser" aus den Moorgebieten durfte nicht mit dem trinkbaren „Weißwasser" vermischt werden, das von der Geest in die Marsch herabkam.

Im Bereich unseres Bildes lagert eine nur wenige Dezimeter dicke Kleidecke über moorigem Untergrund. Der Name Poßfeld weist hin auf den Porst (Myrica gale), eine typische Moorpflanze.

Die Wilstermarschbauern genossen volle Selbstverwaltung; auch die Gerichtsbarkeit lag bei ihren eigenen Schulzen und Schöffen. Dem Landesherrn leisteten sie, wie andere Freie auch, den „Grafenschatz" sowie Heerbann und Burgwehr. Als ihnen 1470 ihr „hollisches Recht" genommen wurde, als landesherrliche Vögte und der Amtmann auf der Steinburg die bäuerliche Autonomie beschränkten, behielten sie doch ihre genossenschaftliche Selbstverwaltung im Deich- und Wasserwesen. Mit solchen Aufgaben wollten Landesherr und Landadel sich nicht belasten.

Die Trockenlegung der Wilstermarsch hatte zur Folge, daß der aus vielfach wechselnden Schichten von Moor, Darg, Ton und Sand bestehende Untergrund allmählich sackte. Daher bereitete die Entwässerung immer mehr Sorgen. In dem allzu feuchten Land trat an die Stelle des Ackerbaus mehr und mehr die Grünlandwirtschaft. Im 16. Jahrhundert hören wir erstmals von Windmühlen, die mit Schaufelschöpfrädern das Wasser aus dem Sietland in bedeichte Wettern beförtern. Um 1770 führte Johann Holler (er hatte in Holland gelernt) bei den Mühlen das Prinzip der Archimedischen Schraube ein. Mit Hunderten von Entwässerungsmühlen bot die tiefliegende Wilstermarsch ein Bild, wie wir es von holländischen Gemälden kennen. Damit nicht mehr Wasser in die Wettern gepumpt würde, als sie fassen konnten, mußten „Flutpfahlmüller" genau den Pegelstand beobachten. Hielten diese ihre Mühlen an, so mußten die Bauern im Umkreis in kürzester Frist gleichfalls mit Pumpen aufhören. Erst seit 1900 haben Windmotoren, Dampf- und Elektroschöpfwerke die alten knarrenden Windwassermühlen überflüssig gemacht. Es gibt nur noch eine bei Honigfleth – als Kulturdenkmal.

Glückstadt

Was wir auf dem Bilde vor uns sehen, ist „der Städte Meisterstück". Als solches jedenfalls pries der Dichter Johannes Rist Glückstadt. Es verdankt seine Gründung Christian IV., 1588 bis 1648 König von Dänemark und Norwegen und Herzog von Schleswig und Holstein. Man kennt ihn auch aus der Deutschen Geschichte: Er griff in den Dreißigjährigen Krieg ein; Tilly schlug ihn bei Lutter am Barenberg und rückte in Schleswig-Holstein ein; ebenso Wallenstein.

Schon vor Ausbruch jenes verhängnisvollen Krieges betrieb Christian IV. eine aktive Südpolitik. Es wurmte ihn vor allem, daß Hamburg sich praktisch selbständig gemacht hatte und oft die Elbschiffahrt durch Kriegsschiffe behinderte. Der König-Herzog legte es darauf an, der Hansestadt durch eine starke, ja schier uneinnehmbare Festung an der Unterelbe Schach zu bieten; auch als Hafen und Handelsstadt sollte Glückstadt mit seinem ominösen Namen eine ernste Konkurrentin für Hamburg werden, so hoffte er. Merkantilistische Gedanken waren bei der Gründung mit im Spiel. Es war die Zeit, da alle Staaten, die Zugang zur See hatten, nach dem Vorbild der holländischen und der englischen ostindischen Kompanie ähnliche Gesellschaften gründeten, um wertvolle Waren aus Übersee im sicheren Port anzulanden, in Manufakturen zu verarbeiten und gewinnbringend zu verkaufen. Die Pinneberger Linie der Schauenburger betrieb von Altona aus dieses Geschäft, die Gottorfer von Tönning und Husum aus, ehe sie dann bald darauf Friedrichstadt gründeten (Nr. 83). Der König wollte da nicht zurückstehen. Im südlichsten Winkel sei-

nes Territoriums wurde die neue Handelsstadt aus dem Nichts heraus geschaffen, in einer wahren Wildnis, in welche die Elbe bei Sturm und Flut oft eindrang. Durch den Deichbaumeister Speerfork ließ Christian IV. dieses amphibische Gebiet im Jahre 1615 eindeichen und trockenlegen und den Grundriß der Stadt abstecken. Die Mündung des Flüßchens Rhin wurde zum Hafen ausgebaut, der Ausgang zur Elbe durch Molen geschützt. Bastionen und Wassergräben im Stil der Zeit machten die Stadt zur Festung. Die radiale Anlage der Straßen erinnert an das Rendsburger Neuwerk (Nr. 26).

Durch Gewährung von Handelsprivilegien und Glaubensfreiheit suchte der Herrscher Unternehmer und Fachkräfte in die neue Stadt zu ziehen. Der Name und die allenthalben zur Schau gestellte Wappenfigur, eine goldene Fortuna, mögen das Ihre dazu beigetragen haben, daß die Stadt anfangs eine faszinierende Anziehungskraft ausübte. So kamen Glaubensverfolgte aus vielen Ländern, namentlich aus den Niederlanden: Remonstranten, Mennoniten, Reformierte und Katholiken, ferner spanische und holländische Juden, die hier (wie in Altona und Friedrichstadt) ihre Synagoge errichten durften. Es entstanden Zucker-, Salz- und Seifensiedereien, eine Ölmühle, eine Münze. Glückstadt wurde Sitz der Guineischen, der Isländischen und Nordischen Handelskompanie; zeitweilig brachte der Sklavenhandel von Afrika nach Amerika sowie der Herings-, Robben- und Walfang guten Gewinn. Doch schon im 18. Jahrhundert wurde der wirtschaftliche Höhepunkt überschritten. Hamburg und Altona waren durch Tradition und geographische Lage überlegen.

Bei einem Vergleich unseres Bildes mit dem Stadtgrundriß aus der Danckwerthschen Landesbeschreibung kann man gut alt und neu unterscheiden. Das einstige Schloß z. B. ist längst verschwunden, es mußte wegen des schlechten Baugrundes abgebrochen werden. Neu sind dagegen die großen Hallen von Gewerbebetrieben. Die Glückstädter Industrie verarbeitet vor allem Holz und Faserstoffe. Fischerei wird auch heute noch betrieben – berühmt sind die Glückstädter Matjes. Die Fähre nach Wischhafen am niedersächsischen Elbufer wird gern von Autofahrern benutzt, die den Verkehrsengpaß Hamburg meiden. Die Fährschiffe mußten früher die 5 km lange Rhinplate umfahren, um in das Hauptfahrwasser der Elbe zu gelangen; der neue Fähranleger, elbabwärts, verkürzt die Überfahrt.

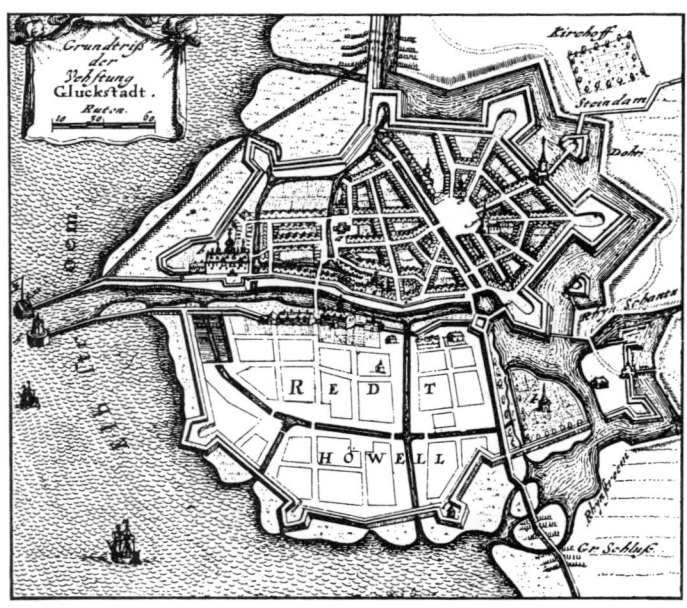

Man braucht nur den Namen Glückstadt zu hören, und man ahnt, zu welcher Zeit die Stadt entstanden sein muß. Und wenn man den Namen nicht weiß, genügt es, den Stadtplan aus der Luft oder auf der Karte zu betrachten – das Ergebnis ist eindeutig: Glückstadt verrät sich als eine fürstliche Gründung aus dem 17. Jahrhundert, Handelsstadt und Festung, Verwaltungs- und Garnisonstadt. In den letzten hundert Jahren hat sich Industrie angesiedelt. – Blickrichtung W

Der in seinem breiten Urstromtal hin und her pendelnde Elbstrom greift dort, wo die Krümmung des Flußbogens nach außen weist, das Ufer an, während auf der anderen Seite Ablagerung stattfindet. Dies ist im Raum Haseldorf der Fall. Unter der Mitwirkung der Gezeiten entstehen die Elbsände, halligartige Inseln, die bei Sturmfluten unter Wasser stehen und die von prielartigen Wasserläufen durchzogen werden. Nur Vogelrufe, Dampfertuten und das ferne Rasseln der Bagger dringen durch die Stille dieser abgelegenen Elbsände, die noch manche Eigenschaften einer Naturlandschaft bewahrt haben. – Blickrichtung NW

Elbsände vor Haseldorf

Wir blicken elbabwärts. Links fließt der breite Elbstrom, der hier gegen das niedersächsische Ufer drängt. Mehrere große und kleine Inseln, „Sände" genannt, liegen – durch die Haseldorfer Binnenelbe getrennt – vor dem rechten Elbufer. Wie die Halligen der Nordsee werden die Elbsände bei Sturmfluten überschwemmt. Am rechten Bildrand verläuft, von einem Vorlandstreifen begleitet, der Elbdeich der Haseldorfer Marsch; wir erkennen das Dorf Hohenhorst.

In großen Zügen können wir die Geschichte dieser amphibischen Uferlandschaft über 800 Jahre verfolgen. Im frühen Mittelalter lag der Stromstrich auf der linken Seite; vor dem holsteinischen Ufer bildeten sich Vorländer und Inseln, die als Typ den heutigen ähnlich waren. Sie waren mit Schilf und Bruchwald bedeckt. Im Jahre 1142 verlieh der Erzbischof Adalbero von Bremen Vicelin und dem Kloster Neumünster die Kirche in Bishorst. Was konnte diese entlegene Wildnis für Vicelin bedeuten? Die Frage wird beantwortet, wenn wir hören, daß bei den häufigen Wendenaufständen (zum Beispiel 1139) Vicelin und die Priester aus Lübeck und Neumünster oft in Bishorst Zuflucht fanden, und daß auch die Bevölkerung des Holstenlandes in diese unzugänglichen Sumpfwälder flüchtete.

Im 12. Jahrhundert sind hier wohl die ersten Deiche gebaut worden. Bald jedoch verlagerte sich der Stromstrich der Elbe wieder an das rechte Ufer. Die Deiche jener Zeit waren der Gewalt des Flusses nicht gewachsen, und so gingen nicht nur die Inseln, sondern auch

ein Teil des Festlandes verloren. Bei Bishorst scheint sich der Abbruch lange hingezogen zu haben. Als Kirchspiel wird Bishorst 1463 zuletzt genannt.

Seit 1550 pendelte der Fluß abermals nach Süden, und neue Verlandung auf dem rechten Ufer setzte ein, zunächst anscheinend vor Hetlingen-Wedel; erst seit etwa 1700 entstanden neue Sände auch vor Haseldorf. Auf dem „Hetler Sand" ließ König Christian V. 1672 die gegen Hamburg gerichtete „Hetlinger Schanze" erbauen. Ein Vergleich verschieden alter Karten zeigt, daß auch in jüngster Zeit der Anwachs zugenommen hat; dabei spielt es eine große Rolle, daß die Fahrrinne der Elbe laufend ausgebaggert werden muß. Das Baggergut wird auf die Sände gespült, die dadurch höher und auch flächenhaft größer werden. Durch Steinkanten und Buhnen (Vordergrund) werden sie gesichert.

Die auf unserem Bild sichtbaren Inseln gehören dem Land Schleswig-Holstein, das Vorland am Elbdeich sowie die Insel Pastorenberg überwiegend dem Gut Haseldorf. Nur wenige Gehöfte auf Warften liegen am Elbufer; sie nutzen das Pachtland zur Viehzucht. Kleine Warften dienen als Schutzhügel für das Vieh. Der größte Teil des Außendeichlandes ist mit Korbweidenpflanzungen bedeckt. Heute werden die Korbweiden, die einst den „Bandreißern" das Material zur Herstellung der Faßreifen lieferten, kaum mehr genutzt. Teilweise sind Obstgärten an ihre Stelle getreten. Eine Apfelpflanzung erkennt man auf dem Drommel (Bildmitte); größere Obstgärten befinden sich auf dem dahinterliegenden Auberg.

Bei der Sturmflut vom 3. 1. 1976, die hier auf 6,22 m NN anstieg (1962: 5,78 m NN), wurden die Deiche der Haseldorfer Marsch nordöstlich von Hetlingen an mehreren Stellen überströmt und durchbrochen, 3500 ha Marschland wurden überschwemmt. Im gleichen Jahr wurde ein neuer Deich geschlossen.

Die einsamen, vom Menschen kaum aufgesuchten Elbsände und Süßwasserwatten sind eine der letzten größeren naturnahen Landschaften an einem Tidefluß in Deutschland. In diesem Feuchtgebiet gedeihen vom Menschen wenig beeinflußte Pflanzengesellschaften mit vielen seltenen Arten; hier leben viele, z. T. seltene Vögel, u. a. Wiesen- und Rohrweihe, Wachtelkönig, Rotschenkel, Kampfläufer, Uferschnepfe und Rohrschwirl, ferner im Ufer- und Überschwemmungsbereich zahlreiche seltene wirbellose Tiere. Es ist daher geplant, diesen Raum unter Naturschutz zu stellen.

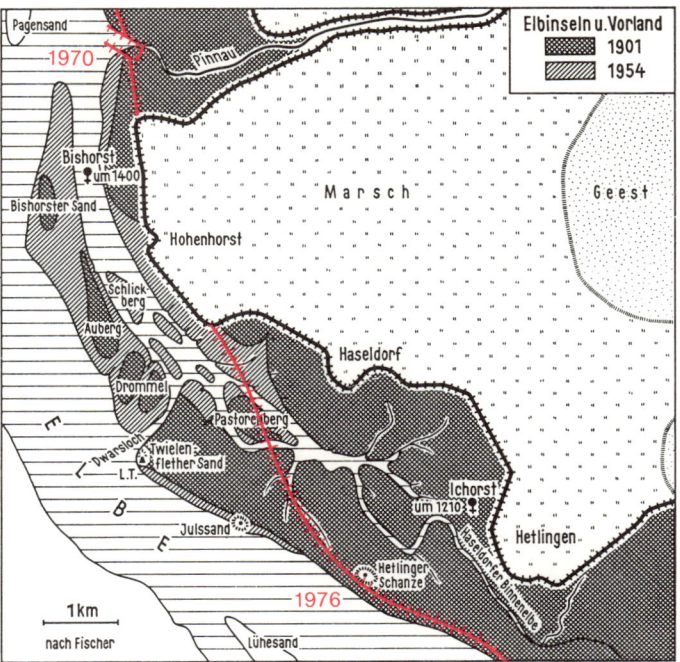

Süßwasserwatt an der Elbe bei Hetlingen

Nur ganz leichte, flachgehende Schiffe, zum Beispiel Faltboote, können bei Hochwasser in diese Landschaft vordringen. Bei Niedrigwasser ist das trockengefallene Watt kaum begehbar. Mehr als knietief sinkt man in den Schlick ein, aus dem unter Aufplatzen kraterartiger Löcher übelriechende Gase entweichen.

Aus dem Schlick erheben sich, scharf abgegrenzt und oft kreisrund, große grüne Horste einer schilfartigen Pflanze, der Meerstrandsimse (Scripus maritimus). Der Name ist allerdings insofern irreführend, als diese Pflanze keineswegs nur am Meeresstrand, also im Salz- beziehungsweise Brackwasser, gedeiht. In der Elbe beginnt die Brackwasserzone, in der sich der Salzgehalt der Nordsee bemerkbar macht, erst bei Glückstadt, also etwa 25 km weiter stromabwärts.

Auf der Strecke von Wedel bis zur Krückaumündung beschreibt der heutige Elblauf einen flachen Bogen nach rechts. Daher liegt in diesem Flußabschnitt der stärkste Stromstrich auf der niedersächsischen Seite, während das holsteinische Elbufer flach und ruhig ist. Die Elbe bringt große Mengen von Sinkstoffen mit, die sich in solchen ruhigen Abschnitten des Gezeitenbereiches als Schlick absetzen. Der Schlick, der z. T. aus den Abwässern der Millionenstadt stammt, enthält hohe Anteile an organischen Stoffen. Diese Stoffe können jedoch nur dort von Bakterien vollständig abgebaut werden, wo genügend Sauerstoff zur Verfügung steht; das ist nur in der dünnen, hellgrauen Oberflächenschicht der Fall. Darunter geschieht der Abbau ohne Sauerstoff, dabei entsteht außer dem giftigen Schwefelwasserstoff und verschiedenen anderen Gasen auch Schwefeleisen, das den sauerstoffarmen Schlick so charakteristisch dunkel färbt.

Da sich Schwermetalle, z. B. Cu, Zn, Hg, mit denen das Elbwasser belastet ist, mit Schwebstoffen verbinden können, ist der Gehalt an solchen Stoffen in feinkörnigen Sedimenten, wie sie im Süßwasserwatt vorliegen, besonders hoch.

Für die meisten Lebewesen ist das Süßwasserwatt ein Lebensraum mit ungünstigen Bedingungen: Die Gezeiten mit einem Tidenhub von etwa 2,2 m haben vorübergehende Austrocknung und starke Temperaturschwankungen an der Oberfläche zur Folge; im Winter liegt manchmal das Eis auf dem Schlick auf und führt Teile davon mit fort; durch Wellenschlag, Strom und Eisgang wird der Schlick häufig umgelagert.

Die wenigen Tierarten, die hier leben, kommen dafür in ungeheurer Individuenzahl vor. Caspers fand bei Hetlingen auf 1 m² 55 000 Tubificiden (kleine röhrenbewohnende Würmer) und 27 000 Zuckmückenlarven, ferner 4500 Erbsmuscheln. Alle drei Arten bewohnen nur die oberste, noch etwas sauerstoffhaltige Schlammschicht. Während die beiden ersten sich von den organischen Stoffen des Sediments ernähren, sind die Muscheln Strudler: sie entnehmen ihre Nahrung aus dem freien Wasser. – Für alle diese Tiere fehlen einerseits die Konkurrenten, andererseits aber auch die Feinde, zum Beispiel Fische, weil die sich in diesem Raum nicht dauernd aufhalten können.

Nur wenige Pflanzen können auf dem Süßwasserwatt gedeihen, von diesen ist die Meerstrandsimse die wichtigste. Mit ihren Wurzelstöcken, die durch Verzweigung weiterwachsen, hält sich die Pflanze im Schlick fest. Ihre langen grünen Stengel werden bis 1 m hoch, sie reichen bei Hochwasser noch eben über den Wasserspiegel hinaus oder sie werden völlig überflutet. Während die oberirdischen Teile der Pflanzen im Herbst absterben, überdauern die an Reservestoffen reichen Wurzelstöcke den Winter.

Die Ausbildung der eigentümlichen kreis- und teilweise ringförmigen Pflanzenbestände scheint sich in mehreren Phasen zu vollziehen: 1. Der junge Pflanzenbestand beginnt nach allen Seiten hin kräftig zu wachsen, eine neue „Insel" entsteht. 2. Von einer bestimmten, je nach Wassertiefe verschiedenen Größe (etwa 5–10 m) an kommt es zur raschen Ablagerung großer Schlickmassen zwischen den dichtstehenden Halmen, am meisten in der Mitte. Dies fördert die Ausbildung des kreisförmigen Umrisses. 3. Da die Wurzelstöcke eine starke und schnelle Überschlickung nicht durchwachsen können, kümmert der Bestand unter der Einwirkung des giftigen Sediments in der Mitte, während er am Rande weiterwächst. 4. Die Pflanzen sterben von innen nach außen ab, nur der äußerste, nicht aufgeschlickte Teil bleibt als Kranz erhalten. 5. Auf einem höheren Niveau kann der Schlickboden nun neu besiedelt werden.

Auf dem Hetlinger Schanzensand, etwa 2 km westlich des Bildausschnittes, ist ein Großklärwerk entstanden, das die Abwässer aus dem Einzugsgebiet der Pinnau und Krückau aufnimmt und geklärt in die Elbe führt.

Die Gezeiten, welche die Wattlandschaft an der Nordseeküste prägen, dringen auch in die Mündungstrichter der großen Ströme ein und gestalten hier eine amphibische Landschaft – das Süßwasserwatt. In dem weichen Schlick ruhiger Uferzonen entwickeln sich eigenartige Röhrichtbestände. Da bei deren Entstehung Aufbau- und Abbauprozesse ständig miteinander abwechseln, kommt es jedoch meist nicht zu einer vollständigen Verlandung.

Bei der planmäßigen Erschließung und Besiedlung dieser Flußmarschen vor etwa 800 Jahren legte man Marschhufendörfer an: Die Höfe wurden am Deich eng nebeneinander errichtet, jeder lag auf seinem langen und schmalen Flurstreifen. Diese Zuordnung von Hofstätte und Nutzland hat sich bis heute erhalten. Die Nutzung läßt deutliche Unterschiede erkennen: Im Hintergrund dienen großflächige Parzellen als Acker oder Grünland, in Deichnähe dagegen stehen riesige Treibhäuser, und auf kleinfeldrigen Freilandbeeten bilden verschiedene Kulturen von Blumen und Gemüse ein buntscheckiges Mosaik. – Blickrichtung N

212

Gartenbaulandschaft der Vier- und Marschlande an der Elbe bei Warwisch

Hinter dem hohen und breiten Elbdeich liegt das fruchtbare, intensiv genutzte Gartenbaugebiet der Vier- und Marschlande. An den krummen alten Deichen, die zugleich Straßen sind (Vordergrund), stehen dicht an dicht die Häuser, von denen manche noch reetgedeckte alte Fachwerkhäuser sind. Nur solche Häuser, die hoch am Deich standen, blieben auch bei einer Überschwemmung trocken und zugleich erreichbar. Jedes Haus liegt am Ende seines schmalen, in viele Beete unterteilten Flurstreifens. Mit der Entfernung vom Deich werden die Beete immer größer. Schließlich hört der Gartenbau ganz auf; an seine Stelle tritt die Landwirtschaft mit größeren Acker- und Grünlandflächen.

Die Vier- und Marschlande liegen zwischen Elbe, die hier weit nach Süden ausholt, und dem nördlichen Geestrand. Dieser Raum wird von zwei ehemaligen Elbarmen durchzogen, der Dove-Elbe und der kleineren Gose-Elbe, die 3,5 bzw. 5 km nördlich des Bildausschnittes parallel zur Elbe verlaufen. Diese Flüsse, in deren Nähe einst der sandige und daher lockere und leicht bearbeitbare Schlick abgesetzt wurde, mußten ebenso wie die Elbe selbst bedeicht werden, wenn man das fruchtbare Marschland nutzen wollte. Diese Bedeichung und Erschließung geschah als planmäßige Kolonisation im 12. und 13. Jahrhundert, schon damals wurden entlang den Deichen die Marschhufendörfer mit ihren langen Flurstreifen angelegt.

Schon im Mittelalter gelangte der westliche Teil dieses Raumes, die Marschlande, in den Besitz Hamburgs, während die Vierlande den Städten Hamburg und Lübeck bis 1868 gemeinsam gehörten.

Auf dem Markt der nahen Hansestadt, die man auf dem Wasserwege bequem erreichen konnte, hatten die Vollbauern, die Hufner, schon seit jeher ihre Erzeugnisse abgesetzt. Als im 16. Jahrhundert die Bevölkerungszahl Hamburgs rasch anstieg und als bei der Erweiterung der Stadt um 1620 viele Bürger ihre Gärten verloren, wurde in den Vier- und Marschlanden auch der Gartenbau lohnend. Viele der landarmen Kätner fanden durch die intensive Bewirtschaftung kleiner Flächen eine Existenzmöglichkeit. Zu Schiff brachte man die Erzeugnisse, Gemüse und Beerenobst, bald auch Blumen, nach Hamburg, um sie dort zu verkaufen. Die Vierländer Tracht der Bauern und Bäuerinnen galt für die Käufer als Qualitätsbeweis.

Die meisten Betriebe sind auf bestimmte Pflanzen, die in biologisch, arbeits- und marktmäßig sinnvollen Fruchtfolgen angebaut werden, spezialisiert. In beheizten Treibhäusern werden im Winter z. B. Beet- und Balkonpflanzen oder Schnittblumen, in unbeheizten Petersilie und Feldsalat angebaut, auf die im Frühjahr Salat folgt. Im Sommer nutzt man die Treibhäuser vor allem für Gurken und Tomaten sowie Blumen.

Auf den Freilandflächen werden Salat, Porree, Sellerie, Kohlrabi, Möhren angebaut, wobei häufig auch hier auf einer Fläche mehrere Kulturen aufeinanderfolgen. Bei großem Aufwand an Dünger, Torf, Bewässerung und menschlicher Arbeitskraft werden hohe Erträge erzielt. Zum Beispiel erzeugte ein Betrieb von 1,3 ha Fläche, von der 2300 m² Hochglas (Treibhäuser), 300 m² Flachglas (Mistbeete) und 400 m² begehbare Folientunnel waren, mit 3 AK (vgl. Nr. 49) u. a.: 35 000 Geranien-, 20 000 Petunien- und je 5000 Lobelien- und Impatienspflanzen; ferner je 25 000 Stück Kopfsalat und Kohlrabi, je 4000 kg Sellerie und Porree, 900 kg Feldsalat sowie 1000 Kisten mit je 200 Bund Petersilie.

Die Erzeugnisse werden mit Lastwagen nach Hamburg gebracht, teils zum neuen Gemüsegroßmarkt, teils direkt zu den Einzelhändlern.

Für die intensive Nutzung des niedriggelegenen Landes war eine gute Entwässerung wichtig. Seit dem 17. Jahrhundert geschah dies durch holländische Windmühlen. Heute regeln elektrische Pumpwerke den Wasserstand. Bei Trockenheit kann umgekehrt Wasser aus den Flüssen in die Gräben gelangen, von dort aus wird es mit Beregnungsanlagen auf die Kulturen gebracht.

Der krummlinige Verlauf der alten Flußdeiche und die vielen „Bracks", ehemalige Deichbruchstellen, in manchen Teilen der Vier- und Marschlande zeugen von dem jahrhundertelangen Kampf mit dem Wasser. Bei der Sturmflut von 1962 haben in dem Teil der Landschaft, zu dem der Bildausschnitt gehört, die Deiche gehalten. Dennoch sind auch hier nach der Sturmflut die Elbdeiche völlig neu erbaut worden.

Eine Straße, die auf der Innenseite des neuen Deiches verläuft, entlastet die engen und gewundenen alten Straßen vom Durchgangsverkehr. Dies ist wichtig, weil die stadtnahen Vier- und Marschlande zunehmend zur Naherholung aufgesucht werden.

Pumpspeicherwerk Geesthacht

Wind und Wasser, die der Mensch sich mittels Mühlen dienstbar machte, sind die ältesten Energielieferanten. Mit der Erfindung der Dampfmaschine kam die Kohle als wichtiger Energieträger auf, seit der Erfindung des Otto- und des Dieselmotors gewann das Erdöl, schließlich die Atomkraft erhöhte Bedeutung. Ein großer Fortschritt in der Energiewirtschaft war die Entwicklung des Elektromotors und des Energietransports mit Hilfe von Hochspannungsleitungen.

Schleswig-Holstein hat als Flachland nur geringe Möglichkeiten zur Ausnutzung von Wasserkräften; E-Werke werden nur an der Schwentine bei Rastorf und am Schaalseeabfluß bei Farchau (vgl. Nr. 47) betrieben, es sind jedoch nur kleine Werke mit 2 bzw. 1 MW installierter Leistung. Unser Land verfügt auch weder über Kohle noch in genügender Menge über Erdöl und Erdgas, um damit elektrische Energie zu erzeugen. Dank seiner Küstenlage aber können Schleswig-Holstein und Hamburg relativ billig Erdöl aus Übersee und Kohle aus deutschen oder ausländischen Revieren beziehen. Unsere großen, zumeist mit Kohle betriebenen Kraftwerke liegen daher am seeschifftiefen Wasser: an der Elbe, am Nord-Ostsee-Kanal, an der Kieler und Flensburger Förde und an der Trave; die auf Kühlwasser angewiesenen Atomkraftwerke haben ihre Standorte an der Elbe (Krümmel, Brokdorf, Brunsbüttel, ebenso wie in Niedersachsen Stade).

Alle großen deutschen E-Werke – Wasser-, Wärme- und Atomkraftwerke – stehen miteinander im Verbund. Darüber hinaus sind auch die Stromleitungen der Nachbarländer zu gegenseitigem Austausch angeschlossen. Gebiete mit geringeren Energiequellen werden von anderen mit versorgt. So beliefern die leistungsfähigen skandinavischen Wasserkraftwerke z. B. unser Netz im Sommer über Dänemark.

Die Netzkommando- und Lastverteilungsstelle für den gesamten Produktions- und Bedarfsraum NW-Deutschlands – in Hamburg-Harburg – sorgt dafür, daß keine Engpässe in der Strombelieferung eintreten.

In Hochspannungsleitungen erfolgt mit geringen Kosten ein Transport, von dessen Wert die meisten Menschen sich keine rechte Vorstellung machen – er muß neben dem Schienen-, Straßen-, Luft- und Pipelinetransport genannt werden. Die Transportverluste sind abhängig von der Spannung und der Entfernung. Eine wichtige Aufgabe kommt daher den Umspannwerken zu.

Da der Strombedarf im Laufe des Tages großen Schwankungen unterliegt, ist es nicht leicht, ständig die nötige Menge bereitzustellen; denn die elektrische Energie läßt sich – jedenfalls in größerem Maße – nicht speichern. Die Wärmekraftwerke könnte man zwar je nach Bedarf drosseln oder verstärkt anheizen. Aber das ist unrentabel; sie arbeiten am günstigsten, wenn sie ständig mit gleicher „Last" laufen. Gut zur Regulierung der Produktion eignen sich dagegen Wasserkraftwerke, die man jederzeit abschalten und in Gang setzen kann, vorausgesetzt, daß das Speicherwasser ausreicht. Wenn nachts, zur Zeit geringen Stromverbrauchs durch die Industrie, die Wärmekraftwerke allein den Bedarf decken und zeitweilig sogar über Bedarf Energie erzeugen, benutzt man diese, um Wasser in Stauseen und Speicherbecken hinaufzupumpen. Man speichert also die elektrische Energie gleichsam umgewandelt in potentielle hydraulische Energie. So geschieht es z. B. am Schluchsee und an der Edertalsperre. Für die gleiche Aufgabe haben die Hamburgischen Electricitätswerke 1958 das Hochbecken bei Geesthacht angelegt, dessen Ringdamm das umgebende Höhengelände noch um 6 bis 21 m überragt. Das Becken faßt 3,8 Mio. m³ Wasser, davon sind 3,3 Mio. m³ für die Stromerzeugung verwertbar. Diese Menge reicht aus, um in viereinhalb Stunden 580 000 kWh zu liefern. Wir sehen auf dem Bild die drei Rohre (bis zu 3,5 m Durchmesser), die zum Kraftwerk hinabführen, wo die Turbinen die Generatoren treiben. Wenn das Becken mit Wasser aus der gestauten Elbe wieder gefüllt werden soll, übernehmen die Generatoren die Funktion von Elektromotoren, die Turbinen die von Pumpen. Der Energieverlust durch Reibung ist so gering, daß er in Kauf genommen werden kann.

Das einwandfreie Funktionieren des Pumpspeicherwerks ist abhängig von einem ziemlich konstanten Wasserstand der Elbe. Der war nicht gegeben, solange der Fluß hier noch dem Gezeiteneinfluß unterworfen war. Die Vertiefung der Unterelbe und der Hamburger Häfen auf 12 m hatte zudem die Flußerosion weit hinauf verstärkt. Das hatte auch zu Schäden an den Lauenburger Schleusen (Nr. 51) geführt und hätte den Verkehr auf dem Elbeseitenkanal beeinträchtigt. Mehrere Gründe waren also dafür bestimmend, daß man – 4 km unterhalb unseres Bildausschnitts – in der Elbe bei Geesthacht eine Staustufe einbaute: Sie trennt die Tideelbe und die auf 4 m NN gestaute Oberelbe.

Von Lauenburg stromabwärts fällt die Hohe Geest steil zum breiten Elbe-Urstromtal ab, und auf einer Strecke von 15 km fließt die Elbe dicht am Fuße des Steilhanges entlang, bis Geesthacht. Hier haben die Hamburgischen Electricitätswerke den Höhenunterschied von etwa 80 m für die Anlage eines Pumpspeicherwerks ausgenutzt. Es dient dazu, zeitweilig überschüssige Energie aus den Wärmekraftwerken zu speichern, und zwar umgewandelt in hydraulischen Druck. – Blickrichtung N

Das schönste Adelsschloß in Holstein ist Ahrensburg. 1595 von Peter Rantzau im Renaissancestil erbaut, wurde es 1759 von dem später zum dänischen Lehnsgrafen aufgestiegenen Kaufmann H. C. Schimmelmann erworben und im Inneren weitgehend umgestaltet. Aus Schimmelmannschem Besitz ging das Schloß 1938 an einen von Land, Kreis und Stadt getragenen Verein über. Es ist als Museum jedermann zugänglich. Zur Zeit unserer Aufnahme (1984) war man gerade dabei, den alten Charakter des Wasserschlosses wiederherzustellen – der innere Burggraben war zwischenzeitlich zugeschüttet worden. Ein Vergleich mit dem Bild im Luftbildatlas von 1965 macht deutlich, in welchem Maße in jüngster Zeit der 1949 zur Stadt erhobene Ort Ahrensburg mit Bauten aller Art um das Schloß herumgewachsen ist. – Blickrichtung N

Schloß Ahrensburg

Ehe Ahrensburg erbaut wurde, lag 3 km südwestlich dieser Stätte das alte schauenburgische castellum Arnesvelde, das 1327 an das Zisterzienserkloster Reinfeld übergegangen war. Als dieses säkularisiert wurde, kaufte 1567 der berühmte Feldherr Daniel Rantzau die Burg mit einem Meierhof und vier Dörfern. Doch nicht lange konnte er sich seines Besitzes freuen: schon zwei Jahre später fiel er vor Varberg in Schweden. Er hatte (in der Formulierung des Ahrensburger Pastors Eicke) das „Unbewegliche" (die Immobilien) und das „Bewegliche" (seine Braut!) seinem Bruder Peter vererbt, einem weitgereisten Diplomaten. Dieser konnte es zwar seinem Vetter Heinrich, dem Statthalter und berühmten Humanisten, nicht gleichtun, der mehrere Schlösser erbaute. Aber er brachte es immerhin auf zwei. Von seinem ersten Schloß, Troyburg nördlich von Tondern, sind nur noch Ruinen erhalten; es war ein Vierflügelbau mit Innenhof. Daß er für Ahrensburg zum heimischen Typ der drei nebeneinandergestellten Langhäuser zurückkehrte, mag darauf zurückzuführen sein, daß ihm das soeben fertiggestellte Schloß Glücksburg (Nr. 2) imponierte. Bei aller Ähnlichkeit wirkt Ahrensburg freundlicher, festlicher, vor allem durch die Laternenhauben auf den wesentlich schlankeren Ecktürmen. Auch Ahrensburg war ein Wasserschloß, von einem doppelten Graben umgeben (der innere, später zugeschüttet, wird jetzt wiederhergestellt). In Ahrensburg sehen wir den „italienischen Stil" außerordentlich harmonisch mit heimischer Bautradition vereint zu einem edlen Bauwerk „deutscher Renaissance". Aus der Rantzauzeit stammt auch die schöne Woldenhorner Kirche mit den 24 „Gottesbuden", Sozialwohnungen für bedürftige Gutsuntertanen (in der linken vorderen Bildecke).

Unter Peter Rantzaus Nachfolgern, die den Gutsbetrieb immer mehr ausweiteten, kam es zu harten Auseinandersetzungen mit den leibeigenen Bauern. Der „Ahrensburger Bauernkrieg" fand erst ein Ende, als das Schloß mitsamt den Bauernschaften 1759 an Heinrich Carl Schimmelmann verkauft wurde. Dieser Kaufmannssohn aus Demmin hatte es als Heereslieferant Friedrichs d. Gr. zu Reichtum gebracht. Er hatte die ihm als Entgelt überlassenen Bestände der Meißener Porzellanmanufaktur und sein ganzes Geschäft aus dem kriegsumwitterten Sachsen nach Hamburg verlagert. Ahrensburg hatte man ihm zum Kauf angeboten mit dem Bemerken, das doppelt von Wasser umgebene Schloß biete einen sicheren Hort für all seine Reichtümer; doch solcher Argumente bedurfte es nicht – Prestige war entscheidend. Diesen Mann, von dem die Legende ging, alles, was er berühre, werde zu Gold, holte man nach Kopenhagen, um die dänischen Finanzen zu sanieren. Als dänischer Schatzmeister, Lehnsgraf und Ritter vom Elefantenorden genoß dieser Emporkömmling hohes Ansehen, und wegen seiner Verdienste und seines Einflusses nahm die Schleswig-Holsteinische Ritterschaft ihn gleichzeitig mit dem Minister A. P. Bernstorff in ihr Korps auf. Es ist nicht zuletzt Schimmelmanns Verdienst, daß 1777 bis 1784 der Schleswig-Holsteinische Kanal gebaut und daß die Agrarreformen eifrig betrieben wurden. Dieser reichste Mann im Dänischen Gesamtstaat besaß außer Palais in Hamburg, Kopenhagen und Berlin die Güter und Schlösser Ahrensburg und Wandsbek in Holstein, Lindenborg in Jütland, eine Gewehrfabrik in Helsingör, eine Zuckerraffinerie in Kopenhagen, eigene Schiffe, vier Zuckerplantagen in Westindien mit 1000 schwarzen Sklaven und einträgliche Aktien der Ostindischen und der Westindisch-Guineischen Companie. Das Innere von Schloß Ahrensburg, wo er sich im Sommer gern aufhielt, ließ er im Stil der Zeit umgestalten, u. a. ein Treppenhaus einbauen. Das Dorf Woldenhorn ließ er abreißen und in Form einer Miniaturresidenz neu aufbauen, südlich der Kirche. „Mein einziges Vergnügen Ahrensburg", so nannte der Vielbeschäftigte seine Lieblingsstätte.

Schimmelmanns ältester Sohn Ernst, der dem Vater im Amt folgte, der Freund und Gönner Schillers, knüpfte durch seine Heirat mit Emilie Rantzau aus der Ahrensburger Linie ein Band zwischen den beiden berühmten Geschlechtern, die dieses Schloß gestaltet haben. Caroline Schimmelmann heiratete den Grafen Friedrich Baudissin und wurde Gutsherrin auf Knoop am Schleswig-Holsteinischen Kanal; die auf Ahrensburg geborene Julia Schimmelmann wurde die Gemahlin des Grafen Fritz Reventlow auf Emkendorf (Nr. 27).

Nachfahren des Schatzmeisters, verarmt und um so mehr auf Erbschaft erpicht, durchstöberten das Schloß auf der Suche nach einem Tischbein, in dem der Ahnherr vermeintlich sein Gold versteckt hatte. Sie kannten ihn, den klugen Unternehmer, schlecht: denn der hatte sein Geld nicht gehortet, sondern gewinnbringend investiert.

Hamburg: Innenstadt und Alster

Mit einem kunstvollen Geflecht aus Wasser und Land, vielfarbenem Stein und lebendem Grün bietet Hamburg eine der schönsten Stadtlandschaften der Welt. Keimzelle war die Hammaburg, um 820 als fränkischer Brückenkopf nördlich der Elbe errichtet. Sie hatte den Zugang vom Elbtal ins Holstenland, den Einschnitt der Alster in die Geestkante, und zugleich den wichtigen Landweg in Ost-West-Richtung entlang den Elbhöhen mit der Alsterfurt (Bildmitte, diesseits des Rathauses) zu überwachen. Diese Anlage auf dem Geestsporn östlich der Alsterniederung hebt sich im Gefüge der Altstadt als freie Fläche unterhalb der St.-Petri-Kirche (rechts der Binnenalster) deutlich ab: Der Dom, der aus der Missionskirche Ansgars im Zentrum der Hammaburg erwachsen war, wurde zwar 1805/06 abgebrochen, hat aber durch die Grenzen des Dombezirks über allen baulichen Wandel hinweg den Umriß des rund 1 ha großen Kastells festgehalten. Ein Alsterzufluß vor dem Südwall des Kastells war der erste Hamburger Hafen (Karte: östlich R). Die Alster hat Wesen und Werden der Stadt bestimmt; sie war die Lebensader, bis sich im 13. Jahrhundert Hamburgs günstige Mittellage zwischen Ostsee und Nordsee auszuwirken begann und sich Umschlag und Erwerb zunehmend zur Elbe hin verlagerten. Seither ist die Alster zum „Fluß des Sonntags" geworden.

Bis ins 16. Jahrhundert beschränkte sich das Wachstum Hamburgs – 1300: 5000, 1500: 14 000, 1600: 40 000 Einwohner – auf den Geestsporn und seinen Mar-

schensaum. Jedoch der Ausbau zur stärksten Festung Nordeuropas von 1616 bis 1625 erweiterte die Stadt beträchtlich und hat das Gesicht der heutigen City entscheidend vorgeprägt: Die Bastionen umfaßten die Neustadt (links des breiten „Alsterfleets"), schieden die Alster, die 1235 durch den Reesendamm (heute Jungfernstieg – diesseits der Binnenalster) zu größerem Mühlenbetrieb weit hinauf aufgestaut worden war, in Binnen- und Außenalster und erweiterten das sichere Hafengelände bis in die Elbe hinein (Niederhafen, links unten, vor dem Binnenhafen mit Booten und Barkassen). Bereits 1790 aber drängten sich innerhalb des Festungsringes 100 000 Menschen, größtenteils in engen und ungesunden Höfe- und Gängevierteln. Erst 1860, nach dem Wegfall der Torsperre, breitete sich die Bebauung sprunghaft über die Umwallungen aus; der südliche Festungsgraben wurde 1866 zum Sandtorhafen ausgebaut (unten rechts), die östliche Ringhälfte entwickelte sich zwischen Haupt- (1906) und Dammtorbahnhof (1903 – rechts vom Hotel-Hochhaus des Kongreßzentrums, linker Bildrand) zum Hauptstrang des Eisenbahn- und Straßenverkehrs, die westliche dagegen – vom Alten Botanischen Garten (links vom Dammtorbahnhof) bis zur Elbe – zu parkartigen „Wallanlagen". Um die Außenalster herum entstanden, großzügig angelegt, durchgrünt, bevorzugte Wohnviertel: Im Westen, vor dem Dammtor, erstrecken sich Rotherbaum und Harvestehude mit herrschaftlichen Villen am Wasser (links oben), vom anderen Alsterufer grüßen die „Schöne Aussicht" Uhlenhorsts und Winterhudes „Bellevue" (oben Mitte und links).

In der City ist vom historischen Stadtbild kaum etwas geblieben: „Der große Brand" (siehe Karte), die der Cholera von 1892 nachfolgenden Sanierungen, der Bau der Freihafenspeicher, des Geschäfts- und Kontorviertels im Osten der Altstadt vor und nach dem Ersten Weltkrieg, die Zerstörung von 1942 bis 1945 und der Wiederaufbau haben den Stadtkern tiefgreifend verändert, und der Expansion von Handel, Dienstleistung und Verwaltung in der City der Hafenmetropole mußte das innerstädtische Wohnen weichen (Altstadt: 235 ha, 1983: 850 Einwohner, Hamburg: 75 400 ha, 1,6 Mio.). Doch die Schönheit der Stadtsilhouette über dem spiegelnden Wasser, die Pracht der Türme von Rathaus und Kirchen, blieb erhalten.

Der Rathausturm und vier Kirchtürme markieren den Kern des mittelalterlichen Hamburg beiderseits der unteren Alster. Dieser später nach Westen erweiterte Altstadtbereich ist heute die City, in der sich Dienstleistung, Verwaltung und spezialisierter Einzelhandel konzentrieren. Die Abwanderung der Wohnbevölkerung aus der Innenstadt in die Vorstädte, z. B. nach St. Georg (rechts, obere Mitte), aber auch die Verlegung des Hafens aus dem Mündungsbereich der Alster (Binnen-, Niederhafen; links unten) und der Bille (Zollkanal, Oberhafen; rechts Mitte) auf die Elbinseln begannen erst vor etwa 120 Jahren. Bis dahin bildeten im Übergang von der Geest zur Marsch Stadt und Hafen eine räumliche Einheit, die Wohnung, Kontor, Speicher, Werkstätte und Schiffsliegeplatz unmittelbar verband. – Blickrichtung N

Der Blick über die hohe Geestkante Altonas und die aufgefingerten Becken der Kuhwerder-Hafengruppe hinweg erschließt das großartige Hafenpanorama im Elbeurstromtal. Es reicht von den Norderelbbrücken, die Seeschiffen den weiteren Weg stromauf versperren (links), 13 km weit stromab bis zum Westufer Finkenwerders, und nach Süden überspannt es das gesamte, 8 km breite Stromspaltungsgebiet bis zur Süderelbe und nach Harburg. – Auf der Elbe läuft im Durchschnitt alle 16 Minuten ein Seeschiff ein oder aus. Damit auch Großschiffe von 110 000 t Ladefähigkeit Hamburg jederzeit vollbeladen erreichen können, müssen ständig Bagger für eine Fahrwassertiefe von 13,5 m bei mittlerem Niedrigwasser sorgen. Dabei fallen jährlich 2 Mio. cbm Elbschlick an, der mit Schadstoffen belastet und immer schwieriger abzulagern ist. – Blickrichtung SSO

Der Hamburger Hafen und seine Entwicklung

100 km von der Nordsee entfernt hat sich auf einer Fläche von 63 km² der größte deutsche Seehafen mit vielfältigen Einrichtungen herausgebildet. In diesem Universalhafen kann jedes Ladegut sachgemäß umschlagen und je nach Auftrag gelagert oder weiterverarbeitet werden – seien es Orientteppiche oder Kaffee, Ölsaat, Kali oder Autos, ja komplette Fabrikeinrichtungen. 33 Becken mit 39 km Kailänge für Seeschiffe, 27 Becken mit 29 km Uferlänge für Binnenschiffe stehen zur Verfügung, ferner rund 600 Kräne und Verladebrücken sowie fast 100 Kaischuppen und -hallen mit über 1 Mio. m² und Freihafenspeicher mit 0,65 Mio. m² Lagerfläche. Der Hafen ist Arbeitsplatz für 80 000 Menschen. 1982 wurden mit Hilfe der 10 500 Hafenarbeiter 62 Mio. t Seegüter umgeschlagen.

Das Bild erfaßt den Großteil des „Alten Freihafens" (12,9 km²) vom Kohlenschiffhafen im Westen (Mitte des rechten Bildrandes) bis hin zum Hansahafen im Osten, dessen Südwestzipfel links oben zu erkennen ist (Karte). Die Entwicklung dieses Hafenkerns begann 1866, als in unmittelbarem Anschluß an die Stadt – vor dem Sandtor – das erste Becken ausgehoben wurde; dabei fiel die wichtige Entscheidung, trotz der Gezeiten auf Schleusen zu verzichten und einen offenen Tidehafen anzulegen. Heute beträgt der Tidenhub immerhin 3,4 m.

Mit dem stürmischen Wachstum von Handel, Schiffahrt und Industrie, insbesondere mit dem Zollanschluß Hamburgs an das Deutsche Reich 1888 (Frei-

hafen, Speicherviertel), dehnte sich das Hafengebiet in knapp 50 Jahren nach Süden und Westen bis über den Köhlbrand aus (Petroleumhafen 1913). 1887 bis 1913 entfaltete sich, stromab geöffnet, zwischen Oberhafen und Südwesthafen der Fächer der großen Hafenbecken; dabei ordnete man den Becken für die Seeschiffe randlich Flußschiffbecken zu: Durch rückwärtige Zugänge können Schuten und Binnenschiffe an die Seeschiffe heranfahren, ohne sie zu behindern, und – im Strom an Duckdalben oder am Kai – am Umschlag teilnehmen.

Die Kuhwerder-Häfen entstanden von 1902 bis 1908; ihre Lage zur Elbe wurde durch die Enge des damaligen Staatsgebietes diktiert, das erst 1937 durch das Groß-Hamburg-Gesetz seinen heutigen Umfang erhielt.

Von den ausgedehnten Industriekomplexen rings um diese Häfen heben sich die beiden großen Werftgruppen ab, die dem Hamburger Schiffbau Weltruf verschafften: Blohm und Voß (Mitte links) und Howaldtswerke-Deutsche Werft (HDW) (rechts oben). Ihre Zukunft ist angesichts der ostasiatischen Schiffbaukonkurrenz ungewiß.

Nach dem Wiederaufbau des Hafens, der 1945 zu 75 % zerstört war, und nach teilweiser Überwindung der Randlage, die sich durch den „Eisernen Vorhang" ergeben hat, ist die Leistungskraft Hamburgs erneut gefordert, um die strukturellen Schwächen der Werften und verwandter Hafenindustrien zu meistern.

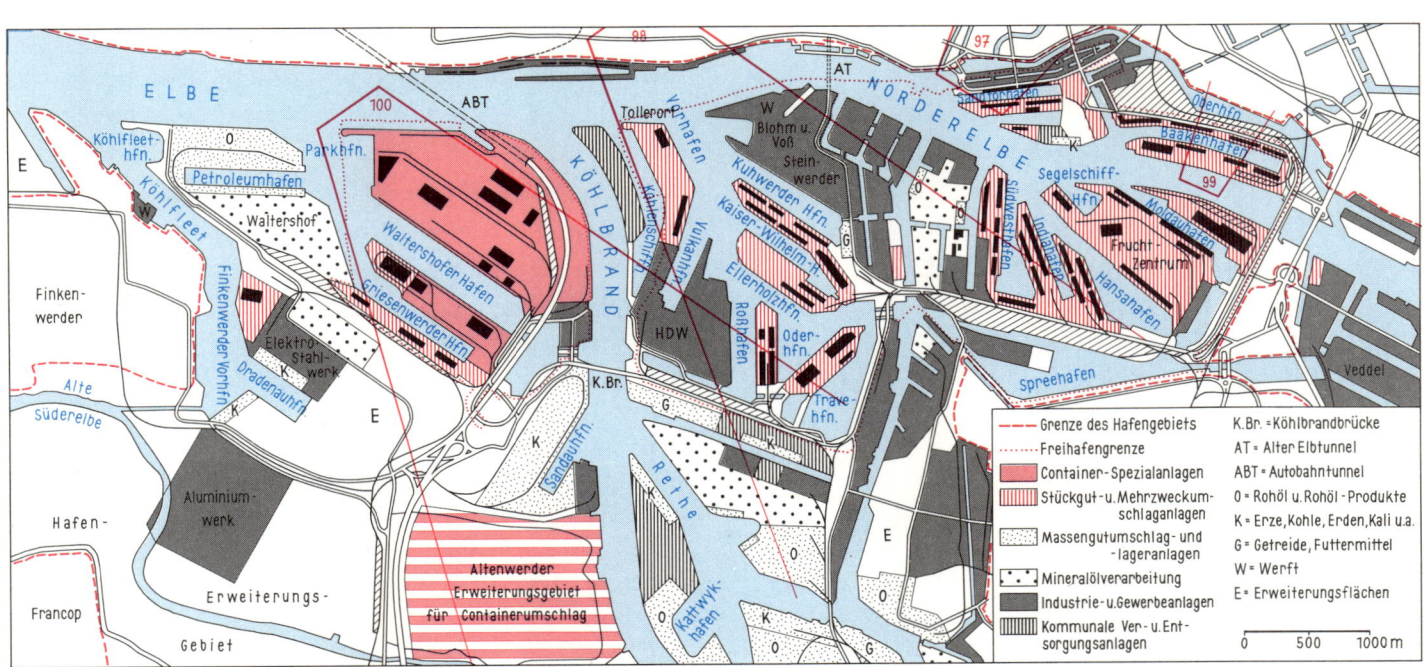

Moderner Stückgutumschlag im Hamburger Hafen

Von Anfang an waren Ausstattung und Betrieb des Freihafens vom Stückgut bestimmt. Zwar ist es nur zu etwa einem Drittel am Gesamtumschlag beteiligt (1982 mit 29, 1983 mit 38 %), wirft aber je Tonne einen fünfmal höheren Ertrag ab als trockenes Massengut. Stückgut muß sorgsam behandelt werden und verlangt entsprechenden Aufwand. – Kennzeichnend für den traditionellen Hamburger Stückgutumschlag sind Kaizungen, die auf beiden Seiten mit Schuppen und Liegeplätzen für die Abfertigung von Seeschiffen ausgerüstet sind (in der Regel gehören zu einem Schuppen zwei Liegeplätze). Nach dem Kriege wurden die zerstörten Kaianlagen in dieser Form wieder aufgebaut: Zur Wasserseite hin liegen vor den langgestreckten Schuppen breite, auch für LKW befahrbare Laderampen, davor drei Gleise und Portalkräne; landseitig schmale Rampen und eine breite Straße für den LKW-Verkehr mit Reservegleisen (s. Abb. A: Schuppen 75 = Baujahr 1949).

Der fortschreitenden Technisierung des Umschlags, insbesondere der „Transportrevolution", die der Container hervorrief, entsprach Hamburg um 1970 mit dem Umbau konventioneller Kaianlagen zu „Allround-Terminals". Es entstanden Mehrzweckanlagen für alle Transportsysteme im „Alten Freihafen" und neue Hafenbezirke speziell für den Container-Umschlag (Nr. 100).

Container sind die häufigste Spielart der sogenannten „Unit Loads", genormter Pack- und Verladeeinheiten größeren Umfangs und Gewichts, die dem Bestreben nach höherer Transportleistung entsprechen. Der Umgang mit ihnen erfordert Kräne mit mehr Tragkraft oder Verladebrücken, Spezialfahrzeuge, mehr Bewegungsfreiheit, somit breite Vorkais, großräumige Schuppen und weite Freiflächen zum Stauen und Lagern. Für einen Schiffsliegeplatz von 180 m Länge werden 4,0 ha Kaifläche benötigt.

Das Bild zeigt eine derart umgestaltete Kaizunge im Ausschnitt: den Afrika-Terminal, der von dem Hafenbetrieb der Afrika-Linien unterhalten wird (Abb. B).

Hier können sowohl konventionelle Stückgüter als auch Container und über eine Rampe auch „rollende Ladungen" für Roll-on-roll-off-Spezialfrachter abgefertigt werden. 70 % des Umschlags entfallen inzwischen auf Container, der Stückgutanteil wird immer geringer.

Das Motorschiff „Quellin", Heimathafen Antwerpen, das am Kirchenpauerkai gerade umschlägt, ist ein sogenannter Semicontainer, ein Mehrzweckschiff, das auch Massengut transportieren könnte; Länge 175 m. Sein gesamter Schiffsraum umfaßt 15 451 BRT (B = Brutto), der Raum für die Ladung 8841 NRT (N = Netto, 1 Registertonne = 2,832 m³). Von den 20-Fuß-Containern (6,10 x 2,44 x 2,44 m), die in den lukengerecht vorgestauten Kaistapeln überwiegen, kann die „Quellin", voll beladen mit Deckslast, 580 aufnehmen. Sie ist in der Westafrikafahrt eingesetzt, bringt Kaffee, Kakao, Konserven und holt Salz, Zucker, Mehl und Maschinen. Mit fast völlig geöffnetem Deck läßt sich das Schiff rationell von Kran und Containerbrücke zugleich bedienen. Ein Rudel von Gabelstaplern leistet die Zubringerdienste. Zeit ist Geld, denn erst das Schiff auf See verdient, im Hafen bringt es nur Kosten.

Als „Kaigeld" muß jedes Schiff zunächst ein „Raumentgelt", eine Art Parkplatzgebühr bezahlen: 0,31 DM pro Netto-m³ je angebrochene 24 Stunden; bei der „Quellin" wären es für 2 Tage 15 524 DM. Dazu kommt ein „Gewichtsentgelt" für die über Kai gelöschte Gütermenge: pro t 7 DM, im Falle der „Quellin" für 3000 t 21 000 DM; Kaigeld insgesamt: 36 524 DM. Rechnet man noch die Kosten für Lotsen, Schlepper, Festmacher, Stauer und andere Hafengebühren hinzu, kann das Mehrfache an Ausgaben entstehen. – Jedoch schon der Unterhalt des Hafens kostet jede Woche 2 Mio. DM, und Hamburg muß laufend weitere Hafenteile der modernen Umschlagtechnik anpassen (s. auch Nr. 98, am rechten Bildrand: Verbreiterung der Kaizunge „Tollerort" für einen Stückgut-Mehrzweck-Terminal). Allein der Umbau des Kronprinzkais 1982/84 (s. Abb. A) kostet 55 Mio. DM.

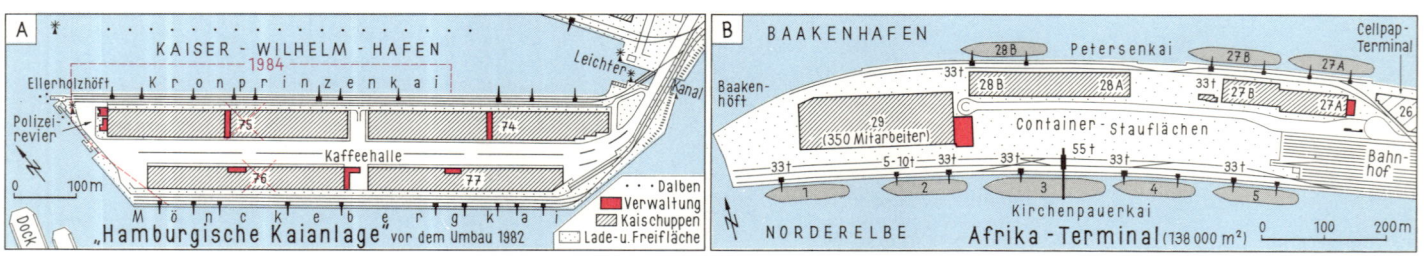

Von der Norderelbe im Vordergrund gleitet der Blick über den Baakenhafen zum Oberhafen und erfaßt am jenseitigen Ufer noch Europas größte Markthalle (40 000 m²), den Hamburger Obst- und Gemüsegroßmarkt. Dieser Ausschnitt aus dem nordöstlichen Winkel des „Alten Freihafens" zeigt die eigenartige amphibische Hafenlandschaft, die der Bahnreisende auf dem gemauerten Damm oberhalb des Baakenhafens durchfährt, wenn er sich, von Harburg kommend, nach Überquerung der Norderelbe in einer langgezogenen S-Kurve dem Hauptbahnhof nähert. – Im Zentrum des Bildes liegt der Afrika-Terminal, eines der ersten modernen Stückgutzentren, das auf neugestalteter Kaizunge angelegt wurde. Im Gegensatz zu dem Containerschiff am Kai, das gerade umschlägt, liegt ein konventioneller Stückgutfrachter an Duckdalben beschäftigungslos im Strom. – Blickrichtung NO

Die großzügige Anlage des Container-Zentrums Waltershof ist Ausdruck eines „industrialisierten Überseeverkehrs" und läßt etwas vom Hafen der Zukunft erahnen. Die gewaltige Ansammlung der bunten, genormten Kisten, nach Umschlags- und Transportabläufen unterschiedlich aufgereiht und gestapelt, bestimmt den Hauptteil des Bildes. Das Hafengebiet jenseits von Autobahn und Köhlbrand, der künstlichen Mündung der Süderelbe, ist das Revier der Hafenindustrie, der Standort von Kraftwerken, insbesondere aber der Bezirk des trockenen und flüssigen Massenguts: Hinter der Köhlbrandbrücke sind Silos und Lagerhäuser für Getreide und andere „Sauggüter" zu erkennen, die Bereiche beiderseits der Süderelbe werden von Öltanks beherrscht, und am diesseitigen Ufer heben sich die Erzhalden des Massengut-Terminals „Hansa-Port" ab. – Blickrichtung SO

Container-Terminal Hamburg-Waltershof

Daß Hamburg zu Recht als „schneller Hafen" gilt, wird nirgendwo deutlicher als im Waltershofer Freihafenbezirk (3,1 km²), westlich des Köhlbrands. Beeindruckend ist nicht nur die Großzügigkeit der Anlage und ihre technische Ausrüstung, sondern auch die ideale Verkehrsanbindung: Dem unmittelbaren Zugang zum Fahrwasser der Elbe mit den Verbindungen zur Ostsee (Nr. 51, 58) und in das mitteleuropäische Hinterland (Oberelbe, Elbe-Seitenkanal) entspricht zu Lande der direkte Anschluß an die Europastraße 3 (Bildmitte), die hier den Strom kreuzt. Den 3325 m langen Elbtunnel benutzen im Durchschnitt täglich 79 000 Fahrzeuge. Weithin sichtbares Bindeglied zum „Alten Freihafen" und zugleich Teil der „Hafenquerspange" mit östlichem Autobahnanschluß ist die Köhlbrandbrücke (Länge mit Rampen 3,4 km, lichte Höhe 53 m); ihre 130 m hohen Pylonen sind zum Wahrzeichen für das „Tor zur Welt" geworden. – Die Eisenbahn ist mit Europas größtem Rangierbahnhof Maschen, südlich Hamburgs, und ihren Fernstrecken nach Nord, Süd und West hervorragend auf die Bedürfnisse des Hafens eingestellt. Für Container laufen besondere Züge; vom Verladebahnhof des Terminals können sie Großbehälter, die am Nachmittag aus Übersee eingetroffen sind, im „Nachtsprung" an ihren inländischen Bestimmungsort bringen.

In Hamburg haben Staat und Hafenwirtschaft die Entwicklung des neuen Transportsystems richtig eingeschätzt und beim Aufbau des Containerhafens mustergültig zusammengewirkt. Der Staat stellte die erforderliche Fläche zur Verfügung und baute Kais und

Verkehrsanschlüsse, während die Unternehmen die Kaiflächen mit den nötigen Umschlags- und Lagereinrichtungen ausrüsteten. Diese Arbeitsteilung und die Übernahme der Kosten im Verhältnis 1:1 gilt im Hamburger Hafen generell. Wenn der Staat für den Bau eines Kais bei einer Wassertiefe von 13,5 m pro Meter 15 000–20 000 DM zu zahlen hat, muß das Unternehmen für die entsprechende Ausrüstung mindestens noch einmal die gleiche Summe anlegen.

In Waltershof wird bei Bedarf – im Schichtbetrieb – „rund um die Uhr" gearbeitet, so daß auch die großen Containerschiffe, die bis zu dreitausend 20-Fuß-Container fassen, in weniger als 24 Stunden be- und entladen werden können. Dafür stehen im Container-Terminal auf 185 ha Fläche – das ist die doppelte Größe Helgolands – zur Verfügung: Kais mit einer Länge von 2,4 km und 10 Liegeplätzen, 1 Mio. m² Container-Stellfläche, 7 Packhallen mit 143 000 m² Fläche; ferner 10 riesige Container-Brücken und zahlreiche Kai- und Mobilkräne sowie Stapel-Geräte. Die Liegeplätze 7 und 8 (siehe Abbildung) sind mit Rollanlagen für Ro-Ro-Schiffe ausgerüstet. Entlang dem Elbufer ist ein besonderer Massenstückgut-Terminal eingerichtet worden, der auf Großpartien wie Röhren – z. B. für Pipelines – und Autos aller Art, aber auch für die Verschiffung ganzer Fabrikanlagen zugeschnitten ist. Auch sogenannte Trägerschiffe, welche Leichter – je bis 850 t Ladung – transportieren und im Hafen zu Wasser lassen bzw. an Bord nehmen können, werden im Waltershofer Hafen abgefertigt (vor dem Durchlaß für Binnenschiffe). Das Container-Zentrum wird ergänzt durch die Mehrzweckanlage des Eurokai-Terminals (Mitte rechts); der vordere Teil der Kaizunge ist speziell für den Umschlag von Holz eingerichtet.

Schon jetzt ist der Zeitpunkt abzusehen, an dem die Kapazität des Container-Hafens nicht mehr ausreicht; 1970 betrug der Anteil am Stückgutumschlag 4,6 %, 1983 bereits 44 %. Doch stehen 12 km² Erweiterungsflächen zur Verfügung; das Dorf Altenwerder (begrüntes Gebiet rechts über der Autobahn) hat dem erwarteten Wachstum bereits weichen müssen.

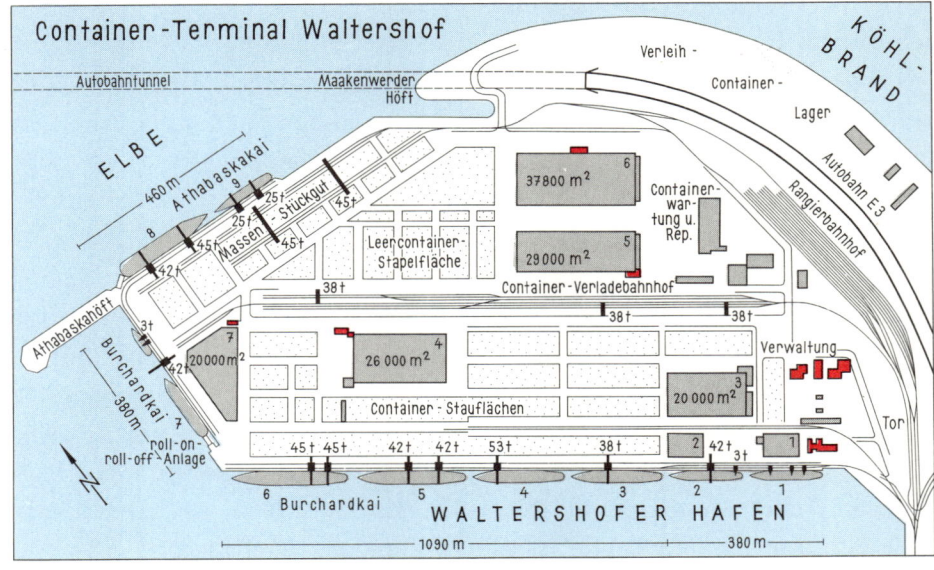

Hamburg-Jenfeld: Vom Dorf zum Stadtteil

„Jenfeld war ein schönes Dorf …“ So beschrieb Bauer Krogmann in den dreißiger Jahren das Bild seines Heimatortes um die Jahrhundertwende; er erinnerte sich an „die stattlichen Höfe der vier Vollhufner, umgeben von Mauern aus Feldsteinen und alten Eichen, Linden- und Kastanienbäumen, dazu die Scheunen und Altenteilskaten. Alles im Fachwerk gebaut und mit Reth gedeckt“. Rings um das Dorf führte eine Straße, von der die Wege in die Feldmark ausgingen. Gräben und hohe Knicks begleiteten sie. Auf den drei kleinen Teichen in der Mitte des Dorfes tummelten sich im Sommer Enten und Gänse, dort wurde auch das Vieh getränkt.

Diese ländliche Idylle zwischen der damaligen Kreisstadt Wandsbek im Westen und dem östlichen Nachbardorf Barsbüttel ist im heutigen Bild Jenfelds nicht mehr zu erkennen. Während noch bis in die Mitte der sechziger Jahre Wiesen und Weiden, Kühe und Kornfelder Ansicht und Atmosphäre des Ortes prägten, bestimmen ihn heute mehrgeschossige, meist acht- bis zehnstöckige „Wohnanlagen“ – langgestreckte Blocks, um Hochhäuser gruppiert. Weder die Abstufung der Bauten nach der Höhe noch ihre Versetzung gegeneinander vermögen die Massigkeit aufzuheben, und trotz farbiger Fensterumrahmungen und Balkonbrüstungen herrschen die grauen Fertigbetonwände vor. Erst ein Schritt an die Landesgrenze in der Niederung des Schleemer Baches (rechter Bildrand) und der Blick nach Osten darüber hinweg in die offene Feldmark Barsbüttels läßt ahnen, wie Jenfeld noch vor wenigen Jahrzehnten ausgesehen haben mag.

Einige Zeugen der Vergangenheit sind jedoch im Bild zu finden: Leitlinie des Nachspürens ist der geschwungene Straßenzug von Norden nach Süden. Er folgt zunächst dem alten Rahlstedter Kirchenweg, nimmt in seine westliche Ausbuchtung von Wandsbek her die Jenfelder Straße auf und setzt sich im Weg nach Öjendorf (heute: Öjendorfer Damm) fort. Im Anschluß an den stumpfen Winkel, den Jenfelder Straße und Öjendorfer Damm bilden, hebt sich deutlich der Straßenring ab, der einmal den Dorfkern umgab. Aus der unregelmäßigen Ansammlung von Einzelhäusern im grünen Innengrund wie östlich des Öjendorfer Damms ist noch die Lage einzelner Höfe und ihre Orientierung zur Quellmulde des Jenfelder Baches herauszulesen. 1578 umfaßte das ansehnliche Dorf acht Hufen, von denen vier bis ins 20. Jahrhun-

dert erhalten blieben, die anderen wurden geteilt, Kätnerstellen entstanden, landlose „Insten“ (Häusler) kamen hinzu. 1880 wurden auf rund 500 ha (Hamburger Stadtkern = rund 460 ha) 323 Einwohner gezählt, 1900: 439.

Der Wandel zur Vorstadtgemeinde setzte spät ein und vollzog sich langsam: 1903 werden zwei Höfe parzelliert, aber erst um 1910 wird die Bautätigkeit reger. Als Jenfeld (768 Einwohner) 1927 nach Wandsbek eingemeindet wird, ist sein ländlicher Charakter noch erhalten. In der Folgezeit werden Brachfelder und Wiesen zu Schrebergärten aufgeteilt, Laubenkolonien entstehen; in den Jahren der Wirtschaftskrise nach 1929 dienen viele Lauben als Dauerwohnungen. Siedlergemeinschaften bilden sich. Die flächigen, geordneten Einzelhaussiedlungen in der Bildmitte östlich der Kirche und im Rechteck darüber sind auf diese Ansätze zurückzuführen. Sie sind z. T. heute noch Pachtland, Nachlaß eines der alten Höfe.

In der zweiten Hälfte der dreißiger Jahre geht die Entwicklung stärker voran: 1935 u. a. Bau der Lettow-Vorbeck- und der Estorff-Kaserne (links oben) in der Feldmark nahe Tonndorf; Jenfeld erhält dadurch die ersten befestigten Zufahrten. 1937 ist die Autobahn fertig – und im gleichen Jahr wird Jenfeld mit Wandsbek ein Teil Groß-Hamburgs. 1939 hat der Ort 4138 Einwohner. – Der Krieg und die Zerstörung Hamburgs treiben viele Menschen aus der Stadt; auf Bauernland rings um das Jenfelder Ortszentrum breiten sich Behelfsheime aus. Die Einwohnerzahl steigt 1950 auf über 10 000. Noch ist die Landwirtschaft ein wichtiges Element; die Planung sieht eine Gemeinde im Grünen und den Bau von Eigenheimen vor.

Jedoch die stürmische Wohnungsnachfrage führt unter staatlicher Förderung zu Groß- und Hochbauten auf „Grüner Wiese“, die den ländlich bestimmten Ort in kurzer Zeit völlig verändern. Von den rund 10 000 Wohnungen, die seit dem Krieg in Jenfeld errichtet wurden, umfassen die Neubaukomplexe auf diesem Bild (1967–1972) etwa 3300, allein die „Wohnanlage Jenfeld Ost“ – um den Sportplatz herum – birgt 979. Mehrere Schulen am Rande der Häuserkolonnen kennzeichnen die notwendigen Folgeeinrichtungen – die Kirche wurde 1954 gebaut. Der Großsiedlung mit 26 000 Einwohnern entspricht als neue Mitte das herausragende Einkaufszentrum südlich des alten Dorfkerns (1975: 421 Wohnungen, 150 Läden).

1945, nach den Zerstörungen des Bombenkrieges, verfügte Hamburg nur noch über etwa 225 000 Wohnungen – 40 % seines Vorkriegs-
bestandes. 1983 wurden dagegen 793 000 Wohnungen gezählt. Wie sich diese gewaltige Bauleistung insbesondere auf die äußeren
Stadtteile ausgewirkt hat, kommt in Jenfeld und seiner nördlichen Umgebung beredt zum Ausdruck. Diese einst ländlichen Gebiete im
Osten der Hansestadt haben sich bis an die Landesgrenze in eine großstädtische Wohnlandschaft verwandelt, die nur noch an wenigen
Stellen den alten Zustand durchscheinen läßt. – Vorn grenzt die Autobahn Hamburg–Lübeck das Wohngebiet nach Süden zum Natur-
park Öjendorf ab. Der dunkle Grünstreifen im Hintergrund zeichnet das Tal der Wandse nach; in ihrem Einzugsbereich liegen
Tonndorf/Lohe (oben links) und Rahlstedt (oben rechts). – Blickrichtung N

Mehrere große Flugzeuge stehen auf dem Abfertigungsvorfeld in der Nähe des leicht geschwungenen Gebäudekomplexes, der die verschiedenen Terminals für den Linienverkehr (Inland und International/Berlin) und den Charterverkehr beherbergt. Die etwas nach links zurückgesetzte große Halle, vor der auf dem Vorfeld ein Flugzeug, auf der Rückseite zahlreiche Lastwagen stehen, dient der Abfertigung der Luftfracht. In einiger Entfernung davon liegen, ebenfalls am linken Bildrand, die Hallen und Werkstätten der Lufthansa-Werft. Die 3250 m lange Start- und Landebahn 1 mit den dazugehörenden Rollbahnen ist vom Luftbild fast ganz erfaßt, von der 3665 m langen Start- und Landebahn 2, die bis nach Schleswig-Holstein hineinreicht, jedoch nur etwa ein Drittel. In Bildmitte sind Sportflugzeuge abgestellt. – Blickrichtung SW

Der Flughafen Fuhlsbüttel

Ein Aufruf zur Zeichnung von Anteilen einer „Zeppelin-Hallen-Gesellschaft" leitet 1910 das Zeitalter des Luftverkehrs in Hamburg-Fuhlsbüttel, damals noch ein ländlicher Vorort, ein. Auf einem 45 ha großen Gelände wird 1912 eine Halle für zwei Luftschiffe fertiggestellt. 1913 sieht man auf dem Platz auch die ersten „Aeroplane".

Nach kriegsbedingter Unterbrechung beginnt bereits 1919 der Liniendienst mit Flugzeugen nach Berlin, bald auch nach anderen Zielorten. Wegen der raschen Zunahme des Luftverkehrs – 1924 werden 2300, 1925 12 500, 1929 18 000 Passagiere befördert – müssen neue Gebäude und Anlagen errichtet werden (Abfertigung, Flugzeughallen, Tanklager, Flugsicherung), der Platz wird durch Drainage trockengelegt und 1935 auf 225 ha erweitert. 1937 werden bei rund 10 000 Starts und Landungen 57 200 Passagiere und 1300 t Luftfracht befördert. 22 Flugrouten werden regelmäßig beflogen, darunter die 4050 km lange Strecke Hamburg–Belgrad–Athen–Rhodos–Damaskus–Bagdad; diese damals längste Flugroute der Welt wird von den Lufthansamaschinen in 23 Stunden und 40 Minuten zurückgelegt.

Im September 1939 wird der Flughafen Fuhlsbüttel für den zivilen Luftverkehr geschlossen und nur noch für militärische Zwecke benutzt. 1945 kann die Besatzungsmacht den Flughafen unzerstört übernehmen. Für Deutschland ist der Luftverkehr zunächst verboten. Ab 1946 richtet die Besatzungsmacht einen zivilen Liniendienst vor allem nach Westeuropa und Skandinavien ein. Weil die Flugzeuge gegenüber der Vorkriegszeit wesentlich schwerer geworden sind, müssen jetzt betonierte Rollbahnen angelegt werden. Noch während der Bauarbeiten dazu wird Fuhlsbüttel in die Luftbrücke zur Versorgung West-Berlins (Juni 1948 bis Mai 1949) einbezogen.

Erst 1950 geht die Verwaltung des Flughafens wieder in deutsche Zuständigkeit über. Der enorme wirtschaftliche Aufschwung führt auch zu einer raschen Entwicklung des zivilen Luftverkehrs. Zusätzlich wirkt sich fördernd aus, daß sich der Reiseverkehr nach Übersee schon seit 1951 weitgehend vom Schiff auf das zeitsparende und billigere Flugzeug verlagert. 1953 wird die Deutsche Lufthansa neu gegründet und ein eigener Liniendienst aufgebaut. Die Zunahme des Luftverkehrs erfordert einen weiteren Ausbau des Flughafens. Die betonierten Landebahnen werden erheblich verlängert, die Startbahn 2 nach Norden bis auf schleswig-holsteinisches Gebiet hinaus, um Start und Landung der Düsenflugzeuge zu ermöglichen.

1960 landet in Fuhlsbüttel das erste Flugzeug dieses neuen Typs, der sich rasch durchsetzt, weil er größere Geschwindigkeit mit größerer Reichweite verbindet. Bei gleichzeitig erhöhter Tragfähigkeit werden die Flugpreise billiger, wodurch sich wiederum die Nachfrage erhöht. Von 1960 bis 1970 steigt die Zahl der Fluggäste in Fuhlsbüttel von 1 Mio. auf über 3 Mio., wobei der Anteil der Charterflüge – bedingt durch den Reiseboom – besonders stark zunimmt.

Bei einer Fortsetzung dieser Entwicklung war der Zeitpunkt abzusehen, an dem der Flughafen Fuhlsbüttel, der nicht weiter vergrößert werden kann, den Luftverkehr nicht mehr zu bewältigen vermochte. Hamburg nahm daher 1962 gemeinsam mit Schleswig-Holstein und dem Bundesverkehrsministerium die Planung für einen neuen Großflughafen Kaltenkirchen, 28 km nordwestlich von Fuhlsbüttel, auf.

Nach 1970 verlief die Entwicklung jedoch anders als erwartet. Zwar stieg bis 1979 die Zahl der Passagiere noch an, die Zahl der Flüge stagnierte jedoch schon seit 1972, vor allem durch das Aufkommen der neuen Großraumjets, in denen bis zu 500 Passagiere Platz finden. Der Zeitpunkt einer möglichen Überlastung Fuhlsbüttels ist damit wieder in die Ferne gerückt. Aus diesem Grunde ist das bisherige Großflughafenprojekt 1983 wieder aufgegeben worden.

Dem Flugbetrieb dienen in Fuhlsbüttel zwei Landebahnen von 3250 m und 3665 m Länge, in der Zeit von 6 bis 22 Uhr startet im Mittel alle 8 bis 10 Minuten eine Linienmaschine, hinzu kommen – vor allem im Sommer – die Charterflüge. Die Abfertigung erfolgt in zwei Ebenen: Ankommende Passagiere werden in das untere, abfliegende in das obere Stockwerk geleitet.

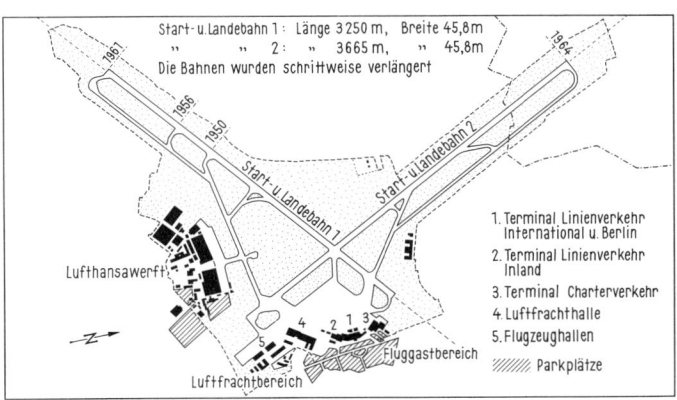

LITERATURVERZEICHNIS

ABKÜRZUNGEN, DIE NICHT OHNE WEITERES VERSTÄNDLICH SIND

NE Nordelbingen, Beiträge zur Heimatforschung in SH, Hamburg und Lübeck

QuF Quellen und Forschungen zur Geschichte Schleswig-Holsteins, hg. von der Gesellschaft für SH Geschichte

SH, sh Schleswig-Holstein, schleswig-holsteinisch

SGIK Schriften des Geogr. Instituts der Universität Kiel

ZSHG Zeitschrift der Gesellschaft für Schleswig-Holsteinische Geschichte

ALLGEMEINES

Bibliographien, Zeitschriften, Schriftenreihen

Katalog der sh Landesbibliothek, hg. von R. von Fischer-Benzon und V. Pauls, 4 Bde, 1898–1940.

Literaturberichte zur sh Gesch. und Landeskunde (für 1910–1928), in: ZSHG 42–58, 1912–1929.

Bibliographie zur sh Gesch. und Landeskunde, hg. von V. Pauls u. a., Bd 1 ff. 1936 ff.

Zeitschrift der Gesellschaft für Schleswig-Holsteinische Geschichte (seit 1870).

Quellen und Forschungen zur Geschichte Schleswig-Holsteins, hg. von der Gesellschaft für Schleswig-Holsteinische Geschichte (seit 1913).

Nordelbingen, Beiträge zur Heimatforschung in SH, Hamburg und Lübeck (seit 1923).

Biographisches Lexikon für Schleswig-Holstein und Lübeck (bisher erschienen Bd 1–6, 1970–1982).

Studien z. Wirtschafts- und Sozialgeschichte Schleswig-Holsteins, hg. v. Arbeitskreis f. Wirtsch.- u. Sozialgesch. u. der GSHG, 1979 ff.

Studien z. Volkskunde u. Kulturgeschichte, hg. v. Seminar f. Volkskunde d. Christian-Albrechts-Universität, 1977 ff.

Die Heimat, Monatshefte des Vereins zur Pflege der Natur- und Landeskunde in SH und Hamburg (seit 1891).

Schleswig-Holstein, Monatshefte für Heimat und Volkstum, hg. vom Schleswig-Holsteinischen Heimatbund (seit 1949).

Berichte aus dem sh Freilichtmuseum (seit 1963).

Schriften des Geogr. Instituts der Universität Kiel (seit 1932).

Schriften des naturwiss. Vereins in SH (seit 1873).

Meyniana, Veröff. aus dem Geol. Inst. der Universität Kiel (seit 1952).

Offa, Berichte und Mitt. aus dem sh Landesmuseum für Vor- und Frühgeschichte in Schleswig und dem Institut für Ur- und Frühgeschichte an der Universität Kiel (seit 1936).

Offa-Bücher, bisher 56 Bde.

Offa-Ergänzungsreihe, 1976 ff., bisher 8 Bde.

Westküste, Archiv für Forschung, Technik und Verwaltung in Marsch u. Wattenmeer, 1938–1943; nach d. Kriege fortgesetzt als Die Küste, Archiv für Forschung und Technik an der Nord- und Ostsee (seit 1952). Inhaltsverzeichnis für „Westküste" und „Die Küste" in: Die Küste, Jg. 7, Doppelheft 1958/59.

Statistische Monatshefte SH, 1949 ff.

Method. Handbuch f. Heimatforschung, hg. von P. Ingwersen, 1954.

Topographie und Kartographie

Schröder, J. v.: Topographie des Hzt. S, 1854.

Schröder, J. v., und Biernatzki, H.: Topographie der Hzt. H und L, des Fürstentums Lübeck und des Gebietes der Freien und Hansestädte Hamburg und Lübeck, 2 Bde, 1855/56.

Oldekop, H.: Topographie des Hzt. S, 1906.

ders.: Topographie des Hzt. H, 2 Bde, 1908.

Klose, O., und Martius, L.: Ortsansichten und Stadtpläne der Hzt. S, H und L, 1962.

Handbuch der histor. Stätten Deutschlands I., SH und Hamburg, hg. von O. Klose, 2. Aufl. 1964.

Geerz, F.: Gesch. d. geograph. Vermessungen u. d. Landkarten Nordalbingiens vom Ende d. 15. Jahrhunderts bis zum Jahre 1859, 1859.

Kahlfuß, H.-J.: Landesaufnahme u. Flurvermessung in den Herzogtümern S, H u. L vor 1864, 1969.

Witt, R.: Die Anfänge von Kartographie u. Topographie Schleswig-Holsteins 1475–1652, 1982.

Degn, C. und Muuss, U.: Topographischer Atlas Schleswig-Holstein und Hamburg 1963, 4., neubearbeitete Aufl. 1979.

dies.: Luftbildatlas Schleswig-Hostein, 1965, 6. Aufl. 1977.

dies.: Luftbildatlas Schleswig-Holstein II. 1968, 3. Aufl. 1979.

Erdgeschichte

Gripp, K.: Erdgeschichte von SH, 1964.

Voigt, E.: Das Norddeutsch-Baltische Flachland im Rahmen des europ. Schollenmosaiks, in: Mitt. aus dem Geol. Staatsinst. Hamburg, Bd 23, 1954.

Woldstedt, P.: Studien an Rinnen und Sanderflächen in Norddeutschland, in: Jb Preuß. Geol. LA 62, 1923.

ders.: Das Eiszeitalter, neue Aufl. 1954.

Wahnschaffe, F.: Geologie und Oberflächengestaltung des Norddeutschen Flachlandes, 1921.

Struck, R.: Die Oberflächenformen SHs und ihre Entstehung, 1932.

Wolff, K.: Erdgeschichte und Bodenaufbau SHs, 2. Aufl. 1922.

Gripp, K.: Über die äußerste Grenze der letzten Vereisung in Norddeutschland, in: Mitt. Geogr. Ges. Hamburg. Bd 36, 1924.

ders.: Glaziologische und geol. Ergebnisse der Hamburger Spitzbergen-Expedition 1927, in: Abh. NatV, Hamburg 1929.

ders: Eider und Elbe, ein erdgeschichtl. Vergleich, 1941.

ders.: Die Entstehung der Nordsee, 1937.

ders.: Entstehung und künftige Entwicklung der Dt. Bucht, 1944.

Schott, C.: Die Westküste SHs. Probleme der Küstensenkung, in: SGIK XIII, 4, 1950.

Dittmer, E.: Die nacheiszeitliche Entwicklung der sh Westküste, in: Meyniana I, 1952.

Klima, Tier- und Pflanzenwelt

Hagemann-Voigts: Bioklimat. Atlas für SH, 1948.

Voigts, H.: Lage und Witterungsklima SHs, in: Mitt. Geogr. Ges. Lübeck, 1962.

Müller, M. J.: Handbuch ausgewählter Klimastationen der Erde, 1979.

Prügel, H.: Die Sturmflutschäden an der sh Westküste in ihrer meteorol. und morpholog. Abhängigkeit, in: SGIK XI, 3, 1942.

Petersen, M. und Rohde, H.: Sturmfluten an den Küsten SHs und an der Elbe, 1977.

Muuß, U. und Petersen, M.: Die Küsten Schleswig-Holsteins, 3. Aufl. 1978.

Muuß, U., Petersen, M. und König, D.: Die Binnengewässer SHs, 1973.

Heydemann, B. u. Müller-Karch, J.: Biologischer Atlas SH, 1980.

Christiansen, W.: Pflanzenkunde von SH, 1954.

Emeis, W.: Einführung in das Pflanzen- und Tierleben SHs, 1950.

Kuckuck, P.: Der Strandwanderer, 9. Aufl. 1962.

Looft, V. und Busche, G.: Vogelwelt Schleswig-Holsteins, Bd 2: Greifvögel, 1981.

Schmidt, G. und Brehm, K. (Hg.): Vogelleben zwischen Nord- und Ostsee, 1974.

Varges, H.: Flutkante und Inselflora, 1936.

Landeskunde, Entwicklung der Kulturlandschaft

Danckwerth, Caspar: Newe Landesbeschreibung der zwey Hertzogthümer S und H, 1652. – Faksimileausgabe der Mejer'schen Karten mit Einleitung von Chr. Degn, 1963.

Dt. Planungsatlas: SH, bearb. von W. Witt, 1960.

Paffen, K. u. Stewig, R. (Hg.): Schleswig-Holstein. Ein geographisch-landeskundlicher Exkursionsführer, 1969.

Schleswig-Holstein. Landschaft u. wirkende Kräfte, hg. v. K. Thiede, 1962.

Koch, J. H.: Schleswig-Holstein (DuMont-Kunstreiseführer), 1977.

Schott, C.: Die Naturlandschaften SHs, 1956.

Beiträge zur Landeskunde von SH, hg. von C. Schott, in: SGIK, Festschrift für Oskar Schmieder, 1953.

Mager, F.: Die Entwicklungsgeschichte der Kulturlandschaft des Hzt. S in historischer Zeit, Bd 1 1930, Bd 2 1937.

Marquardt, G.: Die sh Knicklandschaft, in: SGIK XIII, 3, 1950.

Müller, F., u. Fischer, O.: Das Wasserwesen an der sh Nordseeküste.
I. Teil: Die Halligen, 2 Bde, 1917.
II. Teil: Die Inseln, 7 Bde, 1936–1937.
III. Teil: Das Festland, 7 Bde, 1954–1956.

Sering, M.: Erbrecht und Agrarverfassung in SH auf geschichtlicher Grundlage, 1908.

Leister, J.: Rittersitz und adl. Gut in H und S, in: SGIK XIV, 2, 1952.

Hanssen, G.: Die Aufhebung der Leibeigenschaft und die Umgestaltung der gutsherrl. bäuerl. Verhältnisse in S und H, 1861.

Hvidtfeldt, J.: Kampen om Ophaevelsen af Livegenskabet i Slesvig og Holsten 1795–1805, 1963.

Prange, W.: Christoph Rantzau u. die Schmoeler Leibeigenschaftsprozesse, QuF 49, 1965.

Thyssen, Th.: Bauer und Standesvertretung, Werden und Wirken des Bauerntums in SH seit der Agrarreform, QuF 37, 1958.

40 Jahre Landeskulturbehörde in SH, hg. von der Ges. zur Förd. der inn. Kol., 1962.

Degn, C.: Arrondieren oder kollektivieren? Wandlungen der Agrarstruktur, 1962.

Thiesen, E.: Die Landeskulturpolitik in ihrem Einfluß auf die Agrarstruktur, Diss. Freiburg 1962.

Traulsen – Becker – Kiekebusch: 50 Jahre sh Landgesellschaft, 1963.

Geschichte

Geschichte SHs, hg. von O. Klose, 10 Bde, erscheint seit 1955.

Hedemann-Heespen, P. von: Die Hzt. SH und die Neuzeit, 1926.

Brandt, O.: Geschichte SHs. Ein Grundriß. Neu bearb. von W. Klüver, 8/1981.

Scheel, O.: SH in der europ. und dt. Geschichte, 1933.

Pauls, V.: SH zwischen Nord und Süd, 1950.

Scharff, A.: Schleswig-Holsteinische Geschichte. Ein Überblick. Neuausgabe von M. Jessen-Klingenberg, 1982.

ders.: Schleswig-Holstein in der dt. u. nordeurop. Geschichte, 1969.

Degn, C.: Geschichtsschreibung in Schleswig-Holstein – Ausdruck ihrer Zeit, in: ZSHG Bd 109, 1984.

Brandt-Wölfle: SHs Geschichte und Leben in Karten und Bildern, 1928.

Schleswig-Holsteinische Kirchengeschichte, hg. v. Verein f. SH Kirchengeschichte, 1978 ff. (bisher erschienen 4 von insgesamt 5 Bänden).

Wohlhaupter, E.: Rechtsquellen SHs, Bd 1, 1938.

Bobé, L.: Die Ritterschaft in SH von der ältesten Zeit bis 1806, 1918.

Dat se bliven ewich tosamende ungedelt. Festschr. der SH Ritterschaft zur 500. Wiederkehr des Tages von Ripen, hg. von H. v. Rumohr, 1960.

Arte et Marte – Studien z. Adelskultur des Barockzeitalters in Schweden, Dänemark und Schleswig-Holstein, hg. v. D. Lohmeier (Kieler Studien z. dt. Literaturgeschichte Bd 13, 1978).

Staatsdienst u. Menschlichkeit. Studien z. Adelskultur des späten 18. Jh. in Schleswig-Holstein u. Dänemark, hg. v. C. Degn u. D. Lohmeier, (ebd. Bd 14, 1980).

Aufklärung u. Pietismus im dänischen Gesamtstaat 1770–1820, hg. v. H. Lehmann u. D. Lohmeier (ebd. Bd 16, 1983).

Waschinski, E.: Währung, Preisentwicklung und Kaufkraft des Geldes in SH 1286–1864, 2 Bde, QuF 26, 1952 und 1959.

Hähnsen, F.: Die Entwicklung des ländl. Handwerks in SH, 1923.

Schlee, E.: SHs Eintritt in die neue Zeit, Bilderchronik 1864–1914, 1964.

Jürgensen, K.: Die Gründung des Landes Schleswig-Holstein nach dem 2. Weltkrieg, 1969.

Stoltenberg, G.: Schleswig-Holstein – heute und morgen. (1978).

Das Bundesland Schleswig-Holstein. Einführung in Aufbau und Entwicklung, 8/1980.

Bau- und Kunstdenkmäler

Die Kunstdenkmäler des Landes SH, hg. von P. Hirschfeld.

Kamphausen, A.: Die Baudenkmäler der dt. Kolonisation in Ostholstein u. die Anfänge der nordeurop. Backsteinarchitektur, 1938.

ders.: Die Kirchen SHs, 1954.

Hirschfeld, P.: Herrenhäuser und Schlösser in SH, 2. Aufl. 1959.

Kunsttopographie Schleswig-Holstein, hg. v. H. Beseler, 5/1982.

Dehio: Handbuch d. dt. Kunstdenkmäler, Bd. Hamburg u. Schleswig-Holstein, bearb. v. J. Habich, 1971.

Schleswig-Holsteinische Museen u. Sammlungen, hg. v. A. Lühning, 5/1981.

Rumohr, H. von: Dome, Kirchen u. Klöster in Schleswig-Holstein.

ders.: Schlösser und Herrenhäuser in Schleswig-Holstein. Neubearbeitung 1983.

Wulff, G.: 800 Jahre Vizelin-Kirchen, 1952.

Volkskunde

Schlee, E.: Deutsche Volkskunst: SH, o. J.

ders.: SH Volksleben in alten Bildern, 1963.

Schmidt, H.: Der Goldene Saal. Von Kunst und Volkskunst in SH.

Laur, W.: Die Ortsnamen SHs, 1960.

Meiborg, R.: Das Bauernhaus im Hzt. S und das Leben des Bauernstandes im 16.–18. Jh., 1896.

Lehmann, O.: Das Bauernhaus in SH, 1927.

Wolf, G.: Das dt. Bauernhaus, Bd 1, SH, 1938.

Thiede, K.: Bauernhäuser in SH, 1958.

Müllenhoff, K.: Sagen, Märchen und Lieder der Hzt. SH und L, Kiel 1845.

Borchling, C., und Muuß, R.: Die Friesen, 1931.

Edert, E.: Dat harr noch leeger warrn kunnt, 9. Aufl. 1967.

ZU DEN EINZELNEN BILDERN

Nr. 1 Flensburg

Schütt, H. F.: Flensburger Stadtrecht vom 13. Jh. bis zum Beginn des 17. Jh. 1958
Link, Th.: Flensburgs Überseehandel von 1755–1807. QuF 38, 1959
Lorck-Schierning, A.: Die Chronik der Familie Lorck. Schicksale und Genealogie einer Flensburger Kaufmannsfamilie aus vier Jahrhunderten. 1949
Hähnsen, F.: Die Quellen der Flensburger Wirtschaft im Wandel der polit. Geschichte, in: NE 6, 1927
Fuglsang, F.: Flensburg, Kunst und Geschichte. 1959
Weigand, K.: Stadt-Umlandverflechtungen und Einzugsbereiche der Grenzstadt Flensburg, in: SGIK XXV, 1966
ders.: Flensburg Atlas. 1978
Kardel, E.: Die Stadt Flensburg u. die polit. u. nationalen Zeitströmungen um die Mitte des 19. Jh. 1929
Kraack, G.: Das Gildewesen der Stadt Flensburg. 1969
Pust, D.: Politische Sozialgeschichte der Stadt Flensburg. 1975
Flensburg – Geschichte einer Grenzstadt. Hg. Gesellschaft f. Flensburger Stadtgeschichte. 1966
Flensburg in Geschichte und Gegenwart. Hg. Gesellschaft f. Flensburger Stadtgeschichte. 1972
Schiffahrt und Häfen im Bereich der Industrie- und Handelskammer Flensburg. Hg. Industrie u. Handelskammer zu Flensburg. 1971

Nr. 2 Glücksburg

Kruse, H.: Aus der Vergangenheit Glücksburgs. 1925
Wullenweber, H.: Herzog Hans d. J. 1945
Müller, W. J.: Schloß Glücksburg. 1966
Hamer, B.: Geschichte Glücksburgs. 1974
Seebach, C. H.: Rukloster, in: NE 1962
ders.: Schloß Glücksburg. Baugeschichte des Stammhauses der Herzöge zu Schleswig-Holstein-Sonderburg-Glücksburg. 1979

Nr. 3–5 Angeln

Detlefsen, N.: Das Angelnbuch. Eine Landeskunde in Wort und Bild. 1979
Angelus, A.: Holsteinischer Städte Chronik. 1596/97
Hartz, O.: Die älteste Karte Angelns, in: Jb. Angl. HV 1934
Lüders, Ph. E.: Schleswig-Glücksburgische Beyträge zur Aufnahme Oeconomischer Wissenschaften. 1758
ders.: Erzählungen u. Geschichte der Kgl. Dän. Acker-Academie. 1767
Oest, N.: Oeconomisch-practische Anweisung zur Einfriedigung der Ländereien. 1767
Vollrath, P.: Landwirtschaftl. Beratungs- und Bildungswesen in SH 1750–1850, in: QuF 35, 1957
Pfeiffer, G.: Das Siedlungsbild der Landschaft Angeln. 1928
Rickmers, C. J.: Gesch. d. Kirchspiels Satrup, in: Jb. Angler HV 1956
ders.: Die Meierhöfe d. Adelsgutes Satrupholm. Ebda. 1956
Mager, F.: Die Entwicklung der Kulturlandschaft des Herzogtums Schleswig. 1930/37
Gutenbrunner, S. u. a.: Völker u. Stämme SO-Schleswigs im frühen Mittelalter. 1952
Buchloh, P.: Angeln – Regio oder Natio. Eine philologische Betrachtung. In: Offa 37, 1980
Kuhlmann, H. J.: Besiedlung und Kirchenorganisation der Landschaft Angeln im Mittelalter. QuF 36, 1958
Jensen, H. N. A.: Angeln. Neu bearbeitet v. Martensen u. Henningsen, 1922
ders.: Geschichte d. Kirchspiels Gelting, neu bearbeitet v. Schwennsen. 1955
Martensen, M.: Die Kirchspiele Quern u. Neukirchen. 1961
von Rumohr, H.: Schlösser u. Herrenhäuser im Herzogtum Schleswig. 1968
Schwennsen, P. u. Jürgensen, J.: Chronik d. Kirchspiels Gelting. 1972

Prange, W.: Die Anfänge der großen Agrarreformen in SH bis um 1771, QuF 60, 1971 (S. 415–417 u. 428–445: Gelting)
Behrend, H.: Die Aufhebung der Feldgemeinschaften. Die große Agrarreform im Herzogtum Schleswig. QuF 46, 1964

Nr. 6–9 Schlei

Klinker, F.: Die Siedlungen an der Schlei. 1915
Müller, K.: Die Schlei. 2/1958
Weiland, A. P.: Die Schlei. Wandel u. Wirklichkeit. 1982
Hintz, R. A.: Die Entwicklung der Schleimündung, in: Meyniana 4, 1955
Voss, F.: Die morphologische Entwicklung der Schleimündung. 1967
Kranz, M.: Das Naturschutzgebiet Öhe-Schleimünde, in: Jb. Angler HV 1954
Radtke, C.: Die Oldenburg an der Schleimündung, in: Offa 38, 1981
Kuhlmann, H. J.: Prof. Gadso Koopmans, ein polit. Flüchtling als Gutsbesitzer von Oehe, in: Jb. AHV 1953
Franzen, H. G.: Chronik Oehe-Maasholm. 1974
Neubaur u. Jaeckel: Die Schlei u. ihre Fischwirtschaft, in: SchrNatwV XXI, 2–3
Die Kleine Hochsee- und Küstenfischerei Schleswig-Holsteins im Jahre 1982, in: Das Fischereiblatt 2–7–1983
Thomsen, G.: Aus der Geschichte der Stadt Arnis, in: Jb. AHV 1937
Scharf: Beschreibung u. Geschichte von Arnis. 1938
Luth, W.: Arnis, kleine Stadt mit großer Vergangenheit. 1977
Dehncke, F. W.: Kappeln an der Schlei. 1984

Nr. 10 Ökologie Schlei

Landesamt für Wasserhaushalt u. Küsten SH (Hg.): Die Schlei. Bericht über die Untersuchung des Zustandes und der Benutzung. 1978
Kieler Meeresforschungen, Bd. XXVI, Heft 2, 1970 (mehrere Aufsätze über den ökologischen Zustand der Schlei)

Nr. 11–12 Danewerk – Haithabu

Scheel, O. u. Paulsen, P.: Quellen z. Frage Schleswig-Haithabu. 1930
Frahm, E.: Die Bedeutung des Danewerks für die Entstehung d. Herzogtums Schleswig, in: NE 1930/31
ders.: Der Transitverkehr Schleswig – Hollingstedt, in: ZSHG 1931
Jankuhn, H.: Haithabu, ein Handelsplatz der Wikingerzeit. 7/1980
ders.: Wehranlagen der Wikingerzeit zwischen Schlei und Treene. 1937
ders.: Denkmäler der Vorzeit zwischen Nord- und Ostsee. 1957
ders.: Der fränkisch-friesische Handel zur Ostsee im frühen Mittelalter, in: Vjschr. f. Soz.- u. Wirtsch.Gesch. 1953
Aner, E.: Zur Schwedenherrschaft in Haithabu, in: ZSHG 1962
Andersen, H.; Madsen, H. J.; Voss, O.: Danevirke, 2 Bde., Kopenhagen 1976
Kulturdenkmal Danewerk. Archäologisch-Landschaftspflegerische Fachplanung, hg. v. Kreis Schleswig-Flensburg. 1981
Andersen, H.: Jyllands vold. Wormianum 1977
Jankuhn, H.: Haithabu und Danewerk. Wegweiser durch das SH Landesmuseum für Vor- und Frühgeschichte. Neue Aufl. 1979
Schietzel, K.: Stand d. archäolog. Forschung in Haithabu. Ergebnisse u. Probleme. 1981
Crumlin-Pedersen, O.: Das Haithabu-Schiff. 1969

Nr. 13–14 Schleswig und Gottorf

Jankuhn, H.: Zur Lage von Sliesthorp und Sliaswich, in: Abh. Gött. Akad. d. W. Phil.-histor. Kl. 1963
Schneider, I.: Stadtgeographie von Schleswig. 1934. Reprint 1981
Hansen, R. u. Jessen, W.: Geschichte des Bistums Schleswig. 1904
Koppe, W.: Schleswig u. die Schleswiger. Festschr. f. Fritz Rörig. 1953
Windmann, H.: Schleswig als Territorium. QuF 30, 1954
Sach, A.: Das Herzogtum Schleswig in seiner ethnographischen u. nationalen Entwicklung. 1896–1907
Beiträge zur Schleswiger Stadtgeschichte. 1956 ff.

Ellger, D.: Der Dom zu Schleswig. 1978

Radtke, C. u. Körber, W. (Hg.): 850 Jahre St. Petri-Dom zu Schleswig. 1984

Appuhn, H.: Der Bordesholmer Altar und die anderen Werke von Hans Brüggemann. 1983

Kähler, I.: Der Bordesholmer Altar – Zeichen in einer Krise. 1981

Philippsen, H. u. Petersen, E.: Der Holm und die Holmer. 1935

Müller, W. J.: Das St. Johanniskloster vor Schleswig. 2/1977

Pauls, V.: Das Klosterrecht der Schl.-Holst. Ritterschaft, in: ZSHG 73, 1949

Schlee, E.: Die Stadt Schleswig in alten Ansichten. 1960

Unverhau, S.: Das Schleswig-Bild von Georg Braun u. Franz Hogenberg. Bemerkungen z. Kartographie der Schleswiger Landenge, in: Beitr. z. Schleswiger Stadtgesch. 24, 1979

Christiansen, Th.: Schleswig 1836–1945. 1981

Vogel, V. (Hg.): Ausgrabungen in Schleswig I, 1983

Hoffmann, E.: Beiträge z. Geschichte der Stadt Schleswig im 12./13. Jh., in: ZSHG 105, 1980

Schlee, E.: Das schl.-holst. Landesmuseum. 1963

ders.: Das Schloß Gottorf in Schleswig. 2/1979

ders.: Gottorfer Kultur im Jh. der Universitätsgründung. 1965

Kiecksee, E. M.: Die Handelspolitik der Gottorfer Herzöge im 17. Jh. 1952

Pries, R.: Das Geheime Regierungs-Conseil in Holstein-Gottorf. QuF 32, 1955

Nr. 15 Damp

Kock, Chr.: Volks- u. Landeskunde d. Landschaft Schwansen. 1912. Reprint 1975

Degn, C.: Die Grundbesitzverhältnisse der Landschaft Schwansen im Verlauf der letzten 500 Jahre, in: Geogr. Rundschau 1949

Bonsen, U.: Die Entwicklung des Siedlungsbildes u. d. Agrarstruktur der Landschaft Schwansen vom Mittelalter bis zur Gegenwart. SGIK 1966

Pinn, W.: Die Gemeinde Damp, Landschaft u. Geschichte, in: Jb. d. Heimatgemeinschaft Kr. Eckernförde 1967

Schlüter, H.: Anmerkungen z. Aufhebung d. Leibeigenschaft auf dem Gute Damp, in: Jb. Heimatg.Eckf. 1983

Nr. 16 Eckernförde

Jessen, W. u. Kock, C.: Heimatbuch d. Kreises Eckernförde. 3/1967

Rosenbohm, R.: Die Gründung von Eckernförde, in: Jb. Heimatg. Eckernförde 1964

Harck, O.: Stadtkernforschung in Eckernförde, in: Offa 37, 1980

800 Jahre Kirche zu Borby. 1954

Die Kunstdenkmäler d. Kreises Eckernförde. 1950

Fontenay v. Wobeser, H.: Eckernfördes Blütezeit und die Familie Otte. 1920

Nernheim, K.: Der Eckernförder Wirtschaftsraum. SGIK 17,2, 1958

Nr. 17 Ostseesteilküste

Petersen, M.: Abbruch und Schutz der Steilufer an der Ostseeküste. In: Die Küste 1, H. 2, 1952

Nr. 18 Duvenstedter Berge

Gripp, K.: Über die äußerste Grenze der letzten Vereisung in Nordwest-Deutschland, in: Mitt.Geogr.Ges. Hamburg 36, 1924

ders.: Glaziologische u. geologische Ergebnisse der Hamburgischen Spitzbergen-Expedition 1927, in: Abh. Natwiss. Verein Hamburg 22, 1929

ders.: Die Entstehung der Landschaft Ost-Schleswigs vom Dänischen Wohld bis Alsen, in: Meyniana 2, 1954

ders.: Die Entstehung der Landschaft des Kreises Eckernförde, in: JbHE, 1954

ders.: Erdgeschichte von Schleswig-Holstein, 1964

Eggers, W.: Die Oberflächenformen der jungeiszeitlichen Landschaft im südlichen Schleswig und nördlichen Holstein, VSHUG 42, 1934

Nr. 19–20 Kiel

Tapfer, E.: Meeresgeschichte der Kieler und Lübecker Bucht im Postglazial. 1940

Hädicke, E.: Kiel, eine stadtgeographische Untersuchung, in: Mitt. Ges. f. Kieler Stadtgesch. 36, 1931

Stewig, R.: Kiel. 1970

Seebach, C. H.: Das Kieler Schloß. 1965

Eckardt, J. H.: Alt-Kiel in Wort und Bild. 1897

Schlee, E.: Kulturgeschichtl. Bilderbuch vom Alten Kiel. 1977

Klose, O. u. Sedlmaier: Alt-Kiel und die Kieler Landschaft. 3/1979

Sievert, H.: Kiel einst und jetzt. 4/1975

Kaufmann, G.: Das alte Kiel. 1975

Talanow, J.: Kiel – so wie es war. 1976 ff.

Jordan, K.: Christian-Albrechts-Universität Kiel. 1965

Hubatsch, W.: Die erste deutsche Flotte 1848–53. 1982

Bock, B.: Kiel – die Geschichte seines Hafens. 1969

Haas, H.: Bestrebungen u. Maßnahmen zur Förderung des Kieler Handels (1242–1914). 1922

Zottmann, A.: Kiel, die wirtschaftl. Entwicklung der Stadt von der Mitte des 19. Jh. bis zur Gegenwart. 1947

Wenzel, R.: Bevölkerung, Wirtschaft und Politik im kaiserlichen Kiel zwischen 1870 und 1914. 1978

Jensen, J.: Kiel im Kaiserreich 1871–1918. 2/1982

ders.: Seestadt Kiel. 2/1978

Dähnhardt, D.: Revolution in Kiel. 1978

Bürger bauen eine neue Stadt. 1955

Voigt, H.: Die Veränderungen der Großstadt Kiel durch den Luftkrieg. SGIK 13,2, 1950

125 Jahre Howaldtswerke. 1963

Radunz, K.: Kieler Werften im Wandel der Zeiten, in: Mitt. Kieler Ges. f. Stadtgeschichte 48, 1957

Jensen, J. u. Rickers, K. (Hg.): Andreas Gayk und seine Zeit 1893–1954. Ebda. 61, 1974

Grieser, H.: Reichsbesitz, Entmilitarisierung und Friedensindustrie in Kiel nach dem Zweiten Weltkrieg. 1979

Asmus, R. u. Maletzke, E.: Das Haus an der Förde. 25 Jahre Schleswig-Holsteinischer Landtag, 1947–1972. 1972

Nr. 21, 25, 58: Nord-Ostsee-Kanal

Degn, C.: Der Schleswig-Holsteinische Kanal – seine Voraussetzungen und seine Entstehung, in: Mitt. d. Canalvereins 1, 1980

Hansen, R.: Der Nord-Ostsee-Kanal-Plan Herzog Adolfs von Schleswig-Holstein-Gottorf aus dem Jahre 1571. Ebda 2, 1981

Bruyn, G.: Aufforderung an meine Mitbürger zur Theilnahme an dem Canalhandel. 1785

Zur Geschichte des Schleswig-Holsteinischen Kanals. Festgabe der Stadt Rendsburg. 1884

Stolz, G.: Der alte Eiderkanal/Schleswig-Holsteinischer Kanal. 1983

Dahlström, H.: Der Nord-Ostsee-Kanal. 1879

Becker, O.: Bismarcks Kampf für den Nord-Ostsee-Kanal, in: Histor. Zeitschr. 167, 1943

Beseke, C.: Der Nordostsee-Kanal. 1893, Reprint 1983

Jensen, W.: Der Nord-Ostsee-Kanal. 1970

Nr. 22–23 Segelsport

Jensen, J. u. Jürgens, R.: Kiel im ersten Jahrhundert der Kieler Woche. 1982

100 Jahre Kieler Woche. Journal, hg. v. Presseamt der Landeshauptstadt Kiel. 1982

Olympia der Segler, hg. v. Magistrat der Stadt Kiel. 1972

Hansen, H. J. (Hg.): Windjammerparade. 1972

Windjammer Kiel 1980. Hg. im Auftrag der Landeshauptstadt Kiel u. in Zusammenarbeit mit The Sail Training Association. 1980

Schäuffelen, O.: Die letzten großen Segelschiffe. 1969

Meyer-Döhner, K.: 75 Jahre KYC. 1962

Grube, F. u. Richter, G. (Hg.): Das große Buch der Gorch Fock, 1981

Nr. 24 Museumsdorf

Kamphausen, A.: Schleswig-Holsteinisches Freilichtmuseum. 3/1980
ders.: Häuser, die Heimat waren. 1982
Aus dem Schleswig-Holsteinischen Freilichtmuseum (Zeitschrift, seit 1963 jährlich 1 Heft)
Lehmann, O.: Das Bauernhaus in Schleswig-Holstein. 1927
Wolf, G.: Das deutsche Bauernhaus, Bd. 1, Schleswig-Holstein 1938
Thiede, K.: Bauernhäuser in SH. 4/1976

Nr. 25 SH Kanal bei Kluvensiek

s. Nr. 21

Nr. 26 Rendsburg

Pieplow, J.: Von Jütland an die Elbe. Reiseskizzen entlang alter Heer- und Ochsenwege. 1983
Kleen, R. u. v. Hedemann-Heespen: Heimatbuch d. Kreises Rendsburg 1922, Reprint 1982
Ramm, H.: Die Anfänge Rendsburgs, in: Heimatk. Jb. Kr. Rendsburg 1959
Müller, K.: Rendsburg, Wachstum und Wandlungen. 1961
Schröder, F.: Rendsburg als Festung. QuF 22, 1939
Grisan, N.: Wirtschaftsprobleme des Industriestandortes und Verkehrs- knotenpunktes Rendsburg. 1947

Nr. 27 Emkendorf

Saeftel, F.: Emkendorf 1190–1790. 1978
Schmidt, H./Lühning, F.: Drei Schlösser am Westensee. 3/1984
Mißfeldt, F.: Schloß Emkendorf, in: NE 23/24, 1955/56
Müller, W. J.: Emkendorf u. seine Bildersammlung. Adelskultur des spä- ten 18. Jh. im Spiegel ihrer Bildwelt, in: Staatsdienst u. Menschlich- keit, hg. v. C. Degn u. D. Lohmeier. 1980
Brandt, O.: Geistesleben u. Politik in Schl.-Holstein um die Wende des 18. Jh. 1925
Degn, C.: Die Schimmelmanns im Atlantischen Dreieckshandel. Ge- winn und Gewissen. 2/1984

Nr. 28 Bordesholm

650 Jahre Bordesholm. Festschrift. 1977
Völkel, E.: Kloster u. Kirche der Augustiner Chorherren, Bordesholm. 2/1960
Erichsen, J.: Zur Geschichte der Besitzungen des Klosters Bordesholm, in: ZSHG 30, 1899
Kühl, G.: Die Bordesholmer Marienklage, in: Jb. d. Vereins f. nieder- deutsche Sprachforschung, 1898
Rodenberg, C. u. Pauls, V.: Die Anfänge der Christian-Albrechts-Uni- versität Kiel. QuF 31, 1955
Hanssen, J.: Das Amt Bordesholm. 1842
Grünewald-Paulsen: Die früheren Ämter Bordesholm, Kiel u. Cronsha- gen. 1955

Nr. 29 Wildenhorst

Degn, C.: Parzellierungslandschaften in SH, in: Beiträge z. Landeskunde von SH, hg. v. C. Schott, 1953
ders.: Arrondieren oder kollektivieren? Wandlungen d. Agrarstruktur. 1962
Boyens, W.: Die Gesch. d. ländl. Siedlung, 2 Bde., 1959/60
Trittel, G.: Die Bodenreform in der Brit. Zone 1945–49, 1975
Volquardsen, J. V.: Zur Agrarreform in SH nach 1945, in: ZSHG 102/103, 1977/78

Nr. 30 Wahlstorf

Heimatbuch d. Kreises Plön, hg. v. O. Kock u. H. Pöhls. 1953
Das Kreis-Plön-Buch, hg. v. I. Engling. 1982
Leister, I.: Rittersitz u. adliges Gut in Holstein u. Schleswig. SGIK 14,2, 1952

Rantzau, H.: Antwort eines alten Patrioten auf die Anfrage eines jungen Patrioten, wie der Bauernstand und die Wirtschaft der adligen Güter in Holstein zu verbessern sey. 1766
Klüver, W.: Ascheberg, ein holsteinisches Guts- und Ortsbild. 1952
Degn, C.: Die Bauernbefreiung in Schleswig-Holstein – (k)ein Vorbild für Preußen, in: Landwirtschaftl. Berufsschule 1968
ders.: Die Stellungnahmen schleswig-holsteinischer Gutsbesitzer zur Bauernbefreiung, in: Staatsdienst und Menschlichkeit, hg. v. C. Degn u. D. Lohmeier. 1980
Prange, W.: Die Anfänge der großen Agrarreformen in Schleswig-Hol- stein bis um 1771. QuF 60, 1971

Nr. 31–32 Teichwirtschaft u. Binnenfischerei; Lebrader Teich

Rust, G.: Die Teichwirtschaft SHs. SGIK, XV, 4, 1956
Seehase, H.: Die Fischerei in SH, in: Sprache und Volkstum IV, 1935
Christiansen, H.: Unberührte Natur. Naturkundlich bemerkenswerte Gebiete Schleswig-Holsteins. 1966
Verband der Binnenfischer und Teichwirte in SH: Jahresbericht 1982

Nr. 33 Bosau

Helmold von Bosau: Slawenchronik, lat. u. deutsch. Neu übertragen u. erläutert von Stoob, H. 4/1983
Hinz, H. u. a.: Bosau. Untersuchung einer Siedlungskammer in Osthol- stein. I–IV. 1974–80
800 Jahre Bosau. 1952
Wulff, G.: 800 Jahre Vicelin-Kirchen. 1952
Habich, J. u. Hartenstein, M.: Die Kirche zu Bosau am Plöner See. o. J.
Piening, J.: Bosau, Eine Kirchspielchronik. 1905

Nr. 34 Plön

Kinder, J. C.: Urkundenbuch z. Chronik der Stadt Plön. Reprint 1977
Klüver, W.: Plön. Grundzüge u. Hauptdaten der Stadtgeschichte. 1954
Schulze, T. u. Stolz, G.: Die Herzogszeit in Plön 1564–1761. 1983
Schulze, F.: Geschichte des Plöner Schlosses. 1957
Engling, J. (Hg.): Das Kreis-Plön-Buch. 1982

Nr. 35 Eutin

Prange, W.: Die 300 Hufen des Bischofs von Lübeck, in: Kieler Histor. Studien 16, 1972
ders.: Sechs Urkunden z. älteren Geschichte Eutins. 1982
Röpke, A.: Das Eutiner Kollegiatsstift im Mittelalter 1309–1535. 1978
Rudloff, D.: Schloß Eutin. 1977
Hirschfeld, C. C. L.: Theorie der Gartenkunst. Leipzig 1775. Neudruck mit Einleitung u. Kommentar von W. Kehn. 1979
Schubert-Riese, B.: Das literarische Leben in Eutin im 18. Jh. 1975
Peters, G.: Geschichte von Eutin. 2/1971
Hamann, P.: Herzog Peter Friedrich Wilhelm, in: Jb. d. Kreises Plön 1980
Prüß, E. G.: Das war Eutin. 1980
Stokes, L. D.: Kleinstadt und Nationalsozialismus. Ausgewählte Doku- mente zur Geschichte von Eutin 1918–1945. QuF 82, 1984

Nr. 36 Segeberg

Gripp, K.: Neues über den Gipsberg und die Höhle zu Segeberg. 1963
Teichmüller, R.: Das Oberflächenbild des Salzdoms von Segeberg, in: ZDtGeolGes. 1948
Regge, I. u. a.: Der Segeberger Kalkberg und seine Höhlen. 1962
Jordan, K.: Die Anfänge des Stiftes Segeberg, in: ZSHG 74/75, 1951
Siemonsen, K.: Das ehemalige Augustiner Chorherrenstift zu Segeberg, in: Heimatk. Jb. d. Krs. Segeberg 1960
Kamphausen, A.: Gebaute Kleinodien: Segeberg, Altenkrempe, Cismar. 1952
Ellger, D.: St. Marien zu Segeberg. 1977
Stender, F.: Die Segeberger Altstadt im Wandel, in: Segeberger Jb. 1979
Tschentscher, H. u. a.: Die Stadt Bad Segeberg. 1982

Nr. 37–38 Oldenburg und Heiligenhafen

Struve, K.: Die Burgen in Schleswig-Holstein, Bd. 1: Die slawischen Burgen. 1981

Gabriel, J.: Starigard/Oldenburg, eine frühgeschichtliche Metropole in Wagrien. 1984

Rothert, H. F.: Die Anfänge der Städte Oldenburg, Neustadt und Heiligenhafen. QuF 59, 1956

Böttger, F.: Heimatkunde des Kreises Oldenburg. 1950

Seltmann, P.: Die Flurbereinigung der Stadt Oldenburg, in: Jb. Kreis Oldenburg 1957

Seifert, G.: Die postglaziale Geschichte der Warder und der Eichholzniederung bei Heiligenhafen. Meyniana 4, 1955

Köster, R.: Die Morphologie der Strandwall-Landschaften und die erdgeschichtliche Entwicklung der Küsten Ostwagriens und Fehmarns. Meyniana 4, 1955

Magens, C.: Küstenforschungen im Raum Fehmarn – Nordwagrien, in: Die Küste 1957

Böttger und Bierbaum: 650 Jahre Stadt, 700 Jahre Kirche Heiligenhafen. 1955

Nr. 39–40 Fehmarn – Vogelfluglinie

Schlichting, E. u. Söchting, H.: Die Böden der Insel Fehmarn, in: SchrNatwV Bd. 26, 1952

Laur, W.: Der Inselname Fehmarn, in: JbKrOldenburg 1964

Düring, K.: Das Siedlungsbild der Insel Fehmarn. Forsch. z. dt. Landes- und Volkskunde Bd. 32, 1. 1937

Rauers, F.: Die Vetterschaften auf Fehmarn, in: ZSHG 82, 1958

Kannenberg, E. G.: Die Entwicklung der Häfen der Insel Fehmarn bis zu ihrem neuzeitlichen Ausbau im 19. Jh., in: JbKrOldenburg 1960

Seebacher, H.: Die Eisenbahnpolitik Lübecks im Nordd. Bund und Deutschen Reich 1865–1937. 1972

Die Vogelfluglinie, hg. v. Bundesminister für Verkehr. 1963

Koch, M.: Die Vogelfluglinie, hg. v. d. Industrie- und Handelskammer zu Lübeck. 1979

Grube, F. u. Richter, G.: Fehmarn, die grüne Ferieninsel. 1979

Nr. 41 Neustadt

Rothert, H. F.: (s. Nr. 37)

Pieske, C.: Stadtgeographie von Neustadt. 1953

Koch, J. H.: Bilderbuch Neustadt in Holstein. 1974

ders.: Das neue Neustadt-Buch. 1980

Nr. 42 Timmendorfer Strand

Gemeinde Timmendorfer Strand (Hg.): Chronik der Bädergemeinde Timmendorfer Strand. 2/1979

Gripp, K.: Die Entstehung der Lübecker Bucht und des Brodtener Ufers, in: Die Küste 1, H. 2. 1952

Kiecksee, H.: Die Ostsee-Sturmflut 1872. 1972

Nr. 43–45 Lübeck

Rörig, F.: Heinrich der Löwe und die Gründung Lübecks, in: Dt. Archiv f. Gesch. d. Mittelalters, 1937

ders.: Die geistigen Grundlagen der hansischen Vormachtstellung, in: Histor. Zeitschr. 1929

Lübeck 1226. Reichsfreiheit und frühe Stadt. Hg. v. O. Ahlers u. a. 1976

Aubin, G.: Lübeck und München. 1925

Krüger, E. G.: Die Bevölkerungsverschiebung aus den altdeutschen Städten über Lübeck in die Städte des Ostseegebiets, in: ZVLübGeschAltert. 1934

Johannsen, P.: Umrisse und Aufgaben der hansischen Siedlungsgeschichte u. Kartographie, in: Hans.GeschBl 1955

Lübecks Mittelalter, Festschr. z. 800jährigen Bestehen, in: ZVLübGeschAltert. 1958

Klöcking, J.: 800 Jahre Lübeck. 1950

Endres, F. (Hg.): Geschichte der Freien und Hansestadt Lübeck. 1926

Neckels, C. u. Neugebauer, W.: Lübeck, Königin der Hanse. 1964

Schönherr, H.: Die Hansestadt Lübeck zwischen 1942 und 1962, Wiederaufbau aus dem Chaos. 1962

Zieldiskussion und alternative Modelle zur Sanierung der Lübecker Innenstadt, hg. v. Senat d. Hansestadt Lübeck. 1973

Possehl, E.: Über die Notwendigkeit und den Nutzen des Elbe-Trave-Kanals für Lübeck. 1892

Rehder, P.: Die bauliche u. wirtschaftliche Ausgestaltung der Lüb. Hauptschiffahrtsstraßen. 1905

Hammermann, E.: Der Elbe-Trave-Kanal. 1914

Schmidt, H.: Die Industrialisierung Lübecks. Diss. Kiel 1922

50 Jahre Elbe-Lübeck-Kanal, in: Lübeckische Blätter 1950

Metallhüttenwerke Lübeck 1905–1955. Fünfzig Jahre Hüttenarbeit an der Trave. 1955

Kreutzfeldt, B.: Der Lübecker Industrie-Verein 1889–1914. 1969

600 Jahre Selbstverwaltung der Wirtschaft in Lübeck. Festschrift d. Industrie- u. Handelskammer Lübeck. 1978

Arndt, H. J.: Strukturen d. Lübecker Wirtschaft in Geschichte u. Gegenwart, in: Mitt.Geogr.Ges. Lübeck 1982

Rühsen, H. W.: Elemente der Citybildung in Lübeck. Ebda.

Martin, P. K.: Hansestadt Lübeck. Stadt- u. Wirtschaftsporträt. 1977

Der Wirtschaftsraum Lübeck als „Notleidendes Grenzlandgebiet" an der Zonengrenze, hg. v. d. Industrie- u. Handelskammer Lübeck, 1955

Kannenberg, E. G.: Der Priwall. Ein Beitrag zur Entwicklungsgeschichte der Travemündung im Postglazial, in: Beitr. z. Landeskunde SHs, hg. v. C. Schott, 1953

Schurig, W.: Die untere Trave u. Lübecks Seeschiffahrtsweg durch die Plate in ausgewählten Kartenausschnitten, in: Mitt.Geogr.Ges. Lübeck 1982

Stier, W.: Travemünde. 1967

Fuchs, H. u. Wohlfahrt, H. J.: Travemünde. 1976

Nr. 46 Ratzeburg

Kamphausen, A.: Der Ratzeburger Dom. 1978

Gross, H. D.: Dom und Domhof Ratzeburg. 1983

Nissen, N. R.: Ratzeburg, Mölln, Lauenburg, in: Lauenburgische Heimat, Heft 5, 1954

Nr. 48 Mölln

Nissen, N. R.: Mölln – Festung an der Salzstraße. 1961

Harms, H. u. Wohlfahrt, H. J.: Die Alte Salzstraße im Wandel der Zeit. 2/1984

Heinecken, H.: Der Salzhandel Lüneburgs mit Lübeck bis zum Anfang des 15. Jh. 1908

Düker, A.: Lübecks Territorialpolitik im Mittelalter. 1932

Schulze, E.: Das Herzogtum Sachsen-Lauenburg und die lübische Territorialpolitik. 1957

Zimmermann, H.: Mölln. Ein geschichtlicher Überblick. 1977

Nr. 49 Kogel

Kob, R.: Aufbau und Leistung eines sh Großbetriebes – Gut Kogel, Schriftenreihe der Ldw. Fakultät der Univ. Kiel, 1954

Nr. 50 Güster

Pieles, N.: Diluvialgeologische Untersuchungen im Gebiet des Möllner Sanders, in: Meyniana 6, 1958

Nr. 51–53 Lauenburg und Sachsenwald

Kersten, K.: Vorgeschichte des Kreises Herzogtum Lauenburg. 1951

Prange, W.: Siedlungsgeschichte des Landes Lauenburg im Mittelalter. QuF 41, 1960

Budesheim, W.: Die Entwicklung der Mittelalterlichen Kulturlandschaft des heutigen Kreises Herzogtum Lauenburg. 1984

Kaack, H. G. u. Wurms, H.: Slawen und Deutsche im Lande Lauenburg. 1983

Kamphausen, A.: Herzogtum Lauenburg. 1959

Festbuch zur 700-Jahr-Feier der Stadt Lauenburg. 1960

Saal, A. (Hg.): Lauenburg an der Elbe, Stadt und Landschaft. 1925

Jordan, K.: Die Stadt Lauenburg im Wandel der Geschichte, in: Lauenburgische Heimat 1961

Nissen, N. R.: Kleine Geschichte des Stecknitzkanals, in: Die Heimat 1955
ders.: Neue Forschungsergebnisse zur Geschichte der Schiffahrt auf der Elbe und dem Stecknitzkanal. 1966
Schmieder, O.: Die Forstwirtschaft in SH, in: JSH, Jg. 3. 1955
Hennig, R.: Der Sachsenwald, 1982

Nr. 54 Geest bei Wittbek

Hannesen, H.: Die Agrarlandschaft der sh Geest. SGIK XVII, 3, 1959
Mager, F.: Die Entwicklung der Kulturlandschaft des Hzt. Schleswig. 1937

Nr. 55 Treene

Gerdes, A.: Die Treene in Vergangenheit, Gegenwart und Zukunft, in: Jb. schlesw. Geest 1972
Heym, F.: Die Treene, der Strom der schleswiger Geest, in: Jb. schlesw. Geest 1963
Horstmann, H.: Pflanzen und Pflanzengesellschaften in der Treene, in: Die Heimat 1955

Nr. 56 Meggerdorf – Meggerkoog

Fischer, O.: Landgewinnung und Landerhaltung in SH, Bd. 4, Stapelholm und Eiderniederung. 1958
Jessen, W.: Chronik der Landschaft Stapelholm, 1950

Nr. 57 Eiderniederung

Bielfeldt, C. (Hg.): Das Unternehmen Landentwicklung Programm Nord/Eiderraum. Materialsammlung der Agrarsoz.Ges. Nr. 62, 1967

Nr. 58 Nord-Ostsee-Kanal

Kothé, P. u. Sindern J.: Die Verbreitung des Zoo-Benthos im Nord-Ostsee-Kanal u. ihre Abhängigkeit vom Salzgehalt. Dt.Gewässerkdl.Mitt. 1972, S. 159–163 u. 1973, S. 21–26
Weitere Literatur siehe Nr. 21

Nr. 59 Boxberg

Reimer, G.: Die Geschichte des Aukruges, 2/1959
Schott, C.: Das Heideproblem in SH, aus: Tagungsber. des Dt. Geographentages, Frankfurt/M. 1951
Picard, K.: Das Werden der Landschaft Westholsteins während der Saaleeiszeit. Geol.Jb. 76, 1959
Stremme, H. E.: Bodentypen und Bodenarten in SH. 1955
Hannesen, H.: Die Agrarlandschaft der sh Geest. SGIK XVII, 3, 1959

Nr. 60 Großes Dätgener Moor

Schütrumpf, R.: Die Moore SHs, 1956
Göttlich, K. (Hg.): Moor- und Torfkunde. 1980

Nr. 61 Neumünster

Keunecke, H.: Neumünster; Struktur und wirtschaftliche Zukunftsprobleme einer mittleren Industriestadt. 1947
Blunck, W.: Die Entwicklung der Industrie in Neumünster. QuF 13, 1928
Achterberg, E.: Geschichte der Stadt Neumünster. 1968
Busche, E.: Flecken und Kirchspiel Neumünster. Ein Beitrag zur Sozial-, Wirtschafts- und Verwaltungsgeschichte Mittelholsteins bis zur Mitte des 18. Jhdts. 1968
Stadt Neumünster (Hg.): Neumünster 100 Jahre Stadt, 1870–1970. 1970

Nr. 62 Trappenkamp

Piening, A.: Chronik von Bornhöved. 1953
Wiebe, D.: Industrieansiedlungen in ländlichen Gebieten, dargestellt am Beispiel der Gemeinden Wahlstedt und Trappenkamp. 1958

Der Kreis Segeberg. Probleme der Raumordnung, in: Schriftenreihe der Kreisverwaltung H. 2, 1963
Demonstrativprogramm Trappenkamp. Abschlußbericht, in: Mitteilungsblatt d. Arbeitsgemeinschaft für zeitgemäßes Bauen e. V. Kiel, Heft 3–4. 1968
Bechert, C. D.: Chronik der Gemeinde Trappenkamp. 1976

Nr. 63 Halstenbek

Brüggemann, G.: Die holsteinische Baumschulenlandschaft. SGIK 14,4, 1953
Haarmann, W.: Die Hamburg-Rand-Planung aus der Sicht der schleswig-holsteinischen Kreise. 1968

Nr. 64 Lägerdorf

Wolff, W.: Erläuterungen zur geologischen Karte der östl. Umgebung von Itzehoe. 1919
Alsen-Breitenburg, Zement- und Kalkwerke. Ein Unternehmen stellt sich vor. 1973
Wentorp, R.: Lägerdorfer Chronik. 1976

Nr. 65–93 SH Westküste (Allgemein)

Landesamt für Wasserwirtschaft SH: Generalplan Deichverstärkung, Deichverkürzung und Küstenschutz. 1963, Fortschreibung 1978
Landesamt für Wasserwirtschaft SH: Die Sturmflut vom 16./17. Februar 1962 an der sh Westküste, in: Die Küste 10, 1 1962
Eckermann, C. H.: Die Eindeichungen zwischen Husum und Hoyer, in: ZSHG 21, 1891
ders.: Die Eindeichungen südlich Husum. Ebda. 23, 1893
Abrahamse, J. u. a.: Wattenmeer. Deutsche Übers. von U. Muuß. 3/1980
Stadelmann, R.: Meer – Deiche – Land. 1981
Reineck, H. E. (Hg.): Das Watt. Frankfurt/M. 1970
Lorenzen, J. M.: Entwicklung und Aufgaben der Selbstverwaltung im Deich- und Wasserwesen der Marschen SHs. 2. Denkschrift des Marschenverbandes SH, 1932
Reineck, H. E.: Die Watten der deutschen Nordseeküste, in: Die Küste 32, 1978
Rohde, H.: Sturmfluten und säkularer Wasserstandsanstieg an der deutschen Nordseeküste, in: Die Küste 30, 1977
Higelke, B.: Morphodynamik und Materialbilanz im Küstenvorfeld zwischen Hever und Elbe. 1978
Dittmer, E.: Die nacheiszeitliche Entwicklung der schleswig-holsteinischen Westküste, in: Meyniana I, 1952
König, D.: Deutung von Luftbildern des schleswig-holsteinischen Wattenmeeres, in: Die Küste 22, 1972
Leistner, W.: Das Klima der Westküste SHs und seine biologische Bedeutung, in: Ars Medici, 1970

Nr. 65–81 Nordfriesland (Allgemein)

Peters, L. C. (Hg.): Heimatbuch Nordfriesland, 1927
Heimreich, A.: Nordfresische Chronik 1668, hg. von N. Falck 1819
Borchling, C. und Muuß, R.: Die Friesen. 1931
Christiansen, W.: Flora der nordfriesischen Inseln. 1961
Lorenzen, J. M.: Gedanken zur Generalplanung im nordfriesischen Wattenmeer, in: Die Küste 1956
Bantelmann, A.: Die Landschaftsentwicklung an der sh Westküste dargestellt am Beispiel Nordfriesland. 1967
Hansen, R.: Geschichte und Geographie Nordfrieslands im Mittelalter. In: ZSHG 24, 1894
Philipp, H. und Kamphausen, A.: Nordfriesland. Landschaft und Bauten von der Eider bis zur Wiedau. 1958
Prange, W.: Geologie des Holozäns in den Marschen des nordfriesischen Festlandes, in: Meyniana 17, 1967
Müller-Fischer: Wasserwesen, I, 1–2; II, 1–7; III, 1–2
Ostendorff, E.: Die Grund- und Bodenverhältnisse der Watten zwischen Sylt und Eiderstedt, in: Westküste 1943
Petersen, M.: Der Heverstrom. Schicksalsstrom Nordfrieslands, in: Nordfries. Jahrbuch 1978

Gripp, K. und Dittmer, E.: Die Entstehung Nordfrieslands, in: Die Naturwiss. H. 30, 1941
Delff, C.: Nordfriesland. Werden und Vergehen. NE, 1934
Hofmann, D.: Die Friesen, das Friesische und das Nordfriesische Wörterbuch, in: Nordfries. Jahrb. 15, 1979

Nr. 65–68 Nordfries. Festland

Andresen, L.: Bäuerliche und landesherrliche Leistung in der Landgewinnung im Amte Tondern bis 1630, in: Westküste 1940
Fröbe, A.: Die Erschließung des Gotteskooges, in: Ländliche Neuordnung in SH, hg. v. der Agrarsozialen Ges. 1960
Wohlenberg, E.: Die Versalzung im Gotteskoog nach biologischen und chemischen Untersuchungen, in: Die Küste 5, 1956
Muuß, U.: Wiederherstellung des Gotteskoogsees, in: SH, 1972
ders.: Die Gemarkungen Stedesand und Störtewerkerkoog in ihrer natur- und kulturgeographischen Bedingtheit. Diss. Hamburg 1950 (Masch.schr.)
Suhr, H.: Wasserwirtschaftliche Aufgaben im Programm Nord. Inst. f. Raumforschung. Inform. 1955
Programm Nord GmbH (Hg.): 25 Jahre Programm Nord. 1979
Petersen, C.: Das Bredstedter Werk, in: JbNfrV. 1925
Paulsen, N.: Sönke-Nissen-Koog 1924–74. 1974
Traulsen, H.: Landwirtschaftliches Bauen in Nordfriesland, in: Friesisches Jb. 1961
Dahlerus, B.: Der letzte Versuch. 1948

Nr. 69 Husum

Festschrift 350 Jahre Husum. 1953
Momsen, I. E.: Die Bevölkerung der Stadt Husum von 1769 bis 1860. Versuch einer historischen Sozialgeographie. SGIK 31, 1969
Riewerts, B. V.: Die Stadt Husum in Geschichte u. Gegenwart. 1969
ders.: Das Schloß vor Husum. 1972
v. Hielmcrone, U. u. a.: Husum. Bild u. Geschichte einer Stadt. 1974
ders.: Husum. Kleiner Führer durch die Stormstadt. 1978
Schulz, H. H.: Das Heimatbuch der Nordfriesen. 1957
Laage, K. E.: Theodor Storm, Leben u. Werk. 3/1983
ders.: Das Storm-Haus in Husum – ein Führer durch das Museum. 1980
Clasen, H.: Ludwig Nissen, die Person u. seine Stiftung, in: NE 1956

Nr. 70–73 Halligen und Wattenmeer

Petersen, M.: Die Halligen. Küstenschutz – Sanierung – Naturschutz. 1981
Möller, Th.: Die Welt der Halligen. 2/1931
Wohlenberg, E.: Die Halligen Nordfrieslands. 5/1984
Voigt, Th.: Die zehn Halligen. 16/1983
Müller, F.: Wasserwesen I: Die Halligen, 1917
Bantelmann, A.: Das nordfriesische Wattenmeer – eine Kulturlandschaft der Vergangenheit, in: Westküste 1939
Busch, A.: Die heutige Hallig Südfall und die letzten Spuren Rungholts, in: Die Heimat 1957
ders.: 50 Jahre Rungholtforschung, in: Die Heimat 1971
Muuß, R.: Rungholt. 1928
Küstenausschuß Nord- und Ostsee: Gutachtliche Stellungnahme zur Anpassung der Warfen auf den nordfriesischen Halligen an die heute möglichen Sturmfluthöhen. In: Die Küste 1957
Muuß, U.: Gröde und Habel – Zwei Halligen im nordfriesischen Wattenmeer, in: SH – Geograph. landeskdl. Exkursionsführer. 1969
Weigand, K. und Riecken, G.: Strukturwandel der nordfriesischen Halligen mit besonderer Berücksichtigung der Hallig Hooge, in: Schleswig-Holstein '77. Göttingen 1977
Der Minister f. Ern., Ldw. u. Forsten des Landes SH (Hg.): Gutachten zur geplanten Vordeichung der Nordstrander Bucht. 1981
Heydemann, B.: Ökologische Leitsätze zur Frage der Eindeichungen im Wattenmeer Nordwesteuropas, in: Nordfriesland 15, 1981
Taubert, A.: Wohin wandern die Außensände?, in: Nordfriesland 16, 1982

Nr. 74 Nordstrand

Quedens, G.: Nordstrand. 1980
Karff, F.: Nordstrand. 2/1972
Fischer, F. und Bantelmann, A.: Alt-Nordstrand um 1634, in: ZSHG 102/103, 1978
Hansen, K.: Pellworm. 7/1977

Nr. 75–77 Sylt, Föhr, Amrum

Hansen, M. u. N. (Hg.): Amrum. 1964
dies.: Sylt. 1967
dies.: Föhr. 1971
Koehn, H.: Sylt. 2/1960
Goebel, F.: Sylt. Vergangenheit, Gegenwart u. Zukunft einer Insel. 1960
Schmidt-Eppendorf, P.: Sylt, Memoiren einer Insel. 1977
am Zehnhoff, A.: Sylt, Amrum, Föhr usw. 1979
Spreckelsen, R.: Chronik der Norddörfer auf Sylt. 1981
Quedens, D.: Inseln der Seefahrer Sylt, Föhr, Amrum und die Halligen. 1982
Kardel, H.: Sylt in der deutschen Literatur. NE 27, 1959
Leistner, W. u. Tholund, J.: Das Buch von Föhr. 1981
Ligges, W. und Wohlenberg, E.: Die nordfriesischen Inseln. 1970
Danckwerth-Mejer: Neue Landesbeschreibung. 1652
Mager, F.: Der Abbruch der Insel Sylt durch die Nordsee. 1927
Gripp, K., Simon, W. und Becker, W.: Untersuchungen über den Aufbau und die Entstehung der Insel Sylt. Westküste 1940
Newig, J.: Die Entwicklung des Listlandes auf Sylt in den letzten drei Jahrhunderten – ein historisch-kartographischer Vergleich, in: Nordfries. Jahrb. 16, 1980
Lamprecht, H. O.: Uferveränderungen u. Küstenschutz auf Sylt, in: Die Küste 6, 1957
Gripp, K.: Ursachen u. Verminderung des Abbruchs der Insel Sylt, in: Die Küste 14, 1966
ders.: Wirksamer Küstenschutz auf Sylt, in: Nordfriesland 13/14, 1970
Führböter, A. u. a.: Sandbuhne vor Sylt zur Stranderhaltung, in: Die Küste 23, 1972
Vollbrecht, K.: Der Küstenrückgang an der Insel Sylt, in: Dt. Hydrogr. Zt. 26, 1973
Rüdeger, R. u. a.: Ein Verfahren zur quantitativen Erfassung von Sandwanderungsvorgängen bei Messungen mit radioaktiven Tracern vor Westerland, in: Die Küste 26, 1974
Deutsche Forschungsgemeinschaft: Sandbewegung im Küstenraum. Ein Abschlußbericht. 1979
Solger, F.: Dünenbuch. 1910
van Dieren, I. W.: Organogene Dünenbildung. 1934

Nr. 78 Helgoland

Pratje, O.: Geolog. Führer für Helgoland u. die umliegenden Meeresgründe. 1923
Hähnel, W.: Die Salzstrukturen des Untergrundes von Schleswig-Holstein zwischen Lübeck u. Helgoland, in: Mitt.Geogr.Ges. Lübeck 1982
Schulz, H.: Die Kupferverhüttung auf Helgoland im Mittelalter, in: Offa 38, 1981
Jacoby, G.: Helgoland bei Johannes Mejer und Adam von Bremen, in: Die Küste 1953
Brohm: Helgoland in Geschichte u. Sage. 1907
Krogmann, W.: Die heilige Insel. 1942
Siebs, B. E. u. Wohlenberg, E.: Helgoland und die Helgoländer. 1953
Schmidt-Thomé, P.: Helgoland vor und nach der Sprengung, in: Natur und Volk 81, 1951
Jackroß-Rickmers: Helgoland ruft. 1952
Fiedler, W.: Helgoland. 3/1981

Nr. 79–82 Eiderstedt

Fischer, O.: Wasserwesen III, 3. Eiderstedt. 1956
Bantelmann, A.: Tofting, eine vorgeschichtliche Warft an der Eidermündung. 1955

Geerkens, A.: Zur Frage der Entstehung, Erschließung und Besiedlung des alten Landes Eiderstedt, in: Jahrb. Nfr. V. 1925
Chronicon Eiderstadense vulgare oder die gemeine eiderstedtische Chronik, hg. v. J. Jasper 1923, Nachdruck 1977
Eiderstedter Heimatbuch. 1936
Festgabe zum Eiderstedter Heimatfest. 1927
375 Jahre Stadt Garding. 1965
Stadt Tönning 375 Jahre. 1965
Blick über Eiderstedt. Beiträge z. Geschichte, Kultur und Natur einer Landschaft. Bd. I 1976, II 1978
Scheby-Buch, O. L.: Nordseebad St. Peter-Ording. 1895. Reprint 1982
Klose, W. und Kloth, E.: St. Peter-Ording. 1981
Lorentzen, J. M.: Zur Lösung des Eiderproblems, in: Die Küste 1966
Rohde, H. und Tiemon, A.: Die Versandung der Eider, in: Die Wasserwirtschaft 1963
Cordes, F.: Eiderdamm – Natur und Technik. 1973

Nr. 83 Friedrichstadt

Schmidt, H.: Friedrichstadt, Vergangenheit u. Gegenwart. 4/1964
Erler, H.: Friedrichstadt, eine holländische Gründung. 3/1984
Hansen, H.: Friedrichstadt 1621–1971. 1971
ders.: Unsere Friedrichstädter Juden. 1971
Biernatzki, K. L.: Die lutherische Gemeinde in Friedrichstadt, in: Archiv f. Gesch. u. Statistik . . . Schl.-Holstein u. Lauenburg. 1847
Thomsen, P.: Die Quäkergemeinde in Friedrichstadt, in: Schl.-Holst. Kirchengeschichte II, 3, 1904/05
Hoenderdaal, G. J.: Geschichte u. Wesen der Remonstrantischen Brüderschaft, in: Festschr. d. Remonstrantisch-reformierten Gemeinde zu Friedrichstadt. 1968
Dollinger, R.: Geschichte der Mennoniten in Schl.-Holstein, Hamburg u. Lübeck, QuF 17, 1930
Schnoor, W. F.: Die rechtliche Organisation der religiösen Toleranz in Friedrichstadt 1621–1727. 1976

Nr. 84 Wesselburen; Dithmarschen allgemein

Neocorus: Chronik des Landes Dithmarschen, hg. v. Dahlmann. 1827
Chalybaeus, R.: Geschichte Dithmarschens bis 1559. 1888
Marten, G. u. Mäckelmann, K.: Dithmarschen. 1927
Kamphausen, A.: Dithmarschen, Land und Leistung, 1946
Jenssen, C. u. a.: Dithmarschen – Land an der Küste. 2/1980
Steinhäuser, M.: Der Adel in Dithmarschen, in: JbVdithmLK 1929
Stoob, H.: Die dithmarsischen Geschlechterverbände. Grundfragen der Siedlungs- u. Rechtsgeschichte in den Nordseemarschen. 1951
ders.: Geschichte Dithmarschens im Regentenzeitalter. 1959
Lammers, W.: Die Schlacht bei Hemmingstedt. QuF 28, 1953
Schwabe, G.: Die Frühgeschichte der Dithmarscher Geest im Spiegel ihrer Ortsnamen, in: Dithmarschen 1963
Hansen, R.: Peter Böckels Dithmarschen-Karte aus dem Jahre 1559 u. ihre Nachbildungen, in: Dithmarschen, N. F. 1966
Stolte, H.: Friedrich Hebbel – Leben und Werk. 1977

Nr. 85 Büsum

Voigt, W.: Büsum im Wandel der Zeiten. 1974
Winter, K.: Die Fischerei in Büsum. 1983

Nr. 86 Trischen

Dittmer, E.: Schichtenaufbau u. Entwicklungsgeschichte des Dithmarscher Alluviums, in: Westküste 1, 1938
Wrage, W.: Das Wattenmeer zwischen Trischen u. Friedrichskoog, in: Archiv d. Dt. Seewarte 48, 1930
Wohlenberg, E.: Entstehung u. Untergang der Insel Trischen, in: Mitt. Geogr. Ges. Hamburg 49, 1950
Meier, O. G.: Trischen, die wandernde Insel. 2/1962
ders.: Trischen nach der großen Flut, in: Dithmarschen 1963

Nr. 87 Hemmingstedt

Weber, H.: Salzstrukturen, Erdöl und Kreidebasis in SH. 1977

Deutsche Texaco AG (Hg.): Erdölwerke Holstein. o. J.
Deutsche Texaco AG: 125 Jahre Erdöl in Dithmarschen. 1981

Nr. 88 Brunsbüttel

Buchhofer, E.: Brunsbüttel, Unterelbe als Schwerpunkt der Landesplanung, in: Die Heimat 1976
Nissen, N. R.: Süderdithmarschen 1581–1970. 1970
Alberts, H.: Brunsbüttel. 1982
Lorenz, F. u. a.: Brunsbüttel – eine Stadt im Wandel. 1975
Schiffahrt und Häfen von Tondern bis Brunsbüttel. 1971

Nr. 89 Burg

Struve, K. W.: Die frühgeschichtlichen Burgen Dithmarschens, in: Dithmarschen NF 1972
Jankuhn, H.: Die Bökelnburg, in: ZSHG 79, 1955
Stoob, H.: Dithmarschens Kirchspiele im Mittelalter, in: ZSHG 77, 1953
Gaasch, K. H.: Die mittelalterliche Pfarrorganisation in Dithmarschen, Holstein u. Stormarn, in: ZSHG 77/78, 1953/54
(Vgl. auch unter Nr. 84!)

Nr. 90 Wilstermarsch

Haarnagel, W.: Die frühgeschichtl. Siedlungen in der schl.-holst. Elb- u. Störmarsch, insbes. der Siedlung Hodorf, in: Offa 2, 1937
Jensen, W.: Sächsische u. holländische Siedlungen in der Wilstermarsch, in: ZSHG 46, 1916
Culemann, G.: Das Denck-Mahl von den hohen Wasserfluthen. 1728
Fischer, O.: Das Wasserwesen an der schl.-holst. Nordseeküste III.6, 1957
Detlefsen, D.: Geschichte der holsteinischen Elbmarschen, 2 Bde., 1891/92, Reprint 1976
Bauch, J.: Die Flußmarschen Schleswig-Holsteins. Entwicklung einer Kulturlandschaft in Abhängigkeit von Boden und Wasser. 1951
Egge, O.: Die Bauernhöfe der Wilstermarsch mit den Familien ihrer Besitzer. 1983
Kürtz, J.: 700 Jahre Stadt Wilster. 1982

Nr. 91 Glückstadt

Detlefsen, D.: Geschichte der holstein. Elbmarschen, 2 Bde. 1891/92, Reprint 1976
ders.: Die städtische Entwicklung Glückstadts unter Christian IV., in: ZSHG 36, 1906
Asmussen, K. u. a.: Glückstadt im Wandel der Zeiten. 1963 ff.
Bruhn, W.: Glückstadt. 1977
Köhn, G.: Die Bevölkerung der Residenz, Festung und Exulantenstadt Glückstadt von der Gründung 1616 bis zum Endausbau 1652. QuF 65, 1974

Nr. 92–93 Elbsände – Süßwasserwatt

Fischer, O.: Wasserwesen III, 6 Elbmarschen. 1957
Min. f. Ernährung, Landw. u. Forsten des Landes SH (Hg.): Landschaftsrahmenplan Unterelbe – Hohes Elbufer. 1983
Caspers, H.: Limnologie des Elbeaestuars. Verhdl. d. Intern. Vereinigg. f. theor. u. angewandte Limnologie, Bd. 12, 1955
ders.: Biolog. Untersuchungen über die Lebensräume d. Unterelbe, in: Mitt. aus dem Geol. Staatsinst. in Hamburg, Heft 23, 1954
Kötter, F.: Die Pflanzengesellschaften im Tidegebiet der Unterelbe. ArchHydrobiol./Suppl. XXVI/I, 1961
Detlefsen, D.: Geschichte der holsteinischen Elbmarschen 2 Bde. 1891/1892. Reprint 1976

Nr. 94 Gartenbau Vierlande

Finder, E.: Die Vierlande. Die Entwicklung ihres Landschaftsbildes in Verbindung mit der Wirtschaft. 1938
Die Bau- und Kunstdenkmale der Freien und Hansestadt Hamburg, Bd. 1: Bergedorf. Vierlande, Marschlande, bearb. von R. Klée Gobert. 1953

Nr. 95 Geesthacht

Krause, M.: Die Staustufe Geesthacht, in: Die Wasserwirtschaft 46, 1956
Bagge, E.: Aufbau, Betrieb und Aufgaben des Forschungsreaktors Geesthacht. 1961
Stölting, W.: Geesthacht, Lebensbild einer Stadt. 1963
Zimmermann, H.: Geesthacht. 1979

Nr. 96 Ahrensburg

Rahlf, E. u. Ziese, E.: Geschichte Ahrensburgs. 1882
Knorr, M.: Arnesvelde, Stegen, Wohldorf. Geschichte u. Rekonstruktion dreier mittelalterlicher Burgen in Stormarn. 1981
Wulf, M.: Ein Ahrensburger Bauernkrieg im 18. Jahrhundert, in: Jb. Alsterverein 1941
Lühning, F. u. Schadendorff, H.: Schloß Ahrensburg. 1982
Schadendorff, H.: Die Woldenhorner Kirche in Ahrensburg. 1966
Pauli, G.: Gemälde im Schloß zu Ahrensburg, in: Zeitschr. f. Kunstgeschichte 1935
Schadendorff, H.: Schloß Ahrensburg und Dorf Woldenhorn, in: NE 12, 1936
ders.: Geschichte der Ahrensburger Gartenanlagen, in: Jb. Alsterverein 1933/34
Degn, C.: Die Schimmelmanns im Atlantischen Dreieckshandel. Gewinn und Gewissen. 2/1984

Nr. 97–101 Hamburg

Bartels, D.: Der Ballungsraum Hamburg. Geogr. Taschenbuch 1962/63
Brandes, H.: Struktur und Funktion des Personen- und Güterverkehrs in der Stadtlandschaft Hamburg. HGeogrSt 12, 1961
Deutscher Planungsatlas, Band 8: Hamburg. 1978
Gäbler, H. J.: Baugrund und Bebauung Hamburgs. HGeogrSt 14, 1962
Gripp, K.: Geologie von Hamburg und Umgebung. 1933
Grundmann, Fr.: Hamburg (Deutsche Lande Deutsche Kunst) 1978
Hamburg. Geschichte der Stadt und ihrer Bewohner, hg. v. Hans-Dieter Loose, Band 1, 1982
Hamburg, Großstadt und Welthafen. Festschr. z. 30. Deutschen Geographentag in Hamburg. 1955
Hamburg-Heft der Geogr. Rundschau 7/1955
Hamburg. Geo-Special Nr. 9/4. Quartal 1983.
Hoffmann, P. Th.: Die Elbchaussee, ihre Landsitze, Menschen, Schicksale. 9/1982
Kleiner Hamburg-Spiegel. Hamburg-Information 1977/78
v. Lehe-Kausche-Ramm: Heimatchronik der Freien u. Hansestadt Hamburg. 1958

Lüth, E.: Luftbild Hamburg. 1961
Möller, P.: Stadtkern und Trabanten im Lande Hamburg. Forsch.ber. d. Akad. f. Raumforschg. u. Landesplanung, Bd. 14, 1960
Reincke, H.: Forschungen und Skizzen zur Hamburger Geschichte. 1951
Reincke, H., Hävernick, W., und Schlotterer, G.: Hamburg einst und jetzt. 1953
Reincke, H.: Die Alster als Lebensader Hamburgs. 1958
Schindler, R.: Ausgrabungen in Alt-Hamburg. 1957
Schramm, P. E.: Hamburg, Deutschland und die Welt. 2./1952
Schwiecker, F.: Hamburg, eine landeskundliche Stadtuntersuchung. 1952
Statist. Jahrbuch der Freien u. Hansestadt Hamburg
Steilshoop, hg. v. d. Bauherren von Steilshoop. 1972
Sturmflut v. 17. Februar 1962. Morphologie der Deich- u. Flurbeschädigungen zw. Moorburg u. Cranz. HGeogrSt 16, 1962
Unter dem Himmel von Hamburg – Die Stadt aus der Luft, hg. vom Hamburger Abendblatt. 1979
Verg, E.: Das Abenteuer, das Hamburg heißt. 1977
Westliche Umgehung Hamburgs, hg. v. d. Staatl. Pressestelle Hbg. 1975
Will, C.: Hamburg, eine Heimatkunde. 1954 ff.
Witt, W.: Stadtlandschaft und Regionalplanung am Beispiel Hamburgs. Ber. z. dt. Landeskunde 24, 1959
Wölfle, K. (Hg.): Hamburger Geschichtsatlas. 1926

Nr. 98–100 Hamburger Hafen

Container Terminal Burchardkai der Hamburger Hafen- und Lagerhaus-Aktiengesellschaft, hg. v. der HHLA. 1981
Der Hafen, hg. v. der Hamburg-Information GmbH. 1981
Hafen Hamburg. Entwicklungsplan, hg. v. der Behörde für Wirtschaft, Verkehr und Landwirtschaft. 1976
700 Jahre Hamburger Hafen. 1939

Nr. 101 Hamburg-Jenfeld

675 Jahre Jenfeld. Festschrift (Leitung: J. Schmitz/Schule Denksteinweg) 1979

Nr. 102 Flughafen Hamburg-Fuhlsbüttel

Flughafen Hamburg GmbH (Hg.): Chronik Flughafen Hamburg. 1982
Flughafen Hamburg GmbH (Hg.): Flughafen Hamburg. 1980

REGISTER

(Die mit E bezeichneten Ziffern beziehen sich auf die Seitenzahlen der
Einleitung, alle übrigen auf die Bildnummern)

FREIGABE-NUMMERN DER LUFTAUFNAHMEN

Nr.	Bildbezeichnung	Aufnahme-datum	Freigabe-Nr.
1.	Flensburg	22. 7. 81	SH 2879–151
2.	Schloß Glücksburg	22. 7. 81	SH 2621–151
3.	Neukirchen	22. 7. 81	SH 2616–151
4.	Havetoftloit	13. 9. 64	SH 2880–151
5.	Herrenhaus Gelting	24. 3. 68	SH 766–151
6.	Schleimünde	13. 9. 64	SH 7–151
7.	Maasholm	22. 7. 81	SH 2613–151
8.	Arnis	22. 7. 81	SH 2607–151
9.	Missunde	28. 8. 81	SH 2851–151
10.	Ökologische Probleme (Schlei)	30. 9. 83	SH 2850–151
11.	Haithabu	17. 4. 84	SH 2886–151
12.	Danewerk	30. 9. 83	SH 2854–151
13.	Schleswig	17. 4. 84	SH 2881–151
14.	Schloß Gottorf	30. 9. 83	SH 2853–151
15.	Ferienzentrum Damp 2000	9. 4. 77	SH 2803–151
16.	Eckernförde	28. 8. 81	SH 2589–151
17.	Steilküste bei Dänisch-Nienhof	21. 9. 64	SH 126–151
18.	Duvenstedter Berge	20. 12. 67	SH 741–151
19.	Kieler Förde	16. 4. 74	SH 1899–151
20.	Innenstadt Kiel	23. 7. 82	SH 2833–151
21.	Kiel – Holtenauer Schleusen	17. 4. 84	SH 2887–151
22.	Kiel-Schilksee Olympia-Zentrum	20. 7. 82	SH 2379–151
23.	Windjammer-Parade	3. 9. 72	–
24.	Museumsdorf Molfsee	20. 6. 83	SH 2858–151
25.	SH Kanal Kluvensiek	5. 8. 64	SH 172–151
26.	Rendsburg	3. 8. 81	SH 2579–151
27.	Emkendorf	20. 7. 82	SH 2724–151
28.	Bordesholm	23. 7. 82	SH 2719–151
29.	Wildenhorst	10. 8. 83	SH 2861–151
30.	Gut Wahlstorf/Schwentine	29. 5. 66	SH 509–151
31.	Teichwirtschaft Lammershagen	3. 8. 81	SH 2561–151
32.	Lebrader Teich	3. 8. 81	SH 2560–151
33.	Bosau	8. 7. 82	SH 2711–151
34.	Plön	24. 8. 81	SH 2556–151
35.	Eutin	8. 7. 82	SH 2708–151
36.	Segeberg	23. 7. 82	SH 2714–151
37.	Oldenburg	19. 7. 72	SH 1510–151
38.	Heiligenhafen	22. 7. 76	SH 2314–151
39.	Burgstaaken/Fehmarn	22. 7. 76	SH 2812–151
40.	Fehmarnsundbrücke	22. 7. 76	SH 2869–151
41.	Neustadt	8. 7. 82	SH 2703–151
42.	Timmendorfer Strand	17. 4. 84	SH 2891–151
43.	Lübeck	19. 7. 72	SH 1471–151
44.	Travemünde	16. 10. 76	–
45.	Industriegasse Trave	22. 7. 76	SH 2325–151
46.	Ratzeburg	29. 3. 77	SH 2391–151
47.	Schaalseekraftwerk	29. 3. 77	SH 2355–151
48.	Mölln	16. 6. 67	SH 726–151
49.	Gut Kogel	16. 6. 67	SH 727–151
50.	Güster	16. 6. 67	SH 725–151
51.	Lauenburger Schleusen	16. 6. 67	SH 723–151
52.	Lauenburg	16. 6. 67	SH 722–151
53.	Sachsenwald	16. 6. 67	SH 731–151
54.	Wittbek – Geest	28. 8. 81	SH 2627–151
55.	Treene bei Jerrisbek	6. 7. 75	SH 2134–151
56.	Meggerdorf – Meggerkoog	3. 8. 76	SH 2329–151
57.	Eiderlandschaft bei Bargstall	5. 8. 64	SH 52–151
58.	Nord-Ostsee-Kanal	10. 3. 73	SH 2890–151
59.	Boxberg	21. 9. 64	SH 39–151
60.	Großes Dätgener Moor	10. 8. 83	SH 2847–151
61.	Neumünster	3. 8. 81	SH 2546–151
62.	Trappenkamp	3. 8. 81	SH 2551–151
63.	Baumschulen bei Halstenbek	30. 9. 64	SH 125–151
64.	Lägerdorf	10. 8. 83	SH 2835–151
65.	Gotteskoogsee	21. 7. 82	SH 2754–151
66.	Bongsieler Marsch	18. 9. 66	SH 405–151
67.	Schlüttsiel	16. 5. 77	SH 2875–151
68.	Sönke-Nissen-Koog	28. 8. 81	SH 2634–151
69.	Husum	28. 8. 81	SH 2628–151
70.	Hallig Norderoog/Norderoogsand	21. 7. 82	SH 2761–151
71.	Rungholtwatt	14. 9. 64	SH 21–151
72.	Hallig Habel bei Landunter	25. 3. 66	SH 334–151
73.	Hallig Langeneß	7. 9. 70	SH 1219–151
74.	Nordstrand	17. 4. 84	SH 2878–151
75.	Amrum	21. 7. 82	SH 2760–151
76.	Sylt – Rotes Kliff	8. 8. 76	SH 2242–151
77.	Sylt – Wanderdünen im Listland	28. 8. 81	SH 2643–151
78.	Helgoland	28. 4. 71	SH 2089–151
79.	Priele in der Eidermündung	2. 9. 64	SH 34–151
80.	Sandbank vor St. Peter-Ording	5. 8. 76	SH 2867–151
81.	Haubarg im Dreilandenkoog	21. 8. 76	SH 2260–151
82.	Eidersperrwerk	20. 7. 82	SH 2765–151
83.	Friedrichstadt	13. 8. 70	SH 1166–151
84.	Wesselburen	20. 7. 82	SH 2767–151
85.	Büsum	10. 8. 83	SH 2842–151
86.	Trischen	15. 10. 82	SH 2819–151
87.	Ölraffinerie Hemmingstedt	10. 8. 83	SH 2844–151
88.	Brunsbüttel	10. 8. 83	SH 2837–151
89.	Burg/Dithmarschen	10. 8. 83	SH 2840–151
90.	Wilstermarsch	5. 8. 64	SH 73–151
91.	Glückstadt	30. 3. 77	SH 2379–151
92.	Elbsände bei Haseldorf	5. 8. 64	SH 194–151
93.	Süßwasserwatt bei Hetlingen	5. 8. 64	SH 193–151
94.	Gartenbau in den Vierlanden	23. 7. 82	SH 2796–151
95.	Pumpspeicherwerk Geesthacht	16. 6. 67	SH 481–151
96.	Schloß Ahrensburg	17. 4. 84	SH 2892–151
97.	Hamburg – Innenstadt	23. 7. 82	SH 2783–151
98.	Hamburg – Container-Terminal Waltershof	23. 7. 82	SH 2894–151
99.	Hamburg – Kuhwerder-Häfen	23. 7. 82	SH 2791–151
100.	Hamburg – Moderner Stückgutumschlag	23. 7. 82	SH 2792–151
101.	Hamburg-Jenfeld: Stadtrand	30. 3. 77	SH 2893–151
102.	Hamburg-Fuhlsbüttel: Flughafen	23. 7. 82	SH 2781–151

Sämtliche Aufnahmen: Dr. Uwe Muuß

Anschriften der Verfasser
Prof. Dr. Christian Degn, Niemannsweg 30, 2300 Kiel
bearbeitet: Einleitung; Bildtexte 2–9, 11–16, 18–23, 26–30, 33–37, 39–41,
43–45, 48, 51, 52, 62–64, 68, 69, 76, 78, 80, 83, 84, 86, 89–91, 95, 96
Dr. Hans-Peter Jorzick, Grimmstraße 40, 2000 Hamburg 55
bearbeitet: Bildtexte 97–101
Dr. Uwe Muuß, Pappelweg 14, 2300 Altenholz
bearbeitet: Einleitung; Bildtexte 1, 10, 17, 24, 25, 31, 32, 38, 42, 46, 47, 49,
50, 53–61, 65–67, 70–75, 77, 79, 81, 82, 85, 87, 88, 92–94, 102